Matemática para o Ensino Médio

Caderno de Atividades
3º ano
volume 4

1ª Edição

Manoel Benedito Rodrigues
Carlos Nely C. de Oliveira
Álvaro Zimmermann Aranha

Editora Policarpo

São Paulo
2022

Digitação, Diagramação : Sueli Cardoso dos Santos - suly.santos@gmail.com
Elizabeth Miranda da Silva - elizabeth.ms2015@gmail.com

www.editorapolicarpo.com.br
contato: contato@editorapolicarpo.com.br

Dados Internacionais de Catalogação, na Publicação (CIP)

(Câmara Brasileira do Livro, SP, Brasil)

Rodrigues, Manoel Benedito. / Oliveria, Carlos Nely C. de. / Aranha, Álvaro Zimmermann.
Matemática / Manoel Benedito Rodrigues / Carlos Nely C. de Oliveria /
Álvaro Zimmermann Aranha.
- São Paulo: Editora Policarpo, **1ª Ed. - 2022**
ISBN: 978-65-88667-16-3
1. Matemática 2. Ensino Médio
I. Rodrigues, Manoel Benedito II. Oliveria, Carlos Nely C. de
III. Aranha, Álvaro Zimmermann. IV. Título.

Índices para catálogo sistemático:

EDITORA POLICARPO LTDA
Rua Dr. Rafael de Barros, 175 - Conj. 01
São Paulo - SP - CEP: 04003-041
Tel./Fax: (11) 3288 - 0895
Tel.: (11) 3284 - 8916

Índice

I EQUAÇÕES ALGÉBRICAS

Introdução

Equação algébrica é qualquer equação que recai na forma $P(x) = 0$, isto é, um polinômio igualado a zero. Mesmo sem as notações que são utilizadas hoje em Álgebra, desde os mais remotos tempos o ser humano trabalhou com problemas, cuja forma de resolver era o uso de técnicas para solucionar sentenças parecidas com o que hoje chamamos de equações.

Na sequência desse estudo será muito importante a base que você adquiriu no capítulo referente a polinômios: teorema de D'Alembert, dispositivo de Briot-Ruffini, propriedades da divisão, etc.

1 – Definições e conceitos iniciais

Definição 1: Sendo $P(x) = a_n x^n + a_{n-1}x^{n-1} + a_{n-2}x^{n-2} + \cdots + a_2x^2 + a_1x + a_0$ um polinômio na variável **x**, chama-se equação algébrica (ou equação polinomial) qualquer equação que possa ser escrita na forma

$$P(x) = 0 \text{ ou ainda } a_n x^n + a_{n-1}x^{n-1} + a_{n-2}x^{n-2} + \cdots + a_2x^2 + a_1x + a_0 = 0$$

Se o polinômio tiver grau **n**, diz-se que a equação tem grau **n**.

Exemplo 1:

a) $2x^3 - 3x + 4 = 0$ é uma equação algébrica de grau 3, na incógnita **x**.

b) $4x^2 + 2i \cdot x - 5 + i = 0$ é uma equação polinomial de grau 2, na incógnita **x**.

c) $5x^0 = 0$ é uma equação algébrica de grau 0.

d) $0 \cdot x = 0$ é uma equação algébrica para a qual não se define grau.

Definição 2: Dada uma equação polinomial $P(x) = 0$, chama-se raiz dessa equação todo número que, substituído no lugar de **x**, torna o primeiro membro igual a zero.

Exemplo 2: Considere a equação $2x^3 - 26x + 24 = 0$. Temos:

$x = 1$ é raiz da equação, pois $2 \cdot 1^3 - 26 \cdot 1 + 24 = 2 - 26 + 24 = 0$

$x = 3$ é raiz da equação, pois $2 \cdot 3^3 - 26 . 3 + 24 = 54 - 78 + 24 = 0$

$x = -4$ é raiz da equação, pois $2 \cdot (-4)^3 - 26 \cdot (-4) + 24 = -128 + 104 + 24 = 0$

$x = 2$ não é raiz da equação, pois pois $2 \cdot (2)^3 - 26 \cdot (2) + 24 = 16 - 52 + 24 = -12 \neq 0$.

Definição 3: Em um universo U, em que U é um subconjunto do conjunto dos números complexos $\mathbb{C}$, chama-se conjunto-solução da equação algébrica $P(x) = 0$ o conjunto formado pelas raízes da equação e que pertencem ao conjunto U.

Exemplo 3: A equação $2x^4 - 7x^3 + 5x^2 - 7x + 3 = 0$ tem como raízes os números $\frac{1}{2}$, 3, i e – i. Então qual é o conjunto-solução dessa equação? Resposta:

No universo $U = \mathbb{C}$, o conjunto-solução é $S = \left\{\frac{1}{2}, 3, i, -i\right\}$

No universo U = $\mathbb{R}$, o conjunto-solução é $S = \left\{\frac{1}{2}, 3\right\}$.

No universo U = $\mathbb{Q}$, o conjunto-solução é $S = \left\{\frac{1}{2}, 3\right\}$

No universo U = $\mathbb{Z}$, o conjunto-solução é S = {3}.

No universo U = $\mathbb{N}$, o conjunto-solução é S = {3}.

Observação: se nada for dito em contrário, o conjunto-universo considerado para as equações será o conjunto dos números complexos, U = $\mathbb{C}$.

Exemplo 4: Uma das raízes de $x^3 - (2m + 3)x^2 + 3m - 11 = 0$ é $x = 2$. Qual o valor de m ?

Solução: Se x = 2 é raiz, então

$2^3 - (2m + 3) \cdot 2^2 + 3m - 11 = 0 \Rightarrow 8 - 8m - 12 + 3m - 11 \Rightarrow -5m - 15 = 0 \Rightarrow m = -3$

Resposta: m = – 3

Exemplo 5: Se (2 + i) é raiz de $x^3 + 3x + c = 0$, então qual é o valor da constante **c** ?

Solução: Do enunciado tem-se $(2 + i)^3 + 3(2 + i) + c = 0$. Logo:

$2^3 + 3 \cdot 2^2 \cdot i + 3 \cdot 2 \cdot i^2 + i^3 + 6 + 3i + c = 0$

$8 + 12i - 6 - i + 6 + 3i + c = 0$

$c + 8 + 14i = 0 \Rightarrow c = -8 - 14i$

Resposta: c = – 8 – 14i

Exemplo 6: Resolva a equação $x^4 - 4x^3 - 7x^2 + 34x - 24 = 0$, sabendo que 1 e 2 fazem parte do conjunto-solução.

Solução: Seja $P(x) = x^4 - 4x^3 - 7x^2 + 34x - 24$ o polinômio associado à equação dada. Pelo teorema de D´Alembert, se a é raiz de P(x), então P(x) é divisível por (x – a). Então:

1 é raiz de P(x) ⇒ P(x) é divisível por (x – 1)

2 é raiz de P(x) ⇒ P(x) é divisível por (x – 2)

Então, por propriedade da divisão de polinômios, P(x) é divisível por (x – 1) e o quociente dessa divisão é divisível por (x – 2). Utilizando o dispositivo prático de Briot-Ruffini para essas divisões, temos:

1	– 4	– 7	34	– 24	1	(x – 1)
1	– 3	– 10	24	0	2	(x – 2)
1	– 1	– 12	0			

Portanto, podemos escrever que $P(x) = (x - 1) . (x - 2) . (x^2 - x - 12)$. As outras raízes de P(x) virão de $x^2 - x - 12 = 0$, que são – 3 e 4.

Resposta: S = {1, 2, – 3, 4}.

1 (UFPE) Se o número complexo $z = 3 + 2i$ é raiz da equação $x^3 - 23x + c = 0$, em que **c** é uma constante real, qual o valor de **c**?

2 (FUVEST) A soma dos valores de m para os quais $x = 1$ é raiz da equação

$x^2 + (1 + 5m - 3m^2)x + (m^2 + 1) = 0$ é igual a

a) $\frac{5}{2}$

b) $\frac{3}{2}$

c) 0

d) $-\frac{3}{2}$

e) $-\frac{5}{2}$

3 (FGV) Se três das raízes da equação polinomial $x^4 + mx^2 + nx + p = 0$ na incógnita x são 1, 2, e 3 , então $m + p$ é igual a

a) 35

b) 24

c) -12

d) -61

e) -63

4 (UECE) O número de soluções da equação $\frac{x}{5 - x^2} = \frac{x}{x^2 + 3}$ é

a) 0

b) 1

c) 2

d) 3

---

5 Resolva a equação $x^3 + 2x^2 - 13x + 10 = 0$, sabendo que uma de suas raízes é $x = 2$.

---

6 O número -3 pertence ao conjunto-solução da equação $2x^3 - 4x^2 - 30x = 0$. Se **r** é a maior raiz dessa equação, qual é o valor de $\mathbf{r}^3$?

7 Resolva a equação $x^5 - 2x^4 - 10x^3 + 20x^2 + 9x - 18 = 0$, sabendo que 2 é uma de suas raízes.

8 (FUVEST) O polinômio $P(x) = x^3 - x^2 + x + a$ é divisível por $x - 1$. Determine o conjunto solução da equação $P(x) = 0$.

9 (E.E. MAUÁ) Dado o polinômio $P(x) = x^3 + 6x^2 + 6x + 5$

a) calcule $P(-5)$.

b) Resolva a equação $P(x) = 0$.

Resp: **1** 78 **2** A **3** D

2 – Teorema fundamental da álgebra (T.F.A)

Introdução

O enunciado desse teorema afirma que **toda equação algébrica de grau maior do que zero e coeficientes complexos admite pelo menos uma raiz complexa.**

Vários matemáticos tentaram demonstrar o teorema fundamental da Álgebra. Porém foi Karl F. Gauss (1777 – 1855) que, em 1798, em sua tese de doutorado, fez críticas às demonstrações anteriores do teorema e apresentou uma nova demonstração, considerada correta e satisfatória para os padrões matemáticos da época.

Uma das consequências importantes desse teorema para os próximos estudos é o teorema da decomposição, que veremos a seguir.

2.1 Teorema da decomposição

Vejamos inicialmente o teorema da decomposição para uma função polinomial do segundo grau.

2.1.1. Se $P(x) = ax^2 + bx + c$, com $a \neq 0$, então $P(x)$ pode ser fatorado da seguinte forma:

$P(x) = a(x - r_1)(x - r_2)$, em que r_1 e r_2 são raízes de $ax^2 + bx + c = 0$, isto é, $P(x) = 0$.

Demonstração: Sejam $r_1 = \frac{-b + \sqrt{\Delta}}{2a}$ e $r_2 = \frac{-b - \sqrt{\Delta}}{2a}$. Então temos:

$$S = r_1 + r_2 = \frac{-b + \sqrt{\Delta}}{2a} + \frac{-b - \sqrt{\Delta}}{2a} = \frac{-b + \sqrt{\Delta} - b - \sqrt{\Delta}}{2a} = \frac{-2b}{2a} = -\frac{b}{a}$$

e

$$P = r_1 \cdot r_2 = \frac{-b + \sqrt{\Delta}}{2a} \cdot \frac{-b - \sqrt{\Delta}}{2a} = \frac{(-b)^2 - \left(\sqrt{\Delta}\right)^2}{4a^2} = \frac{b^2 - \Delta}{4a^2} = \frac{b^2 - (b^2 - 4ac)}{4a^2} = \frac{4ac}{4a^2} = \frac{c}{a}$$

Logo: $P(x) = ax^2 + bx + c = a\left(x^2 + \frac{b}{a} \cdot x + \frac{c}{a}\right) = a\left(x^2 - \left[-\frac{b}{a}\right]x + \frac{c}{a}\right) = a\left(x^2 - Sx + P\right)$.

Portanto: $P(x) = a(x^2 - (r_1 + r_2)x + r_1 \cdot r_2) \Leftrightarrow P(x) = a(x^2 - r_1 \cdot x - r_2 \cdot x + r_1 \cdot r_2)$

Fatorando por agrupamento a adição algébrica nesses últimos parênteses, temos:

$P(x) = a \cdot (x \cdot (x - r_1) - r_2 \cdot (x - r_1) \Leftrightarrow P(x) = a(x - r_1) \cdot (x - r_2)$, como queríamos demonstrar.

2.1.2. Se $P(x) = ax^3 + bx^2 + cx + d$, com $a \neq 0$, então $P(x)$ pode ser fatorado da seguinte forma:

$P(x) = a(x - r_1)(x - r_2)(x - r_3)$, em que r_1, r_2 e r_3 são raízes de $ax^3 + bx^2 + cx + d = 0$, isto é, $P(x) = 0$.

Veremos agora o enunciado do caso geral, que chamaremos simplesmente de teorema da decomposição.

2.1.3. Teorema da decomposição.

Seja $P(x) = a_n x^n + a_{n-1}x^{n-1} + a_{n-2}x^{n-2} + \cdots + a_2x^2 + a_1x + a_0$ um polinômio de grau $n \geqslant 1$ e coeficientes complexos.

O teorema da decomposição afirma que $P(x)$ pode ser fatorado da seguinte forma:

$P(x) = a_n(x - r_1) \cdot (x - r_2) \cdot (x - r_3) \cdots (x - r_n)$, em que $r_1, r_2, r_3, \cdots r_n$ são raízes de $P(x) = 0$.

Demonstração: De acordo com o Teorema Fundamental da Álgebra, o polinômio

$P(x) = a_n x^n + a_{n-1}x^{n-1} + a_{n-2}x^{n-2} + \cdots + a_2x^2 + a_1x + a_0$ admite pelo menos uma raiz complexa. Seja r_1 essa raiz. Pelo Teorema de D'Alembert, $P(x)$ é divisível por $(x - r_1)$, isto é:

$P(x) = (x - r_1) \cdot Q_1(x)$ (1)

onde $Q_1(x)$ é um polinômio de grau $n - 1$, com coeficiente dominante a_n.

Supondo $n - 1 \geqslant 1$, pelo T.F.A. o polinômio $Q_1(x)$ admite pelo menos uma raiz complexa, digamos, r_2. Assim, novamente, pelo teorema de D'Alembert, $Q_1(x)$ é divisível por $(x - r_2)$, e podemos escrever:

$Q_1(x) = (x - r_2) \, . \, Q_2(x)$ (2)

onde $Q_2(x)$ é um polinômio de grau $n - 2$, cujo coeficiente dominante é a_n.

Substituindo (2) em (1) tem-se

$P(x) = (x - r_1) \cdot (x - r_2) \cdot Q_2(x)$ (3)

Repetindo o mesmo procedimento, tantas vezes quantas necessárias, chega-se a

$P(x) = (x - r_1) \cdot (x - r_2) \cdot (x - r_3) \cdots (x - r_n) \cdot Q_n$,

onde Q_n é um polinômio de grau $n - n$, cujo coeficiente dominante é a_n. Dado que $n - n = 0$, conclui-se que Q_n é o polinômio constante a_n e, finalmente,

$P(x) = a_n \cdot (x - r_1) \cdot (x - r_2) \cdot (x - r_3) \cdots (x - r_n)$ (4)

em que $r_1, r_2, r_3, \cdots r_n$ são as **n** raízes da equação $P(x) = 0$.

Observações:

1. A decomposição (4) é única, exceto pela ordem, dos fatores. Ou seja: os números $r_1, r_2, r_3, \cdots r_n$ são as **únicas raízes** do polinômio $P(x)$ (ou da equação $P(x) = 0$), pois nenhum outro número diferente de $r_1, r_2, r_3, \cdots r_n$ anularia o lado direito de (4);
2. Sendo assim, toda equação algébrica de grau $n \geqslant 1$ tem **n**, e apenas **n**, raízes complexas;
3. Essas raízes não são necessariamente, todas distintas entre si. Se na decomposição (4) um certo fator $(x - r)$ aparecer **k** vezes, diremos que o número **r** é raiz de multiplicidade **k**.

Resp: **4** D **5** $S = \{1, 2, -5\}$ **6** 125 **7** $S = \{-1, 1, -3, 3, 2\}$

8 $S = \{1, i, -i\}$ **9** a) 0 b) $S = \left\{-5, \frac{-1+i\sqrt{3}}{2}, \frac{-1-i\sqrt{3}}{2}\right\}$

Exemplo1: Resolva a equação $P(x) = 0$, em que $P(x) = 3x^3 - 2x^2 - 6x + 4$ e fatore $P(x)$.

Solução: Um recurso a ser utilizado é a fatoração do polinômio. Nesse caso, vamos utilizar a fatoração por agrupamento:

$P(x) = 3x^3 - 2x^2 - 6x + 4 \Leftrightarrow P(x) = x^2(3x-2) - 2(3x-2) \Leftrightarrow P(x) = (3x-2)(x^2-2)$

Portanto:

$$P(x) = 0 \Leftrightarrow (3x-2)(x^2-2) = 0 \Leftrightarrow (3x-2=0) \text{ ou } (x^2-2=0) \Leftrightarrow \left(x = \frac{2}{3}\right) \text{ ou } \left(x = \sqrt{2}\right) \text{ ou } \left(x = -\sqrt{2}\right)$$

As raízes da equação $3x^3 - 2x^2 - 6x - 4 = 0$ são os números $\frac{2}{3}, \sqrt{2}$ e $-\sqrt{2}$.

O polinômio $P(x)$ é de grau 3 e apresenta 3 raízes (nesse exemplo) distintas. Logo, pelo teorema da decomposição, tem-se $P(x) = 3\left(x - \frac{2}{3}\right)\left(x-\sqrt{2}\right)\left(x+\sqrt{2}\right)$.

Resposta: $S = \left\{\frac{2}{3}, \sqrt{2}, -\sqrt{2}\right\}$; $P(x) = 3\left(x - \frac{2}{3}\right)\left(x-\sqrt{2}\right)\left(x+\sqrt{2}\right)$.

Exemplo 2: Identifique as raízes do polinômio $P(x) = 4(x-3)(x-3)(x^2+1)$ e suas respectivas multiplicidades.

Solução: Podemos reescrever o polinômio dado:

$P(x) = 4(x-3)(x-3)(x^2+1) \Leftrightarrow P(x) = 4(x-3)^2(x+i)(x-i)$. Vê-se que o fator $(x-3)$ aparece duas vezes na decomposição de $P(x)$. Portanto, $x = 3$ é raiz dupla (isto é, tem multiplicidade igual a 2), ao passo que $x = i$ e $x = -i$ são raízes simples (isto é, têm multiplicidade igual a 1).

Resposta: $x = 3$ é raiz dupla, $x = i$ é raiz simples e $x = -i$ é raiz simples.

Exemplo 3: Considere o polinômio $P(x) = 2x^5 - 11x^4 + 15x^3 + 14x^2 - 44x + 24$.

a) Verifique qual é a multiplicidade da raiz $x = 2$.

b) Resolva a equação $P(x) = 0$.

Solução:

a) Se $x = 2$ é raiz de $P(x) = 2x^5 - 11x^4 + 15x^3 + 14x^2 - 44x + 24$, então por D'Alembert, $P(x)$ é divisível por $(x-2)$. Vamos usar o dispositivo prático de Briot-Ruffini para efetuar várias divisões sucessivas de $P(x)$ por $(x-2)$, até obtermos uma divisão não exata:

2	−11	15	14	−44	24	2	(x − 2)
2	−7	1	16	−12	0	2	(x − 2)
2	−3	−5	6	0		2	(x − 2)
2	1	−3	0			2	(x − 2)
2	5	7					

Foi possível fazer 3 divisões exatas. A quarta divisão deu resto 7. Portanto $x = 2$ é raiz de multiplicidade 3 (dizemos que $x = 2$ é raiz tripla).

Podemos escrever: $P(x) = (x-2)^3 \cdot Q(x)$, onde $Q(x)$ é o quociente da terceira divisão, $2x^2 + x - 3$.

Logo: $P(x) = (x-2)^3 \cdot (2x^2 + x - 3)$.

b) De acordo com o item anterior, temos $P(x) = 0 \Leftrightarrow (x-2)^3(2x^2 + x - 3) = 0$.

Portanto: $(x-2)^3 = 0$ ou $(2x^2 + x - 3) = 0$.

A primeira equação fornece a raiz que já conhecíamos: $x = 2$.

Da segunda equação, $2x^2 + x - 3 = 0$, temos $\Delta = 1 - 4 \cdot 2 \cdot (-3) \Rightarrow \Delta = 25$.

Logo, $x = \frac{-1+5}{4}$ ou $x = \frac{-1-5}{4}$, isto é, $x = 1$ ou $x = -\frac{3}{2}$.

Resposta: a) $x = 2$ é raiz tripla. b) $S = \left\{1, 2, -\frac{3}{2}\right\}$

Exemplo 4: Escreva **todas** as equações que têm $x = 1$ como raiz tripla e $x = 3$ como raiz dupla, sendo estas as únicas raízes da equação.

Solução: Pelo teorema da decomposição, podemos escrever: $k \cdot (x-1)^3 \cdot (x-3)^2 = 0$, onde **k** é uma constante complexa não nula.

Resposta: Todas as equações que têm $x = 1$ como raiz tripla e $x = 3$ como raiz dupla são: $k \cdot (x-1)^3 \cdot (x-3)^2 = 0$, com $k \in \mathbb{C}^*$.

Exemplo 5: Escreva **uma** equação que tenha $x = 1$ como raiz tripla e $x = 3$ como raiz dupla, sendo estas as únicas raízes da equação.

Solução: Pelo exemplo anterior, **todas** as equações que atendem à restrição imposta no enunciado são do tipo $k \cdot (x-1)^3 \cdot (x-3)^2 = 0$, com $k \in \mathbb{C}^*$. Para escrever apenas uma, basta atribuir um valor qualquer de k. Por exemplo, seja $k = 1$, A equação fica

$1 \cdot (x-1)^3 \cdot (x-3)^2 = 0$ ou, desenvolvendo, $x^5 - 9x^4 + 30x^3 - 46x^2 + 33x - 9 = 0$.

Resposta: $x^5 - 9x^4 + 30x^3 - 46x^2 + 33x - 9 = 0$.

Exemplo 6: Resolva a equação $2x^3 + 5x^2 - 11x + 4 = 0$.

Solução: Não foi dada informação alguma sobre as raízes. Neste caso, por tentativa e erro, testamos alguns valores e, por inspeção, vemos que $x = 1$ é uma raiz de $2x^3 + 5x^2 - 11x + 4 = 0$.

Logo, o polinômio $P(x) = 2x^3 + 5x^2 - 11x + 4$ é divisível por $x - 1$. Utilizando o dispositivo prático para a divisão, obtemos:

2	5	− 11	4	1 (x − 1)
2	7	− 4	0	

Portanto: $2x^3 + 5x^2 - 11x + 4 = 0 \Leftrightarrow (x-1)(2x^2 + 7x - 4) = 0$. As demais raízes da equação são obtidas resolvendo-se $2x^2 + 7x - 4 = 0$.

Desta equação temos $\Delta = 7^2 - 4 \cdot 2 \cdot (-4) \Leftrightarrow \Delta = 81$.

Logo, $x = \dfrac{-7+9}{4}$ ou $x = \dfrac{-7-9}{4}$, isto é, $x = \dfrac{1}{2}$ ou $x = -4$

Resposta: $S = \left\{-4, \dfrac{1}{2}, 1\right\}$

10 Escreva todas as equações algébricas que têm 4 como raiz dupla e 2 como raiz simples, sendo estas as únicas raízes da equação.

---

11 Escreva uma equação algébrica que tenha 5 como raiz simples e 1 como raiz tripla, sendo essas as únicas raízes da equação.

---

12 Dado o polinômio $P(x) = x^4 - 3x^3 - 3x^2 + 11x - 6$, pede-se:

a) verificar qual a multiplicidade da raiz $x = 1$;

b) resolver a equação $P(x) = 0$.

13 Resolva a equação $x^3 - 2x^2 - 5x + 6 = 0$.

---

14 Resolva a equação $x^3 - 4x^2 + x + 6 = 0$.

---

15 Fatore o polinômio $P(x) = x^4 - 9x^3 + 23x^2 - 3x - 36$, sabendo que 3 é raiz dupla.

---

16 Determine os valores de **a** e de **b** para que o número 3 seja raiz dupla de

$x^4 - 3x^3 - 19x^2 + ax + b = 0$.

17 Resolva a equação $x^4 - 14x^3 + 68x^2 + ax + b = 0$, sabendo que 5 é raiz dupla.

---

18 As raízes do polinômio $P(x) = x^3 - 10x^2 + 33x - 36$ são **a** (dupla) e **b** (simples). Calcule essas raízes. (Sugestão: $x^3 - 10x^2 + 33x - 36 = (x - a)^2(x - b)$. Desenvolva o 2º membro e use igualdade de polinômios).

---

19 O número 3 é raiz da equação $(x^3 - 4x^2 - 3x + 18)^2 = 0$. Calcule todas as raízes dessa equação, com suas respectivas multiplicidades.

20 A unidade imaginária **i** é raiz do polinômio $P(x) = x^3 - (3 + i)x^2 + (2 + 3i)x - 2i$. Decomponha $P(x)$ em um produto de binômios do primeiro grau.

---

21 Decomponha em produto de binômios do primeiro grau o polinômio $P(x) = x^2 - 3ix - 2$.

---

22 Decomponha em produto de binômios do primeiro grau o polinômio $P(x) = x^2 - 4x + 13$.

Resp: **10** $k(x - 4)^2 (x - 2) = 0, \quad k \in \mathbb{C}, k \neq 0$ **11** $x^4 - 8x^3 + 18x^2 - 16x + 5 = 0$ **12** a) $x = 1$ é raiz tripla b) $S = \{-2, 1, 3\}$

13 $S = \{-2, 1, 3\}$ **14** $S = \{-1, 2, 3\}$ **15** $P(x) = (x - 3)^2 (x + 1)(x - 4)$ **16** $a = 87, b = -90$

23 (UFCE) O polinômio $P(x) = 2x^3 - x^2 + ax + b$, em que **a** e **b** são números reais, possui o complexo **i** como uma de suas raízes. Então o produto $a \cdot b$ é igual a

a) – 2

b) – 1

c) 0

d) 1

e) 2

---

24 (PUC – MG) No polinômio $P(x) = x^3 - x^2 + 4x - 4$ uma das raízes é $2i$. Então a raiz real de $P(x)$ é

a) – 2

b) – 1

c) 0

d) 1

e) 2

---

25 (UFF – RJ) Três raízes de um polinômio $P(x)$ de grau 4 estão escritas sob a forma $\mathbf{i}^{576}$, $\mathbf{i}^{42}$ e $\mathbf{i}^{297}$. O polinômio $P(x)$ pode ser representado por

a) $x^4 + 1$

b) $x^4 - 1$

c) $x^4 + x^2 + 1$

d) $x^4 - x^2 + 1$

e) $x^4 - x^2 - 1$

---

26 (FGV) O menor valor inteiro de k para que a equação algébrica $2k(kx - 4) - x^2 + 6 = 0$ em **x** não tenha raízes reais é

a) – 1

b) 2

c) 3

d) 4

e) 5

27 (Mackenzie) Se as equações $x^3 + mx^2 + nx + p = 0$ e $x^2 + x - 2 = 0$ têm o mesmo conjunto solução, então o produto $m \cdot n \cdot p$ vale

a) -1

b) 1

c) 0

d) 2

e) -2

---

28 (ITA) Determine os valores do número complexo **z**, diferente de zero, que satisfazem a equação

$\begin{vmatrix} i^8 & z & i^2 \\ 0 & i^7 & z \\ i^5 & 0 & -\bar{z} \end{vmatrix} = 1$. Obs.: $\bar{z}$ é o complexo conjugado de **z**; **i** é a unidade imaginária.

Resp: **17** $S = \{1, 3, 5\}$ **18** $a = 3$ e $b = 4$ **19** $x = 3$ tem multiplicidade 4 e $x = -2$ é simples.
20 $P(x) = (x - i)(x - 1)(x - 2)$ **21** $P(x) = (x - i)(x - 2i)$ **22** $P(x) = (x - 2 - 3i)(x - 2 + 3i)$

3 – Relações de Girard (ou relações entre coeficientes e raízes)

Nesse tópico estabeleceremos as relações entre os coeficientes de uma equação algébrica e suas raízes. Tais relações são também chamadas de Relações de Girard (Albert Girard; 1595 – 1632).

3.1 Para uma equação polinomial do segundo grau.

Consideremos a equação $ax^2 + bx + c = 0$, em que **a**, **b** e **c** são coeficientes complexos e $a \neq 0$.

Pelo teorema da decomposição, o polinômio do primeiro membro pode ser fatorado e tem-se:

$$ax^2 + bx + c = a(x - r_1)(x - r_2)$$

Dividindo ambos os membros da identidade acima por $a \neq 0$, tem-se:

$$x^2 + \frac{b}{a}x + \frac{c}{a} = (x - r_1)(x - r_2)$$

Aplicando a propriedade distributiva ao segundo membro e organizando os termos, segue que

$$x^2 + \frac{b}{a}x + \frac{c}{a} = x^2 - (r_1 + r_2)x + r_1 \cdot r_2$$

A identidade acima expressa a igualdade entre dois polinômios do segundo grau, de onde tiramos que

$$\begin{cases} r_1 + r_2 = -\dfrac{b}{a} \\ r_1 \cdot r_2 = \dfrac{c}{a} \end{cases},$$

que são as relações entre os coeficientes (a, b e c) e as raízes (r_1 e r_2) de uma equação polinomial do segundo grau $ax^2 + bx + c = 0$.

3.1 Para uma equação polinomial do terceiro grau.

Usaremos o mesmo raciocínio para a equação $ax^3 + bx^2 + cx + d = 0$, com coeficientes complexos e $a \neq 0$:

Pelo teorema da decomposição: $ax^3 + bx^2 + cx + d = a(x - r_1)(x - r_2)(x - r_3)$

Dividindo ambos os membros por $a \neq 0$: $x^3 + \frac{b}{a}x^2 + \frac{c}{a}x + \frac{d}{a} = (x - r_1)(x - r_2)(x - r_3)$

Após aplicar a propriedade distributiva e organizar o segundo membro, tem-se:

$$x^3 + \frac{b}{a}x^2 + \frac{c}{a}x + \frac{d}{a} = x^3 - (r_1 + r_2 + r_3)x^2 + (r_1 \cdot r_2 + r_1 \cdot r_3 + r_2 \cdot r_3) - (r_1 \cdot r_2 \cdot r_3)$$

Pela definição de igualdade entre polinômios, tem-se:

$$\begin{cases} r_1 + r_2 + r_3 = -\dfrac{b}{a} \\ r_1 \cdot r_2 + r_1 \cdot r_3 + r_2 \cdot r_3 = \dfrac{c}{a} \\ r_1 \cdot r_2 \cdot r_3 = -\dfrac{d}{a} \end{cases}$$

que são as relações entre os coeficientes (a, b, c e d) e as raízes (r_1, r_2 e r_3) de uma equação polinomial do terceiro grau $ax^3 + bx^2 + cx + d = 0$.

3.2 Para uma equação polinomial do quarto grau.

Podemos repetir o mesmo raciocínio anterior e, para a equação $ax^4 + bx^3 + cx^2 + dx + e = 0$, em que os coeficientes a, b, c, d e são complexos e $a \neq 0$, teremos:

$$\begin{cases} r_1 + r_2 + r_3 + r_4 = -\dfrac{b}{a} \\ r_1 \cdot r_2 + r_1 \cdot r_3 + r_1 \cdot r_4 + r_2 \cdot r_3 + r_2 \cdot r_4 + r_3 \cdot r_4 = \dfrac{c}{a} \\ r_1 \cdot r_2 \cdot r_3 + r_1 \cdot r_2 \cdot r_4 + r_1 \cdot r_3 \cdot r_4 + r_2 \cdot r_3 \cdot r_4 = -\dfrac{d}{a} \\ r_1 \cdot r_2 \cdot r_3 \cdot r_4 = \dfrac{e}{a} \end{cases}$$

que são as relações entre os coeficientes (**a**, **b**, **c** , **d**, **e**) e as raízes (r_1, r_2 , r_3 e r_4) de uma equação polinomial do quarto grau $ax^4 + bx^3 + cx^2 + dx + e = 0$.

3.3 Relações de Girard – caso geral

Considere o polinômio $P(x) = a_n x^n + a_{n-1}x^{n-1} + a_{n-2}x^{n-2} + \cdots + a_1 x + a_0$, em que $a_n \neq 0$ e $r_1, r_2, r_3, \cdots, r_n$ são raízes de $P(x) = 0$, isto é, $a_n x^n + a_{n-1}x^{n-1} + a_{n-2}x^{n-2} + \cdots + a_1 x + a_0 = 0$

Nessas condições, tem-se:

$$\begin{cases} r_1 + r_2 + r_3 + \cdots + r_n = -\dfrac{a_{n-1}}{a_n} \\ r_1 \cdot r_2 + r_1 \cdot r_3 + r_1 \cdot r_4 + \cdots + r_{n-1} \cdot r_n = \dfrac{a_{n-2}}{a_n} \\ r_1 \cdot r_2 \cdot r_3 + r_1 \cdot r_2 \cdot r_4 + r_1 \cdot r_2 \cdot r_5 + \cdots + r_{n-2} \cdot r_{n-1} \cdot r_n = -\dfrac{a_{n-3}}{a_n} \\ \vdots \\ \begin{pmatrix} \text{Soma de todos os } C_{n,k} \text{ produtos} \\ \text{de } k \text{ raízes da equação} \end{pmatrix} = (-1)^k \cdot \dfrac{a_{n-k}}{a_n} \\ \vdots \\ r_1 \cdot r_2 \cdot r_3 \cdot r_4 \cdots r_n = (-1)^n \cdot \dfrac{a_0}{a_n} \end{cases}$$

Essas são as relações entre os coeficientes $(a_n, a_{n-1}, \cdots, a_1, a_0)$ e as raízes $(r_1, r_2, r_3, \cdots, r_n)$ de uma equação polinomial $a_n x^n + a_{n-1}x^{n-1} + a_{n-2}x^{n-2} + \cdots + a_1 x + a_0 = 0$, de grau **n** e coeficientes complexos.

Resp: **23** A **24** D **25** B **26** B **27** C **28** $z = -1$ ou $z = \frac{1}{2} + i \cdot \frac{\sqrt{3}}{2}$ ou $z = \frac{1}{2} - i \cdot \frac{\sqrt{3}}{2}$

Exemplo 1: Calcule a soma e o produto das raízes da equação $2x^3 - 8x^2 + 13x + 20 = 0$.

Solução: Na equação dada, $2x^3 - 8x^2 + 13x + 20 = 0$, os coeficientes são $a = 2$, $b = -8$, $c = 13$ e $d = 20$.

Sejam r, s e t as raízes da equação. Pelas relações de Girard, temos:

$$r+s+t=-\frac{b}{a} \Rightarrow r+s+t=-\frac{-8}{2} \Rightarrow r+s+t=4$$

Além disso, $r\cdot s\cdot t=-\frac{d}{a} \Rightarrow r\cdot s\cdot t=-\frac{20}{2} \Rightarrow r\cdot s\cdot t=-10$.

Resposta: A soma das raízes é igual a 4 e o produto delas é igual a -10.

Exemplo 2: Resolva a equação $x^3 - 10x^2 + 31x - 30 = 0$, sabendo que uma de suas raízes é igual à soma das outras duas.

Solução: Na equação do enunciado, $x^3 - 10x^2 + 31x - 30 = 0$, os coeficientes são $a = 1$, $b = -10$, $c = 31$ e $d = -30$.

Sejam r, s e t as raízes da equação dada. Pelas relações de Girard, temos:

$$\begin{cases} r+s+t=-\frac{b}{a} \\ r\cdot s+r\cdot t+s\cdot t=\frac{c}{a} \\ r\cdot s\cdot t=-\frac{d}{a} \end{cases} \Rightarrow \begin{cases} r+s+t=-\frac{-10}{1} \\ r\cdot s+r\cdot t+s\cdot t=\frac{31}{1} \\ r\cdot s\cdot t=-\frac{-30}{1} \end{cases} \Rightarrow \begin{cases} r+s+t=10 & (1) \\ r\cdot s+r\cdot t+s\cdot t=31 & (2) \\ r\cdot s\cdot t=30 & (3) \end{cases}$$

(Veja no comentário a seguir que essas três equações não são suficientes para que consigamos determinar as raízes r, s e t).

Pelo dado do enunciado, uma raiz é igual à soma das outras duas. Então $r = s + t$. (4)

Substituindo (4) em (1): $r+r=10 \Leftrightarrow r=5$.

Podemos substituir esse valor $r = 5$ nas equações (2) e (3), obtendo o sistema $\begin{cases} 5s+5t+s\cdot t=31 \\ 5\cdot s\cdot t=30 \end{cases}$

No entanto, um caminho ligeiramente mais simples é considerar o polinômio associado à equação, $P(x) = x^3 - 10x^2 + 31x - 30$ e fazer a sua fatoração: se $r = 5$ é uma de suas raízes, então ele é divisível por $(x - 5)$:

1	−10	31	−30	5 (x − 5)
1	−5	6	0	

Portanto, $P(x) = (x - 5) \cdot Q(x)$, sendo $Q(x) = x^2 - 5x + 6$. Temos então:

$P(x) = (x - 5) \cdot (x^2 - 5x + 6) \Leftrightarrow P(x) = (x - 5)(x - 3)(x - 2)$

Assim, $P(x) = 0 \Leftrightarrow (x = 5)$ ou $(x = 2)$ ou $(x = 3)$.

Resposta: $S = \{2, 3, 5\}$

Comentário. As relações de Girard, sozinhas, não são suficientes para resolver uma equação algébrica. Considere, por exemplo o sistema formado pelas relações de Girard do exemplo 2:

$$\begin{cases} r+s+t=10 & (1) \\ r\cdot s+r\cdot t+s\cdot t=31 & (2) \\ r\cdot s\cdot t=30 & (3) \end{cases}$$

Temos:

$$\begin{cases} r+s+t=10 & (1) \\ r\cdot s+r\cdot t+s\cdot t=31 & (2) \\ r\cdot s\cdot t=30 & (3) \end{cases} \Rightarrow \begin{cases} (1) \Rightarrow \quad s+t=10-r & (1') \\ (2) \Rightarrow r\cdot(s+t)+s\cdot t=31 & (2') \\ (3) \Rightarrow \quad s\cdot t=\frac{30}{r} & (3') \end{cases}$$

Substituindo (1') e (3') em (2'), teremos: $r\cdot(10-r)+\frac{30}{r}=31.$

Multiplicando ambos os membros dessa última equação por r , obtemos $r^2 \cdot (10-r) + 30 = 31 \cdot r$

Aplicando a distributiva e organizando os termos, chegamos em $r^3 - 10r^2 + 31r - 30 = 0$, que é exatamente a equação inicial, $x^3 - 10x^2 + 31x - 30 = 0$.

Portanto, para determinarmos cada uma das raízes de uma equação algébrica torna-se necessária alguma informação sobre elas, além das relações de Girard.

Exemplo 3: Resolva a equação $4x^3 - 12x^2 + 11x - 3 = 0$, sabendo que suas raízes estão em progressão aritmética.

Solução: Sejam r, s e t as raízes da equação. Pelas relações de Girard, temos:

$$\begin{cases} r+s+t=-\frac{b}{a} \\ r\cdot s+r\cdot t+s\cdot t=\frac{c}{a} \\ r\cdot s\cdot t=-\frac{d}{a} \end{cases} \Rightarrow \begin{cases} r+s+t=-\frac{-12}{4} \\ r\cdot s+r\cdot t+s\cdot t=\frac{11}{4} \\ r\cdot s\cdot t=-\frac{-3}{4} \end{cases} \Rightarrow \begin{cases} r+s+t=3 & (1) \\ r\cdot s+r\cdot t+s\cdot t=\frac{11}{4} & (2) \\ r\cdot s\cdot t=\frac{3}{4} & (3) \end{cases}$$

Se (r, s, t) é P.A., então $\frac{r+t}{2}=s \Leftrightarrow r+t=2s$ (4)

Substituindo (4) em (1): $2s+s=3 \Leftrightarrow s=1$.

Seja o polinômio $P(x) = 4x^3 - 12x^2 + 11x - 3$. Sendo $s = 1$ uma de suas raízes, P(x) é divisível por $(x - 1)$. Efetuando a divisão de P(x) por $(x - 1)$, temos:

4	−12	11	− 3	1 (x − 1)
4	− 8	3	0	

Logo, $P(x) = (x - 1) \cdot (4x^2 - 8x + 3)$. As demais equações da equação $4x^3 - 12x^2 + 11x - 3 = 0$ são obtidas a partir de $4x^2 - 8x + 3 = 0$. Resolvendo esta, obtemos $x=\frac{1}{2}$ ou $x=\frac{3}{2}$.

Resposta: $S=\left\{\frac{1}{2},1,\frac{3}{2}\right\}$

Exemplo 4: Resolva a equação $x^3 - 14x^2 + 56x - 64 = 0$, sabendo que suas raízes formam uma progressão geométrica.

Solução: Sendo r, s e t as raízes da equação, pelas relações de Girard, temos:

$$\begin{cases} r+s+t=-\frac{b}{a} \\ r\cdot s+r\cdot t+s\cdot t=\frac{c}{a} \\ r\cdot s\cdot t=-\frac{d}{a} \end{cases} \Rightarrow \begin{cases} r+s+t=-\frac{-14}{1} \\ r\cdot s+r\cdot t+s\cdot t=\frac{56}{1} \\ r\cdot s\cdot t=-\frac{-64}{1} \end{cases} \Rightarrow \begin{cases} r+s+t=14 & (1) \\ r\cdot s+r\cdot t+s\cdot t=56 & (2) \\ r\cdot s\cdot t=64 & (3) \end{cases}$$

Se (r, s, t) é P.G., então $\sqrt{r\cdot t} = s \Leftrightarrow r\cdot t = s^2$ (4)

Substituindo (4) em (3), obtemos $s^3 = 64 \Leftrightarrow s = 4$, que é raiz da e equação dada e, portanto, do polinômio $P(x) = x^3 - 14x^2 + 56x - 64 = 0$, associado a ela. Pelo teorema de D´Alembert, esse polinômio é divisível por $(x - 4)$. Utilizando o dispositivo de Briot-Ruffini, temos:

1	- 14	56	- 64	4 (x – 4)
1	- 10	16	0	

Logo, $x^3 - 14x^2 + 56x - 64 = 0 \Leftrightarrow (x-4)(x^2 - 10x + 16) = 0 \Leftrightarrow (x-4)(x-2)(x-8) = 0$.

Portanto, $x = 2$ ou $x = 4$ ou $x = 8$.

Resposta: $S = \{2, 4, 8\}$.

Exemplo 5: Resolva a equação $x^4 - 3x^3 - 7x^2 + 27x - 18 = 0$, sabendo que duas de suas raízes são simétricas.

Solução: Sejam r, s, t, u as raízes da equação. Pelas relações de Girard, temos:

(1) $r+s+t+u=-\frac{b}{a}=3$

(2) $rs+rt+ru+st+su+tu=\frac{c}{a}=-7$

(3) $rst+rsu+rtu+stu=-\frac{d}{a}=-27$

(4) $rstu=\frac{e}{a}=-18$

(5) $r=-s$ (condição do problema)

Substituindo (5) nas demais equações, obtemos
$$\begin{cases} r+(-r)+t+u=3 \\ -r^2+rt+ru-rt-ru+tu=-7 \\ -r^2t-r^2u+rtu-rtu=-27 \\ -r^2tu=-18 \end{cases}$$

ou seja:
$$\begin{cases} t+u=3 & (A) \\ -r^2+tu=-7 & (B) \\ r^2t+r^2u=27 & (C) \\ r^2tu=18 & (D) \end{cases}$$

Temos então: (C) $\Rightarrow$ $r^2(t+u) = 27$

Substituindo (A) nesta última equação obtida de (C), temos $r^2 \cdot 3 = 27 \Leftrightarrow r = 3$ ou $r = -3$.

Logo, essas são as duas raízes simétricas da equação dada.

De fato, sendo $P(x) = x^4 - 3x^3 - 7x^2 + 27x - 18$ o polinômio associado à equação dada, façamos a divisão sucessiva dele por $(x - 3)$ e por $(x + 3)$:

1	−3	−7	27	−18	3 (x − 3)
1	0	−7	6	0	−3 (x+3)
1	−3	2	0		

Portanto,

$P(x) = x^4 - 3x^3 - 7x^2 + 27x - 18 \Rightarrow P(x) = (x-3)(x+3)(x^2 - 3x + 2) \Rightarrow P(x) = (x-3)(x+3)(x-1)(x-2)$

Logo, $P(x) = 0 \Rightarrow (x = 3)$ ou $(x = -3)$ ou $(x = 1)$ ou $(x = 2)$

Resposta: $S = \{-3, 3, 1, 2\}$

Comentário: Mesmo sem conhecer cada raiz de uma equação algébrica é possível determinar relações entre elas (soma dos quadrados, soma dos cubos, soma dos inversos, etc), por meio da aplicação das relações de Girard. É o que veremos no próximo exemplo.

Exemplo 6: Sendo **r, s** e **t** as raízes da equação $x^3 - 6x^2 + 10x - 8 = 0$, determine o valor de

$r^2s^2 + r^2t^2 + s^2t^2$.

Solução: Por Girard, temos:

$$r + s + t = 6 \quad (1)$$
$$rs + rt + st = 10 \quad (2)$$
$$rst = 8 \quad (3)$$

Daí:

(2) $\Rightarrow (rs + rt + st)^2 = 10^2 \Rightarrow r^2s^2 + r^2t^2 + s^2t^2 + 2rsrt + 2rsst + 2rtst = 100$

ou seja: $r^2s^2 + r^2t^2 + s^2t^2 + 2r^2st + 2rs^2t + 2rst^2 = 100$

Colocando $2 \cdot r\,s\,t$ das três últimas parcelas em evidência: $r^2s^2 + r^2t^2 + s^2t^2 + 2rst\,(r + s + t) = 100$

Substituindo (1) e (2) nesta última equação, obtemos: $r^2s^2 + r^2t^2 + s^2t^2 + 2 \cdot 8 \cdot (6) = 100$.

Logo, $r^2s^2 + r^2t^2 + s^2t^2 = 100 - 96 \Rightarrow r^2s^2 + r^2t^2 + s^2t^2 = 4$.

Resposta: $r^2s^2 + r^2t^2 + s^2t^2 = 4$.

Exemplo 7: Calcule a área do triângulo cujos lados são as raízes do polinômio

$P(x) = x^3 - 20x^2 + 131x - 280$

Solução: Sejam **m, n** e **p** os lados do triângulo.

A área do triângulo, em função dos lados pode ser escrita, por Herão, do seguinte modo:

$$A = \sqrt{s \cdot (s-m) \cdot (s-n) \cdot (s-p)} \qquad (1)$$

em que $s = \frac{m+n+p}{2}$

Pela primeira relação de Girard, aplicada à equação $x^3 - 20x^2 + 131x - 280 = 0$, temos

$$m + n + p = -\frac{b}{a} = 20$$

Portanto, $s = \frac{m+n+p}{2} = \frac{20}{2} \Rightarrow s = 10$ (2)

Substituindo (2) em (1), obtemos

$$A = \sqrt{10 \cdot (10-m) \cdot (10-n) \cdot (10-p)} \qquad (3)$$

Por outro lado, o teorema da decomposição garante que podemos escrever $P(x)$ como segue:

$$P(x) = 1 \cdot (x-m) \cdot (x-n) \cdot (x-p) \qquad (4)$$

Note que, de acordo com esta última fórmula, temos:

$$P(10) = (10-m) \cdot (10-n) \cdot (10-p) \qquad (5)$$

Substituindo (5) em (3), obtemos

$$A = \sqrt{10 \cdot P(10)}$$

Calculando $P(10)$, temos:

$$A = \sqrt{10 \cdot [10^3 - 20 \cdot 10^2 + 131 \cdot 10 - 280)}$$

$$A = \sqrt{10 \cdot [1000 - 2000 + 1310 - 280)}$$

$$A = \sqrt{10 \cdot 30}$$

$$A = 10\sqrt{3}$$

Resposta: A área do triângulo é igual a $10\sqrt{3}$.

29 Resolva a equação $x^3 - 4x^2 - 31x + 70 = 0$, sabendo que uma raiz é igual à soma das outras duas.

30 As raízes da equação $x^3 - 12x^2 + 44x - 48 = 0$ formam uma P.A. Determine o conjunto-solução dessa equação.

31 Duas raízes da equação $x^3 - 5x^2 - 4x + 20 = 0$ são simétricas. Determine o conjunto-solução dessa equação.

32 Resolva a equação $2x^3 - 7x^2 + 7x - 2 = 0$, sabendo que suas raízes estão em progressão geométrica.

---

33 Resolva a equação $x^3 - 12x^2 + 47x - 60 = 0$, sabendo que suas raízes são números inteiros consecutivos.

---

34 (E.E. MAUÁ) Resolva a equação $x^3 - 3x - 2 = 0$, sabendo que uma de suas raízes é dupla.

35 Resolva a equação $x^4 - 4x^3 - x^2 + 16x - 12 = 0$, sabendo que ela tem duas raízes simétricas.

36 A equação $x^4 + 2x^3 - 11x^2 - 12x + 36 = 0$ admite duas raízes duplas. Qual é o seu conjunto-solução?

37 Sendo a, b, c, d as raízes da equação $5x^4 - 7x^3 + 6x^2 + 9x + 13 = 0$, calcule o valor da expressão $\frac{1}{a} + \frac{1}{b} + \frac{1}{c} + \frac{1}{d}$.

Resp: **29** $S = \{-5, 2, 7\}$ **30** $S = \{2, 4, 6\}$ **31** $S = \{-2, 2, 5\}$

38 Sendo a, b, c as raízes da equação $x^3 - 4x^2 + 7x + 3 = 0$, calcule os valores de

a) $\frac{1}{ab} + \frac{1}{ac} + \frac{1}{bc}$

b) $a^2 + b^2 + c^2$

c) $a^2b^2 + a^2c^2 + b^2c^2$

d) $a^3 + b^3 + c^3$

39 Três números reais, a, b, c formam uma progressão harmônica se os seus inversos formam uma progressão aritmética. Obtenha as raízes do polinômio $P(x) = 2x^3 - 11x^2 - 18x - 9$, sabendo que elas formam uma progressão harmônica.

---

40 (ESPM) Sendo -1, p e q as raízes da equação $x^3 - 11x^2 + 15x + 27 = 0$, podemos afirmar que o valor de $\log_q p + \log_p q$ é:

a) $\frac{1}{2}$ b) 1 c) $\frac{3}{2}$ d) 2 e) $\frac{5}{2}$

Resp:

32 $S = \left\{\frac{1}{2}, 1, 2\right\}$

33 $S = \{3, 4, 5\}$

34 -1 é raiz dupla e 2 é raiz simples.

35 $S = \{-2, 2, 1, 3\}$

36 $S = \{-3, 2\}$

37 $-\frac{9}{13}$

41 (Mackenzie) Se r, s e t são raízes da equação $x^3 - 6x^2 + 11x - 6 = 0$, então o valor de $\text{sen}\left(\frac{\pi}{r} + \frac{\pi}{s} + \frac{\pi}{t}\right)$ é

a) $\frac{1}{2}$

b) $-\frac{1}{2}$

c) $\frac{\sqrt{3}}{2}$

d) $-\frac{\sqrt{3}}{2}$

e) 0

---

42 (UFMG) Se r, s e t são raízes da equação $x^3 + x - 1 = 0$, então $\log\left(\frac{1}{r} + \frac{1}{s} + \frac{1}{t}\right)$ é igual a

a) 0

b) – 1

c) 1

d) 2

e) – 2

---

43 (UNESP) As três raízes da equação $x^3 - 12x^2 + mx - 8 = 0$ formam uma progressão aritmética. Então **m** é igual a

a) 26

b) 28

c) 30

d) 32

e) 34

44 (PUC – SP) As raízes x_1, x_2 e x_3 da equação $2x^3 - 5x^2 - (m - 1)x + 3 = 0$ verificam a relação $x_1 + x_2 = 4x_3$. Determine **m** e, em seguida, resolva a equação.

45 (FUVEST) Sejam **a**, **b** e **c** as raízes de um polinômio P(x) do terceiro grau, cujo coeficiente de x^3 é 1. Sabendo-se que $\begin{cases} a + b + c = 7 \\ ab + ac + bc = 14, \\ abc = 18 \end{cases}$ calcule P (1)

Resp: **38** a) $-\frac{4}{3}$ b) 2 c) 73 d) – 29 **39** $S = \left\{1, 3, \frac{3}{2}\right\}$ **40** E

46 (PUC – SP) Sabe-se que o polinômio $f(x) = x^3 + 4x^2 + 5x + k$ admite três raízes reais tais que uma delas é a soma das outras duas. Nessas condições, se **k** é a parte real do número complexo $z = k + 2i$, então **z**

a) é um imaginário puro.
b) tem módulo igual a 2.
c) é o conjugado de $-2 - 2i$.
d) é tal que $z^2 = 4i$.
e) tem argumento principal igual a 45°.

---

47 (ITA) O valor da soma $a + b$ para que as raízes do polinômio $4x^4 - 20x^3 + ax^2 - 25x + b$ estejam em progressão aritmética de razão $\frac{1}{2}$ é

a) 36
b) 41
c) 26
d) -27
e) -20

---

48 (Mackenzie) As raízes de $P(x) = x^3 - 9x^2 + (2k - 7)x - k$, $k \in \mathbb{Z}^*$, estão em progressão aritmética. Se α é a maior raiz de $P(x)$, então $\frac{k}{\alpha}$ vale

a) 1
b) $\frac{3}{2}$
c) 3
d) $\frac{5}{2}$
e) 5

---

49 (Mackenzie) Se $P(x) = 4x^3 - 16x^2 - x + m$, **m** real, admite duas raízes opostas, o valor de **m** é

a) 3
b) -2
c) 2
d) -4
e) 4

---

50 (CEFET) Sejam **a**, **b** e **c** raízes da equação $2x^3 - 3x^2 + 9x - 2 = 0$. Então o valor de $\frac{1}{a^2} + \frac{1}{b^2} + \frac{1}{c^2}$ é igual a

a) $\frac{69}{4}$
b) $-\frac{48}{3}$
c) $\frac{86}{3}$
d) $-\frac{35}{4}$
e) $\frac{59}{4}$

---

51 (Mackenzie) As raízes da equação $x^3 - 9x^2 + 23x - 15 = 0$, colocadas em ordem crescente, são os termos iniciais de uma progressão aritmética cuja soma dos 10 primeiros termos é

a) 80
b) 90
c) 100
d) 110
e) 120

---

52 (PUCCAMP) As raízes da equação $x^3 - 15x^2 + 71x + m = 0$, na qual **m** é um número real, são números ímpares e consecutivos. Nessas condições, o produto das raízes dessa equação é

a) 315
b) 105
c) 15
d) 3
e) -3

53 (UFCE) As medidas, em centímetros, dos lados de um triângulo retângulo são dadas pelos números que são raízes da equação $4x^3 - 24x^2 + 47x - 30 = 0$. Então a área desse triângulo, em cm^2, é

a) 1,5 b) 0,5 c) 7,5 d) 6 e) 3

---

54 (PUC – PR) Calcule a soma das duas maiores raízes da equação $x^3 + 7x^2 + 14x + 8 = 0$, sabendo-se que estão em progressão geométrica.

a) – 6 b) – 5 c) – 4 d) – 3 e) – 2

---

55 (UNESP) Se **m**, **p**, **mp** são as três raízes reais não nulas da equação $x^3 + mx^2 + mpx + p = 0$, a soma das raízes dessa equação será

a) 3 b) 2 c) 1 d) 0 e) – 1

---

56 (Mackenzie) A equação $3x^3 - 4x - 1 = 0$ apresenta 3 raízes x_1, x_2 e -1. O valor de $x_1^2 + x_2^2$ é

a) $\frac{2}{3}$ b) $\frac{1}{7}$ c) $\frac{2}{5}$ d) $\frac{8}{3}$ e) $\frac{5}{3}$

---

57 (UNIFESP) Sejam **p**, **q**, **r** as raízes distintas da equação $x^3 - 2x^2 + x - 2 = 0$. A soma dos quadrados dessas raízes é igual a

a) 1 b) 2 c) 4 d) 8 e) 9

---

58 (FGV) Se **m**, **n** e **p** são raízes distintas da equação algébrica $x^3 - x^2 + x - 2 = 0$, então $m^3 + n^3 + p^3$ é igual a

a) – 1 b) 1 c) 3 d) 4 e) 5

---

59 (FGV) A equação $3x^3 - 13x^2 + mx - 3 = 0$, na incógnita **x**, tem três raízes reais que formam uma progressão geométrica, quando colocadas em ordem crescente. A maior raiz da equação é

a) 1 b) 2 c) 3 d) $\frac{1}{3}$ e) $\frac{1}{2}$

---

60 (UFPE) Se as raízes da equação $x^3 - 7x^2 - 28x + k = 0$ são termos de uma progressão geométrica, determine o valor do termo constante **k**.

Resp: **41** B **42** A **43** E **44** $m = 5$; $S = \left\{-1, 3, \frac{1}{2}\right\}$ **45** – 10

61 (FUVEST) As raízes da equação do terceiro grau $x^3 - 14x^2 + kx - 64 = 0$ são todas reais e formam uma progressão geométrica. Determine:

a) as raízes da equação

b) o valor de **k** .

---

62 (FATEC) Escrevendo em ordem crescente de valores as três raízes da equação $3x^3 - 10x^2 - 27x + 10 = 0$, verifica-se que a soma das duas menores é $-\frac{5}{3}$ e o produto das duas maiores é $\frac{5}{3}$. Relativamente às raízes dessa equação, é verdade que

a) somente uma é negativa.

b) todas são negativas.

c) duas são maiores que 1.

d) duas não são inteiras.

e) uma é um número quadrado perfeito.

---

63 As raízes da equação $x^3 - 9x^2 + 26x - 24 = 0$ expressam, em centímetros, as medidas das arestas de um paralelepípedo retângulo. Calcule o volume, a área e a maior diagonal desse paralelepípedo.

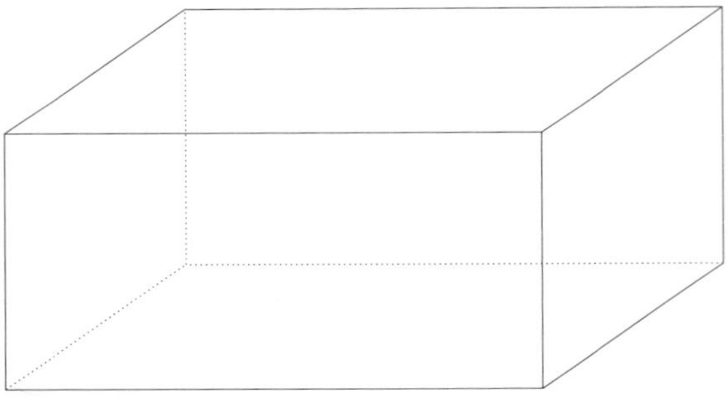

---

64 As raízes do polinômio $P(x) = x^3 - 14x^2 + 63x - 90$ são medidas dos lados de um triângulo. Calcule a área desse triângulo.

4 – Teorema das raízes complexas não-reais (T.R.C.)

O teorema a seguir ajuda a determinar as raízes de uma equação algébrica de coeficientes reais, no caso em que uma das raízes é complexa não-real.

Teorema. Se o número complexo $z = a + bi$ $(b \neq 0)$ é raiz de uma equação polinomial de **coeficientes reais**, então o conjugado desse número, isto é, $\overline{z} = a - bi$, também é raiz dessa equação.

Demonstração; Seja $P(x) = a_n x^n + a_{n-1}x^{n-1} + a_{n-2}x^{n-2} + \cdots + a_1 x + a_0$

Por hipótese, $z = a + bi$ é raiz de $P(x) = 0$, ou seja, $P(z) = 0$. Provemos que $P(\overline{z}) = 0$.

De fato:

$$\mathbf{P}(\overline{z}) = a_n(\overline{z})^n + a_{n-1}(\overline{z})^{n-1} + a_{n-2}(\overline{z})^{n-2} + \cdots + a_1\overline{z} + a_0$$

A potência de um conjugado é igual ao conjugado da potência, isto é, $(\overline{z})^n = \overline{(z^n)}$. Então:

$$\mathbf{P}(\overline{z}) = a_n\overline{(z^n)} + a_{n-1}\overline{(z^{n-1})} + a_{n-2}\overline{(z^{n-2})} + \cdots + a_1\overline{z} + a_0$$

Se **a** é um número real, então $a = \overline{a}$. Como, por hipótese, os coeficientes da equação são todos reais, podemos reescrever o polinômio acima assim:

$$\mathbf{P}(\overline{z}) = \overline{a_n z^n} + \overline{a_{n-1}z^{n-1}} + \overline{a_{n-2}z^{n-2}} + \cdots + \overline{a_1 z} + \overline{a_0}$$

Levando em conta que a soma de conjugados é igual ao conjugado da soma, temos:

$$\mathbf{P}(\overline{z}) = \overline{a_n z^n + a_{n-1}z^{n-1} + a_{n-2}z^{n-2} + \cdots + a_1 z + a_0}$$

Note que o número sob o traço de conjugado no segundo membro é o valor do polinômio para $x = z$, ou seja, é exatamente $P(z)$ que, por sua vez, é igual a zero. Logo:

$P(\overline{z}) = \overline{P(z)} \Leftrightarrow P(\overline{z}) = \overline{0} \Leftrightarrow P(\overline{z}) = 0$, ou seja, $\overline{z} = a - bi$ também é raiz de $P(x)$, como queríamos demonstrar.

Observações:

1. O teorema só se aplica a equações polinomiais de **coeficientes reais**. Considere, por exemplo, a equação $x^2 - 2ix = 0$, que tem 0 e $2i$ como raízes, mas que não admite $-2i$ como raiz.

2. Nas condições do teorema, pode-se provar que **z** e $\overline{z}$ são raízes com mesma multiplicidade, ou seja, se **z** é raiz dupla, então $\overline{z}$ também é raiz dupla; se **z** é raiz tripla, então $\overline{z}$ também é raiz tripla, e assim por diante.

3. O teorema provou que, para uma equação algébrica de **coeficientes reais**, as raízes complexas não-reais ocorrem aos pares (a raiz complexa não-real e a conjugada dela). Logo, se uma equação algébrica, de **coeficientes reais**, tem grau ímpar, então essa equação tem número ímpar de raízes reais.

Resp: 46 E | 47 B | 48 C | 49 E | 50 A | 51 C | 52 B | 53 A | 54 D | 55 E | 56 E | 57 B | 58 D | 59 C | 60 $k = 64$

Exemplo 1: Qual é o menor grau possível para um polinômio $P(x)$, de coeficientes reais, não nulo, que admite os números 1, 2, 4 e $2 - i$ como raízes?

Solução: Dado que os coeficientes de $P(x)$ são reais, então se $2 - i$ é raiz, $2 + i$ também o será.

Logo, $P(x)$ terá pelo menos cinco raízes: $1, 2, 4, 2 - i$ e $2 + i$. Portanto, $P(x)$ será, no mínimo, de grau 5.

Exemplo 2: Escreva um polinômio $P(x)$, de coeficientes reais e grau o menor possível, que admita os números -1, 2 e $1 + i$ como raízes.

Solução: $P(x)$ tem coeficientes reais e, portanto, se $1 + i$ é uma de suas raízes, $1 - i$ também será. Logo, $P(x)$ terá quatro raízes, a saber, $-1, 2, 1 + i$ e $1 - i$ e terá grau 4. O teorema da decomposição nos autoriza a escrever: $P(x) = a(x + 1)(x - 2)[x - (1 + i)][x - (1 - i)]$.

O enunciado pediu que escrevêssemos o polinômio com coeficientes reais. Então:

$$P(x) = a(x + 1)(x - 2)[(x - 1) - i][(x - 1) + i]$$

$$P(x) = a(x^2 - x - 2)[(x - 1)^2 - i^2]$$

$$P(x) = a(x^2 - x - 2)[x^2 - 2x + 1 + 1^2] \qquad (a \neq 0)$$

$$P(x) = a(x^2 - x - 2)[x^2 - 2x + 2]$$

Aplicando a distributiva e simplificando os termos semelhantes, obtemos

$P(x) = a(x^4 - 3x^3 + 2x^2 + 2x - 4)$, em que $a \in \mathbb{R}^*$. Já que o enunciado pediu **um** polinômio, tomemos por exemplo, $a = 1$. Daí, $P(x) = x^4 - 3x^3 + 2x^2 + 2x - 4$.

Resposta: $P(x) = x^4 - 3x^3 + 2x^2 + 2x - 4$

Exemplo 3: Resolva a equação $x^4 - 3x^3 + 2x^2 + 2x - 4 = 0$, sabendo que $1 + i$ é uma de suas raízes.

Solução: Os coeficientes da equação são reais e $1 + i$ é raiz. Então $1 - i$ também é raiz. Sejam **r** e **s** as outras raízes a serem determinadas. Usando as relações de Girard, temos:

$$\begin{cases} (1 + i) + (1 - i) + r + s = -\dfrac{b}{a} = -\dfrac{-3}{1} \\ (1 + i) \cdot (1 - i) \cdot r \cdot s = \dfrac{d}{a} = \dfrac{-4}{1} \end{cases} \Rightarrow \begin{cases} r + s = 1 \\ r \cdot s = -2 \end{cases}$$

Resolvendo esse último sistema obtemos $r = 2$ e $s = -1$, ou $r = -1$ e $s = 2$.

De qualquer modo, o conjunto solução da equação é $S = \{-1, 2, 1 + i, 1 - i\}$.

Resposta: $S = \{-1, 2, 1 + i, 1 - i\}$.

65 Escreva uma equação com coeficientes reais, com o menor grau possível e coeficiente dominante igual a 1, que tenha os números **2**, **3** e **5i** como raízes.

---

66 Considere um polinômio P(x), de grau $n \geqslant 1$, que admite 1, 2 e 1 + 2i como raízes.

a) Se os coeficientes de P(x) são reais, qual o menor grau possível para P(x)?

b) Se os coeficientes de P(x) são complexos, qual o menor grau possível para P(x)?

---

67 Escreva um polinômio P(x), de coeficientes reais e de menor grau possível, que admita como raízes os números 1 e 2 + i com multiplicidades 2 e 1, respectivamente.

---

68 Escreva um polinômio P(x), de coeficientes reais e de menor grau possível, que admita como raízes os números 1 e 2 + i com multiplicidades 1 e 2, respectivamente.

---

69 O polinômio P(x) tem coeficientes reais e admite como raízes os números 1 + i, 4 e 2 + i .Então o grau de P(x) é

a) igual a 5 b) igual a 3 c) maior do que 5

d) maior ou igual a 5 e) menor que 5.

Resp: **61** a) S = {2, 4, 8} b) k = 56 **62** A **63** V = 24 cm³, A = 52 cm²; D = $\sqrt{29}$ cm **64** $2\sqrt{14}$

70 (PUC) Resolva a equação $3x^3 - 7x^2 + 8x - 2 = 0$, dado que uma de suas raízes é $1 - i$.

---

71 (FEI) Resolva a equação $x^4 - 5x^3 + 7x^2 - 5x + 6 = 0$, sabendo que a unidade imaginária **i** é uma de suas raízes.

---

72 (F.M. – Santa Casa) Na equação $x^3 + x^2 + kx + t = 0$, k e t são reais. Resolva-a, sabendo que $1 - 2i$ é uma de suas raízes.

---

73 (FUVEST) A equação $x^3 + mx^2 + 2x + n = 0$, em que **m** e **n** são números reais, admite $1 + i$ como raiz. Determine **m** e **n**.

74 (ITA) Sendo 1 e $1 + 2i$ raízes da equação $x^3 + ax^2 + bx + c = 0$, em que **a**, **b** e **c** são números reais, então

a) $b + c = 4$

b) $b + c = 3$

c) $b + c = 2$

d) $b + c = 1$

e) $b + c = 0$

---

75 (UFCE) O polinômio $P(x) = 2x^3 - x^2 + ax + b$, em que **a** e **b** são números reais, possui o número complexo **i** como uma de suas raízes. Então o produto $a \cdot b$ é igual a

a) – 2

b) – 1

c) 0

d) 1

e) 2

---

76 (PUC – MG) No polinômio $P(x) = x^3 - x^2 + 4x - 4$ uma das raízes é $2i$. Então, a raiz real de P(x) é

a) – 2

b) – 1

c) 0

d) 1

e) 2

---

77 (UFAM) Se **2i** é uma raiz da equação $x^4 + 2x^3 + x^2 + 8x - 12 = 0$, então o produto das raízes reais dessa equação é igual a

a) 2

b) 3

c) – 3

d) – 2

e) 8

Resp: **65** $x^4 - 5x^3 + 31x^2 - 125x + 150 = 0$ **66** a) 4 b) 3 **67** $x^4 - 6x^3 + 14x^2 - 14x + 5 = 0$

68 $x^5 - 9x^4 + 34x^3 - 66x^2 + 65x - 25 = 0$ **69** D

78 (U.F. – Uberlândia) Sabe-se que o número complexo **2 + i**, em que **i** é a unidade imaginária, e o número real 3 são raízes do polinômio de terceiro grau P(z), cujos coeficientes são números reais. Sabendo-se que P(0) = 30, calcule |P(i)|.

---

79 (UNESP) Seja a função $f(x) = x^3 + 2x^2 + kx + \theta$. Os valores de k e θ para que 1 + i seja raiz da função f(x) são, respectivamente

a) 10 e – 6

b) 2 e 0

c) 1 e 1

d) 0 e 1

e) – 6 e 8

---

80 (FUVEST) O polinômio $P(x) = x^4 + ax^3 + bx^2 + cx - 8$, em que **a**, **b**, **c** são números reais, tem o número complexo 1 + i como raiz, bem como duas raízes simétricas.

a) Determine **a**, **b** e **c** e as raízes de P(x).

b) Subtraia 1 de cada uma das raízes de P(x) e determine todos os polinômios com coeficientes reais, de menor grau, que possuam esses novos valores como raízes.

5 – Teorema das raízes racionais

Neste tópico veremos um teorema que permite determinar quais seriam as únicas possíveis raízes racionais para uma equação algébrica de coeficientes inteiros.

Teorema: Se um polinômio $P(x) = a_nx^n + a_{n-1}x^{n-1} + a_{n-2}x^{n-2} + \cdots + a_1x + a_0$, em que $a_n \neq 0$, admite uma raiz racional $\frac{p}{q}$, em que $p \in \mathbb{Z}, q \in \mathbb{Z}_+^*$ e **p** e **q** são primos entre si, então **p** é divisor de a_0 e **q** é divisor de a_n.

Demonstração:

$\frac{p}{q}$ é raiz de $P(x) = 0$, isto é, de $a_nx^n + a_{n-1}x^{n-1} + a_{n-2}x^{n-2} + \cdots + a_1x + a_0 = 0$. Então

$$a_n \cdot \left(\frac{p}{q}\right)^n + a_{n-1} \cdot \left(\frac{p}{q}\right)^{n-1} \cdots + a_2 \cdot \left(\frac{p}{q}\right)^2 + a_1 \cdot \left(\frac{p}{q}\right) + a_0 = 0, \text{ ou ainda:}$$

$$a_n \cdot \frac{p^n}{q^n} + a_{n-1} \cdot \frac{p^{n-1}}{q^{n-1}} + a_{n-2} \cdot \frac{p^{n-2}}{q^{n-2}} + \ldots + a_2 \cdot \frac{p^2}{q^2} + a_1 \cdot \frac{p}{q} + a_0 = 0$$

Multiplicando ambos os membros por q^n, tem-se:

$$a_n \cdot p^n + a_{n-1} \cdot p^{n-1}q + a_{n-2} \cdot p^{n-2}q^2 + \cdots + a_2 \cdot p^2q^{n-2} + a_1 \cdot pq^{n-1} + a_0 \cdot q^n = 0$$

Isolando os termos $a_n \cdot p^n$ e $a_0 \cdot q^n$, temos:

$$\begin{cases} a_n \cdot p^n = -a_{n-1} \cdot p^{n-1}q - a_{n-2} \cdot p^{n-2}q^2 - \cdots - a_2 \cdot p^2q^{n-2} - a_1 \cdot pq^{n-1} - a_0 \cdot q^n \\ a_0 \cdot q^n = -a_n \cdot p^n - a_{n-1} \cdot p^{n-1}q - a_{n-2} \cdot p^{n-2}q^2 - \cdots - a_2 \cdot p^2q^{n-2} - a_1 \cdot pq^{n-1} \end{cases}$$

ou, fatorando os segundos membros das equações acima:

$$\begin{cases} a_n \cdot p^n = -q\underbrace{[a_{n-1} \cdot p^{n-1} + a_{n-2} \cdot p^{n-2}q^1 + \cdots + a_2 \cdot p^2q^{n-3} + a_1 \cdot pq^{n-2} + a_0 \cdot q^{n-1}}_{\alpha} \\ a_0 \cdot q^n = -p\underbrace{[a_n \cdot p^{n-1} - a_{n-1} \cdot p^{n-2}q - a_{n-2} \cdot p^{n-3}q^2 - \cdots - a_2 \cdot p^1q^{n-2} - a_1 \cdot q^{n-1}}_{\beta} \end{cases}$$

O fato de $a_0, a_1, a_2, \cdots, a_n$, **p** e **q** serem todos inteiros, acarreta que α e β são inteiros.

$$\text{Portanto, } \begin{cases} a_n \cdot p^n = -q \cdot \alpha \\ a_0 \cdot q^n = -p \cdot \beta \end{cases} \Rightarrow \begin{cases} \dfrac{a_n \cdot p^n}{q} = -\alpha \in \mathbb{Z} \quad \text{(I)} \\ \dfrac{a_0 \cdot q^n}{p} = -\beta \in \mathbb{Z} \quad \text{(II)} \end{cases}$$

q não é divisor de p_n, pois **p** e **q** são primos entre si. Logo, por (I), **q** é divisor de a_n.

p não é divisor de q_n, pois **p** e **q** são primos entre si. Logo, por (II), **p** é divisor de a_0.

Resp: **70** $S = \left\{\frac{1}{3}, 1+i, 1-i\right\}$ **71** $S = \{i, -i, 2, 3\}$ **72** $S = \{1 - 2i, 1 + 2i, -3\}$ **73** $m = -2, n = 0$

74 C **75** A **76** D **77** C

Observações:

1. O teorema só pode ser aplicado se **todos** os coeficientes da equação algébrica forem inteiros. O fato de que o coeficiente dominante (a_n) e o termo independente (a_0) sejam inteiros não é suficiente. Por exemplo, as raízes da equação $x^2 - \frac{3}{2}x - 1 = 0$ são racionais: $-\frac{1}{2}$ e 2.

Aplicado de forma incorreta, o teorema indicaria como possíveis raízes racionais 1 e – 1.

2. O teorema explicita quais são as **possíveis raízes racionais** das equações algébricas de coeficientes inteiros, caso elas existam. Ou seja: o **teorema não garante a existência** de tais raízes.

3. Se a equação $P(x) = 0$, com coeficientes inteiros e $a_0 \neq 0$, admite uma raiz inteira $r = \frac{r}{1}$, então r é divisor de a_0 (termo independente de $P(x)$). Esta propriedade permite pesquisar as raízes inteiras da equação algébrica. Por exemplo, as **possíveis** raízes inteiras da equação

$2x^2 + 3x^2 - 50x + 24 = 0$ são os divisores de 24, isto é,

– 1, 1, – 2, 2, – 3, 3, – 4, 4, – 6, 6, – 8, 8, – 12, 12, – 24, 24.

4. Suponhamos que o coeficiente dominante a_n de $P(x)$ seja 1. Então, se a equação algébrica $P(x) = 0$ admitir uma raiz racional **r**, então ela será inteira, pois $r = \frac{p}{1} = p$.

Exemplo 1: Resolva a equação $2x^4 - 11x^3 + 21x^2 - 20x + 6 = 0$.

Solução: Pelo teorema desse capítulo, as possíveis raízes racionais da equação dada são da forma $\frac{p}{q}$, em que **p** é divisor de $a_0 = 6$ e **q** é divisor positivo de 2. Vamos organizar uma tabela para escrever todas essas "candidatas" a raízes.

q \ p	– 1	1	– 2	2	– 3	3	– 6	6
1	– 1	1	– 2	2	– 3	3	– 6	6
2	$-\frac{1}{2}$	$\frac{1}{2}$	– 1	1	$-\frac{3}{2}$	$\frac{3}{2}$	– 3	3

Portanto, se a equação dada admitir raízes racionais, elas devem obrigatoriamente pertencer ao conjunto $M = \left\{-1, 1, -2, 2, -3, 3, -6, 6, -\frac{1}{2}, \frac{1}{2}, -\frac{3}{2}, \frac{3}{2}\right\}$.

Seja $P(x) = 2x^4 - 11x^3 + 21x^2 - 20x + 6$ o polinômio associado à equação dada. O teorema de D'Alembert assegura que **a** é raiz de $P(x)$ se, e somente se, $P(x)$ é divisível por $(x - a)$.

Então começaremos a testar os elementos do conjunto M , efetuando a divisão de P(x) por (x – a) , em que **a** é um elemento de M . Para isso vamos utilizar o dispositivo prático de Briot-Ruffini e começaremos pelas possíveis raízes inteiras:

2	−11	21	−20	6	−1	(x+1)
2	−13	34	−54	60	1	(x −1)
2	−9	12	−8	−2	−2	(x + 2)
2	−15	51	−122	250	2	(x − 2)
2	−7	7	−6	−6	−3	(x + 3)
2	−17	72	−236	714	3	(x − 3)
2	−5	6	−2	0		

Obtivemos resto zero na sexta divisão. Então $P(x) = (x-3)(2x^3 - 5x^2 + 6x - 2)$.

Continuamos o procedimento usando o polinômio $Q(x) = 2x^3 - 5x^2 + 6x - 2$ e devemos usar novamente a raiz 3, pois ela pode ter multiplicidade maior do que 1 em P(x) .

2	−5	6	−2	3	(x − 3)
2	1	9	25	−6	(x + 6)
2	−17	108	−650	6	(x − 6)
2	7	48	286	$-\frac{1}{2}$	$\left(x+\frac{1}{2}\right)$
2	−6	9	$-\frac{13}{2}$	$\frac{1}{2}$	$\left(x-\frac{1}{2}\right)$
2	−4	4	0		

Vemos que $\frac{1}{2}$ é raiz de $Q(x) = 2x^3 - 5x^2 + 6x - 2$, e $Q(x) = \left(x - \frac{1}{2}\right)(2x^2 - 4x + 4)$.

A equação $2x^2 - 4x + 4 = 0$ nos dá as **raízes que faltam**.

$\Delta = 4^2 - 4 \cdot 2 \cdot 4 \Rightarrow \Delta = -16$. Portanto, $x = \frac{4+4i}{4}$ ou $x = \frac{4-4i}{4}$, isto é, x = 1 + i ou x = 1 – i.

Resposta: $S = \left\{3, \frac{1}{2}, 1+i, 1-i\right\}$

Resp: **78** $16\sqrt{5}$ **79** E **80** a) a = – 2, b = – 2, c = – 8; S = {1 + i, 1 – i, 2, – 2} b) $F(x) = k(x^4 + 2x^3 - 2x^2 + 2x - 3)$, $k \in \mathbb{R}^*$

81 Resolva a equação $2x^3 + 3x^2 + 2x - 2 = 0$.

---

82 Resolva a equação $2x^5 - 3x^4 + 3x^3 - 3x^2 + x = 0$. (Sugestão: coloque **x** em evidência).

---

83 Determine o conjunto solução da equação $x^3 - \frac{7}{2}x^2 - 5x + 12 = 0$.

84 Resolva a equação $3x^3 - 19x^2 + 38x - 24 = 0$.

---

85 Resolva a equação $x^5 - 4x^4 + 3x^3 + 8x^2 - 18x + 12 = 0$, sabendo que $1 + i$ é uma de suas raízes.

86 A equação $2x^3 - 17x^2 + 46x - 40 = 0$ admite raízes inteiras. Determine o conjunto solução dessa equação.

---

87 Prove que o número $1 + \sqrt{2}$ é irracional.

(Sugestão: $x = 1 + \sqrt{2} \Rightarrow x^2 = (1 + \sqrt{2})^2 \Rightarrow x^2 = 3 + 2\sqrt{2} \Rightarrow x^2 - 3 = 2\sqrt{2}$. Eleve ambos os membros dessa última equação ao quadrado e analise a equação obtida com relação às suas raízes racionais).

88 (FUVEST) Considere uma folha de papel retangular com lados 20 cm e 16 cm. Após remover um quadrado de lado x cm de cada um dos cantos da folha, foram feitas 4 dobras para construir uma caixa (sem tampa) em forma de paralelepípedo retorretângulo com altura x cm. As linhas tracejadas na figura indicam onde as dobras foram feitas.

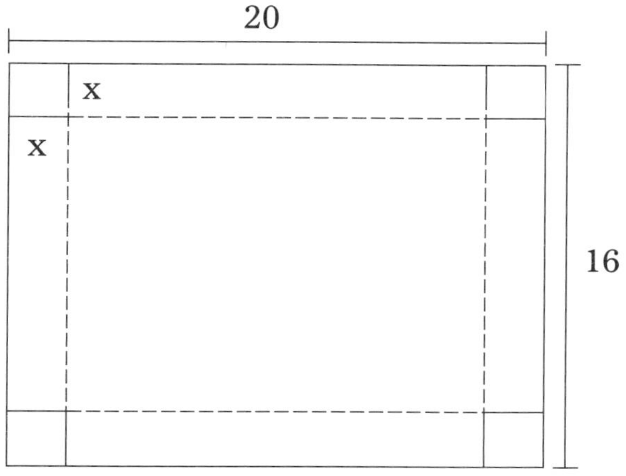

a) Expresse o volume da caixa em função de x .

b) Determine o conjunto dos valores de x para os quais o volume da caixa é maior ou igual a 384 cm^3.

Resp: **81** $S=\left\{\frac{1}{2},-1+i,-1-i\right\}$ **82** $S=\left\{0,1,\frac{1}{2},i,-i\right\}$ **83** $S=\left\{-2,4,\frac{3}{2}\right\}$ **84** $S=\left\{2,3,\frac{4}{3}\right\}$

85 $S=\left\{1+i,1-i,2,\sqrt{3},-\sqrt{3}\right\}$ **86** $S=\left\{2,4\frac{5}{2}\right\}$ **87** Demonstração

88 a) $V = 4x^3 - 72x^2 + 320x$, com $0 < x < 8$ b) $\{x \in \mathbb{R} \mid 2 \leqslant x \leqslant 4\}$

II SEMELHANÇA E TRONCOS

1 – Semelhança de figuras planas

1) Triângulos

Se for possível estabelecer uma correspondência entre vértices e lados de dois triângulos de modo que ângulos de vértices correspondentes são congruentes e os lados de um são proporcionais aos seus correspondentes do outro, os triângulos são semelhantes.

Obs.: 1. Elementos correspondentes são chamados homólogos.
2. A razão entre segmentos homólogos é chamada razão de semelhança.

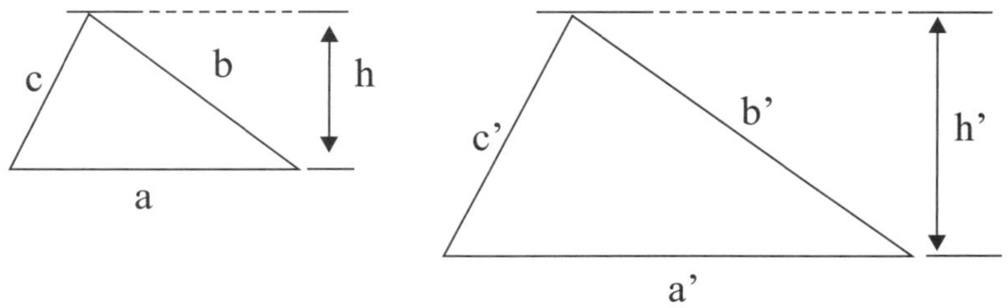

$$\frac{a}{a'} = \frac{b}{b'} = \frac{c}{c'} = \frac{h}{h'} = k$$

k é a razão de semelhança

I. Razão entre perímetros

A razão entre os perímetros de dois triângulos semelhantes é igual a razão de semelhança.

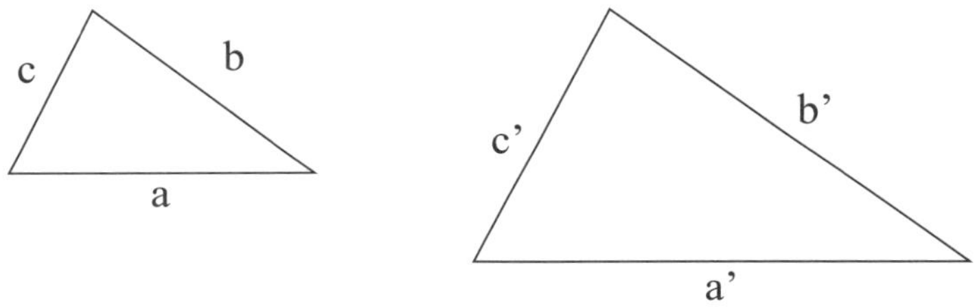

$$\frac{a}{a'} = \frac{b}{b'} = \frac{c}{c'} = k \Rightarrow \begin{cases} a = ka' \\ b = kb' \\ c = kc' \end{cases}$$

$$a + b + c = ka' + kb' + kc' \Rightarrow a + b + c = k(a' + b' + c') \Rightarrow \boxed{\frac{a+b+c}{a'+b'+c'} = k}$$

II. Razão entre áreas

A razão entre as áreas de dois triângulos semelhantes é igual ao quadrado da razão de semelhança.

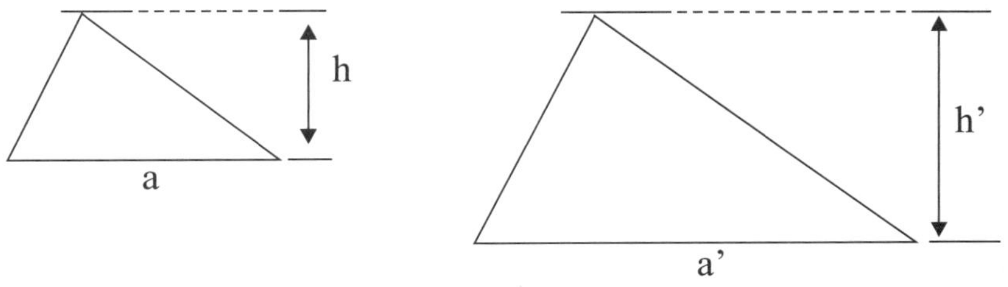

$$\frac{S}{S'} = \left(\frac{a}{a'}\right)^2 = \left(\frac{h}{h'}\right)^2$$

Sendo S e S' as áreas dos triângulos e k a razão de semelhança temos:

$$\frac{a}{a'} = \frac{h}{h'} = k$$

$$\frac{S}{S'} = \frac{\frac{ah}{2}}{\frac{a'h'}{2}} = \frac{ah}{a'h'} = \frac{a}{a'} \cdot \frac{h}{h'} = k \cdot k = k^2 \quad \boxed{\frac{S}{S'} = k^2}$$

Obs.: Quando ficar claro que um polígono é menor que o outro vamos indicar as suas áreas por Ap e Ag, para facilitar a vizualização.

2) Polígonos

Se for possível estabelecer uma correspondência entre vértices e lados (lados correspondentes são determinados por vértices correspondentes) de dois polígonos, de modo que ângulos de vértices correspondentes sejam congruentes e os lados de um são proporcionais aos seus correspondentes do outro, os polígonos são semelhantes.

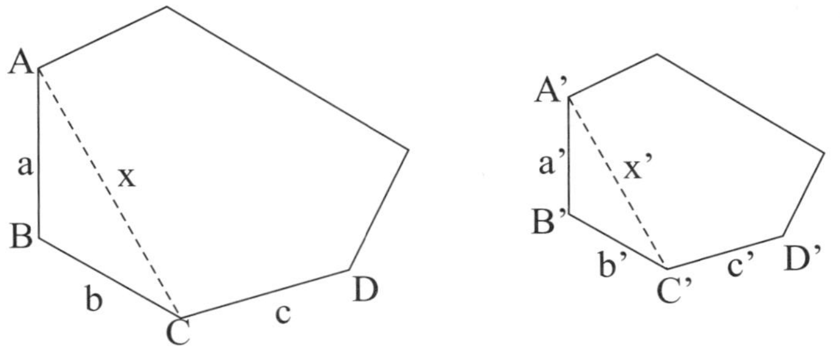

Se k é a razão de semelhança e Â, B̂, ... são as medidas dos ângulos, temos:

$$\begin{cases} \frac{a}{a'} = \frac{b}{b'} = \frac{c}{c'} = \cdots = k \\ \hat{A} = \hat{A}', \hat{B}', = \hat{B}', \hat{C} = \hat{C}', \cdots \end{cases}$$

Tem-se também: $\frac{x}{x'} = k$

I. Razão entre perímetros

A razão entre os perímetros de dois polígonos semelhantes é igual a razão de semelhança.

II. Razão entre áreas

A razão entre áreas de dois polígonos semelhantes é igual ao quadrado da razão de semelhança.

Como polígonos semelhantes podem ser decompostos em triângulos semelhantes (triângulos de um semelhantes a triângulos do outro) e a razão entre áreas de triângulos semelhantes é igual ao quadrado da razão de semelhança, temos:

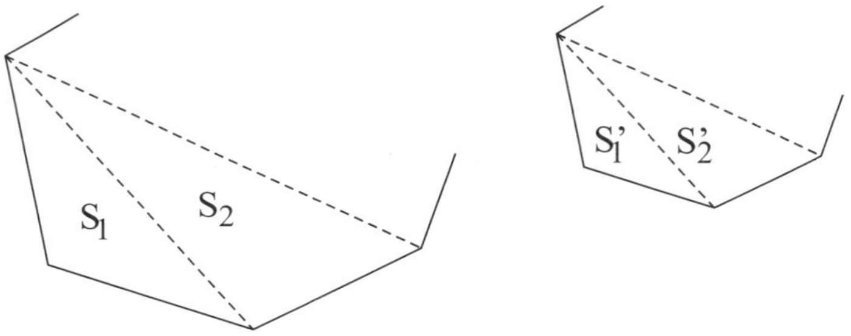

Obs.: Note que a razão k^2 entre áreas **não** é a razão de semelhança.

Sendo k a razão de semelhança:

$$\frac{S_1}{S'_1} = k^2, \ \frac{S_2}{S'_2} = k^2 \ldots \Rightarrow S_1 = S'_1 k^2, S_2 = S'_2 k^2, \ldots \Rightarrow$$

$$\Rightarrow S_1 + S_2 + \ldots = S'_1 k^2 + S'_2 k^2 + \ldots = (S'_1 + S'_2 + \ldots)k^2 \Rightarrow \frac{S_1 + S_2 + \ldots}{S'_1 + S'_2 + \ldots} = k^2 \Rightarrow \frac{S}{S'} = k^2$$

Conseqüência: Se três polígonos são semelhantes entre si, então as suas áreas são proporcionais aos quadrados de segmentos homólogos.

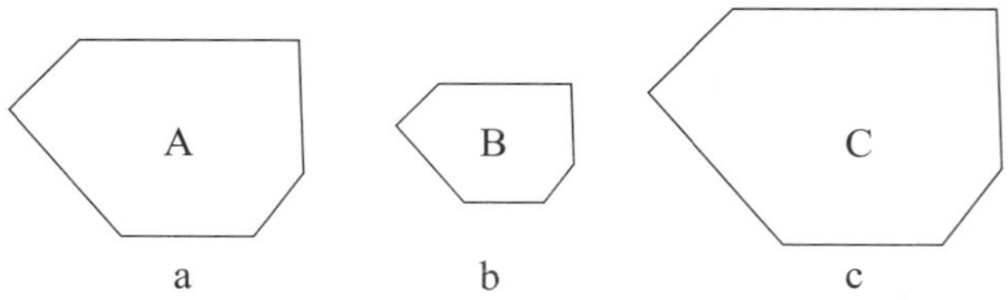

Se **a**, **b** e **c** são lados homólogos dos polígonos semelhantes e A, B e C são, respectivamente as suas áreas, como $\frac{a}{b}$ é a razão de semelhança dos dois primeiros e $\frac{b}{c}$ a razão dos dois últimos, temos:

1º) $\frac{A}{B} = \left(\frac{a}{b}\right)^2 \Rightarrow \frac{A}{B} = \frac{a^2}{b^2} \Rightarrow \frac{A}{a^2} = \frac{B}{b^2}$

2º) $\frac{B}{C} = \left(\frac{b}{c}\right)^2 \Rightarrow \frac{B}{C} = \frac{b^2}{c^2} \Rightarrow \frac{B}{b^2} = \frac{C}{c^2}$

Então: $\frac{A}{a^2} = \frac{B}{b^2} = \frac{C}{c^2}$

Exemplo 1: A altura relativa ao lado BC de um triângulo ABC mede 12 cm. Secciona-se este triângulo por uma reta r paralela ao lado BC, distante 3 cm de BC, determinando um trapézio de 42 cm^2 de área, determine BC.

Resolução:

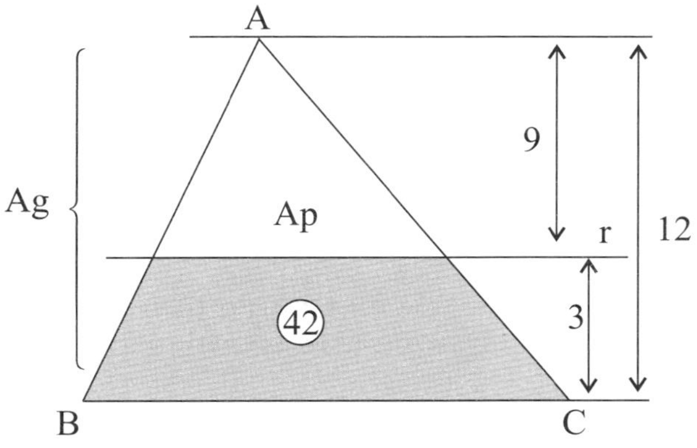

1º) De acordo com o Teorema Fundamental os triângulos obtido e original são semelhantes.

2º) Se a reta r dista 3 cm de BC, note que a altura relativa ao vértice A do triângulo menor, o determinado, mede 9 cm.

3º) Como a razão das áreas de figuras semelhantes é igual ao quadrado da razão de semelhança, sendo Ag a área do ABC e Ap a área do triângulo determinado, temos:

$\frac{Ap}{Ag} = k^2$ e $k = \frac{9}{12} = \frac{3}{4} \Rightarrow \frac{Ap}{Ap + 42} = \left(\frac{3}{4}\right)^2 \Rightarrow \frac{Ap}{Ap + 42} = \frac{9}{16} \Rightarrow 16Ap = 9Ap + 9 \cdot 42 \Rightarrow$

$\Rightarrow 7Ap = 9 \cdot 42 \Rightarrow Ap = 9 \cdot 6 \Rightarrow \boxed{Ap = 54} \Rightarrow Ag = 42 + 54 \Rightarrow \boxed{Ag = 96}$

4º) Cálculo de BC

$Ag = \frac{(BC) \cdot 12}{2} \Rightarrow 96 = (BC) \cdot 6 \Rightarrow \boxed{BC = 16}$

Resposta: $BC = 16$ cm

Exemplo 2: Dois polígonos são semelhantes, um lado de um mede 6 cm e o lado do outro, homólogo a ele, mede 4 cm. Se o menor tem 48 cm^2 de área, qual é a área do maior?

Resolução:

1º) A razão de semelhança **k**, menor que 1, é $k = \frac{4}{6} = \frac{2}{3}$.

2º) Como a razão das áreas é igual ao quadrado da razão de semelhança, temos:

$\frac{Ap}{Ag} = k^2 \Rightarrow \frac{48}{Ag} = \left(\frac{2}{3}\right)^2 \Rightarrow \frac{48}{Ag} = \frac{4}{9} \Rightarrow \frac{12}{Ag} = \frac{1}{9} \Rightarrow \boxed{Ag = 108}$

Resposta: 108 cm^2

Exemplo 3: Dois polígonos semelhantes têm 108 cm^2 e 588 cm^2 de área determinar a razão entre os seus perímetros.

Resolução: A razão entre as áreas é o quadrado da razão de semelhança e a razão entre os perímetros é a própria razão de semelhança.

Então:

$\frac{108}{588} = k^2 \Rightarrow \frac{54}{294} = \frac{27}{147} = \frac{9}{49} \Rightarrow k^2 = \frac{9}{49} \Rightarrow \boxed{K = \frac{3}{7}}$

Resposta: $\frac{3}{7}$

Exemplo 4: A altura relativa ao lado BC de um triângulo ABC é h. A que distância da base BC devemos traçar uma reta paralela a BC, para que a área do trapézio determinado por ela no triângulo, tenha $\frac{7}{16}$ da área do triângulo ABC?

Resolução:

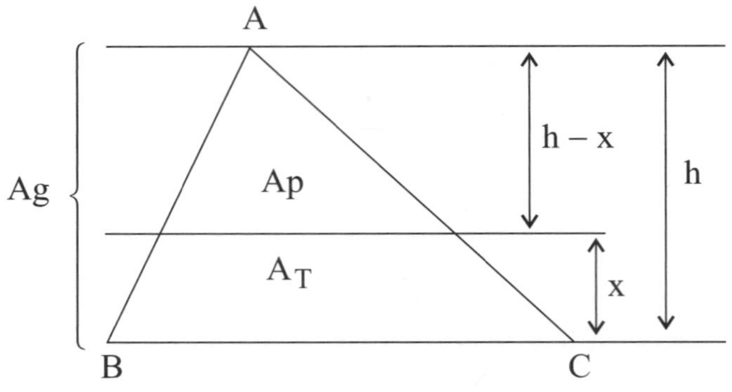

1º) Sendo Ap, Ag e At as áreas, respectivamente, do triângulo pequeno, do grande e do trapézio, temos:

$$At = \frac{7}{16}Ag \Rightarrow Ap = \frac{9}{16}Ag \Rightarrow \frac{Ap}{Ag} = \frac{9}{16}$$

2º) $\frac{Ap}{Ag} = \left(\frac{h-x}{h}\right)^2 \Rightarrow \frac{9}{16} = \left(\frac{h-x}{h}\right)^2 \Rightarrow$

$$\frac{h-x}{h} = \frac{3}{4} \Rightarrow 3h = 4h - 4x \Rightarrow \boxed{x = \frac{h}{4}}$$

Resposta: $\frac{h}{4}$

Exemplo 5: Os lados de dois heptágonos regulares medem 6 cm e 8 cm. Quanto deve medir o lado de um terceiro heptágono, também regular, para que a sua área seja igual à soma das áreas dos dois primeiros?

Resolução:

1º) Se suas áreas são A, B e C, onde C = A + B e os lados, respectivamente, 6 cm, 8 cm e x cm, temos:

$$\frac{A}{6^2} = \frac{B}{8^2} = \frac{C}{x^2} = \alpha \Rightarrow A = 6^2 \cdot \alpha,\ B = 8^2 \cdot \alpha \text{ e } C = x^2\ \alpha$$

2º) Como C = A + B, temos:

$$x^2\alpha = 6^2\alpha + 8^2\alpha \Rightarrow x^2 = 6^2 + 8^2 \Rightarrow x^2 = 100 \Rightarrow \boxed{x = 10}$$

Resposta: 10 cm

Exemplo 6: Quatro retas paralelas ao lado BC, de um triângulo ABC, dividem a altura relativa ao lado BC em 5 partes iguais. Dentre os trapézios, determinados por estas retas e os lados do triângulo, o menor tem 15 cm^2. Determine a área do trapézio de maiores bases.

Resolução:

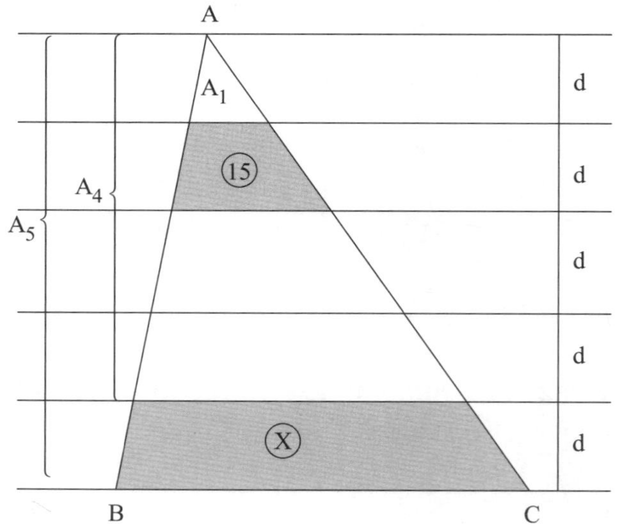

Sejam $A_1, A_2, \ldots . A_5$ as áreas dos triângulos, em ordem crescente. Como os triângulos são semelhantes, temos:

1º) $\frac{A_1}{A_1 + 15} = \left(\frac{d}{2d}\right)^2 \Rightarrow \frac{A_1}{A_1 + 15} = \frac{1}{4} \Rightarrow$

$$4A_1 = A_1 + 15 \Rightarrow \boxed{A_1 = 5}$$

2º) $\frac{A_1}{A_4} = \left(\frac{d}{4d}\right)^2 \Rightarrow \frac{5}{A_4} = \frac{1}{16} \Rightarrow \boxed{A_4 = 80}$

3º) $\frac{A_1}{A_5} = \left(\frac{d}{5d}\right)^2 \Rightarrow \frac{5}{A_5} = \frac{1}{25} \Rightarrow \boxed{A_5 = 125}$

4) $X = A_5 - A_4 = 125 - 80 \Rightarrow \boxed{X = 45}$

Resposta: 45cm^2

Exemplo 7: Dois polígonos semelhantes têm $16cm^2$ e $25cm^2$ de área. Qual é a área de um terceiro polígono, semelhante a eles, sabendo que um lado dele é igual à soma dos lados homólogos a ele nos dois primeiros?

Resolução:

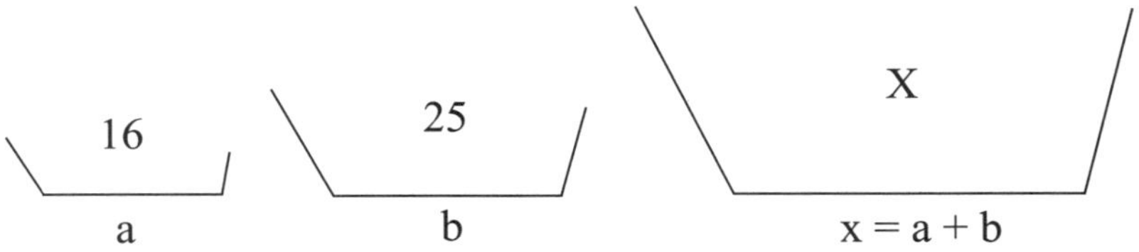

1º) Sendo **a**, **b** e **x** os lados homólogos e X a área do terceiro, como as áreas são proporcionais aos quadrados dos lados, temos:

$$\frac{16}{a^2} = \frac{25}{b^2} = \frac{X}{x^2} \Rightarrow \frac{4}{a} = \frac{5}{b} = \frac{\sqrt{X}}{x} = \alpha \Rightarrow a = \frac{4}{\alpha}, \quad b = \frac{5}{\alpha}, \quad x = \frac{\sqrt{X}}{\alpha}$$

2º) Como x = a + b, temos: $\frac{\sqrt{X}}{\alpha} = \frac{4}{\alpha} + \frac{5}{\alpha} \Rightarrow \sqrt{X} = 4 + 5 \Rightarrow \sqrt{X} = 9 \Rightarrow \boxed{X = 81}$

Resposta: $81cm^2$

89 Dois polígonos são semelhantes e a razão de semelhança é $\frac{5}{7}$. Determinar a razão entre:

a) Seus perímetros

b) Suas áreas.

90 Dois polígonos semelhantes têm $216\ m^2$ e $384\ m^2$ de área, qual é a razão de semelhança?

91 Dois polígonos são semelhantes. Se os seus perímetros têm 28 m e 42 m e o maior tem $81m^2$, qual é a área do outro?

92 Dois polígonos de perímetros 90 cm e 135 cm são semelhantes. Se o menor tem $360\ cm^2$ de área, qual é a área do maior?

93 Dois polígonos são semelhantes e têm segmentos homólogos de 18 cm e 24 cm. Se a soma de suas áreas é 375 cm^2, qual é a área do maior deles?

---

94 Os lados de dois pentágonos, regulares medem 6m e 8m. Quanto deve medir o lado de um terceiro pentágonoo regular para que a sua área seja igual a:

a) soma das áreas de dois primeiros.

b) 2 vezes a área do maior menos 3 vezes a área do menor.

---

95 Dois polígonos são semelhantes e têm 48 cm^2 e 108 cm^2 de área. Qual é a área de um terceiro polígono semelhante aos primeiros se o seu perímetro é igual à soma dos perímetros deles?

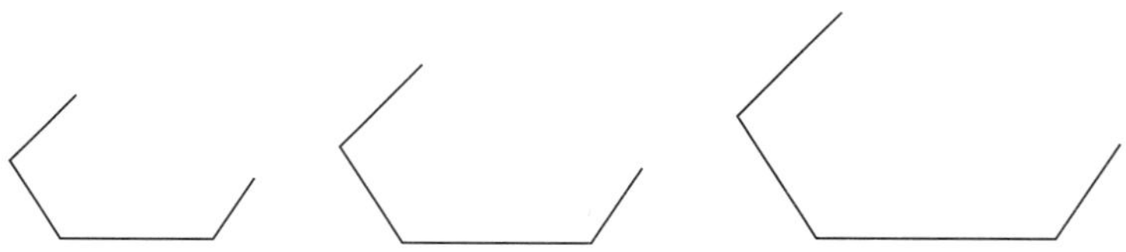

96 A altura relativa ao vértice A de um triângulo ABC mede h. A que distância do vértice A devemos traçar uma reta paralela a BC para que a área do trapézio obtido seja 8 vezes a área do triângulo determinado.

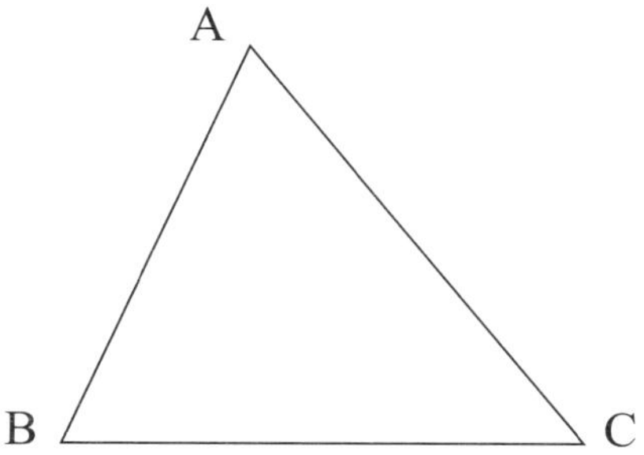

---

97 Por um ponto P, interno de um triângulo, conduzimos retas paralelas aos lados. Se as áreas dos triângulos com um vértice em P, determinados por essas retas e pelos lados do triângulo, são A, B e C, determine a área do triângulo original.

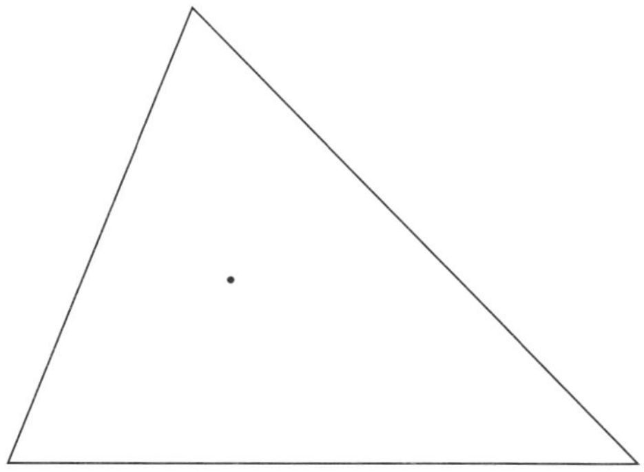

2 – Semelhança de sólidos

1. Esferas

Duas esferas quaisquer são sempre semelhantes

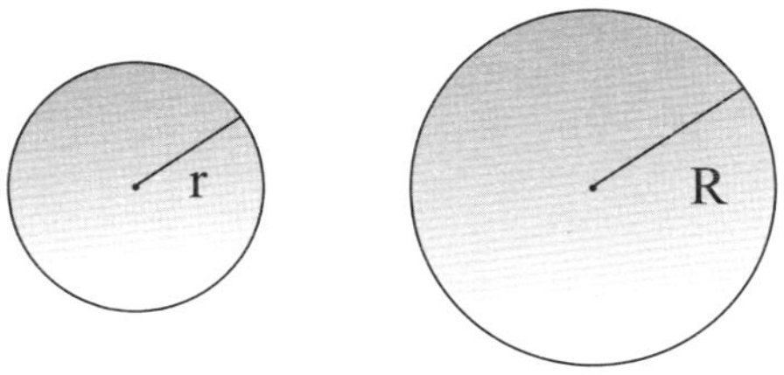

$\frac{r}{R} = k =$ razão de semelhança

I. Razão entre áreas

A razão entre as áreas de duas esferas é igual ao quadrado da razão entre os raios (razão de semelhança)

$$\frac{S}{S'} = \frac{4\pi r^2}{4\pi R^2} = \frac{r^2}{R^2} = k^2 \Rightarrow \boxed{\frac{S}{S'} = k^2}$$

Resp: **89** a) $\frac{5}{7}$ b) $\frac{25}{49}$ **90** $\frac{3}{4}$ **91** 36 m^2 **92** 810 cm^2

II. Razão entre volumes

A razão entre os volumes de duas esferas é igual ao cubo da razão entre os raios (razão de semelhança)

$$\frac{V}{V'} = \frac{\frac{4}{3}\pi r^3}{\frac{4}{3}\pi R^3} = \frac{r^3}{R^3} = \left(\frac{r}{R}\right)^3 = k^3 \Rightarrow \boxed{\frac{V}{V'} = k^3}$$

2) Cilindros semelhantes

Revisão: Uma propriedade das proporções

$$\frac{a}{b} = \frac{c}{d} \Rightarrow \frac{a+c}{b+d} = \frac{a}{b} = \frac{c}{d} \quad \text{e} \quad \frac{a-c}{b-d} = \frac{a}{b} = \frac{c}{d}$$

Exemplo: $\frac{2}{4} = \frac{4}{8} \Rightarrow k = \frac{1}{2} \Rightarrow \frac{2+4}{4+8} = \frac{6}{12} = \frac{1}{2}$ e $\frac{2-4}{4-8} = \frac{-2}{-4} = \frac{1}{2}$

Demonstração: $\frac{a}{b} = \frac{c}{d} \Rightarrow \frac{a}{c} = \frac{b}{d} \Rightarrow \frac{a}{c} + 1 = \frac{b}{d} + 1 \Rightarrow$

$$\frac{a+c}{c} = \frac{b+d}{d} \Rightarrow \boxed{\frac{a+c}{b+d} = \frac{c}{d} = \frac{a}{b}}$$

A = área, V = volume , A_L = área lateral, p = "pequeno", g ="grande"

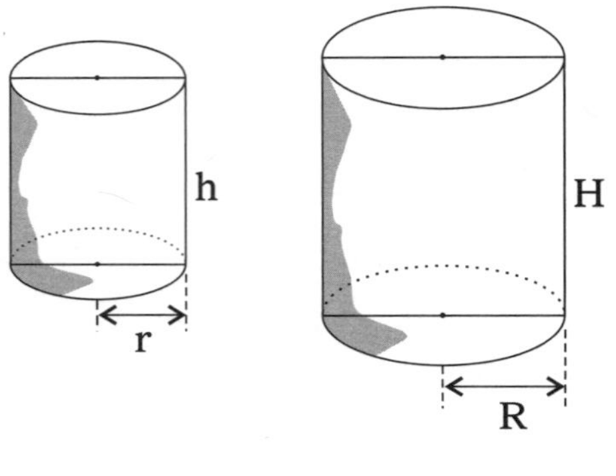

I) **Razão de semelhança (k)**

$$\frac{r}{R} = \frac{h}{H} = k \Rightarrow \frac{r+h}{R+H} = k \qquad \text{(Propriedade)}$$

II) **Razão entre volumes**

$$\frac{Vp}{Vg} = \frac{\pi r^2 h}{\pi R^2 H} = \left(\frac{r}{R}\right)^2 \left(\frac{h}{H}\right) = k^2 \cdot k = k^3$$

III) **Razão entre áreas laterais**

$$\frac{A_{Lp}}{A_{Lg}} = \frac{2\pi rh}{2\pi RH} = \frac{rh}{RH} = \frac{r}{R} \cdot \frac{h}{H} = k \cdot k = k^2$$

IV) **Razão entre áreas**

$$\frac{Ap}{Ag} = \frac{2\pi rh + 2\pi r^2}{2\pi RH + 2\pi R^2} = \frac{rh + r^2}{RH + R} = \frac{r(h+r)}{R(H+R)} = \frac{r}{R} \cdot \frac{(h+r)}{(H+R)} = k \cdot k = k^2$$

Então: $\frac{r}{R} = \frac{h}{H} = k$, $\frac{A_{Lp}}{A_{Lg}} = k^2$, $\frac{Ap}{Ag} = k^2$, $\frac{Vp}{Vg} = k^3$

3) Cones semelhantes

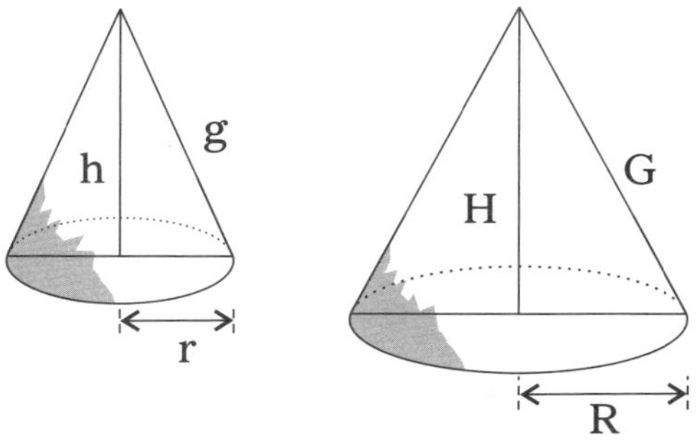

1) Razão de semelhança

$$\frac{r}{R} = \frac{h}{H} = \frac{g}{G} = k$$

Também:

$$\frac{r+h}{R+H} = \frac{r+g}{R+G} = \frac{r+h+g}{R+H+G} = k \text{ (Propriedade)}$$

2) Razão entre volumes

$$\frac{Vp}{Vg} = \frac{\frac{1}{3}\pi r^2 \cdot h}{\frac{1}{3}\pi R^2 \cdot H} = \frac{r^2 \cdot h}{R^2 \cdot H} = \left(\frac{r}{R}\right)^2 \cdot \frac{h}{H} = k^2 \cdot k = k^3$$

3) Razão entre áreas laterais

$$\frac{A_{Lp}}{A_{Lg}} = \frac{\pi rg}{\pi RG} = \frac{r \cdot g}{R \cdot G} = \frac{r}{R} \cdot \frac{g}{G} = k \cdot k = k^2$$

4) Razão entre áreas

$$\frac{Ap}{Ag} = \frac{\pi rg + \pi r^2}{\pi RG + \pi R^2} = \frac{r(g+r)}{R(G+R)} = \frac{r}{R} \cdot \frac{g+r}{G+R} = k \cdot k = k^2$$

4) Poliedros semelhantes

Dois poliedros convexos são semelhantes quando é possível fazer uma correspondência entre os vértices de um e os vértices do outro de modo que ângulos poliédricos de vértices correspondentes sejam congruentes e faces determinadas por vértices correspondentes sejam semelhantes.

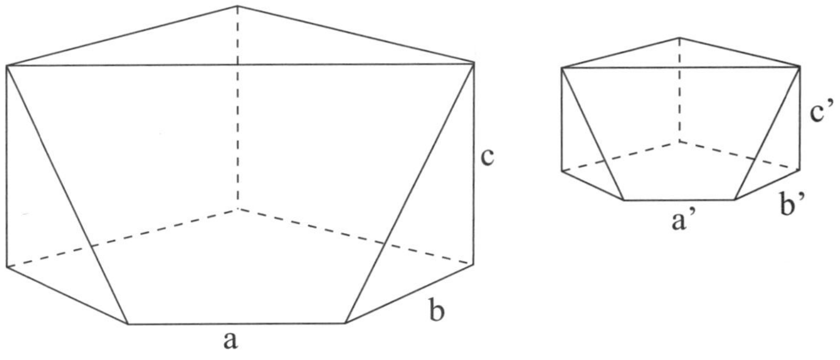

Sendo S e S' as áreas, V e V' os volumes, S_1 e S'_1, as áreas de duas regiões homólogas e k a razão de semelhança, temos:

$$\frac{a}{c'} = \frac{b}{b'} = \frac{c}{c'} = \ldots = k$$

$$\frac{S}{S'} = k^2 \text{ , } \frac{S_1}{S'_1} = k^2 \text{ , } \frac{V}{V'} = k^3$$

Obs.:

1) Dois **tetraedros** regulares são semelhantes. — Tetraedro – 4 faces triangulares

2) Dois **hexaedros** regulares (cubos) são semelhantes. — Hexaedro – 6 faces quadrangulares

3) Dois **octaedros** regulares são semelhantes. — Octaedro – 8 faces triangulares

4) Dois **dodecadros** regulares são semelhantes. — Dodecaedro – 12 faces pentagonais

5) Dois **icosaedros** regulares são semelhantes. — Icosaedro – 20 faces triangulares

Resp: **93** 240 cm^2 **94** a) 10 m b) $2\sqrt{5}$ m **95** 300 cm^2 **96** $\frac{h}{3}$ **97** $(\sqrt{A} + \sqrt{B} + \sqrt{C})^2$

5) Dois Teoremas

I. Teorema: Sendo **H** a altura de uma pirâmide e **h** a distância entre o vértice oposto à base e um plano , paralelo à base, que intercepta todas as arestas, então a razão entre a área da secção e a área da base é igual a $(h/H)^2$.

Sendo A e B as áreas, respectivamente, da secção e da base,

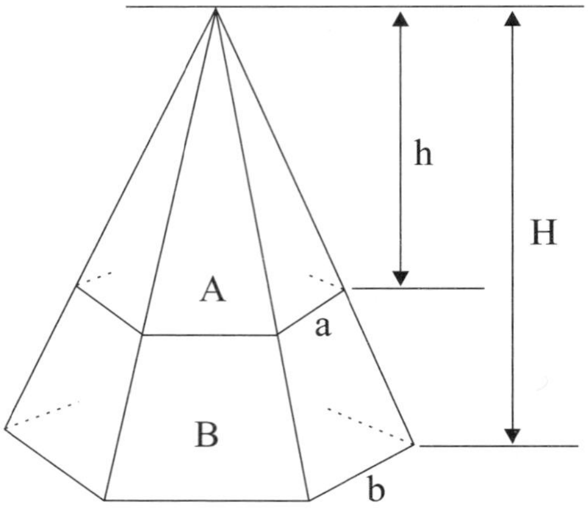

como $\frac{A}{B} = \left(\frac{a}{b}\right)^2$ e $\frac{a}{b} = \frac{h}{H}$

obtemos: $\frac{A}{B} = \left(\frac{h}{H}\right)^2$

II. Teorema: Dada uma pirâmide e um plano paralelo à base, que a intercepta, a pirâmide obtida (ou destacada) é semelhante a essa pirâmide.

Sendo A_p e A_g as áreas da pequena e da grande, V_p e V_g os volumes,, A_{Lp} e A_{Lg} as áreas laterais, A e B as áreas das bases, h e H as alturas, temos:

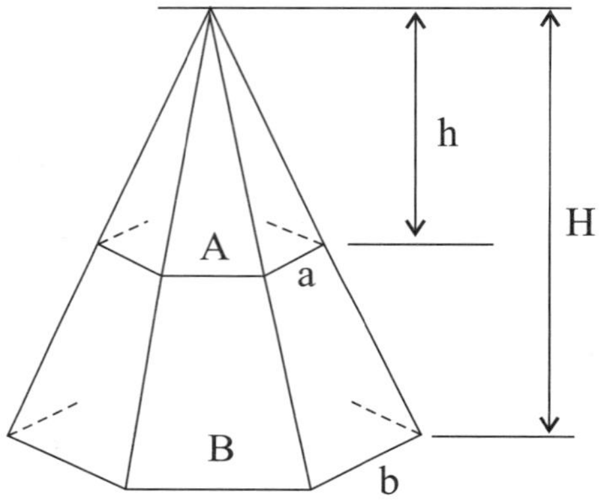

$$\frac{V_p}{V_g} = \left(\frac{h}{H}\right)^3$$

$$\frac{A_p}{A_g} = \frac{A_{Lp}}{A_{Lg}} = \frac{A}{B} = \left(\frac{h}{H}\right)^2$$

3 – Troncos de bases paralelas

1) Tronco de pirâmide

Considere uma pirâmide e um plano paralelo à base que determina nela uma outra pirâmide. O sólido que é a união das bases das pirâmides com a parte entre as duas bases é chamado **tronco de pirâmide** de bases paralelas. Neste capítulo quando falarmos apenas tronco de pirâmide, considere que as bases são paralelas.

Note que o volume do tronco é a diferença entre os volumes das pirâmides.

$$V_T = V_g - V_p$$

Obs: 1) As bases das pirâmides, original e obtida, são chamadas **bases** do tronco.

2) Os trapézios determinados nas faces laterais da pirâmide são chamados **faces laterais** do tronco.

3) A distância entre os planos das bases das pirâmides é chamada **altura** do tronco.

Quando o tronco for tronco de pirâmide regular, o segmento sobre uma face lateral, cujas extremidades são os pontos médios das arestas das bases, é chamado **apótema do tronco**.

Note que cada face lateral de um tronco de pirâmide regular é um trapézio isósceles cuja altura é o apótema do tronco.

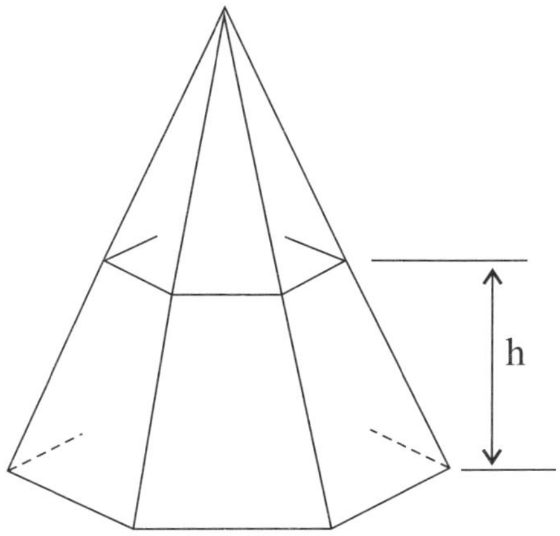

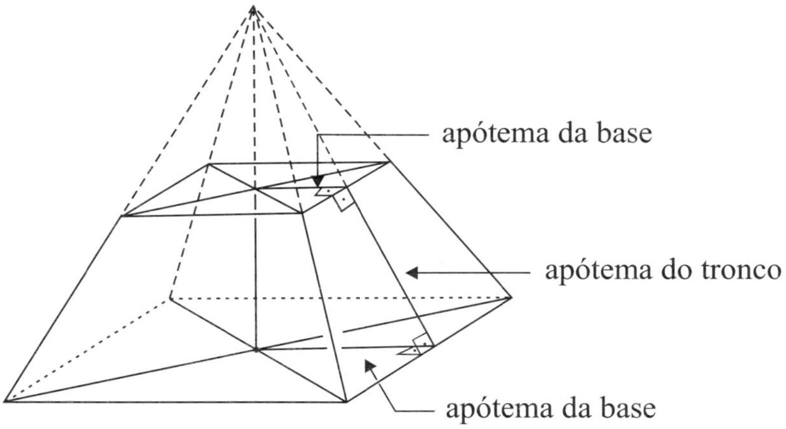

Obs: Os lados das bases são chamados de **arestas das bases** do tronco e as outras arestas do tronco são chamadas **arestas laterais**.

2) Tronco de cone reto

Considere um cone circular reto e um plano paralelo à base que o intercepta em um círculo diferente da base. O sólido que é a união desse círculo, com a base e com a parte do cone entre esses dois círculos, é chamado tronco de cone reto de bases paralelas. Quando dissermos tronco de cone, considere o de revolução. Neste capítulo quando falarmos apenas **tronco de cone**, considere que as bases são paralelas.

O volume do tronco é a diferença entre os volumes dos cones.

$$V_T = V_g - V_p$$

O segmento sobre uma geratriz do cone, com extremidades nas circunferências das bases é chamado geratriz do tronco ou apótema do tronco.

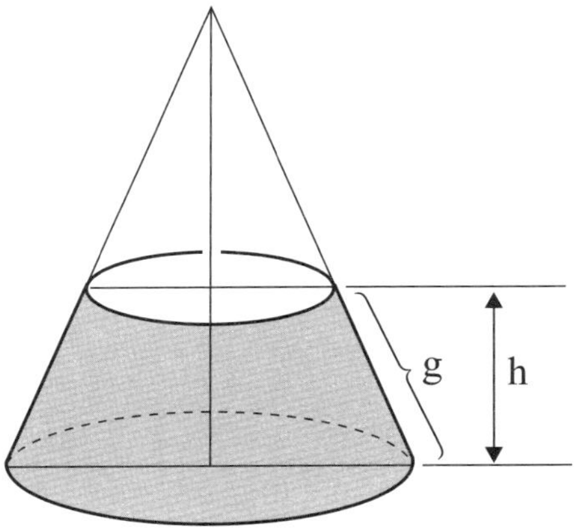

h é altura do tronco

g é a geratriz ou apótema do tronco de cone

3) Altura

Altura de um tronco de pirâmide ou de cone é a distância entre os planos das bases.

4) Área lateral de um tronco de cone

A área da superfície lateral de um tronco de cone de revolução de raios **r** e **R** e geratriz (do tronco) g é dada por $A_{LTr} = \pi g(R + r)$

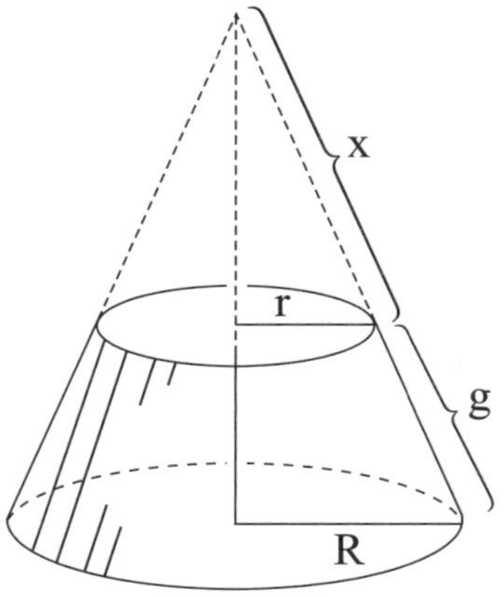

Note que a área lateral do tronco é igual a diferença entre as áreas laterais dos cones (grande e pequeno).

$$A_{LTr} = A_{Lg} - A_{Lp}$$

1º) Por semelhança: $\frac{x}{x+g} = \frac{r}{R} \Rightarrow$

$$\Rightarrow Rx = rx + rg \Rightarrow \boxed{Rx - rx = rg}$$

2º) Área lateral do tronco (A_{LTr})

Como $A_{Lg} = \pi R(g+x)$ e $A_{Lp} = \pi rx$, obtemos:

$$A_{LTr} = A_{Lg} - A_{Lp} = \pi R(g+x) - \pi rx \Rightarrow$$

$$A_{LTr} = \pi(Rg + Rx - rx)$$

Como $Rx - rx = rg$, obtido na semelhança, obtemos:

$$A_{LTr} = \pi[Rg + rg] \Rightarrow \boxed{A_{LTr} = \pi g(R + r)}$$

Obs: Sendo **A** e **B** as áreas das bases do tronco de cone, note que a área do tronco (A_T) será dada por:

$$A_T = A + B + A_{LTr} \Rightarrow \boxed{A_T = \pi r^2 + \pi R^2 + \pi g(R + r)}$$

5) Volume de tronco de pirâmide (ou de cone)

Sendo **A** e **B** as áreas das bases e **h** a altura de um tronco de pirâmide (ou de um tronco de cone), então o volume desse tronco é dado por

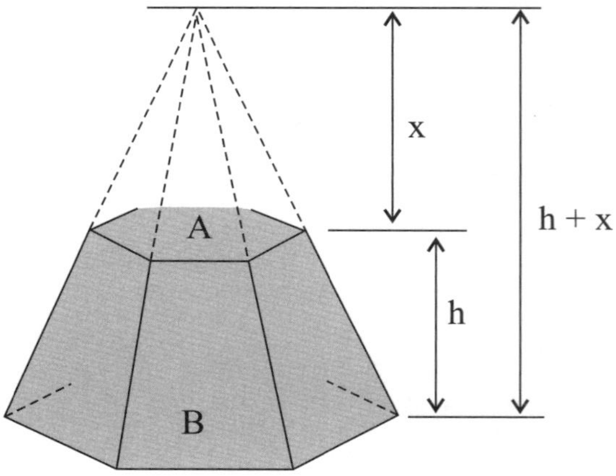

$$V_T = \frac{h}{3}\left[A + \sqrt{A \cdot B} + B\right]$$

Note que o volume do tronco é igual à diferença entre os volumes das pirâmides (grande e pequena)

$$V_T = V_g - V_p$$

1º) Por semelhança, como a razão entre as áreas das bases é igual ao quadrado da razão de semelhança, obtemos:

$$\frac{A}{B} = \left(\frac{x}{h+x}\right)^2 \Rightarrow \frac{\sqrt{A}}{\sqrt{B}} = \frac{x}{h+x} \Rightarrow$$

$$x\sqrt{B} = h\sqrt{A} + x\sqrt{A} \Rightarrow x\sqrt{B} - x\sqrt{A} = h\sqrt{A} \Rightarrow x\left(\sqrt{B} - \sqrt{A}\right) = h\sqrt{A} \Rightarrow$$

$$\Rightarrow x = \frac{h\sqrt{A}}{\sqrt{B} - \sqrt{A}} = \frac{h\sqrt{A}}{\left(\sqrt{B} - \sqrt{A}\right)} \cdot \frac{\left(\sqrt{B} + \sqrt{A}\right)}{\left(\sqrt{B} + \sqrt{A}\right)} \Rightarrow x = \frac{h\left(\sqrt{AB} + A\right)}{B - A}$$

2º) Como as alturas das pirâmides são h + x e x, temos:

$$V_T = V_g - V_p \Rightarrow V_T = \frac{1}{3}B(h+x) - \frac{1}{3}A \cdot x \Rightarrow$$

$$\Rightarrow V_T = \frac{1}{3}[Bh + Bx - Ax] = \frac{1}{3}[Bh + (B-A)x] \text{ e } x = \frac{h(\sqrt{AB}+A)}{B-A} \Rightarrow$$

$$\Rightarrow V_T = \frac{1}{3}\left[Bh + (B-A)\cdot\frac{h(\sqrt{AB}+A)}{B-A}\right] \Rightarrow \boxed{V_T = \frac{h}{3}\left[A + \sqrt{AB} + B\right]}$$

Obs: Para o tronco de cone de raios **r** e **R** e altura **h**, obtemos:

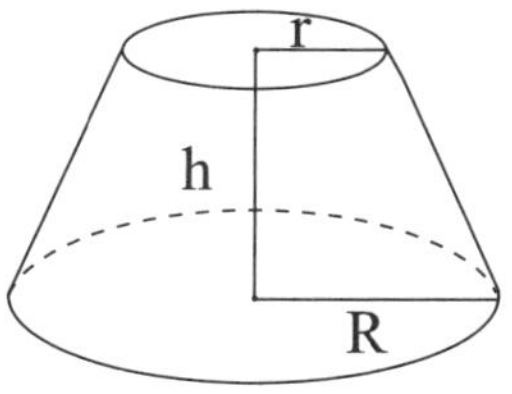

$$V_T = \frac{h}{3}\left[A + \sqrt{AB} + B\right] \Rightarrow V_T = \frac{h}{3}\left[\pi r^2 + \sqrt{\pi r^2 \cdot \pi R^2} + \pi R^2\right]$$

$$\Rightarrow V_T = \frac{h}{3}\left[\pi r^2 + \pi r R + \pi R^2\right] \Rightarrow \boxed{V_T = \frac{\pi h}{3}\left[r^2 + rR + R^2\right]}$$

Exemplo 1: Dois poliedros semelhantes têm 180 cm² e 320 cm² de área. Se o maior tem 256 cm³ de volume, qual é o volume do menor?

Resolução:

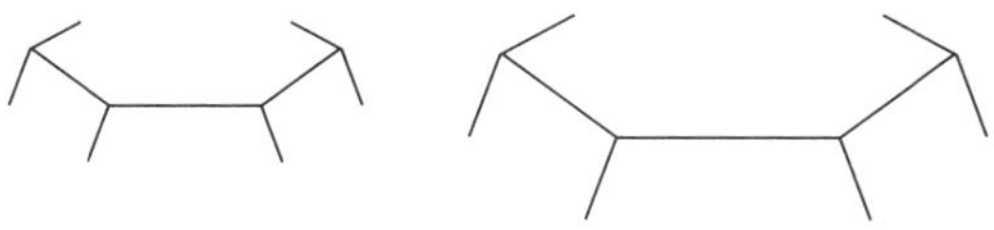

Não podemos fazer uma simples regra de três, pois estaríamos igualando k^2 com k^3. Então:

$$\begin{cases} A_p = 180\text{ cm}^2 \\ V_p = ? \end{cases} \qquad \begin{cases} A_g = 320\text{ cm}^2 \\ V_g = 256\text{ cm}^3 \end{cases}$$

1) **cálculo de k**

$$\frac{180}{320} = k^2 \Rightarrow k^2 = \frac{18}{32} \Rightarrow k^2 = \frac{9}{16} \Rightarrow \boxed{k = \frac{3}{4}}$$

2) **cálculo do volume do menor**

$$\frac{V_p}{V_g} = k^3 \Rightarrow \frac{V_p}{256} = \left(\frac{3}{4}\right)^3 \Rightarrow \frac{V_p}{256} = \frac{27}{64} \Rightarrow \frac{V_p}{4} = \frac{27}{1} \Rightarrow \boxed{V_p = 108\text{ cm}^3}$$

Resposta: 108 cm³

Exemplo 2: Duas pirâmides são semelhantes e têm de áreas laterais 336 cm² e 756 cm². Se a menor tem 432 cm³ de volume, qual é o volume da maior?

Resolução:

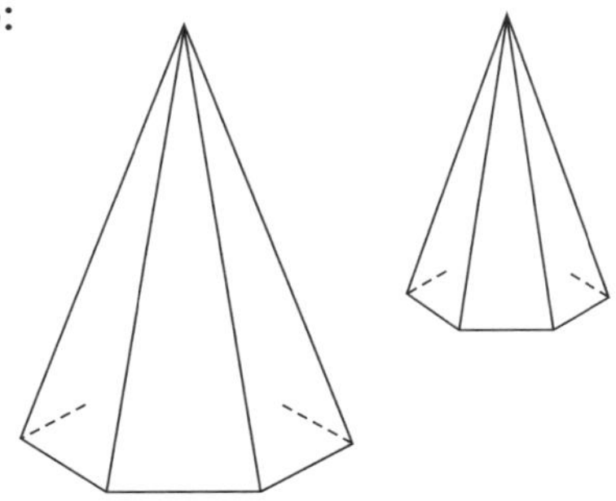

1) A razão entre áreas laterais é k^2 e entre os volumes é k^3?

2) $\frac{336}{756} = k^2 \Rightarrow k^2 = \frac{168}{378} = \frac{84}{189} = \frac{28}{63} = \frac{4}{9} \Rightarrow \boxed{k = \frac{2}{3}}$

3) $\frac{V_p}{V_g} = \left(\frac{2}{3}\right)^3 \Rightarrow \frac{432}{V_g} = \frac{8}{27} \Rightarrow \frac{54}{V_g} = \frac{1}{27} \Rightarrow V_g = 1458$

Resposta: 1458 cm³

Exemplo 3: Dois poliedros semelhantes têm 378 cm^2 e 168 cm^2 de área. Se a soma dos seus volumes é 455 cm^3, qual é o volume do menor deles?

Resolução:

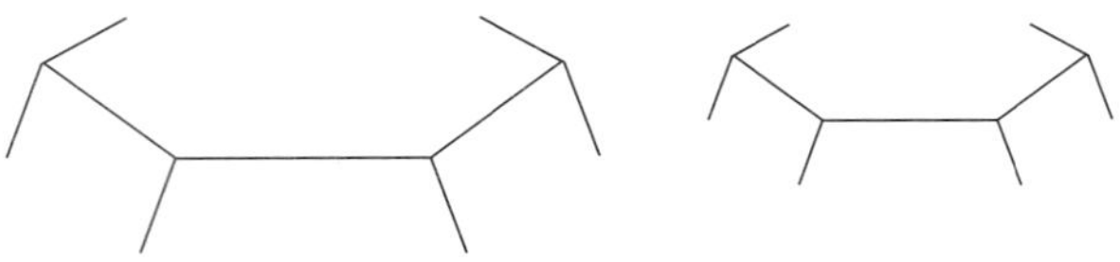

$$\begin{cases} A_g = 378 \\ V_g = 455 - x \end{cases} \qquad \begin{cases} A_p = 168 \\ V_p = x \end{cases}$$

1) **cálculo da razão k**

$$\frac{378}{168} = k^2 \Rightarrow \frac{189}{84} = k^2 \Rightarrow k^2 = \frac{63}{28} \Rightarrow k^2 = \frac{9}{4} \Rightarrow \boxed{k = \frac{3}{2}}$$

2) cálculo do volume do menor (x)

$$\frac{V_g}{V_p} = k^3 \Rightarrow \frac{455 - x}{x} = \left(\frac{3}{2}\right)^3 \Rightarrow \frac{455 - x}{x} = \frac{27}{8} \Rightarrow$$

$$\Rightarrow 27x = 455 \cdot 8 - 8x \Rightarrow 35x = 455 \cdot 8 \Rightarrow x = 13 \cdot 8 \Rightarrow \boxed{x = 104\ cm^3}$$

Resposta: 104 cm^3

Exemplo 4: Uma pirâmide tem 20 cm de altura e a sua base tem 200 cm^2 de área. Determinar a área de uma secção plana paralela à base, distante 8 cm desta.

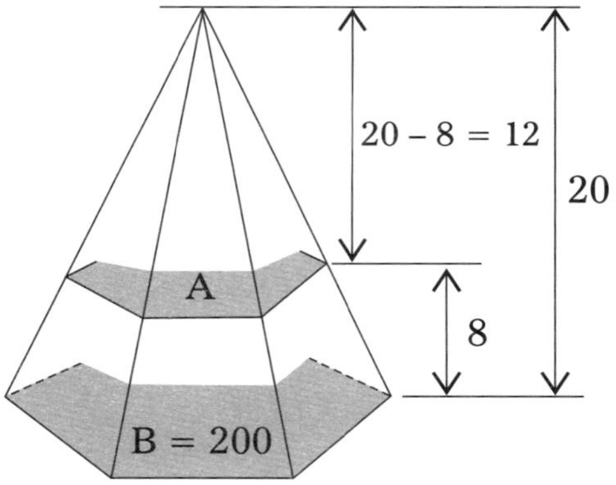

A secção é semelhante à base.

Então:

$$\frac{A}{B} = k^2 \Rightarrow \frac{A}{200} = \left(\frac{12}{20}\right)^2 \Rightarrow$$

$$\frac{A}{200} = \left(\frac{3}{5}\right)^2 \Rightarrow \frac{A}{200} = \frac{9}{25} \Rightarrow$$

$$\frac{A}{8} = \frac{9}{1} \Rightarrow \boxed{A = 72} \Rightarrow \boxed{72\ cm^2}$$

Resposta: 72 cm^2

Exemplo 5: Uma pirâmide tem 27 cm de altura. Um plano paralelo à base secciona esta pirâmide determinando um tronco com área lateral de 390 cm^2. Qual é a área lateral da pirâmide determinada por esta secção, se o tronco tem 15 cm de altura?

Resolução:

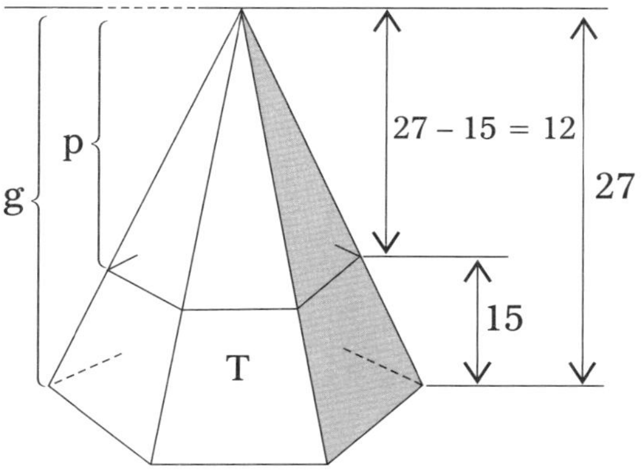

1) $A_{Lg} = A_{LT} + A_{Lp} \Rightarrow A_{Lg} = 390 + A_{Lp}$

A relação que interessa é entre a grande e a pequena pois estes são os sólidos semelhantes.

2) $\dfrac{A_{Lp}}{A_{Lg}} = \left(\dfrac{12}{27}\right)^2 \Rightarrow \dfrac{A_{Lp}}{390 + A_{Lp}} = \left(\dfrac{4}{9}\right)^2 \Rightarrow$

$\Rightarrow \dfrac{A_{Lp}}{390 + A_{Lp}} = \dfrac{16}{81} \Rightarrow 81A_{Lp} = 390 \cdot 16 + 16A_{Lp}$

$81A_{Lp} - 16A_{Lp} = 390 \cdot 16 \Rightarrow 65A_{Lp} = 390 \cdot 16 \Rightarrow A_{Lp} = 6 \cdot 16 \Rightarrow \boxed{A_{Lp} = 96\ cm^2}$

Resposta: 96 cm^2

Exemplo 6: Uma pirâmide tem 35 cm de altura e 1500 cm^3 de volume. Um plano paralelo à base secciona esta pirâmide determinando um tronco de 14 cm de altura. Qual o volume deste tronco?

Resolução:

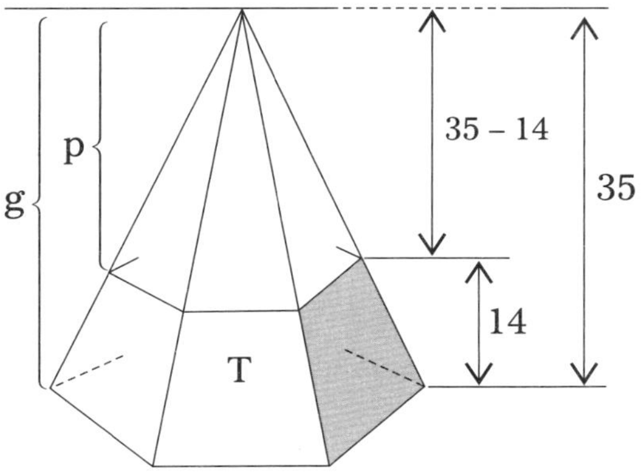

1) **Razão de semelhança (k)**

$k = \dfrac{21}{35} \Rightarrow k = \dfrac{3}{5}$

2) $\dfrac{V_p}{V_g} = k^3 \Rightarrow \dfrac{V_g - V_T}{V_g} = \left(\dfrac{3}{5}\right)^3 \Rightarrow$

$\dfrac{1500 - V_T}{1500} = \dfrac{27}{125} \Rightarrow \dfrac{1500 - V_T}{12} = \dfrac{27}{1}$

$\Rightarrow 1500 - V_T = 324 \Rightarrow V_T = 1500 - 324$

$\boxed{V_T = 1176\ cm^3}$

Resposta: 1176 cm^3

Obs.: **Três números em PA** (progresso aritmética)

(a, x, b) é PA $\Rightarrow$ x – a = b – x $\Rightarrow$ 2x = a + b $\Rightarrow$ $\boxed{x = \frac{a+b}{2}}$

O termo do meio é a média aritmética dos outros.

Três números positivos em PG (progressão geométrica)

(A, X, B) é PG $\Rightarrow$ $\frac{X}{A} = \frac{B}{X}$ $\Rightarrow$ $X^2 = AB$ $\Rightarrow$ $\boxed{X = \sqrt{AB}}$

O termo do meio é a média geométrica dos outros

(A, $\sqrt{AB}$, B) é uma PG

Exemplo 7: Um tronco de pirâmide de bases paralelas tem 6 cm de altura. Se as bases tem 8 cm^2 e 18 cm^2 de área, qual é o seu volume?

Resolução: A altura dada é do tronco

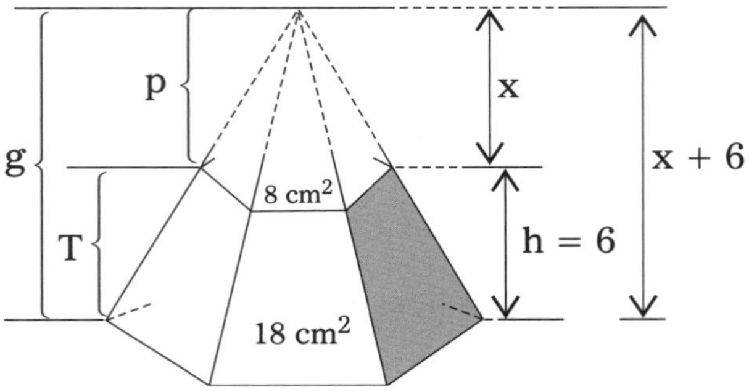

1º modo: Por diferença de volumes de pirâmides.

$V_T = V_g - V_p \Rightarrow V_T = \frac{1}{3} \cdot 18(\ ) - \frac{1}{8} 8 \cdot (\ )$

Faltam as alturas das pirâmides.

Razão entre alturas é k e a razão entre as áreas das bases é k^2

1) Cálculo das alturas das pirâmides (x e x + 6)

$\frac{8}{18} = k^2 \Rightarrow k^2 = \frac{4}{9} \Rightarrow \boxed{k = \frac{2}{3}} \Rightarrow \frac{x}{x+6} = k \Rightarrow \frac{x}{x+6} = \frac{2}{3} \Rightarrow 3x = 2x + 12 \Rightarrow \boxed{x = 12}$

Alturas iguais a x e x + 6 $\Rightarrow$ Alturas: 12 cm e 18 cm.

2) **Volume do tronco**

$V_T = V_g - V_p \Rightarrow V_T = \frac{1}{3}(18) \cdot 18 - \frac{1}{3}(8) \cdot 12 \Rightarrow V_T = 6 \cdot 18 - 8 \cdot 4 \Rightarrow \boxed{V_T = 76}$

2º modo: Usando a fórmula demonstrada

Sendo A = 8 cm^2 e B = 18 cm^2 as áreas das bases e h = 6 cm a altura do tronco (do tronco), temos: Esta fórmula parece complicada para memorizar, mas olhe que dentro dos colchetes é PG

$V_T = \frac{h}{3}[A + \sqrt{AB} + B]$

$V_T = \frac{6}{3}[8 + \sqrt{8 \cdot 18} + 18]$

$V_T = 2[8 + \sqrt{144} + 18]$

$V_T = 2[8 + 12 + 18] \Rightarrow V_T = 2[38] \Rightarrow \boxed{V_T = 76}$

Resposta: 76 cm^3

Exemplo 8: Uma pirâmide tem 24 cm de altura. Um plano paralelo à base, distante 6 cm da base, determina, ao interceptá-la, um tronco de 444 cm^3 de volume. Determine a área da base dessa pirâmide.

Resolução:

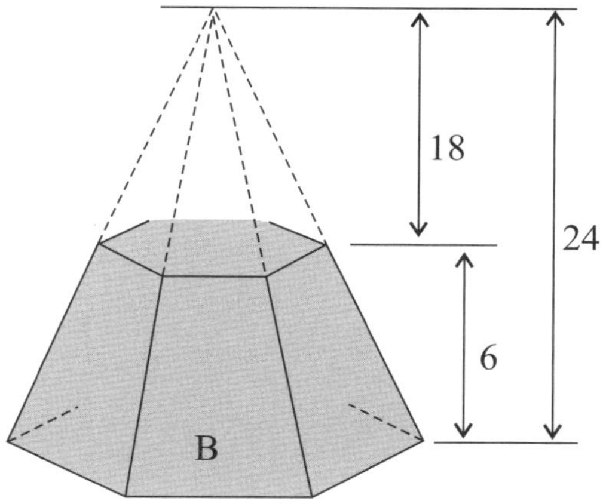

1º) Sendo V_p e V_g os volumes da pirâmide determinada e da original, temos:

$$\frac{Vp}{Vg} = \left(\frac{18}{24}\right)^3 \Rightarrow \frac{Vp}{Vp + 444} = \left(\frac{3}{4}\right)^3 \Rightarrow$$

$$\Rightarrow \frac{Vp}{Vp + 444} = \frac{27}{64} \Rightarrow 64Vp = 27Vp + 444 \cdot 27 \Rightarrow$$

$$\Rightarrow 37Vp = 444 \cdot 27 \Rightarrow Vp = 12 \cdot 27 \Rightarrow$$

$$\Rightarrow \boxed{Vp = 324} \Rightarrow Vg = 444 + 324 \Rightarrow \boxed{Vg = 768}$$

2º) Cálculo da área da base (B)

$$Vg = \frac{1}{3} B \cdot H \Rightarrow 768 = \frac{1}{3} B \cdot 24 \Rightarrow 8B = 768 \Rightarrow \boxed{B = 96}$$

Resposta: 96 cm^2

Exemplo 9: Um plano paralelo à base de um cone circular de altura **h** determina neste cone um tronco cujo volume é $\frac{19}{27}$ do volume dele. Qual é a distância entre esse plano e o plano da base?

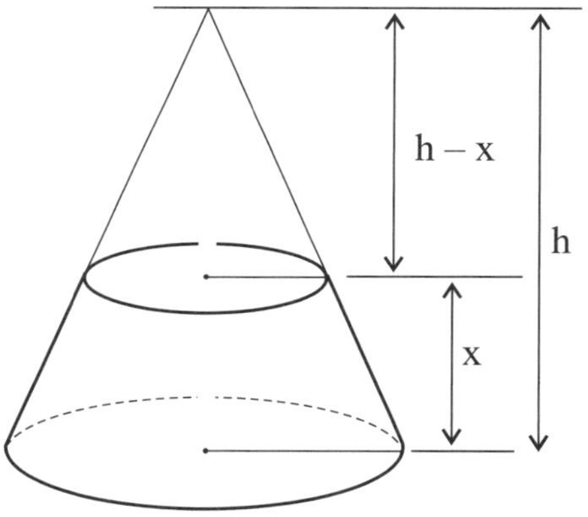

Resolução:

$$1º)\ V_T = \frac{19}{27} Vg \Rightarrow Vp = \frac{8}{27} Vg \Rightarrow \frac{Vp}{Vg} = \frac{8}{27}$$

$$2º)\ \frac{Vp}{Vg} = \left(\frac{h - x}{h}\right)^3 \Rightarrow \left(\frac{h - x}{h}\right)^3 = \frac{8}{27} \Rightarrow \frac{h - x}{h} = \frac{2}{3}$$

$$\Rightarrow 2h = 3h - 3x \Rightarrow 3x = h \Rightarrow \boxed{x = \frac{h}{3}}$$

Resposta: $\frac{h}{3}$

Exemplo 10: Um tronco de cone de revolução tem raios de 12 cm e 8 cm e geratriz (do tronco) de 6 cm. Determinar sua área lateral.

Resolução:

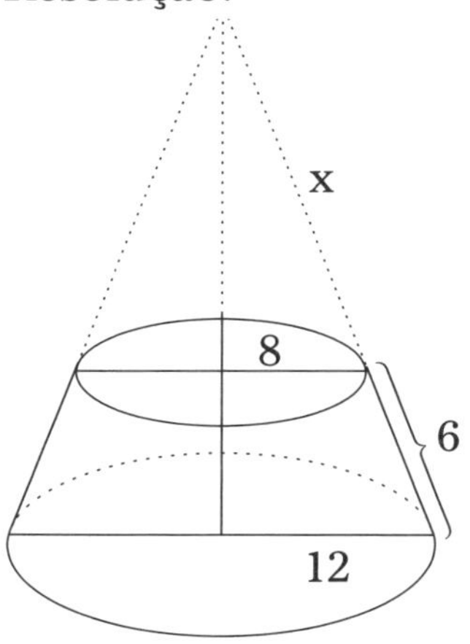

$r = 8$, $R = 12$, $g = 6$

1º modo: (Por diferença)

(1) Geratrizes dos cones: $\frac{x}{x + 6} = \frac{8}{12} \Rightarrow \frac{x}{x + 6} = \frac{2}{3} \Rightarrow$

$3x = 2x + 12 \Rightarrow \boxed{x = 12} \Rightarrow$ Geratrizes = 12 e 18

(2) $A_{LT} = A_{Lg} - A_{Lp} = \pi \cdot 12 \cdot 18 - \pi \cdot 8 \cdot 12 = \pi 12(18 - 8)$

$A_{LT} = 12\pi\ 10 \Rightarrow \boxed{A_{LT} = 120\pi}$

2º modo: (fórmula deduzida)

$A_{LT} = \pi g(R + r) = \pi \cdot 6(12 + 8) \Rightarrow \boxed{A_{LT} = 120\pi}$

Resposta: $120\pi\ cm^2$

Exemplo 11: Um tronco de cone circular reto tem raios de 4 cm e 10 cm. Sendo 9 cm a sua altura, qual é o seu volume?

Resolução: **1º modo**: (Por diferença)

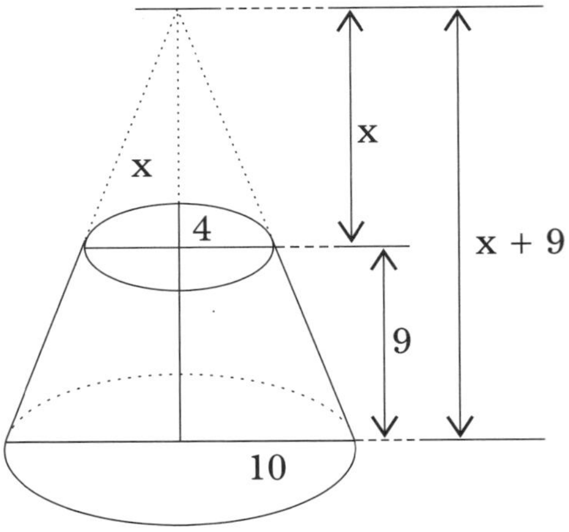

1) **Alturas dos cones**

$$\frac{x}{x+9}=\frac{4}{10} \Rightarrow \frac{x}{x+9}=\frac{2}{5} \Rightarrow 5x=2x+18 \Rightarrow$$

$$\Rightarrow x=6 \Rightarrow \text{Alturas} = 6 \text{ e } 15$$

2) $V_T = V_g - V_p \Rightarrow V_T = \frac{1}{3}\pi \cdot 10^2 \cdot 15 - \frac{1}{3}\pi \cdot 4^2 \cdot 6$

$$V_T = 500\pi - 32\pi \Rightarrow \boxed{V_T = 468\pi}$$

2º modo: (Usando a fórmula demonstrada. Com h do tronco)

$$V_T = \frac{h}{3}[A+\sqrt{AB}+B] = \frac{h}{3}[\pi r^2 + \sqrt{\pi r^2 \cdot \pi R^2} + \pi R^2] \Rightarrow$$

$$V_T = \frac{\pi h}{3}[r^2 + rR + R^2] \Rightarrow V_T = \frac{\pi \cdot 9}{3}[4^2 + 4 \cdot 10 + 10^2] = 3\pi \cdot [16+40+100] \Rightarrow$$

$$V_T = 3\pi[156] \Rightarrow V_T = 468\pi$$

Resposta: $468\,\pi\ \text{cm}^3$

Exemplo 12: A geratriz de um tronco de cone de revolução mede 12 cm e forma um ângulo de 60º com os planos das bases. Se a área lateral do tronco excede a soma das áreas das bases em $4\pi\ \text{cm}^2$, qual é o seu volume?

Resolução:

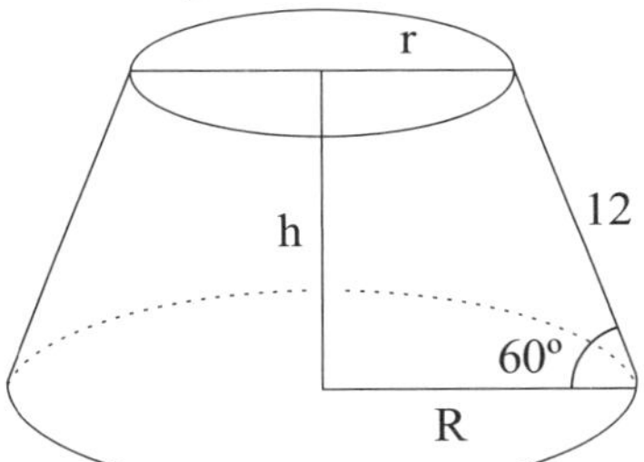

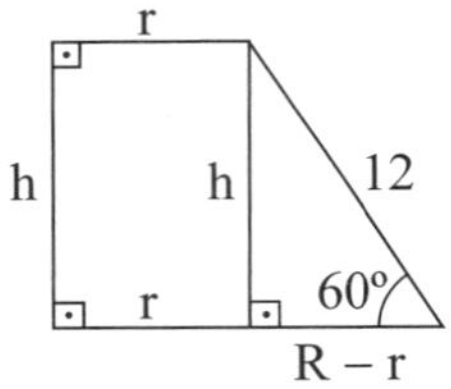

1º) Cálculo de h e de uma relação entre R e r.

I) $\text{sen } 60^\circ = \frac{h}{12} \Rightarrow h = 6\sqrt{3}$

II) $\cos 60^\circ = \frac{R-r}{12} \Rightarrow R - r = 6 \Rightarrow R = r + 6$

2º) Cálculo de r e R

$$A_{LT} = A + B + 4\pi \Rightarrow \pi g(R+r) = \pi R^2 + \pi r^2 + 4\pi \Rightarrow$$

$$\Rightarrow 12(r+6+r) = (r+6)^2 + r^2 + 4 \Rightarrow 24r + 72 = r^2 + 12r + 36 + r^2 + 4 \Rightarrow$$

$$\Rightarrow 2r^2 - 12r - 32 = 0 \Rightarrow r^2 - 6r - 16 = 0 \Rightarrow (r-8)(r+2) = 0 \Rightarrow \boxed{r=8} \Rightarrow \boxed{R=14}$$

3º) **Volume do tronco**

$$V_T = \frac{h}{3}\left[A+\sqrt{AB}+B\right] = \frac{\pi h}{3}\left[r^2 + rR + R^2\right] \Rightarrow V_T = \frac{\pi \cdot 6\sqrt{3}}{3}\left[8^2 + 8 \cdot 14 + 14^2\right]$$

$$V_T = 2\sqrt{3}\,\pi\left[64+112+196\right] \Rightarrow V_T = 744\sqrt{3}\,\pi$$

Resposta: $744\sqrt{3}\,\pi\ \text{cm}^3$

4 – Tronco de pirâmide regular

É obtido quando cortamos uma pirâmide regular por um plano paralelo à base.
Pode ser triangular, quadrangular, ...

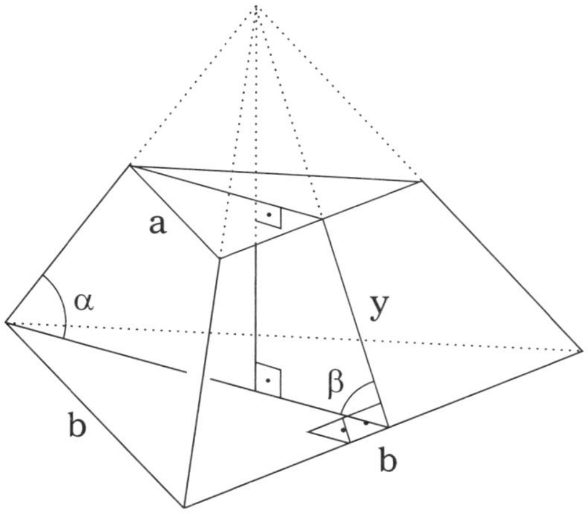

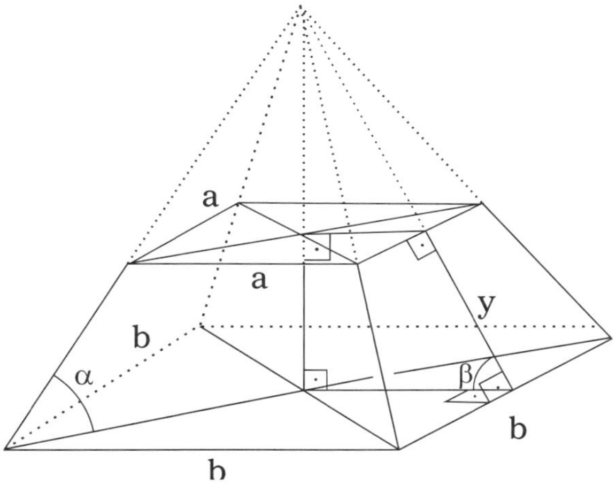

α: ângulo que a aresta lateral forma com plano da base
β:medida do diedro de base

As faces laterais são trapézios isósceles. Sendo **a** e **b** as arestas das bases e y o apótema lateral, a área de cada face lateral é $\frac{(a+b)y}{2}$.

Exemplo 13: A aresta lateral de um tronco de pirâmide quadrangular regular mede $\sqrt{41}$ cm e as das bases 2 cm e 10 cm. Determinar o volume e a área dele.

Resolução: 1) Cálculo do apótema (y)

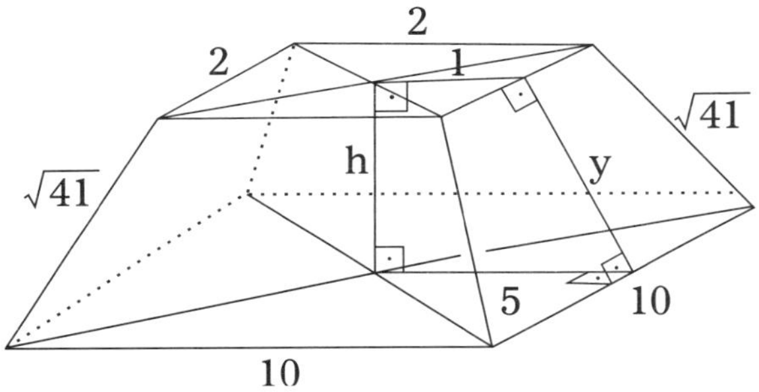

Face lateral:

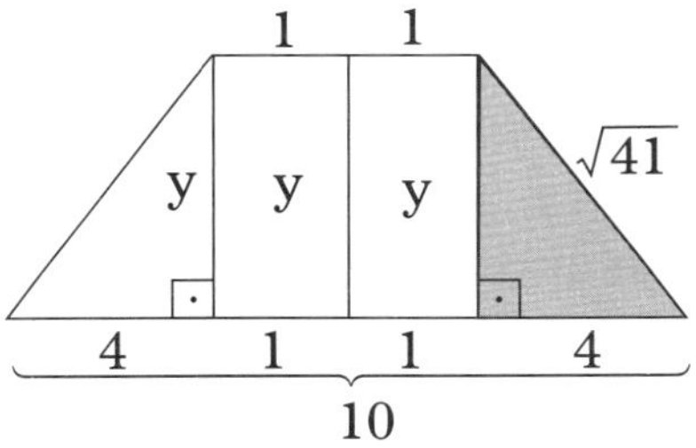

$y^2 + 4^2 = (\sqrt{41})^2$

$y^2 + 16 = 41$

$y^2 = 25 \Rightarrow$ $\boxed{y = 5}$

2) Cálculo da altura do tronco (h)

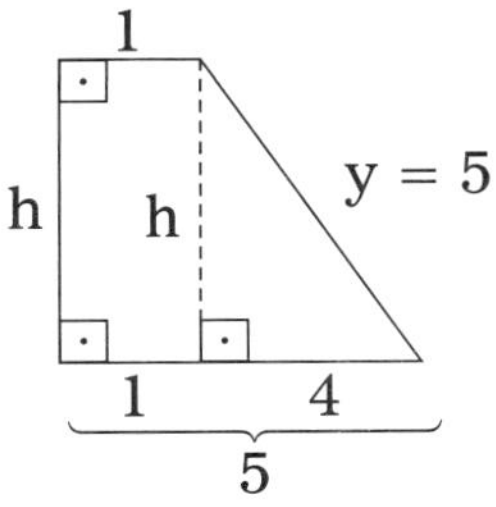

$h^2 + 4^2 = 5^2$

$\boxed{h = 3}$

3) Volume do tronco

$V_T = \frac{h}{3}[A + \sqrt{AB} + B]$

$V_T = \frac{3}{3}[2^2 + \sqrt{2^2 \cdot 10^2} + 10^2]$

$V_T = 1\,[4 + 20 + 100]$

$\boxed{V_T = 124}$ $\boxed{124 \text{ cm}^3}$

4) Área do tronco

$A_T = A + B + A_{LT}$

$A_T = 2^2 + 10^2 + 4\left[\frac{(2+10)\cdot 5}{2}\right]$

$A_T = 4 + 100 + 10 \cdot 12$

$A_{LT} = 104 + 120 \Rightarrow$ $\boxed{A_T = 224}$

$\boxed{224 \text{ cm}^2}$

Resposta: 124 cm^3, 224 cm^2

Exemplo 14: As arestas das bases de um tronco de pirâmide triangular regular medem 18 cm e 12 cm. Se o diedro de uma base mede 45º, determine o volume deste tronco.

Resolução:

1º) Cálculo da altura (h) do tronco

Note que as bases do trapézio retângulo sombreado medem .

$\frac{1}{3} \cdot \frac{12\sqrt{3}}{2} = 2\sqrt{3}$ e $\frac{1}{3} \cdot \frac{18\sqrt{3}}{2} = 3\sqrt{3}$. Então:

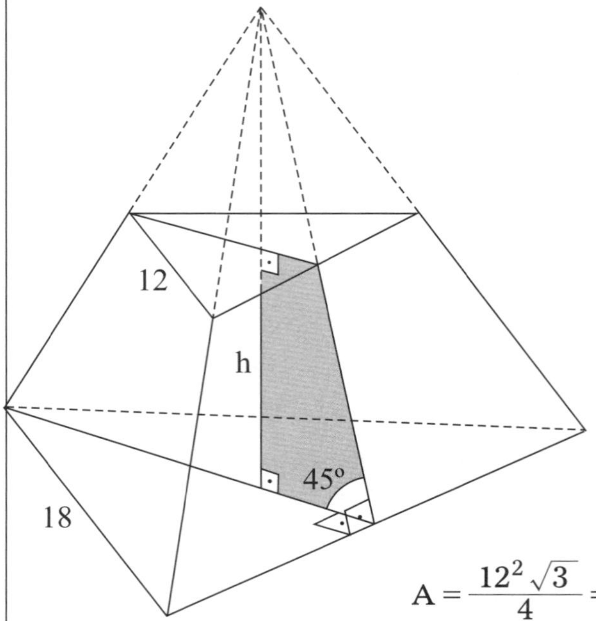

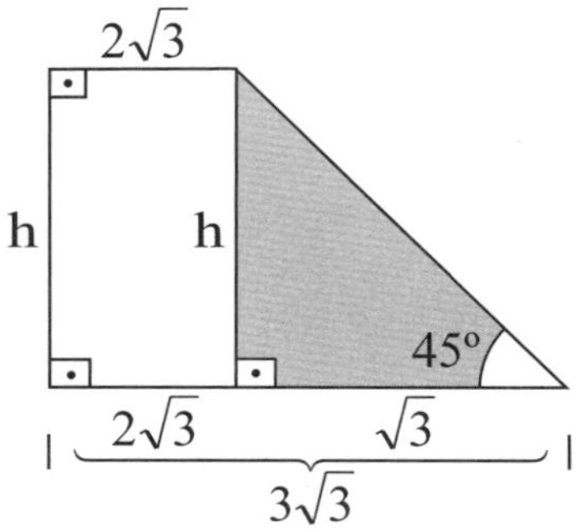

Como o triângulo sombreado é isósceles,

temos: $h = \sqrt{3}$

2º) Volume do tronco:

$$V_T = \frac{h}{3}\left[A + \sqrt{AB} + B\right]$$

$$A = \frac{12^2\sqrt{3}}{4} = 36\sqrt{3}, \quad B = \frac{18^2\sqrt{3}}{4} = 81\sqrt{3}$$

$$V_T = \frac{\sqrt{3}}{3}\left[36\sqrt{3} + \sqrt{36\sqrt{3} \cdot 81\sqrt{3}} + 81\sqrt{3}\right] \Rightarrow$$

$$V_T = 36 + 54 + 81 \Rightarrow \boxed{V_T = 171}$$

Resposta: $171 cm^3$

Exemplo 15: As arestas das bases de um tronco de pirâmide hexagonal regular medem 4 cm e 6 cm e o apótema do tronco mede $2\sqrt{3}$ cm. Determinar o seu volume e sua área.

Resolução: 1) Note que as bases dos trapézios sombreados são os apótemas das bases (são alturas de triângulos equiláteros:

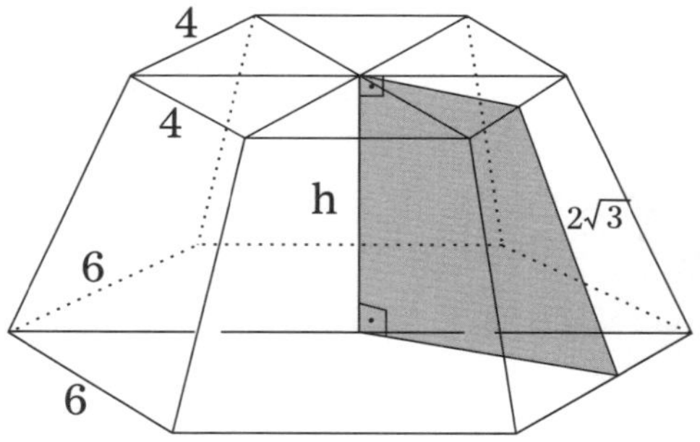

$$\frac{4\sqrt{3}}{2} = 2\sqrt{3} \quad \text{e} \quad \frac{6\sqrt{3}}{2} = 3\sqrt{3}$$

2) Altura do tronco

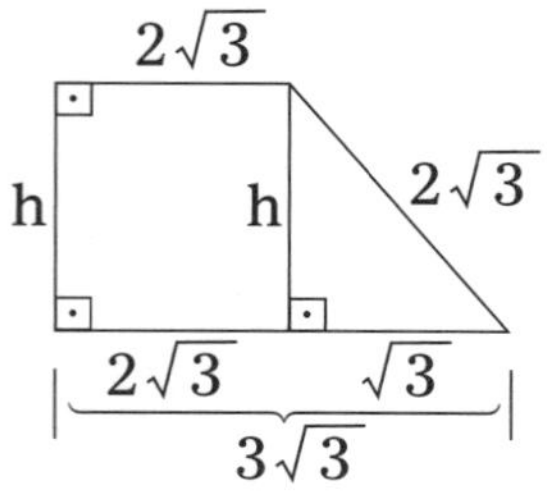

$$h^3 + (\sqrt{3})^2 = (2\sqrt{3})^2 \Rightarrow$$

$$h^2 + 3 = 12 \Rightarrow$$

$$h^2 = 9 \Rightarrow \boxed{h = 3}$$

3) Volume do tronco: $V_T = \frac{h}{3}[A + \sqrt{AB} + B]$, $A = 6\left(\frac{4^2\sqrt{3}}{4}\right) = 24\sqrt{3}$ e $B = 6\left(\frac{6^2\sqrt{3}}{4}\right) = 54\sqrt{3}$

$$V_T = \frac{3}{3}\left[24\sqrt{3} + \sqrt{24\sqrt{3} \cdot 54\sqrt{3}} + 54\sqrt{3}\right] = 1\left[24\sqrt{3} + 36\sqrt{3} + 54\sqrt{3}\right] \Rightarrow \boxed{V_T = 114\sqrt{3}}$$

4) Área do tronco: $A_T = A + B + A_L \Rightarrow A = 24\sqrt{3} + 54\sqrt{3} + 6 \cdot \frac{(4+6) \cdot 2\sqrt{3}}{2} \Rightarrow$

$$A_T = 78\sqrt{3} + 60\sqrt{3} \Rightarrow \boxed{A_T = 138\sqrt{3}}$$

Resposta: $114\sqrt{3}$ cm^3 e $138\sqrt{3}$ cm^2

Exemplo 16: A aresta lateral de um tronco de pirâmide hexagonal regular mede $4\sqrt{7}$ cm e forma um ângulo θ com o plano da base tal que $\cos\theta = \frac{\sqrt{7}}{7}$. Se este tronco tem $1104\sqrt{3}$ cm^2 de área, qual é o seu volume?

Resolução: 1º) Cálculo de **h** e de uma relação entre as arestas das bases a e **b**.

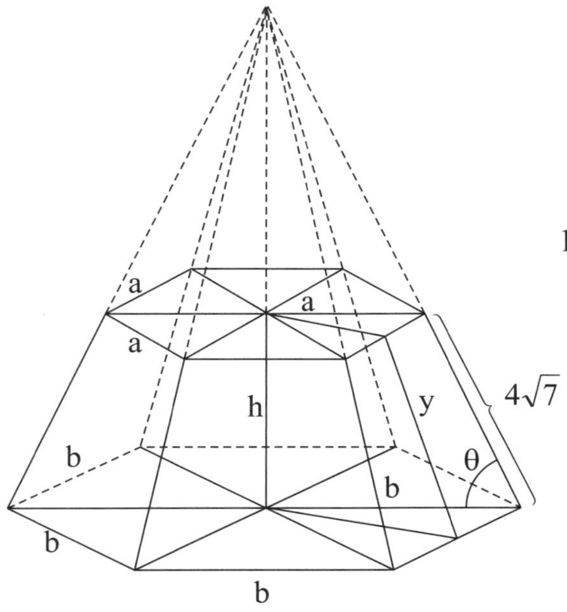

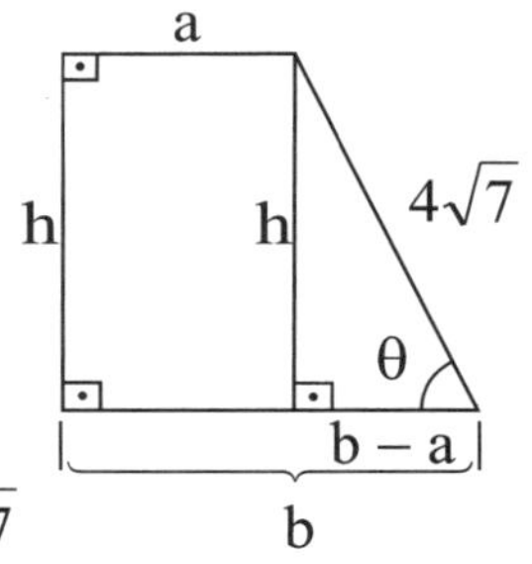

I) $\cos\theta = \frac{b-a}{4\sqrt{7}}$

$\frac{\sqrt{7}}{7} = \frac{b-a}{4\sqrt{7}}$

$b - a = 4$

$\boxed{b = a + 4}$

II) $h^2 + (b-a)^2 = (4\sqrt{7})^2$

$h^2 + 4^2 = 4^2 \cdot 7$

$h^2 = 6 \cdot 4^2$

$\boxed{h = 4\sqrt{6}}$

2º) Cálculo do apótema do tronco (y)

face lateral

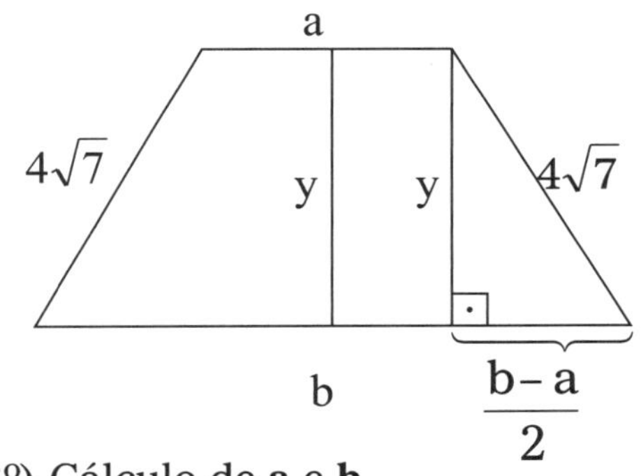

$y^2 + \left(\frac{b-a}{2}\right)^2 = (4\sqrt{7})^2$

$y^2 + 2^2 = 16 \cdot 7$

$y^2 = 108$

$\boxed{y = 6\sqrt{3}}$

3º) Cálculo de **a** e **b**

$$A_T = A + B + A_{LTr} \Rightarrow 1104\sqrt{3} = 6\left[\frac{a^2\sqrt{3}}{4}\right] + 6\left[\frac{b^2\sqrt{3}}{4}\right] + 6\left[\frac{(a+b)6\sqrt{3}}{2}\right] \Rightarrow$$

$$a^2 + b^2 + 12a + 12b = 184 \cdot 4 \Rightarrow a^2 + (a+4)^2 + 12a + 12(a+4) = 736 \Rightarrow$$

$$\Rightarrow a^2 + a^2 + 8a + 16 + 12a + 12a + 48 = 736 \Rightarrow 2a^2 + 32a - 672 = 0 \Rightarrow$$

$$\Rightarrow \boxed{a^2 + 16a - 336 = 0} \Rightarrow (a+28)(a-12) = 0 \Rightarrow \boxed{a = 12} \Rightarrow \boxed{b = 16}$$

4º) **Volume do tronco**

$$V_T = \frac{h}{3}\left[A + \sqrt{AB} + B\right], \quad A = 6\left[\frac{12^2\sqrt{3}}{4}\right] = 216\sqrt{3}, \quad B = 6\left[\frac{16^2\sqrt{3}}{4}\right] = 384\sqrt{3}$$

$$V_T = \frac{4\sqrt{6}}{3}\left[216\sqrt{3} + \sqrt{216\sqrt{3} \cdot 384\sqrt{3}} + 384\sqrt{3}\right] = \frac{4 \cdot \sqrt{18}}{3}\left[216 + \sqrt{216 \cdot 384} + 384\right] \Rightarrow$$

$$V_T = 4\sqrt{2}\left[600 + \sqrt{36 \cdot 6 \cdot 64 \cdot 6}\right] = 4\sqrt{2}\left[600 + 36 \cdot 8\right] = 4\sqrt{2}\left[888\right] \Rightarrow \boxed{V_T = 3552\sqrt{2}}$$

Resposta: $3552\sqrt{2}$ cm^3

Exemplo 17: Sabe-se que n planos, que dividem a altura de uma pirâmide em partes iguais, determinam 15 troncos nesta pirâmide, sendo que o menor deles tem $14cm^3$ de volume, determine n e o volume do maior tronco determinado.

Resolução:

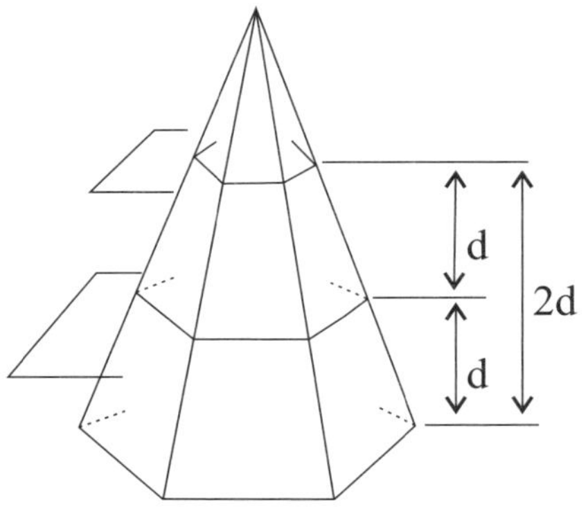

1º) Note que para o caso de 2 planos obtemos 3 troncos, que são os de alturas **d**, **d** e **2d**. Basta considerarmos estes 2 planos, mais o plano da base, isto é 3 planos e determinarmos a combinação desses 3 planos, dois a dois:

$C_{3,2} = \frac{3!}{1!2!} = 3$. Determinando assim o número de troncos.

2º) Então para n planos, basta fazermos $C_{n+1,2}$. Então:

$$C_{n+1,2} = 15 \Rightarrow \frac{(n+1)!}{(n+1-2)!2!} = 15 \Rightarrow \frac{(n+1)!}{(n-1)!2!} = 15 \Rightarrow$$

$$\Rightarrow (n+1)n = 30 \Rightarrow n^2 + n - 30 = 0 \Rightarrow (n+6)(n-5) = 0 \Rightarrow \boxed{n = 5}$$

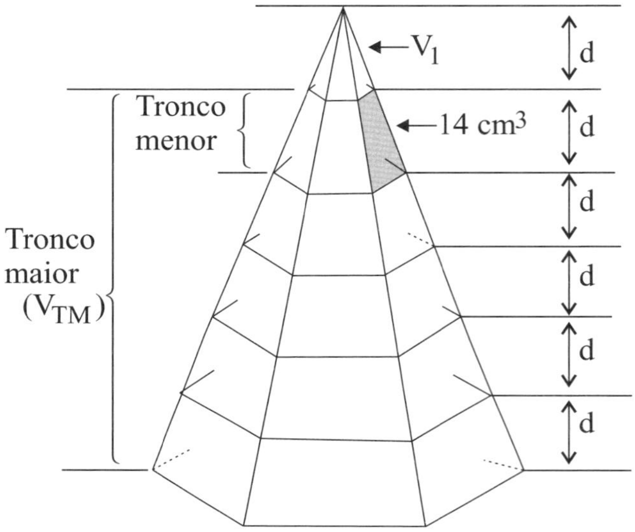

3º) Note que a altura do tronco menor é **d**, do maior é 5**d** e da menor pirâmide (V_1) é **d**.

Então:

$$\frac{V_1}{V_1 + 14} = \left(\frac{d}{2d}\right)^3 \Rightarrow 8V_1 = V_1 + 14 \Rightarrow \boxed{V_1 = 2}$$

$$\frac{V_1}{V_1 + V_{TM}} = \left(\frac{d}{6d}\right)^3 \Rightarrow \frac{2}{2 + V_{TM}} = \frac{1}{216} \Rightarrow$$

$$\Rightarrow 2 + V_{TM} = 432 \Rightarrow \boxed{V_{TM} = 430}$$

Resposta: n = 5 e $430cm^3$

98 Dois poliedros são semelhantes e têm $96\ m^2$ e $600\ m^2$. Qual é a razão de semelhança desses poliedros?

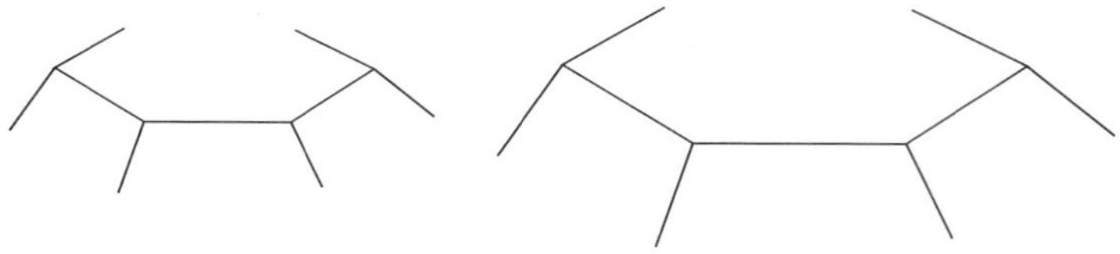

99 Dois poliedros semelhantes têm $189\ m^2$ e $525\ m^2$. Se o menor tem $135\ m^3$, qual é o volume do outro?

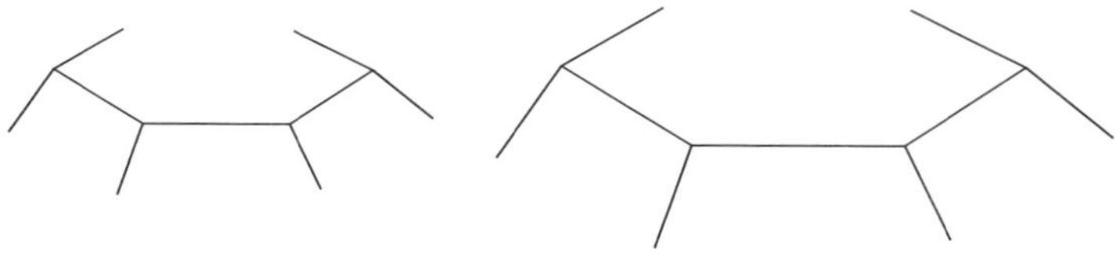

100 Dois poliedros são semelhantes e têm 1080 cm^2 e 1920 cm^2 de área. Se a soma dos seus volumes 1092 cm^3, qual é o volume do maior?

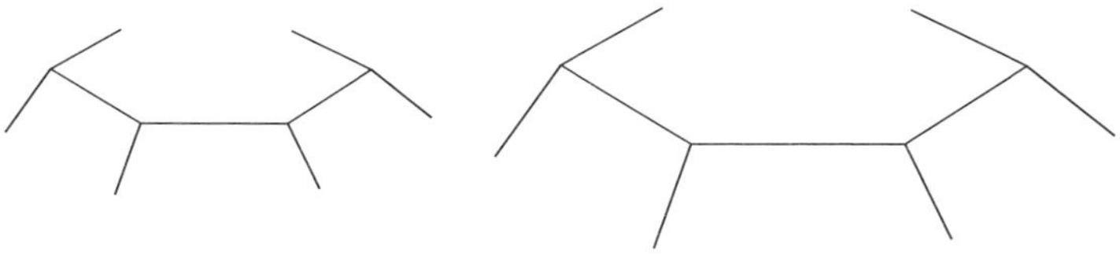

101 Dois poliedros são semelhantes e tem 96 cm^3 e 324 cm^3 de volume. Se a soma das suas áreas é 780 cm^2, qual é a área do menor?

102 A área da base de uma pirâmide, de 20 m de altura, é de 150 m^2. Qual é a área de uma secção plana, paralela à base, distante 4 m da base?

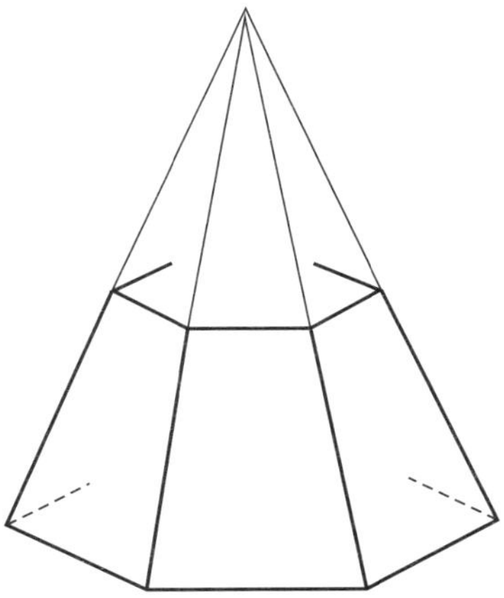

103 Uma pirâmide de 35 m de altura tem 588 m^2 de área lateral, um plano distante 15 m do vértice oposto à base, paralelo à base secciona esta pirâmide. Qual é a área lateral do tronco obtido?

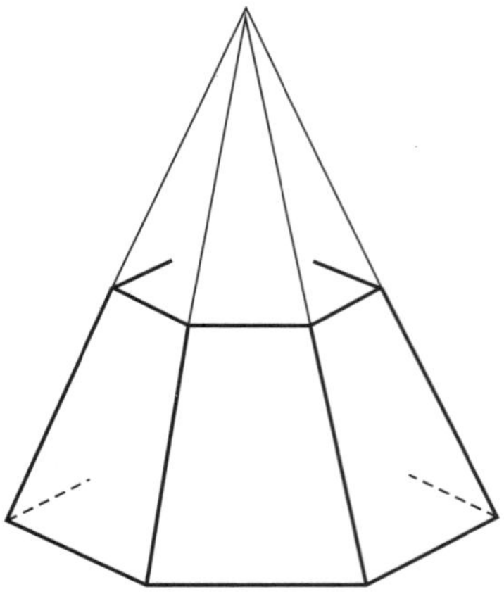

104 Uma pirâmide tem 35 cm de altura e um plano paralelo à base, distante 14 cm desta, corta esta pirâmide determiando um tronco de 384 cm^2 de área lateral. Qual a área lateral da pirâmide destacada?

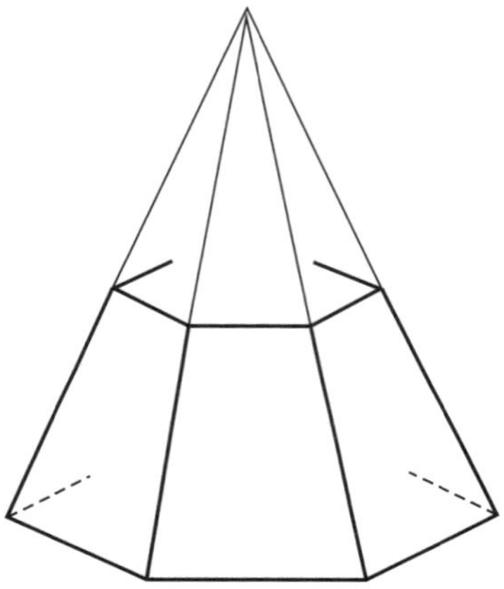

105 Uma pirâmide de 36 cm de altura tem 324 cm^3 de volume. Um plano paralelo à base, distante 12 cm desta, corta esta pirâmide.Qual o volume do tronco determinado?

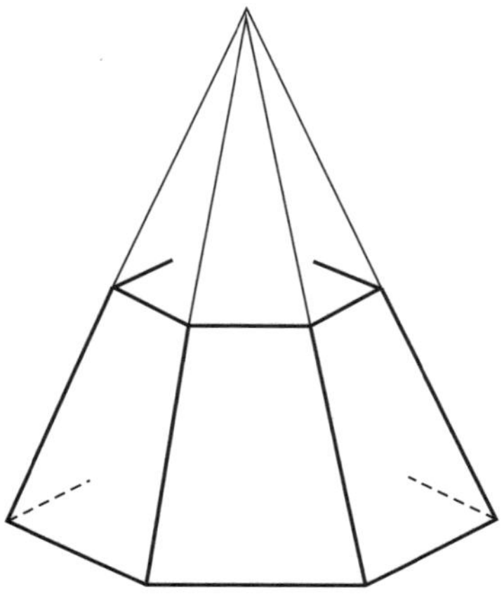

106 Uma pirâmide de 32 cm de altura é cortada por um plano paralelo à base, distante 8 cm desta, determinando um tronco de 370 cm^3 de volume. Qual é o volume desta pirâmide?

---

107 Uma pirâmide tem 25 cm de altura e 2500 cm^3 de volume. A que distância da base devemos cortá-la por um plano paralelo à base para obter um tronco de 1960 cm^3?

---

108 Uma plano paralelo à base de uma pirâmide, distante 17 cm desta, corta esta pirâmide determinando um tronco de 798 cm^3 e uma pirâmide de 336 cm^3. Qual é a altura desta pirâmide?

Resp: **98** $\frac{2}{3}$ **99** 625 m^3 **100** 768 cm^3 **101** 240 cm^2 **102** 96 m^2

109 Um copo com capacidade de 250 ml ($250cm^3$) tem a forma de um cone reto e está cheio de mik-shake, de modo que o conteúdo que atinge $\frac{4}{5}$ da altura seja líquido e o que ocupa $\frac{1}{5}$ final da altura seja de espuma.Determine o volume do líquido e o da espuma.

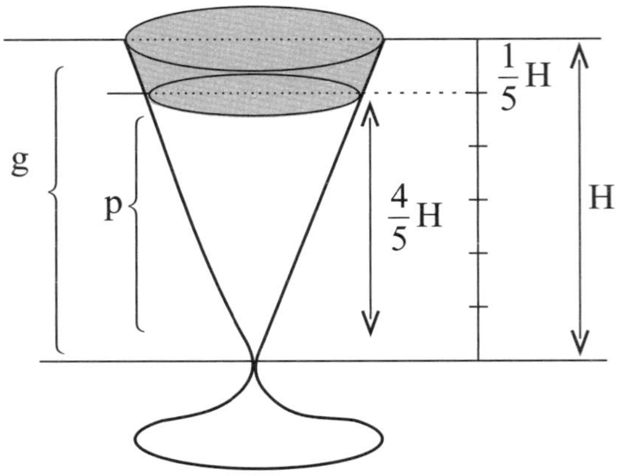

---

110 A que distância da base, de uma pirâmide de altura h, devemos conduzir um plano paralelo à base, para que o volume do tronco obtido seja igual a 7 vezes o volume da pirâmide destacada?

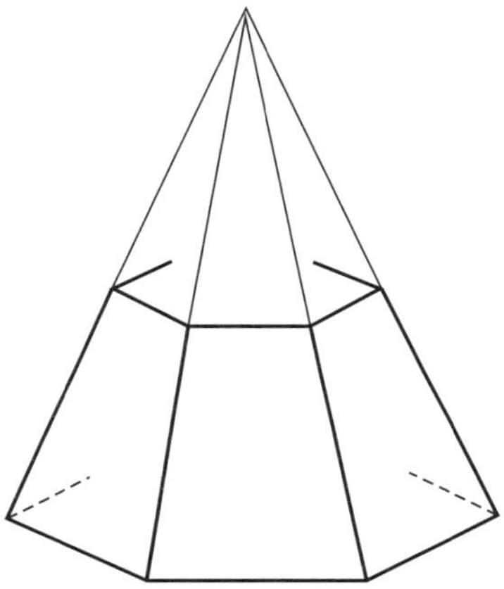

---

111 A que distância da base de um cone de altura **h** devemos conduzir um plano paralelo à base para que os dois sólidos obtidos tenham volumes iguais? Admitindo o valor aproximado 1,6 para $\sqrt[3]{4}$, qual é essa dsitância?

112 Um recipiente fechado tem a forma de um cone de revolução de altura h e contém um líquido. Quando com a base para baixo, o líquido atinge uma altura $\frac{h}{3}$. Calcular a altura x atingida pelo líquido com a base do recipiente para cima.

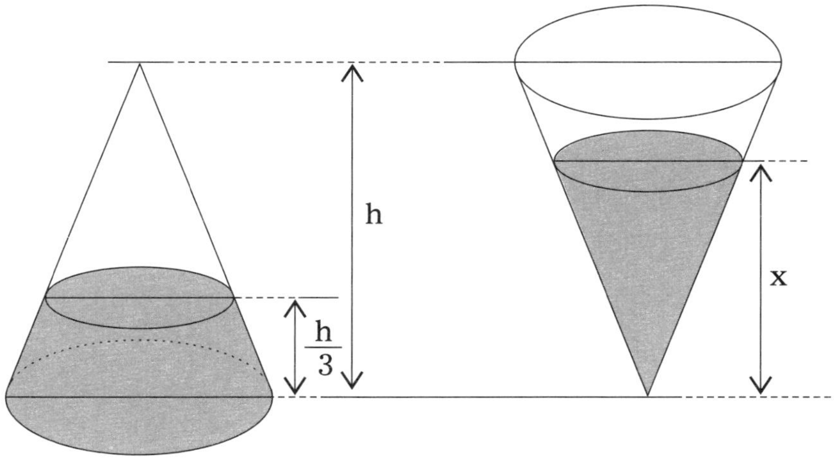

113 Um plano paralelo à base de uma pirâmide secciona esta pirâmide determinando um tronco cuja área lateral é igual a 9:25 da área lateral da pirâmide. Sendo 732 cm^3 o volume do tronco, qual é o volume da pirâmide?

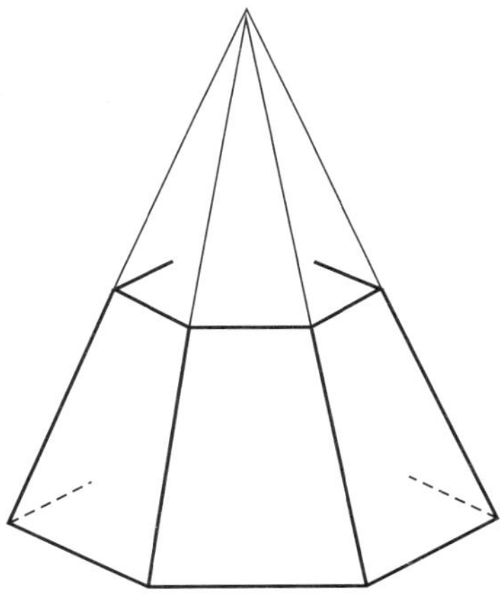

Resp: **103** 480 m^2 **104** 216 cm^2 **105** 228 cm^3 **106** 640 cm^3 **107** 10 cm **108** 51 cm

114 As bases de um tronco de pirâmide têm 8 m^2 e 18 m^2. Sendo 6 m a altura deste tronco, determinar o seu volume por diferença de volumes de pirâmides, e usando a fórmula deduzida.

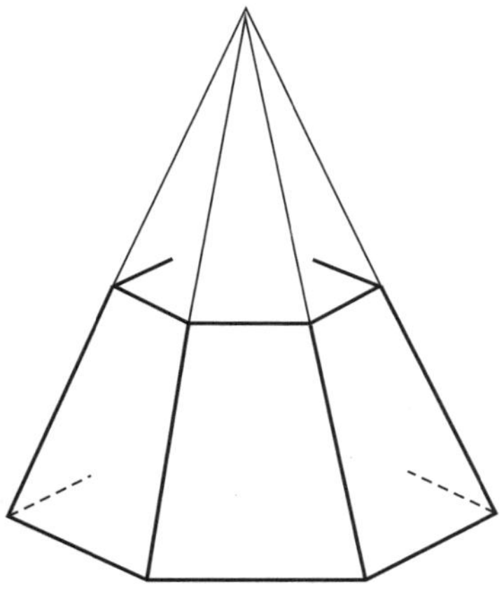

115 A altura de um tronco de cone circular reto mede 6 cm e os raios das bases 8 cm e 12 cm. Determine o volume desse tronco de dois modos: 1º) Fazendo diferença de volumes de cones. 2º) Usando a fórmula do volume de tronco.

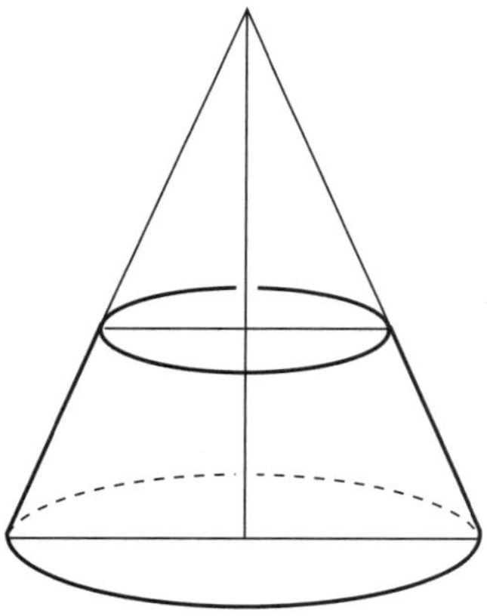

116 A geratriz de um tronco de cone reto mede 5 cm e os raios das bases 4 cm e 6 cm. Determine a área lateral desse tronco de dois modos: 1º) Fazendo diferença de áreas laterais de cones. 2º) Usando a fórmula de área lateral de tronco.

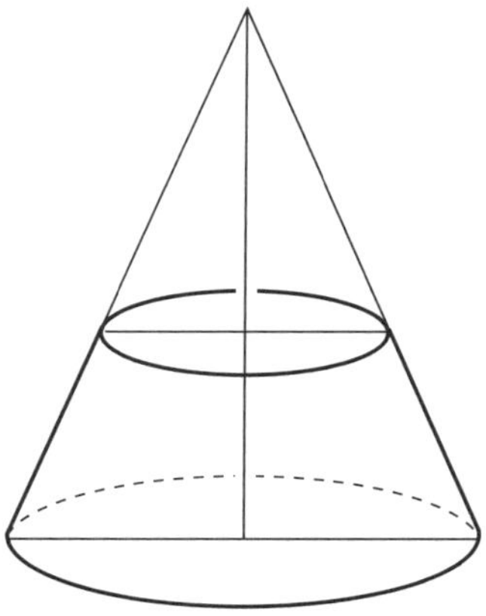

117 Determinar a área do tronco de cone circular, nos casos:

a) Raios 3 cm e 7 cm e geratriz 9 cm

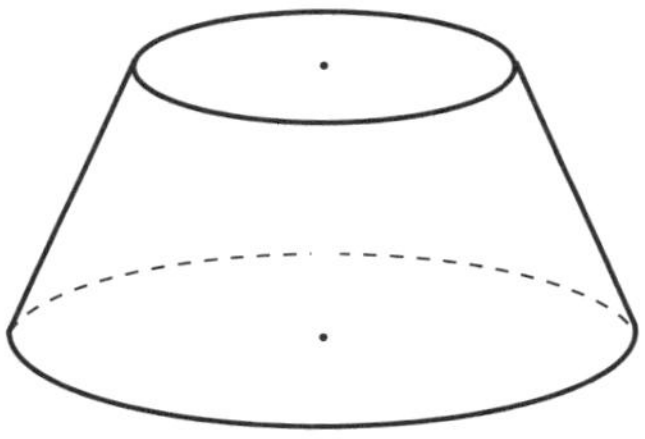

b) Raios 4 cm e 6 cm e altura $3\sqrt{5}$ cm .

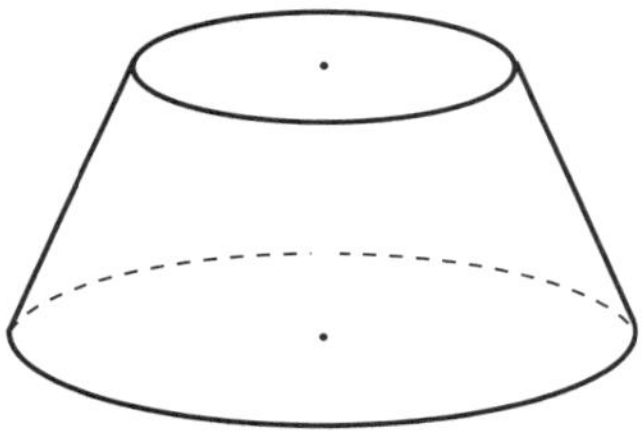

118 Determinar o volume do tronco de cone circular, nos casos:

a) Raios 2 cm e 8 cm e altura 9 m.

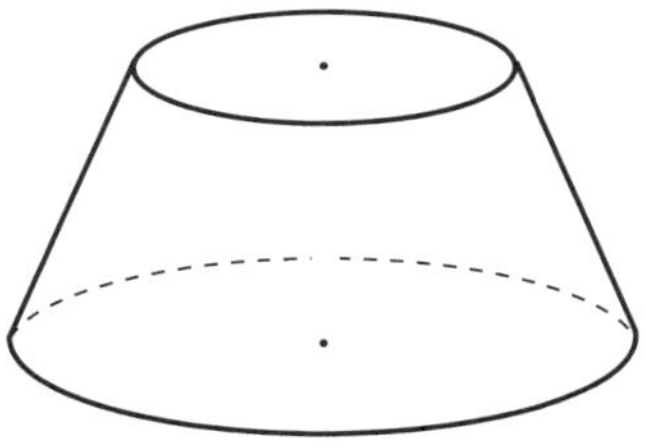

b) Raios 6 cm e 8 cm e geratriz $2\sqrt{10}$ cm.

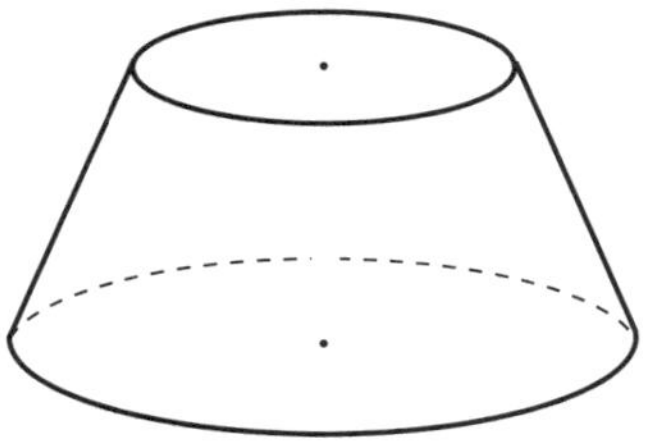

Resp: **109** E = 122 ml, L = 128 ml **110** $\frac{h}{2}$ **111** $\left(\frac{2-\sqrt[3]{4}}{2}\right)h, \frac{h}{5}$ **112** $x = \frac{\sqrt[3]{19}\,h}{3}$ **113** 1500 cm^3

119 Um tronco de cone reto tem 6 m de altura. Se as bases têm raios de 4 m e 12 m, determine o volume e a área desse tronco.

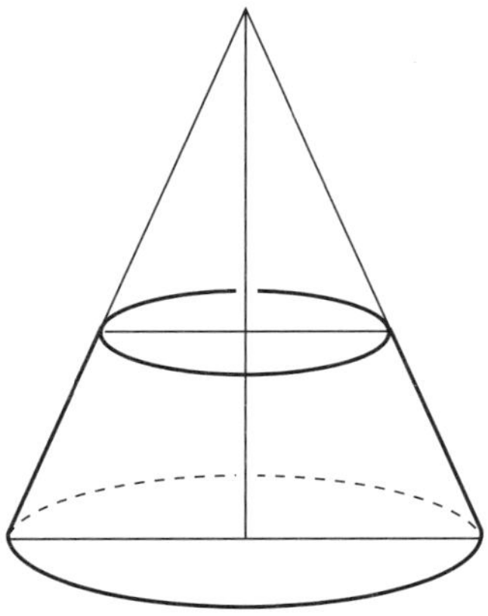

120 Os raios das bases de um tronco de cone reto medem 4 m e 10 m. Se a geratriz desse tronco mede 9 m, qual é o seu volume e a sua área?

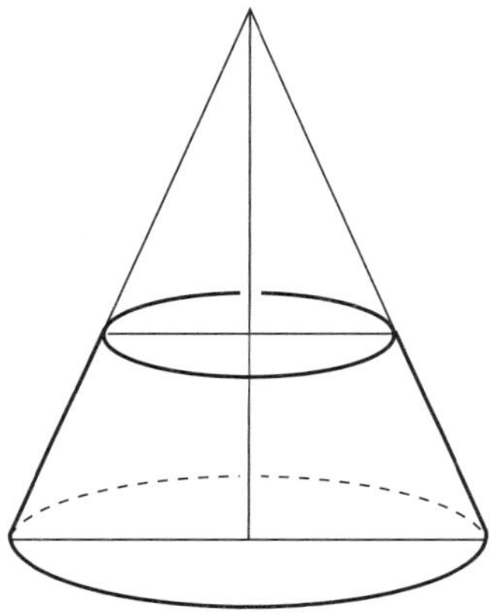

121 A altura e a geratriz de um tronco de cone de revolução medem 8 cm e $4\sqrt{5}$ cm. Determine uma relação entre os raios.

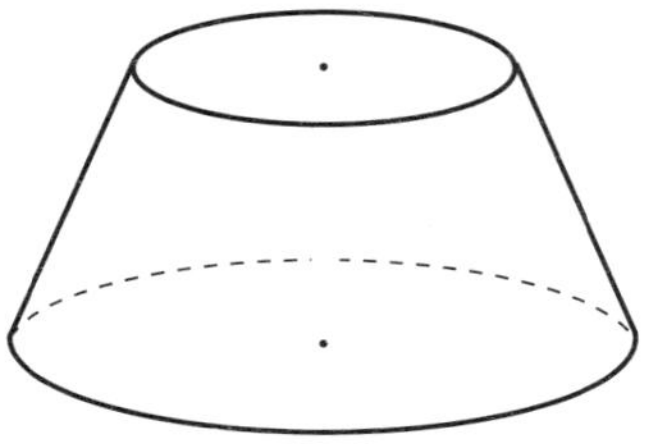

122 A altura e a geratriz de um tronco de cone reto mede 3 m e $\sqrt{13}$ m. Se esse tronco tem $10\sqrt{13}\,\pi\ m^2$ de área lateral, qual é o seu volume?

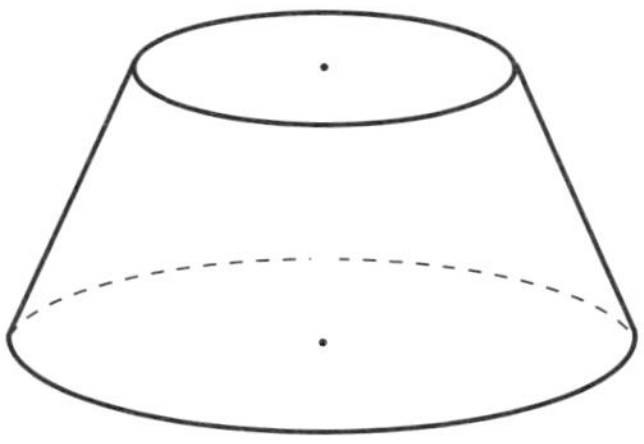

123 Os raios das bases de um tronco de cone de revolução medem 2 cm e 6 cm. Se este tronco tem 52 πcm^3 de volume, qual é a sua área?

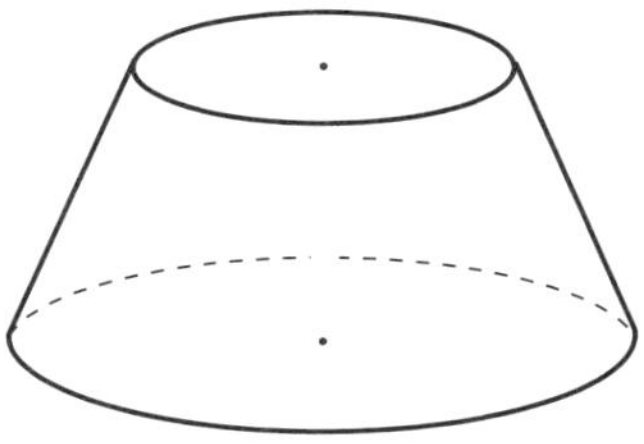

124 Os raios das bases de um tronco de cone circular reto medem 2 cm e 14 cm e ele tem 488 $\pi\ cm^2$ de área. Determine o seu volume.

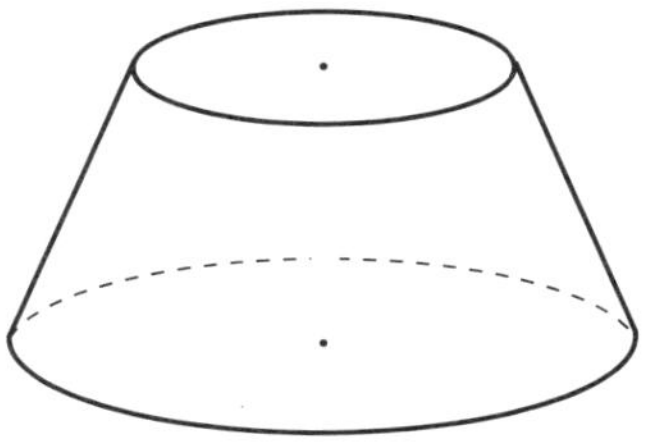

Resp: **114** 76 m^3 **115** $608\pi\ cm^3$ **116** $50\pi\ cm^2$ **117** a) $148\pi\ cm^2$ b) $122\pi\ cm^2$ **118** a) $252\pi\ cm^3$ b) $296\pi\ cm^3$

125 A altura e a geratriz de um tronco de cone de revolução mdem 6 cm e 10 cm. Se este tronco tem 374 πcm^2 de área, qual é o seu volume?

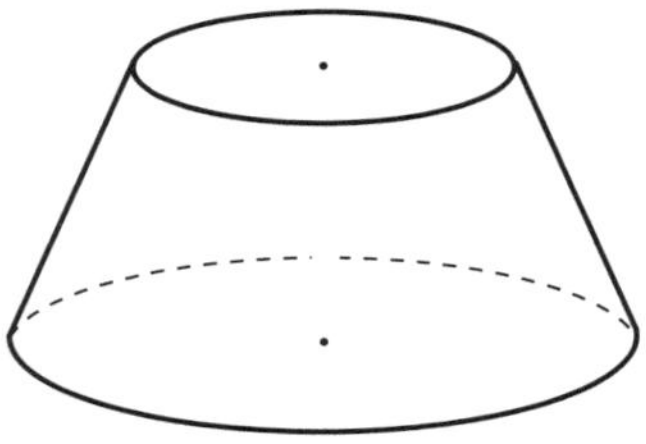

126 Os raios das bases de um tronco de cone de revolução medem 6 cm e 12 cm e a área da superfície lateral deste tronco é igual à soma da áreas das bases. Determinar o seu volume.

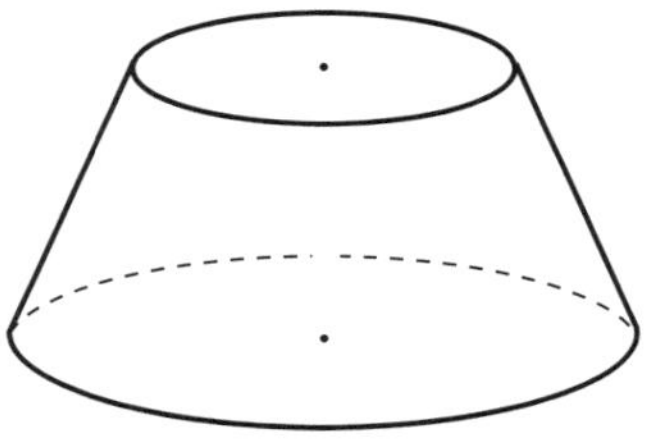

127 Em cada caso temos um tronco de pirâmide quadrangular regular, determinar a sua área.

a) Arestas das bases com 5 cm e 9 cm e apótema 8 cm.

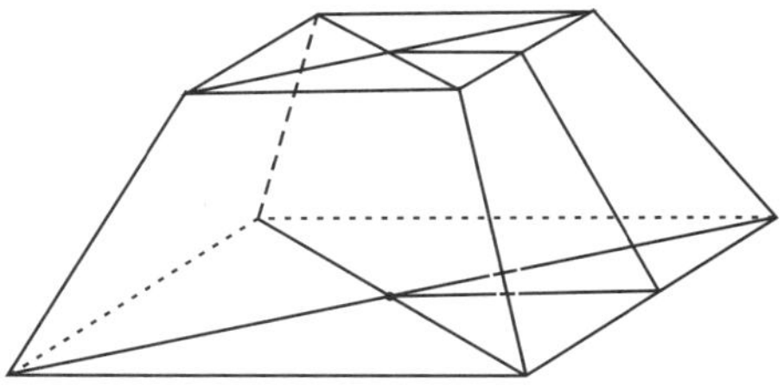

b) Arestas das bases com 3 cm e 9 cm e aresta lateral com $3\sqrt{5}$ cm.

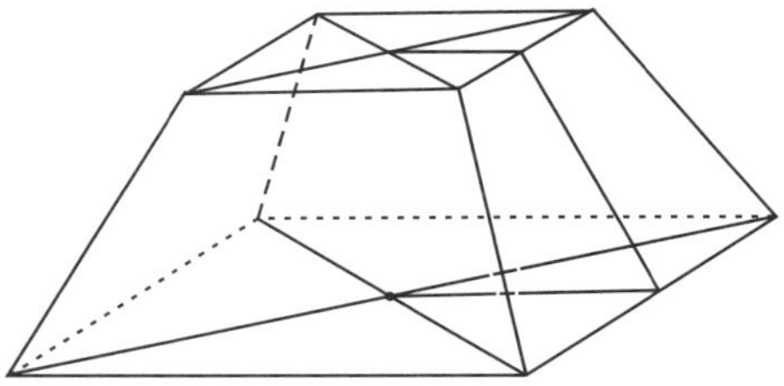

128 Determinar o volume de uma pirâmide quadrangular regular com arestas as bases de 4 cm e 10 cm e aresta lateral $3\sqrt{6}$ cm.

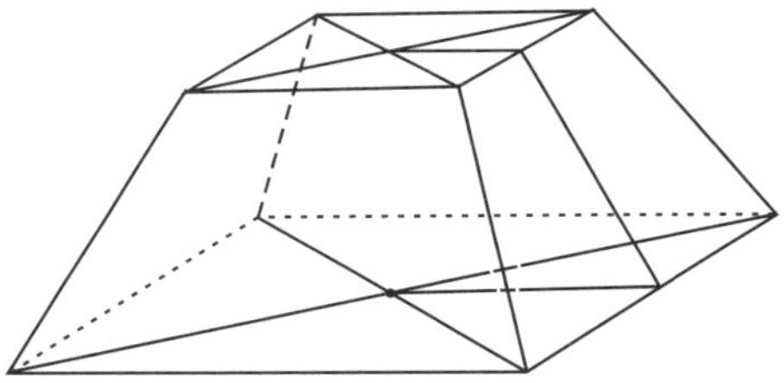

129 Determinar o volume e a área de um tronco de pirâmide quadrangular regular e arestas das bases com 6 cm e 12 cm e altura 4 cm.

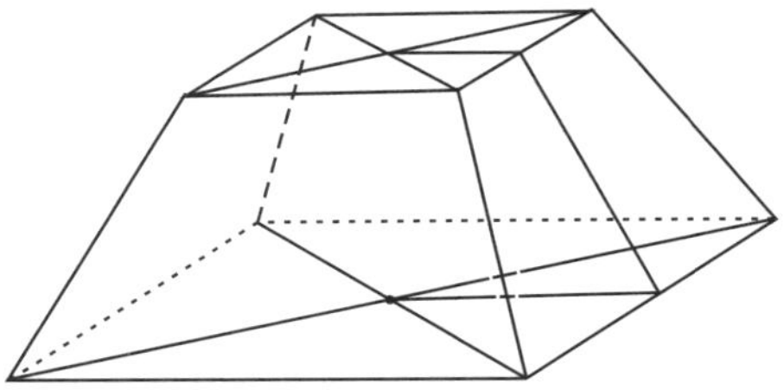

Resp: **119** $416\pi\ m^3$, $320\pi\ m^2$ **120** $156\sqrt{5}\pi\ m^3$, $242\pi\ m^2$ **121** $R = r + 4$ **122** $76\pi\ m^3$ **123** $80\pi\ cm^2$ **124** $456\sqrt{5}\pi\ cm^3$

130 Determinar o volume de um tronco de pirâmide triangular regular com arestas das bases de 4 cm e 8 cm e altura $5\sqrt{3}$ cm.

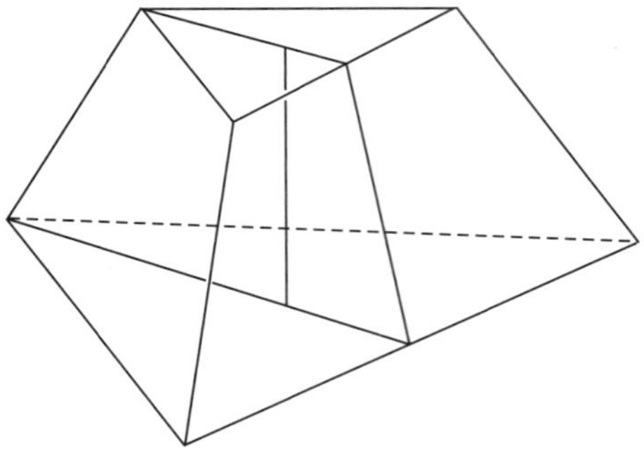

131 As arestas das bases de um tronco de pirâmide triangular regular medem 6 m e 18 m. Se a aresta lateral deste tronco mede 12 m, determine o seu volume e a sua área.

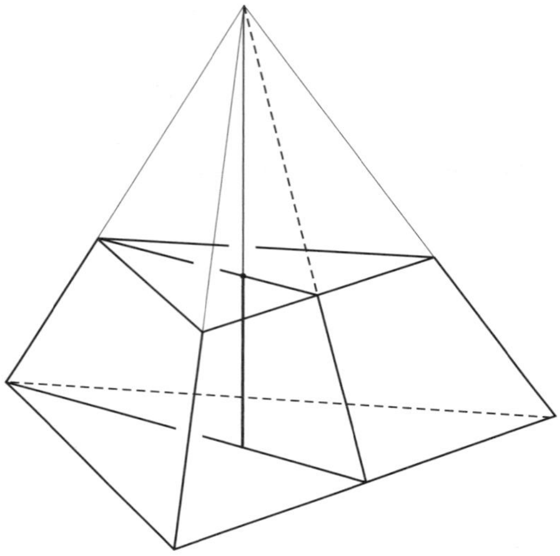

132 As arestas das bases de um tronco de pirâmide hexagonal regular medem 2 cm e 6 cm e a lateral $\sqrt{79}$ cm. Determinar o volume e a área deste tronco.

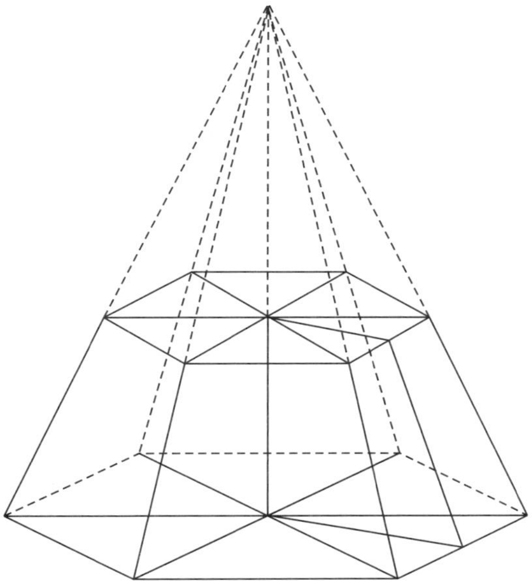

133 Se o diedro de uma base de um tronco de pirâmide quadrangular regular de $6\sqrt{3}$ cm de altura, mede 30°, determine o apótema e uma relação entre as arestas das bases desse tronco

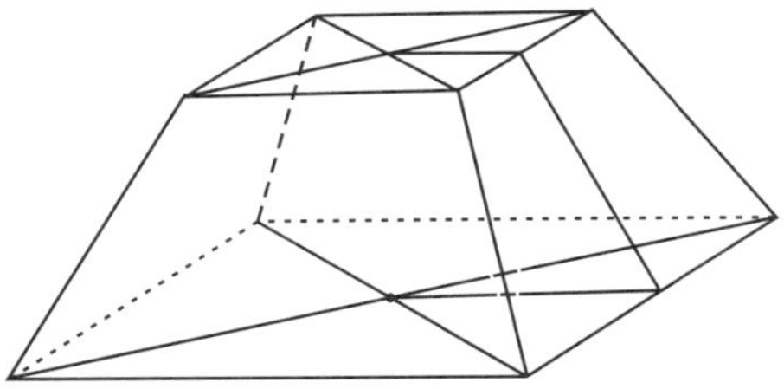

Resp: **125** $518\pi\ cm^3$ **126** $672\pi\ cm^3$ **127** a) $330\ cm^2$ b) $234\ cm^2$ **128** $312\ cm^3$ **129** $336\ cm^3$, $360\ cm^2$

134 Um tronco de pirâmide quadrangular regular tem 524 m^2 de área. Se o apótema do tronco mede 6 m e um dos diedros da base mede 60°, qual é o volume desse tronco?

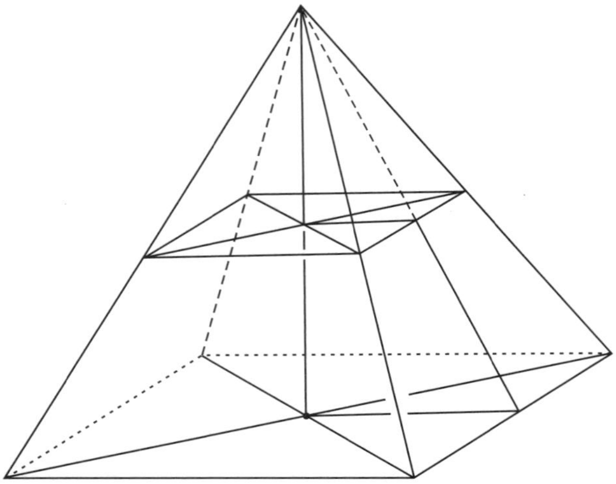

135 Se o diedro de uma base de um tronco de pirâmide triangular regular mede 60° e a altura do tronco mede 6 cm, determine o apótema e uma relação entre as arestas das bases desse tronco.

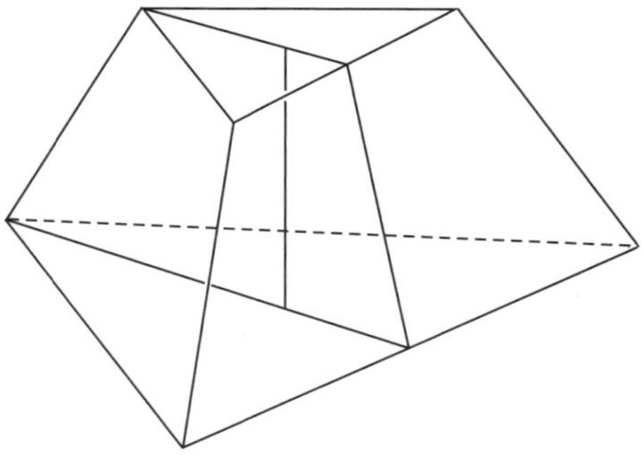

136 A altura e o apótema de um tronco de pirâmide triangular regular medem $\sqrt{21}$ cm e $4\sqrt{3}$ cm. Se este tronco tem $513\sqrt{3}$ cm^2 de área, qual é o seu volume?

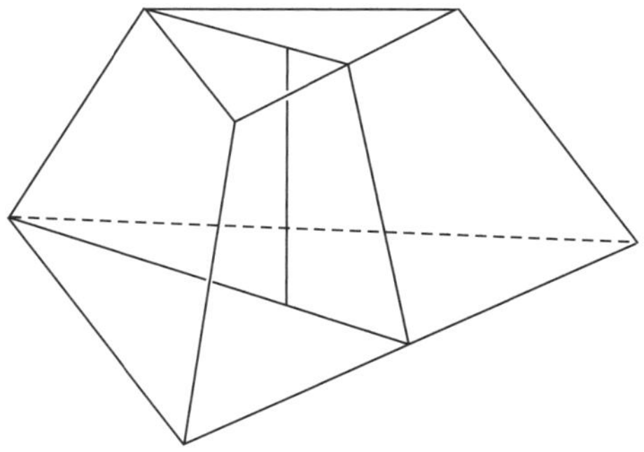

137 A altura de um tronco de pirâmide hexagonal regular mede $3\sqrt{3}$ cm e o diedro de uma base mede 45°. Determine o apótema e uma relação entre as arestas das bases desse tronco.

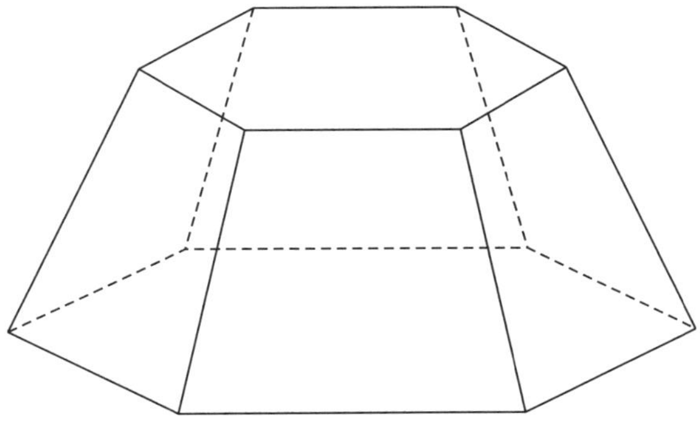

Resp: **130** 140 cm^3 **131** $468\sqrt{2}$ m^3, $306\sqrt{3}$ m^2 **132** $78\sqrt{21}$ cm^3, $120\sqrt{3}$ cm^2 **133** $12\sqrt{3}$ cm, b = a + 36

138 A altura e o apótema de um tronco de pirâmide hexagonal regular medem $6\sqrt{6}$ cm e $9\sqrt{3}$ cm. Se este tronco tem $1512\sqrt{3}$ cm^2 de área, qual é o seu volume?

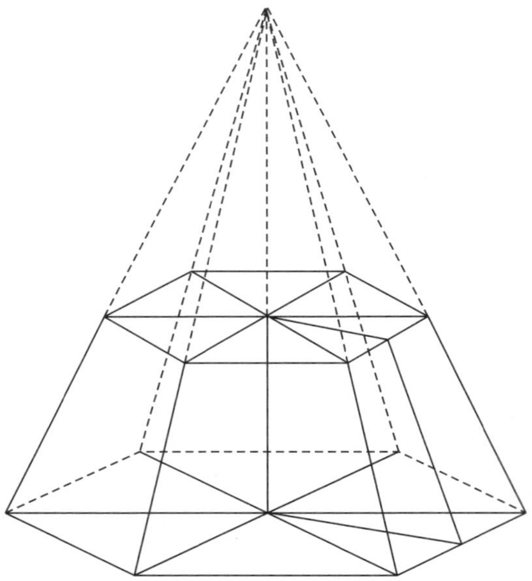

139 Um tronco de pirâmide hexagonal regular é circunscritível. Sendo 6 cm e 8 cm as medidas das arestas das bases, quanto mede o apótema deste tronco.

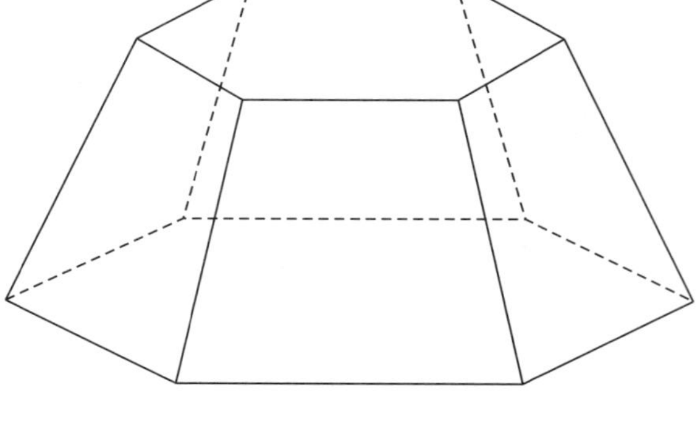

140 Em cada caso temos um tronco de pirâmide regular **circunscritível** (há uma esfera que tangencia todas suas faces) com arestas das bases de 12 cm e 18 cm. Determine o raio da esfera inscrita nesse tronco.

a) Tronco quadrangular

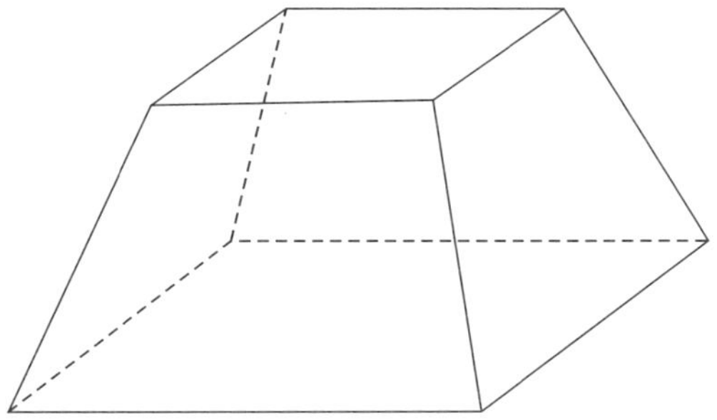

b) Tronco hexagonal

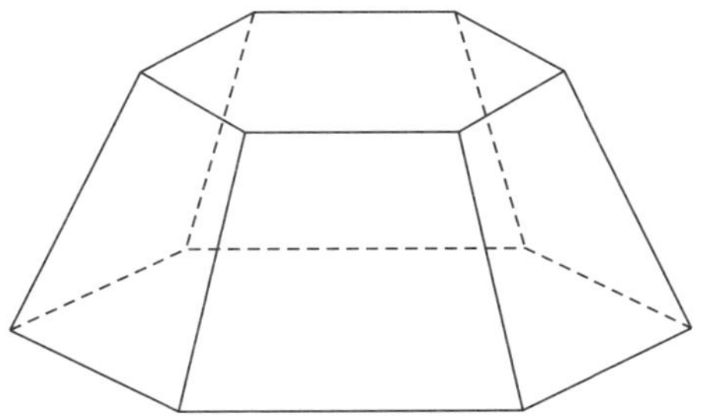

c) Tronco triangular

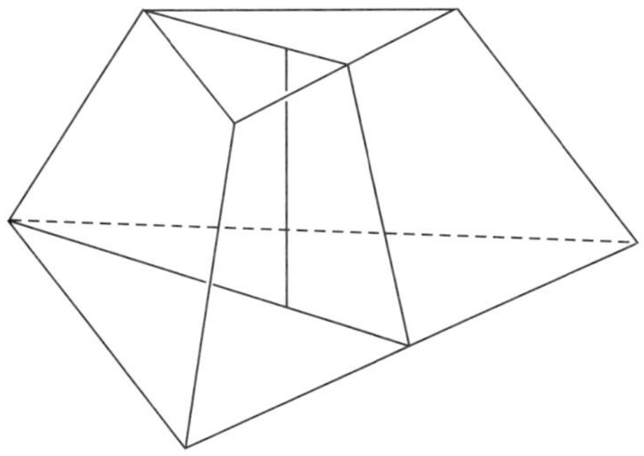

Resp: **134** $372\sqrt{3}\ cm^3$ **135** $4\sqrt{3}$ cm, $b = a + 12$ **136** $351\sqrt{7}\ cm^3$ **137** $3\sqrt{6}$ cm, $b = a + 6$

141 Um tronco de pirâmide quadrangular regular de $6\sqrt{2}$ cm de altura é circunscritível (há uma esfera que tangencia todas suas faces). Se esse tronco tem 504 cm^2 de área, qual é o seu volume?

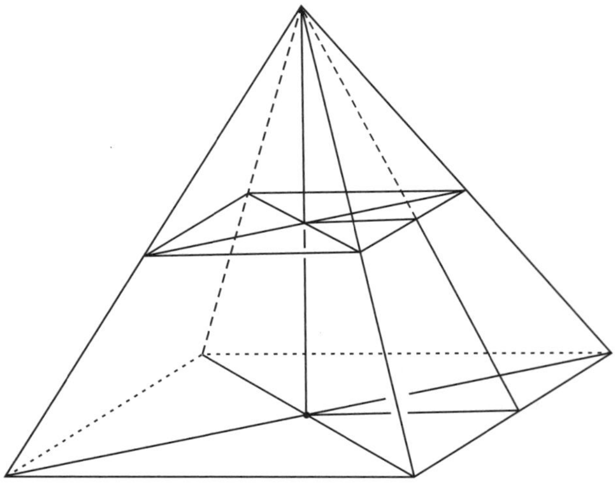

142 Os raios das bases de um tronco de cone reto medem 4 m e 25 m. Sendo de 1656π m^2 a área desse tronco, determine:

a) A geratriz (g) e a altura (h) desse tronco.

b) A que distância da base menor devemos conduzir um plano, paralela à ela, que secciona esse tronco, para que os troncos assim obtidos sejam semelhantes?

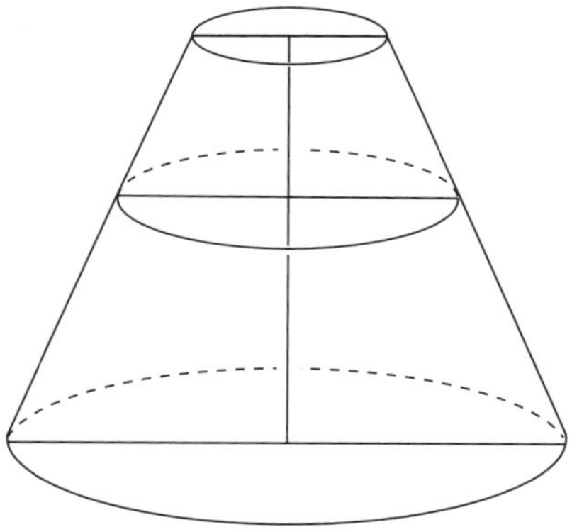

143 Verifique que se a razão entre as medidas das arestas de dois cubos é k, então a razão entre suas áreas é k^2 e a razão entre seus volumes é k^3.

144 Dado um trápezio com bases de 12 cm e 18 cm e altura 5 cm, determine a área do menor triângulo determinado quando são prolongados os lados oblíquos às bases.

145 A altura relativa à base de um triângulo mede **h**. A que distância, do vértice oposto a esta base, devemos conduzir uma reta paralela à base para que o triângulo e o trapézio obtidos tenham áreas iguais?

146 A altura relativa à base BC de um triângulo ABC mede 18 cm. Uma reta r paralela a BC intercepta este triângulo determinando um trapézio e um triângulo tal que o triângulo determinado tem área igual a $\frac{25}{11}$ da área do trapézio. Determine a distância entre **r** e BC.

147 A que distância do vértice A de um triângulo ABC, de altura relativa ao lado $\overline{BC}$ igual a **h**, devemos conduzir uma reta paralela a $\overline{BC}$, para que a área do trapézio obtido seja igual a $\frac{7}{9}$ da área do triângulo obtido?

148 As bases de um trapézio medem 8 cm e 24 cm e a altura 12 cm. A que distância da base menor devemos traçar uma reta paralela às bases para que o trapézio de bases menores, determinado, tenha 30 cm^2 de área?

149 A altura relativa à base BC de um triângulo ABC mede 12 cm. A que distância da base BC devemos traçar uma reta paralela a BC, seccionando o triângulo, de modo que a razão entre as áreas do trapézio e triângulo obtidos seja, nesta ordem, 5 : 4.

150 Quatro retas paralelas à base BC de um triângulo ABC dividem a altura relativa ao lado BC em 5 partes de medidas iguais. Se o menor trapézio determinado no triângulo por essas retas tem 30 cm^2 de área, qual é a área do trapézio de maiores bases, determinado por essas retas?

151 A altura relativa ao lado BC de um triângulo ABC mede 35 cm. Uma reta paralela à base BC, distante 14 cm da base, secciona esse triângulo determinando um trapézio cuja área é de 224 cm^2. Determine BC.

152 Resolver:

a) Dois polígonos são semelhantes e a razão de semelhança entre eles é $\frac{4}{5}$. Sendo 225 m^2 a área do maior, qual é a área do menor?

b) Dois polígonos semelhantes têm 288 m^2 e 648 m^2 de área. Sendo de 112 m o perímetro do menor, qual é o perímetro do outro?

153 Resolver:

a) Dois polígonos são semelhantes e têm 48 cm e 108 cm de perímetro. Sendo 486 cm^2 a área do maior, qual é a área do menor?

b) Dois polígonos semelhantes têm 324 cm^2 e 900 cm^2 de área. Se a diferença entre os seus perímetros é de 90 cm, quais são os seus perímetros?

154 Dois polígonos são semelhantes e têm 72 cm e 96 cm de perímetro. Sendo 600 cm^2 a soma das suas áreas, quais são essas áreas?

Resp: **138** $6156\sqrt{2}$ cm^3 **139** $7\sqrt{3}$ cm **140** a) $3\sqrt{6}$ cm b) $9\sqrt{2}$ cm c) $3\sqrt{2}$ cm

155 Dois undecágonos regulares (11 lados) têm lados com 12 cm e 16 cm. Determine o lado de um terceiro undecágono, também regular, nos casos:

a) A sua área é igual à soma das áreas dos dois primeiros.
b) A sua área é igual à diferença entre o dobro da área do maior e o triplo da área do menor.

---

156 Os lados de dois heptágonos regulares medem 8 m e 15 m. Quanto deve medir o lado de um terceiro heptágono regular para que a sua área seja igual à soma das áreas dos dois primeiros?

---

157 Os lados de 3 octógonos regulares medem 3 m, 4 m e 12 m, quanto mede o lado de um quarto octógono regular se a sua área é igual à soma das áreas dos três primeiros?

---

158 Os lados de três eneágonos regulares medem 8 cm, 10 cm e 12 cm. Quanto deve medir o lado de um quarto eneágono, também regular, para que sua área seja igual à soma das áreas dos dois maiores menos a área do menor?

---

159 Três polígonos são semelhantes entre si e têm, 9 cm^2, 25 cm^2 e 64 cm^2 de área. Qual é a área de um quarto polígono semelhante a eles, sabendo que um lado dele é igual à soma dos lados homólogos a ele nos outros três polígonos?

---

160 Três polígonos semelhantes entre si têm 9 cm^2, 16 cm^2 e 25 cm^2 de área. Qual é a área de um quarto polígono, semelhante aos primeiros, se o seu perímetro é a soma dos perímetros deles?

---

161 Resolver:

a) Dois poliedros semelhantes têm 128 cm^2 e 392 cm^2 de área. Se o maior tem 1029 cm^3 de volume, qual é o volume do outro?
b) Dois poliedros semelhantes têm 324 cm^3 e 768 cm^3 de volume. Sendo 1344 cm^2 a área do maior, qual é a área do outro?

---

162 As arestas de três dodecaedros regulares medem 3 m, 4 m e 12 m. Quanto deve medir a aresta de um quarto docecaedro regular para que a sua área seja igual à soma das áreas dos três primeiros?

---

163 Dois poliedros P_1 e P_2 são semelhantes e as suas áreas são respectivamente de 288 m^2 e 512 m^2. Se o volume de P_1 é de 189 m^3, qual é o volume de P_2?

---

164 Dois sólidos são semelhantes e têm 384 m^2 e 486 m^2, se o volume do menor é de 512 m^3, determinar o volume do outro.

---

165 Dois poliedros semelhantes têm 192 cm^2 e 588 cm^2 de área e a soma de seus volumes é de 814 cm^3. Quais são os seus volumes?

---

166 Dois poliedros semelhantes têm 16 cm^3 e 54 cm^3 de volume. Determine o volume de um poliedro semelhante a eles sabendo que a sua área é igual à soma das áreas dos outros dois.

---

167 As bases de um tronco de pirâmide têm 12 cm^2 e 27 cm^2 de área. Sendo de 6cm a altura deste tronco, qual é o seu volume?

Obs: Fazer este exercício por diferença de volumes de pirâmides.

---

168 Os raios de um tronco de cone de revolução medem 4 cm e 7 cm. Sendo de 6m a altura deste tronco, determine o seu volume. (Fazer por diferenças de cones).

---

169 A área da base de uma pirâmide é de 324 m^2. Se a área de uma secção plana, paralela à base, distante 6 m do vértice, é de 144 m^2, determine o volume do tronco obtido.

---

170 a) A área da base de uma pirâmide de 24 m de altura é 48 m^2. Um plano paralelo à base determina nesta pirâmide uma secção de 27 m^2. Determinar o volume do tronco de pirâmide obtido.

b) A área da base de uma pirâmide de 24 m de altura é de 112 m^2. Ao seccionarmos esta pirâmide por um plano paralelo à base obtemos uma secção de 63 m^2. Determinar o volume do tronco obtido.

171 A base de uma pirâmide de 16 m de altura tem 80 m^2. Ao conduzirmos um plano paralelo à base, distante 4 m da base, destacamos uma nova pirâmide, qual é o volume dessa nova pirâmide?

172 Determinar o volume do tronco de pirâmide de altura 6 m cujas bases têm 20 m^2 e 45 m^2. Obs: Fazer por diferença de volumes.

173 Uma pirâmide tem 15 cm de altura e um plano paralelo à base, distante 9 cm do vértice oposto à base, secciona esta pirâmide determinando uma pirâmide de 567 cm^3 de volume. Determine o volume do tronco determinado.

174 Uma pirâmide tem 21 cm de altura. Um plano paralelo à base secciona esta pirâmide determinando uma pirâmide e um tronco de, respectivamente, 624 cm^3 e 1482 cm^3 de volume. Determine a altura do tronco.

175 Uma pirâmide tem 35 cm de altura. Um plano paralelo à base, distante 7 cm desta, determina nela um tronco de 1708 cm^3 de volume. Determine o volume dessa pirâmide.

176 Uma pirâmide de 18 cm de altura tem a base com 378 cm^2 de área. Determine o volume do tronco que um plano paralelo à base, distante 6 cm desta, que secciona essa pirâmide, determina nela.

177 As bases de um tronco de pirâmide têm 54 cm^2 e 96 cm^2 de área. Se esse tronco tem 222 cm^3 de volume, quanto mede a sua altura? (Fazer por semelhança).

178 Um plano paralelo à base de uma pirâmide secciona essa pirâmide determinando um tronco de 518 cm^3 de volume e, em uma aresta lateral, segmentos de 15 cm e 5 cm, sendo o de 5 cm uma aresta lateral do tronco. Determine o volume dessa pirâmide.

179 Um plano paralelo à base de uma pirâmide secciona esta pirâmide determinando um tronco de 1342 cm^3 de volume. Se duas arestas das bases do tronco, contidas em uma mesma face lateral medem 24 cm e 30 cm, qual é o volume dessa pirâmide?

180 Uma pirâmide tem 500 cm^3 de volume e um plano paralelo à sua base secciona esta pirâmide determinando uma pirâmide e um tronco com áreas laterais de, respectivamente, 1944 cm^2 e 3456 cm^2. Determine o volume desse tronco.

181 Um plano paralelo à base de uma pirâmide secciona esta determinando uma pirâmide e um tronco de, respectivamente, 2304 cm^3 e 5472 cm^3. Se a superfície lateral da pirâmide determinada tem 720 cm^2 de área, qual é a área lateral do tronco?

182 Um plano paralelo à base de uma pirâmide secciona esta determinando uma pirâmide de 162 cm^3 de volume e 216 cm^2 de área lateral. Se o tronco determinado tem uma superfície lateral de 384 cm^2 de área, qual é o seu volume?

183 Um plano paralelo à base de uma pirâmide secciona esta determinando um tronco com 1680 cm^2 de área lateral e uma pirâmide com 192 cm^3 de volume. Se a pirâmide original tem 3024 cm^2 de área lateral, qual é o volume do tronco?

184 Um cone circular tem 2058π cm^3 de volume e um plano, paralelo à base, secciona esse cone e dista 18 cm do vértice e 3 cm da base do cone. Determine o volume do tronco de cone determinado. (Fazer por semelhança).

Resp: **141** $504\sqrt{2}$ cm^3 **142** a) g = 35, h = 26 b) 8 **143** k^2, k^3 **144** 60 cm^2 **145** $\frac{h\sqrt{2}}{2}$ **146** 3 cm **147** $\frac{3}{4}h$
148 3 cm **149** 4 cm **150** 90 cm^2 **151** 20 cm **152** a) 144 m^2 b) 168 m
153 a) 96 cm^2 b) 135 cm e 225 cm **154** 216cm^2 e 384cm^2

185 Um cone circular de altura **h** tem 648π cm^3 de volume. Um plano paralelo à base, distante $\frac{2}{3}$**h** do vértice, secciona esse cone, qual o volume do tronco determinado?

186 Um cone circular tem altura **h**. Um plano paralelo à base, distante $\frac{1}{5}$**h** da base, determina neste cone um tronco de 854π cm^3 de volume. Qual é o volume desse cone?

187 Um cone circular reto tem 768π cm^3 de volume. Um plano paralelo à base determina nesse cone um tronco com geratriz de 7 cm e um cone com geratriz de 21 cm. Qual é o volume do tronco determinado?

188 Um cone de revolução de geratriz **g** tem 5250π cm^3 de volume. Um plano paralelo à base secciona este cone determinando um tronco de geratriz $\frac{2}{5}$**g** . Qual é o volume desse tronco?

189 Um plano paralelo à base de um cone de revolução secciona este cone determinando um cone de 20 cm de altura e um tronco de 5 cm de altura e 594π cm^2 de área lateral. Determine a área lateral do cone original.

190 Um plano paralelo à base de um cone de revolução o secciona determinando um cone e um tronco, com a geratriz do cone sendo o dobro de geratriz do tronco. Se a superfície lateral do cone determinado tem 624π cm^2 de área, qual é a área lateral do tronco determinado?

191 Um plano paralelo à base de um cone de revolução secciona este cone determinando um cone e um tronco, com a área lateral do cone determinado sendo $\frac{9}{7}$ da área lateral do tronco. Se o cone original tem 5376π cm^3 de volume, qual é o volume do tronco?

192 Um cone de revolução com raio de 12 cm e geratriz de 18 cm é seccionado por um plano paralelo à base, determinando um tronco, com geratriz de 6 cm. Determine a área lateral desse tronco. (Fazer por diferença).

193 Um cone de revolução tem 6 cm de raio e 9 cm de altura. Um plano paralelo à base determina nesse cone um tronco de 3 cm de altura. Determine o volume desse tronco. (Faça por diferença).

Obs.: Nos próximos é conveniente usar as fórmulas deduzidas

$V_T = \frac{h}{3}[A + \sqrt{AB} + B]$, $V_{T.cone} = \frac{\pi h}{3}[r^2 + rR + R^2]$, $A_{L.T.cone} = \pi g(R + r)$

194 Resolver:

a) Sendo 6 cm a altura de um tronco de pirâmide e 28 cm^2 e 63 cm^2 as áreas das bases, determine o seu volume.

b) Se um tronco de pirâmide com bases de 45 cm^2 e 80 cm^2 de área tem 555 cm^3 de volume, qual é a sua altura?

c) Um tronco de pirâmide tem 78 cm^3 de volume, 6cm de altura e uma das bases com 25 cm^2 de área, determine a área da outra base.

195 Resolver:

a) Os raios das bases de um tronco de cone circular medem 4 cm e 5 cm e a sua altura 9 cm. Determine o seu volume.

b) Um tronco de cone circular com raios de 5cm e 8cm tem 258π cm^3 de volume. Determine a sua altura.

c) Um tronco de cone circular com 279π cm^3 de volume e uma base com 7 cm de raio tem 9 cm de altura. Determine o raio da outra base.

196 Em cada caso considere um tronco de pirâmide regular e determine o seu volume.

a) Quadrangular com altura de 6 cm e com arestas das bases de 3 cm e 5 cm.

b) Triangular com altura de 9 cm e com arestas das bases de 4 cm e 6 cm.

c) Hexagonal com altura de 6 cm e com arestas das bases de 6 cm e 8 cm.

---

197 Em cada caso considere um tronco de pirâmide regular com arestas das bases **a** e **b** e área **A** e determine o seu volume.

a) Tronco quadrangular com $a = 12$ cm, $b = 18$ cm e $A = 708\ cm^2$.

b) Tronco triangular com $a = 12$ cm, $b = 18$ cm e $A = 342\sqrt{3}\ cm^2$.

c) Tronco hexagonal com $a = 10$ cm, $b = 16$ cm e $A = 924\sqrt{3}\ cm^3$.

---

198 Em cada caso considere um tronco de pirâmide quadrangular regular e resolva:

a) Se os apótemas das bases medem 7 cm e 10 cm e o diedro de uma base 45°, determine a altura e o apótema do tronco.

b) Se as arestas das bases medem 8 cm e 12 cm e a aresta lateral forma um ângulo de 60° com os planos das bases, determine a altura e o apótema do tronco.

c) Se o diedro de uma base mede 30° e a altura $2\sqrt{3}$ cm determine uma relação entre as arestas das bases.

d) Se a aresta lateral forma um ângulo de 45° com os planos das bases e mede 6 cm, determine uma relação entre as arestas das bases.

e) Se a aresta lateral forma um ângulo de 30° com os planos das bases e o apótema do tronco mede 5 cm, determine uma relação entre as arestas das bases.

---

199 Em cada caso considere um tronco de cone de revolução com raios **r** e **R**, altura h, geratriz **g** e volume **V** e determine a sua área.

a) $r = 6$ cm, $R = 2$ cm, $h = 3$ cm.

b) $r < R = 11$ cm, $h = 12$ cm, $g = 13$ cm

c) $r = 2$ cm, $R = 5$ cm, $V = 78\sqrt{2}\pi\ cm^3$

d) $r = 9$ cm, $h = 2\sqrt{10}$ cm, $V = 78\sqrt{10}\pi\ cm^3$

e) $h = 3\sqrt{15}$ cm, $g = 12$cm, $V = 171\sqrt{15}\pi\ cm^3$

---

200 Em cada caso considere um tronco de cone circular reto com raios **r** e **R**, altura h, geratriz **g** e área **A** e determine o seu volume.

a) $r = 7$ cm, $R = 4$ cm, $g = 3\sqrt{5}$ cm

b) $r < R = 11$ cm, $h = 6$ cm, $g = 2\sqrt{13}$ cm

c) $r = 7$ cm, $R = 13$ cm, $A = 458\pi\ cm^2$

d) $r = 6$ cm, $g = 9$ cm, $A = 342\pi\ cm^2$

e) $h = 15$ cm, $g = 17$ cm, $A = 432\pi\ cm^2$

Resp: **155** a) 20 cm b) $4\sqrt{5}$ cm **156** 17m **157** 13m **158** $6\sqrt{5}$ cm **159** 256 cm^2 **160** 144 cm^2

161 a) 192 cm^3 b) 756 cm^2 **162** 13m **163** 448 m^3 **164** 729 m^3 **165** 128 cm^3 e 686 cm^3.

166 $26\sqrt{13}\ cm^3$ **167** 114 cm^3 **168** $186\pi\ cm^3$ **169** 684 m^3 **170** a) 222 m^3 b) 518 m^3

171 180 m^3 **172** 190 m^3 **173** 2058 cm^3 **174** 7 cm **175** 3500 cm^3 **176** 1596 cm^3

177 3 cm **178** 896 cm^3 **179** 2750 cm^3 **180** 392 cm^3 **181** 900 cm^3 **182** 588 cm^3

183 456 cm^3 **184** $762\pi\ cm^3$

201 A geratriz de um tronco de cone circular reto mede 12cm e forma um ângulo de 60º com os planos das bases. Se esse tronco tem $188\pi\ cm^2$ de área qual é o seu volume?

---

202 A altura de um tronco de cone de revolução mede $9\sqrt{3}$ cm e forma um ângulo de 30º com a geratriz. Se esse cone tem $333\sqrt{3}\,\pi\ cm^3$ de volume, qual é a sua área?

---

203 Um tronco de cone de revolução com geratriz de 10 cm tem $270\pi\ cm^2$ de área. Se uma secção plana desse tronco, por um plano que passa pelo eixo, tem 48 cm de perímetro, determine o seu volume.

---

204 A altura e a geratriz de um tronco de cone de revolução medem 15 cm e 17 cm. Se a área lateral do tronco é igual à soma das áreas das bases, determine a área e o volume dele.

---

205 A altura de um tronco de cone reto mede 3 m, a geratriz do tronco mede 5 m e o seu volume é de $151\pi\ m^3$. Determine a área desse tronco.

---

206 A área, a altura e a geratriz de um tronco de cone reto, medem $90\pi\ m^2$, 4 m e 5 m. Ache o volume desse tronco.

---

207 A altura de um tronco cone reto mede 9 m e os raios das bases medem 4 m e 10 m. A que distância da base menor, devemos conduzir um plano paralelo às bases, para que o tronco de bases menores tenha $76\pi\ m^3$ de volume.

---

208 Um plano passa pela diagonal da base de um cubo e pelos pontos médios de duas arestas da face oposta. Determinar a razão entre os volumes das partes em que este plano divide o cubo.

---

209 As arestas das bases de um tronco de pirâmide quadrangular regular medem 12 m e 18 m e a aresta lateral mede $\sqrt{34}$ m. Ache o volume deste tronco.

---

210 O apótema de um tronco de pirâmide quadrangular regular mede 4 m, a altura $\sqrt{15}$ m e a sua área é de $212\ m^2$. Determinar o volume deste tronco.

---

211 Determinar o volume de um tronco de pirâmide triangular regular cujas arestas das bases medem $6\sqrt{3}$ m e $8\sqrt{3}$ m e a aresta lateral $2\sqrt{10}$ m.

---

212 A altura de um tronco de pirâmide triangular regular é de 3m e o apótema deste tronco mede $2\sqrt{3}$ m. Sendo $99\sqrt{3}\ m^2$ a área desse tronco, qual é o seu volume?

---

213 As arestas das bases de um tronco de pirâmide triangular regular medem 12 m e 18 m e a aresta lateral $\sqrt{21}$ m. Determinar o volume e a área deste tronco.

---

214 As arestas das bases de um tronco de pirâmide quadrangular regular medem 12 m e 18 m. Sendo $768\ m^2$ a área deste tronco, qual é o seu volume?

215 Em cada caso considere um tronco de pirâmide regular circunscritível (há uma esfera que tangencia todas suas faces) com arestas das bases **a** e **b**. Determine o raio da esfera inscrita, nos casos:

a) Tronco quadrangular regular.

b) Tronco hexagonal regular.

c) Tronco triangular regular.

216 Em cada caso é dado um tronco de pirâmide regular com área igual a α. Determine, em função de α, a área do tronco de cone inscrito no tronco de pirâmide dado.

a) Tronco quadrangular   b) Tronco hexagonal   c) Tronco triangular

217 Em cada caso é dado um tronco de pirâmide regular de volume γ. Determine, em função de γ, o volume do tronco de cone inscrito no tronco de pirâmide dado.

a) Tronco quadrangular   b) Tronco hexagonal   c) Tronco triangular

218 Em cada caso é dado um tronco de pirâmide regular de volume γ. Determine, em função de γ, o volume do tronco de cone circunscrito ao tronco dado.

a) Tronco quadrangular   b) Tronco hexagonal   c) Tronco triangular

219 A altura e a aresta lateral de um tronco de pirâmide quadrangular regular medem $\sqrt{7}$ cm e 5 cm. Se este tronco tem $84\sqrt{7}$ cm³ de volume, qual é a área do tronco de cone circunscrito a ele?

220 A altura de um tronco de pirâmide quadrangular regular mede $2\sqrt{3}$ cm, a aresta da base menor mede 2 cm e ele tem 104 cm² de área. Determine a medida da aresta da base maior.

221 Um tronco de pirâmide triangular regular tem $4\sqrt{6}$ cm de altura e $306\sqrt{3}$ cm² de área. Se a aresta da base menor mede 6cm, qual é o seu volume?

222 Um tronco de pirâmide hexagonal regular tem $3\sqrt{5}$ cm de altura e $198\sqrt{3}$ cm² de área. Se a aresta da base maior mede 6 cm, qual é o seu volume?

Resp: **185** 456π cm³   **186** 1750π cm³   **187** 444π cm³   **188** 4116π cm³   **189** 1650π cm²   **190** 780π cm²

191 3108π cm³   **192** 120π cm²   **193** 76π cm³   **194** a) 266 cm³   b) 9 cm   c) 4 cm²

195 a) 163π cm³   b) 6 cm   c) 4 cm   **196** a) 98π cm³   b) $57\sqrt{3}$ cm³   c) $444\sqrt{3}$ cm³

197 a) $228\sqrt{7}$ cm³   b) $342\sqrt{6}$ cm³   c) 3096 cm³   **198** a) 3 cm, $3\sqrt{2}$ cm   b) $2\sqrt{6}$ cm, $2\sqrt{7}$ cm

c) b = a + 12   d) b = a + 6   e) b = a + $2\sqrt{15}$ **199** a) 80π cm²   b) 378π cm²   c) 92π cm²

d) 258π cm²   e) 297π cm²   **200** a) 186π cm³   b) 494π cm³   c) $618\sqrt{3}\pi$ cm³   d) $252\sqrt{5}\pi$ cm³

e) 1040π cm³   **201** $168\sqrt{3}\pi$ cm³   **202** 299π cm²   **203** 326π cm³   **204** 1088π cm², 3920π cm³

205 176π m²   **206** 84π m³   **207** 3 m   **208** $\frac{17}{7}$ **209** 912 m³   **210** $\frac{148}{3}\sqrt{15}$ m³

211 $222\sqrt{3}$ m³   **212** $63\sqrt{3}$ m³   **213** $171\sqrt{3}$ m³, $207\sqrt{3}$ m²   **214** 912 m²   **215** a) $\frac{1}{2}\sqrt{ab}$

b) $\frac{1}{2}\sqrt{3ab}$ c) $\frac{1}{6}\sqrt{3ab}$ **216** a) $\frac{\pi}{4}\alpha$ b) $\frac{\pi\sqrt{3}}{6}\alpha$ c) $\frac{\pi\sqrt{3}}{9}\alpha$ **217** a) $\frac{\pi}{4}\gamma$

b) $\frac{\pi\sqrt{3}}{6}\gamma$ c) $\frac{\pi\sqrt{3}}{9}\gamma$ **218** a) $\frac{\pi}{2}\gamma$ b) $\frac{2\pi\sqrt{3}}{9}\gamma$ c) $\frac{4\pi\sqrt{3}}{9}\gamma$

219 $45(\sqrt{2}+2)\pi$ cm²   **220** 6 cm   **221** $468\sqrt{2}$ cm³   **222** $114\sqrt{15}$ cm³

III GEOMETRIA ESPACIAL (COMPLENTOS)

1 – Sólidos de revolução

Os quatro mais recorrentes:

(I) Cilindro circular reto

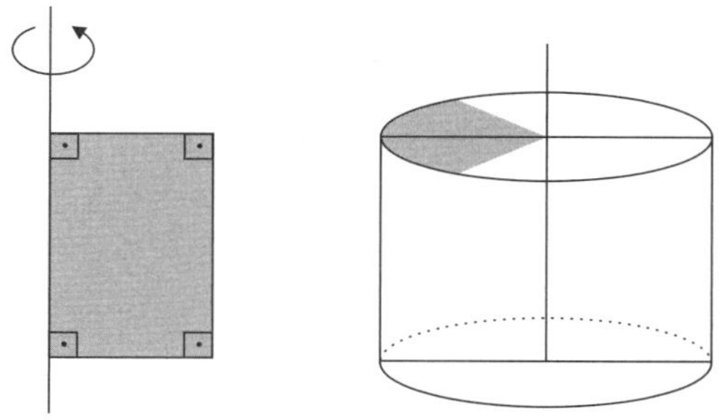

(II) Cone circular reto

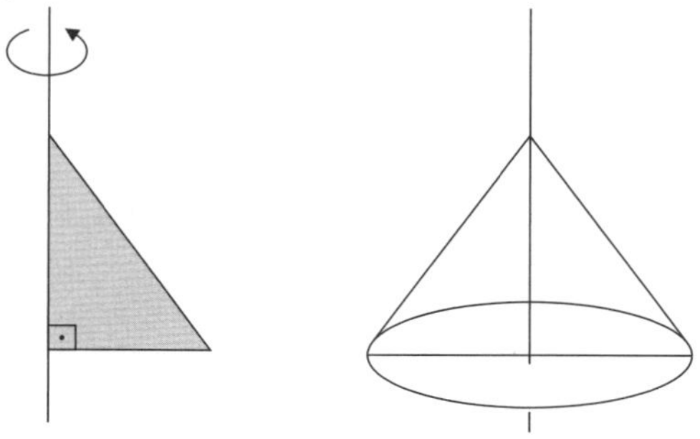

(III) Esfera

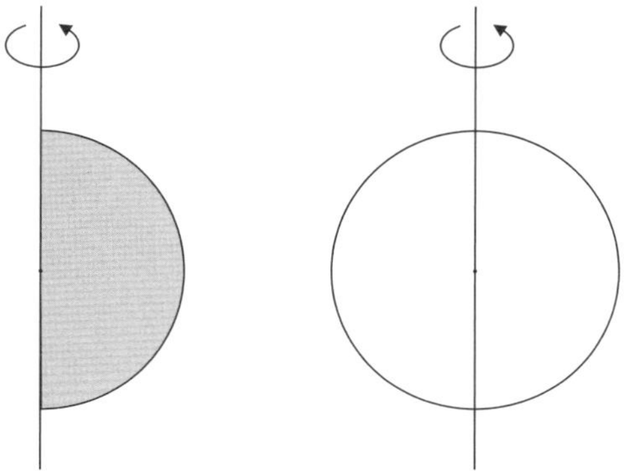

(IV) Tronco de cone

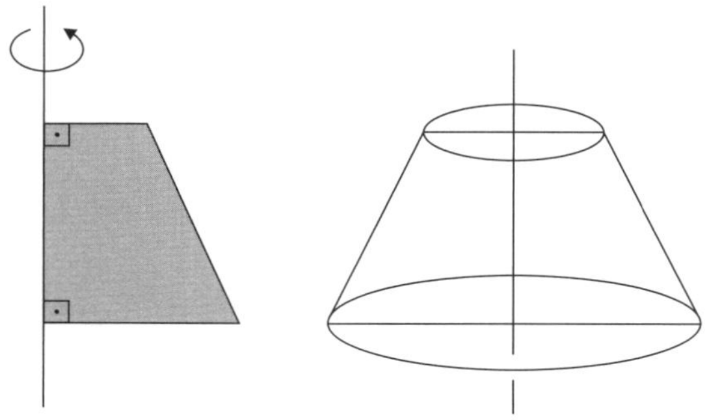

As fórmulas mais usadas

Cilindro

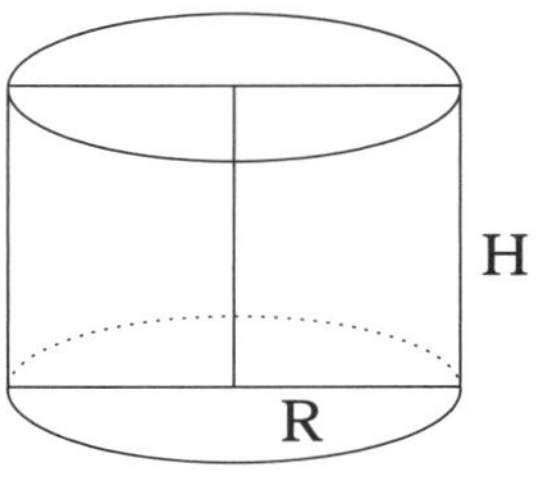

$$V = B \cdot H$$
$$V = (\pi R^2)H$$
$$A_L = 2\pi RH$$
$$A = 2B + A_L$$

Cone

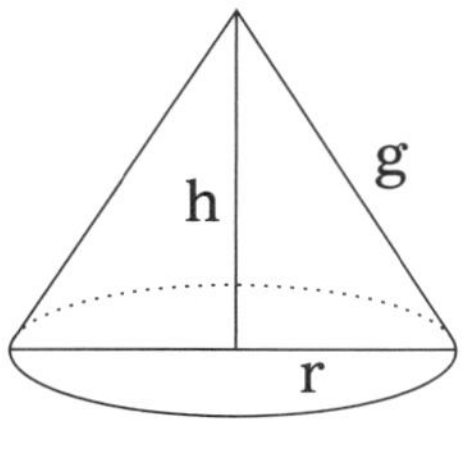

$$V = \frac{1}{3}BH$$
$$V = \frac{1}{3}(\pi r^2)H$$
$$A_L = \pi rg$$
$$A = A_L + B$$

Esfera

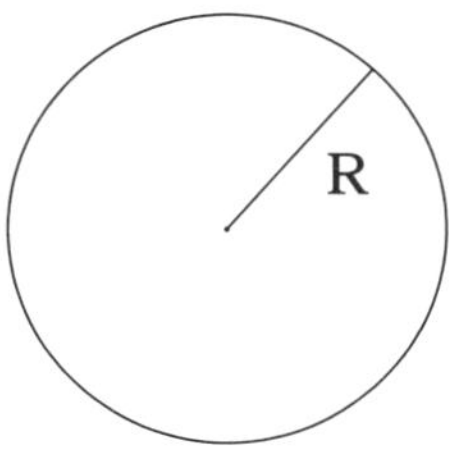

$$A = 4\pi R^2$$
$$V = \frac{4}{3}\pi R^3$$

Tronco de cone

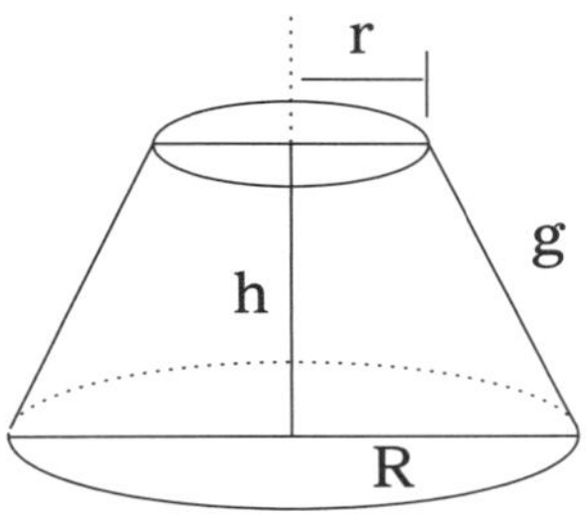

$$V = \frac{h}{3}\left[A + \sqrt{AB} + B\right]$$
$$V = \frac{\pi h}{3}\left[r^2 + rR + R^2\right]$$
$$A_L = \pi g(R + r)$$
$$A_T = A + B + A_L$$

Vamos agora ver exemplos de sólidos de revolução obtidos pela união (ou diferença) deste anteriores, sendo que quando aparecer parte da esfera, esta será semiesfera

Alguns exemplos:

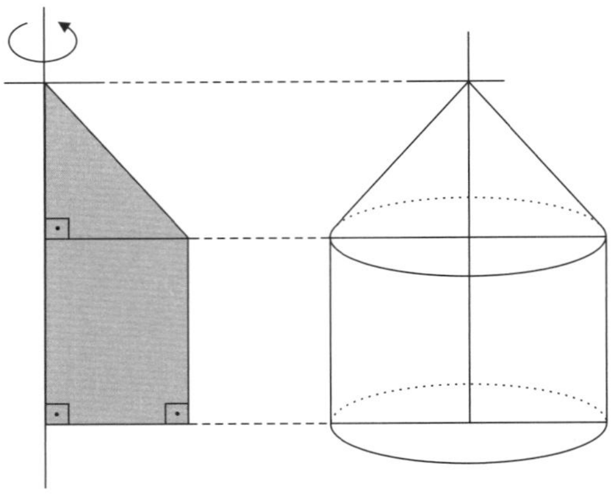

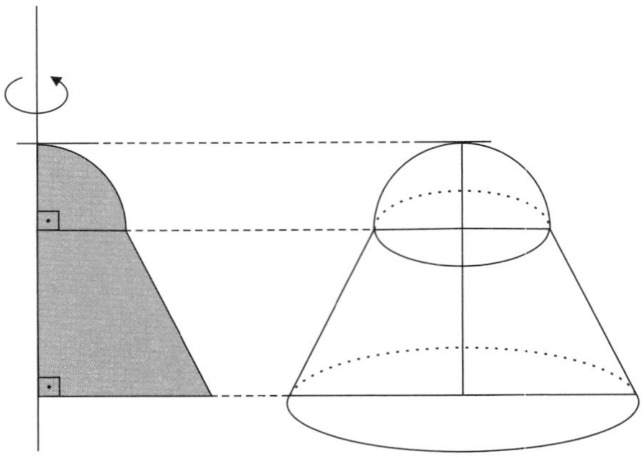

Exemplo 1: Determinar o volume e a área do sólido de revolução gerado pela retação da região sombreada quando gira em torno do eixo e.

O arco mede 90º e é de circunferência com centro em **e**.

Considerar o cm como a unidade das medidas

1) Note que o raio do cone é igual ao raio da esfera: r = 6

2) Cálculo da geratriz do cone

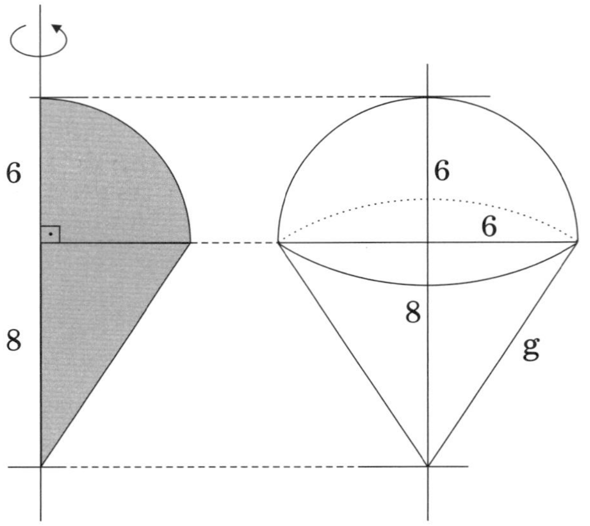

$$g^2 = 6^2 + 8^2 \Rightarrow \boxed{g = 10}$$

3) **Volume do sólido** (V_s)

$$V_s = \frac{1}{2}\left[V_{esfera}\right] + V_{cone}$$

$$V_s = \frac{1}{2}\left[\frac{4}{3}\pi r^3\right] + \frac{1}{3}\pi r^2 \cdot H$$

$$V_s = \frac{1}{2}\left[\frac{4}{3}\pi \cdot 6 \cdot 6 \cdot 6\right] + \frac{1}{3}\pi \cdot 6 \cdot 6 \cdot 8 \Rightarrow$$

$$V_s = 144\pi + 96\pi \Rightarrow \boxed{V_s = 240\pi \text{ cm}^3}$$

4) **Área do sólido** (A_s)

Note que a base do cone está na região interna e não compõe a superfície do sólido.

$$A_S = \frac{1}{2}\left[A_{esfera}\right] + A_{Lat.cone} \Rightarrow A_S = \frac{1}{2}\left[4\pi r^2\right] + \pi r g \Rightarrow$$

$$A_S = 2\pi \cdot 6^2 + \pi \cdot 6 \cdot 10 \Rightarrow A_S = 72\pi + 60\pi \Rightarrow \boxed{A_S = 132\pi \text{ cm}^2}$$

Exemplo 2: Determinar o volume e a área do sólido de revolução gerado pela região sombreada quando gira em torno do eixo e.

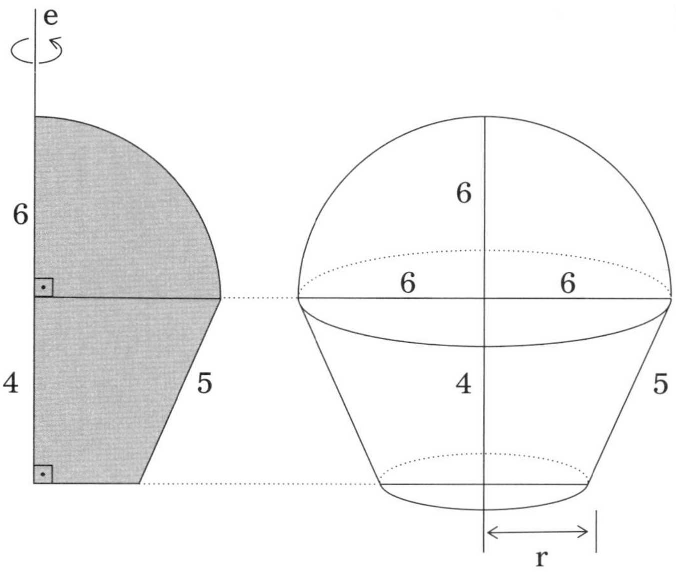

1) Cálculo do raio da base menor do tronco

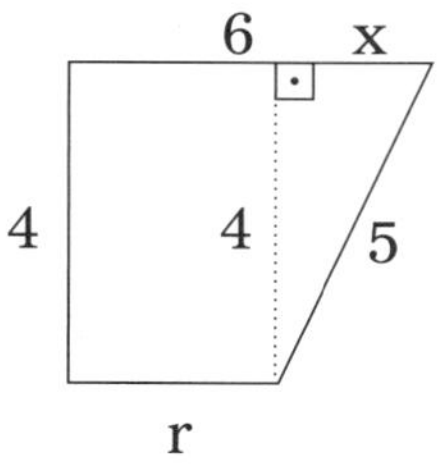

$x^2 + 4^2 = 5^2$

$\boxed{x = 3}$

$r + x = 6$

$r + 3 = 6$

$\boxed{r = 3}$

2) **Volume do sólido** (V_s)

$$V_s = \frac{1}{2}\left[V_{esfera}\right] + V_{Tr.cone} \Rightarrow V_s = \frac{1}{2}\left[\frac{4}{3}\pi R^3\right] + \frac{\pi h}{3}\left[r^2 + rR + R^2\right] \Rightarrow$$

$$Vs = \frac{1}{2}\left[\frac{4}{3}\pi \cdot 6^3\right] + \frac{\pi \cdot 4}{3}\left[3^2 + 3 \cdot 6 + 6^2\right] \Rightarrow V_s = 144\pi + 4\pi\left[3 + 6 + 12\right]$$

Note que as parcelas dentro do colchete formam uma P. G.

$$V_s = 144\pi + 84\pi \Rightarrow \boxed{V_s = 228\pi\ cm^3}$$

3) **Área do sólido** (A_s)

Note que a superfície do sólido é composta por metade da superfície da esfera, unida com a superfície lateral do tronco e com base menor do tronco. A base maior está no interior do sólido e não compõe a superfície.

$$A_s = \frac{1}{2}\left[A_{esfera}\right] + A_{Lat.tronco} + A_{base\ menor}$$

$$A_s = \frac{1}{2}\left[4\pi R^2\right] + \pi g(R + r) + \pi r^2 \Rightarrow$$

$$A_s = \frac{1}{2}\left[4\pi \cdot 6^2\right] + \pi \cdot 5(6 + 3) + \pi \cdot 3^2 \Rightarrow$$

$$A_s = 72\pi + 45\pi + 9\pi \Rightarrow \boxed{A_s = 126\pi\ cm^2}$$

Exemplo 3: A região sombreada gira em torno do eixo **e** gerando um sólido de revolução. Determinar o seu volume e a sua área. (unidade = cm)

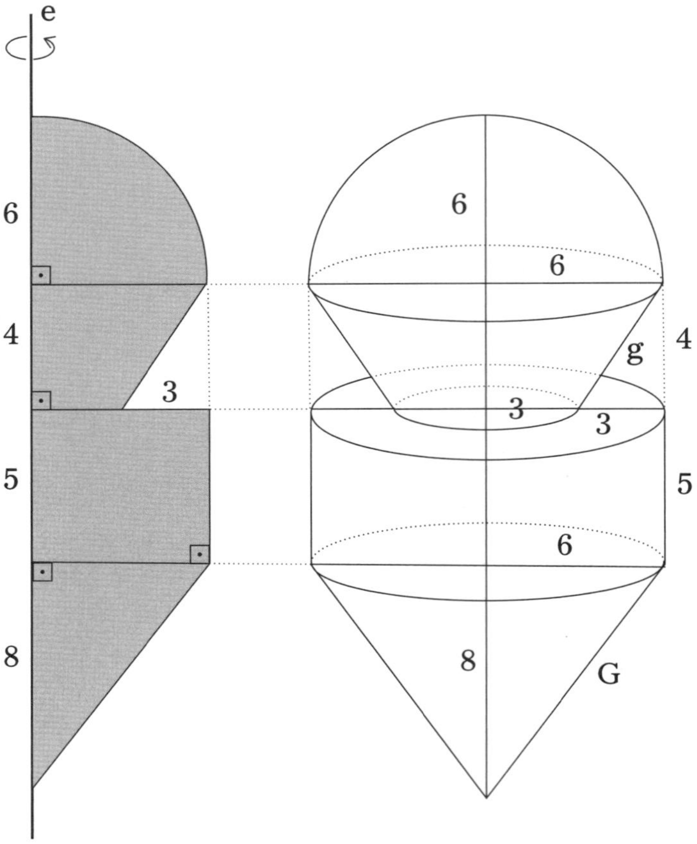

1) Note que raio maior do tronco e os raios do cilindro e cone, são todos iguais ao raio da semiesfera: R=6

2) Cálculo das geratrizes do tronco e cone:

$$\begin{cases} g^2 = 3^2 + 4^2 \\ G^2 = 6^2 + 8^2 \end{cases} \Rightarrow \begin{cases} g = 5 \\ G = 10 \end{cases}$$

3) **Área do sólido** (A_s)

A base maior do tronco e a base do cone não compõem a superfície do sólido.

A única região horizontal que faz parte da superficie do sólido é uma coroa de raios 3 cm e 6 cm com área $\left(\pi \cdot 6^2 - \pi \cdot 3^2\right)$

$$A_S = \frac{1}{2}\left[A_{esf.}\right] + A_{Lat.tronco} + A_{coroa} + A_{Lat.cil.} + A_{Lat.cone}$$

$$A_S = \frac{1}{2}\left[4\pi \cdot 6^2\right] + \pi \cdot 5(6+3) + \left(\pi \cdot 6^2 - \pi \cdot 3^2\right) + 2 \cdot \pi \cdot 6 \cdot 5 + \pi \cdot 6 \cdot 10$$

$$A_S = 72\pi + 45\pi + 27\pi + 60\pi + 60\pi \Rightarrow \boxed{A_S = 264\pi}$$

4) **Volume do sólido** V_s

$$V_S = \frac{1}{2}\left[A_{Vesf.}\right] + V_{tronco} + V_{cil.} + V_{cone}$$

$$V_S = \frac{1}{2}\left[\frac{4}{3}\pi 6^3\right] + \frac{\pi \cdot 4}{3}\left[3^2 + 3 \cdot 6 + 6^2\right] + \pi \cdot 6^2 \cdot 5 + \frac{1}{3}\pi \cdot 6^2 \cdot 8 \Rightarrow$$

$$V_S = 144\pi + 4\pi\left[3 + 6 + 12\right] + 180\pi + 96\pi$$

$$V_S = 144\pi + 84\pi + 176\pi \Rightarrow \boxed{V_S = 404\pi}$$

Resposta: 264π cm^2, 404π cm^3

223 Determinar o volume e a área do sólido de revolução que se obtém quando a região sombreada gira em torno do eixo **y**, nos casos:

(a unidade das medidas indicadas nas figuras é o metro e o arco no item c mede 90° e tem centro em y).

a)

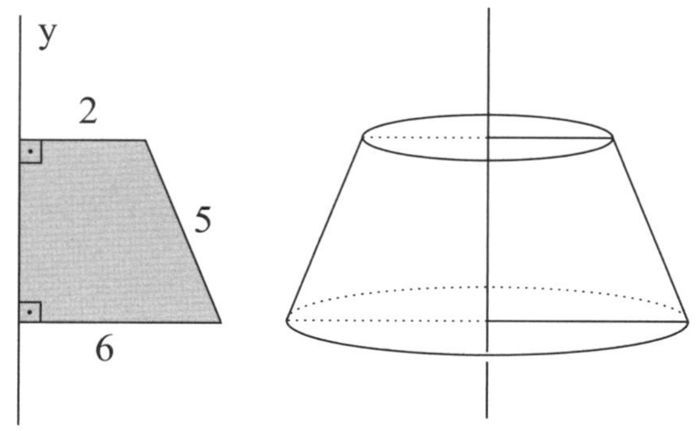

b)

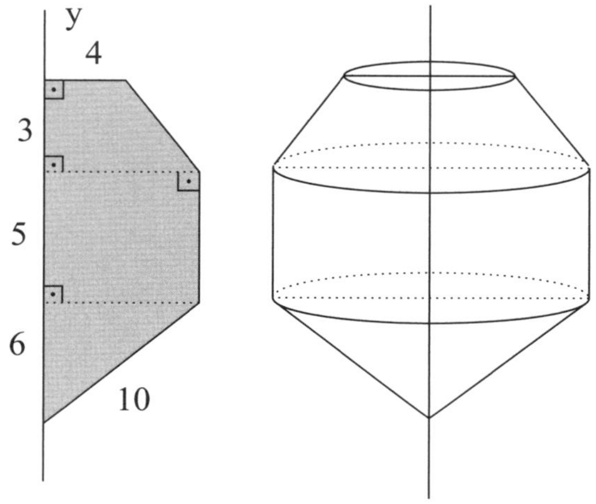

c)

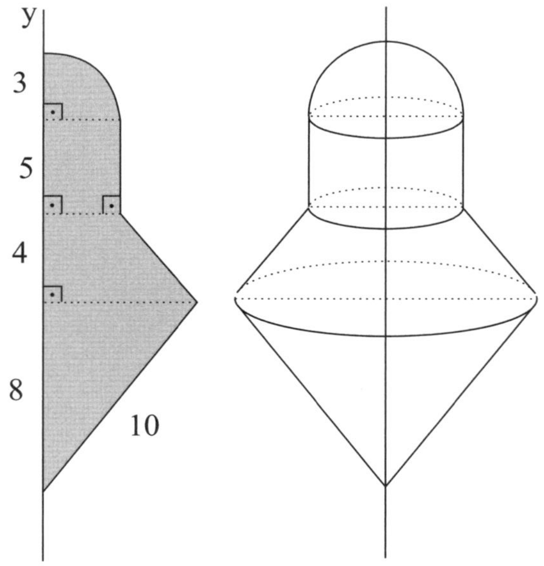

224 A região sombreada gira em torno do eixo **e** gerando um sólido de revolução de $282\pi\ cm^2$ de área. Qual é o volume deste sólido?

O arco de circunferência tem centro em **e**.

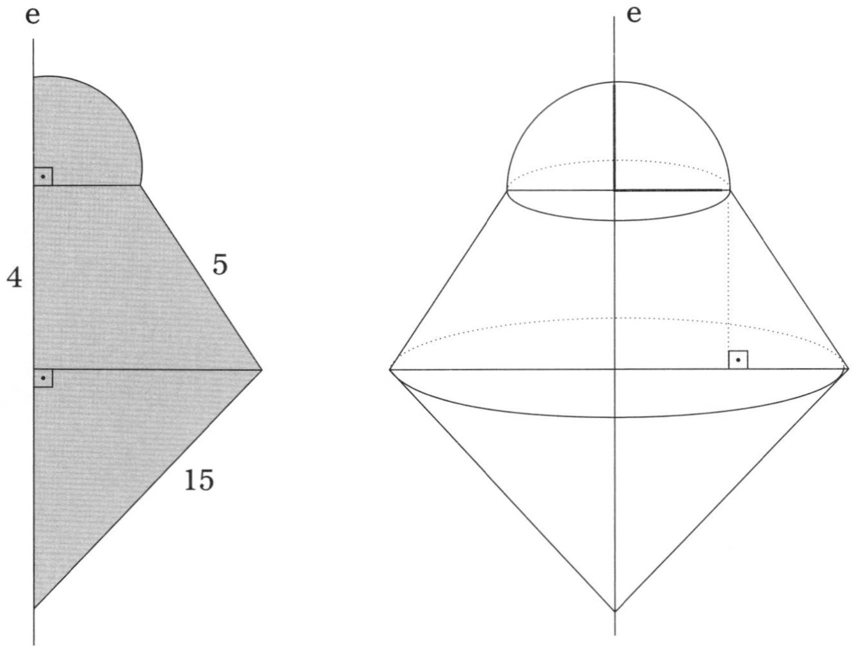

225 A região sombreada gira em torno do eixo e gerando um sólido de revolução de $208\pi\ cm^3$ de volume. Determinar a sua área. O arco mede 90º e tem centro em **e** (unidade: metro)

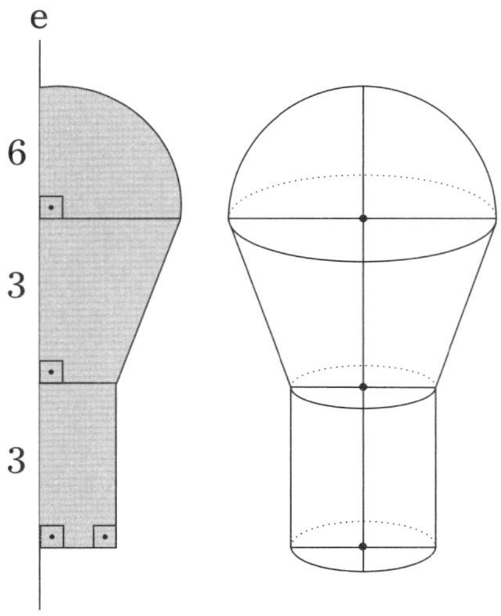

226 A região sombreada gira em torno do eixo **e** gerando um sólido de $396\pi\ cm^2$ de área. Determinar o volume deste sólido.

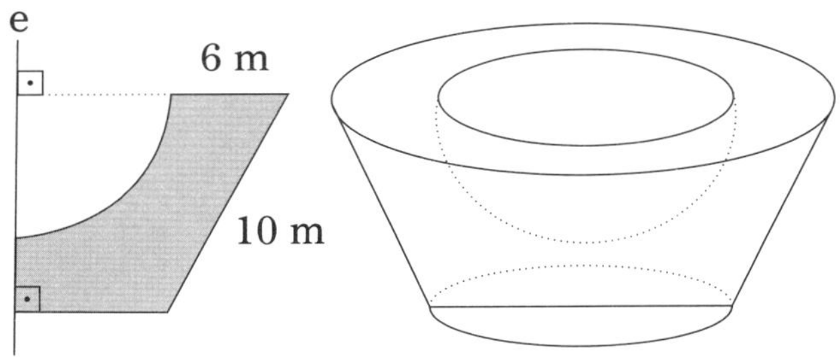

Resp: **223** a) $80\,\pi\ m^2$, $52\pi\ m^3$ b) $236\,\pi\ m^2$, $560\pi\ m^3$ c) $153\,\pi\ m^2$, $243\pi\ m^3$

227 Em cada caso a região sombreada gira em torno do eixo **y** gerando um sólido de revolução. Sendo o centímetro a unidade das medidas indicadas na figura, determine o volume do sólido:

a) Ele tem 416π cm^2 de área.

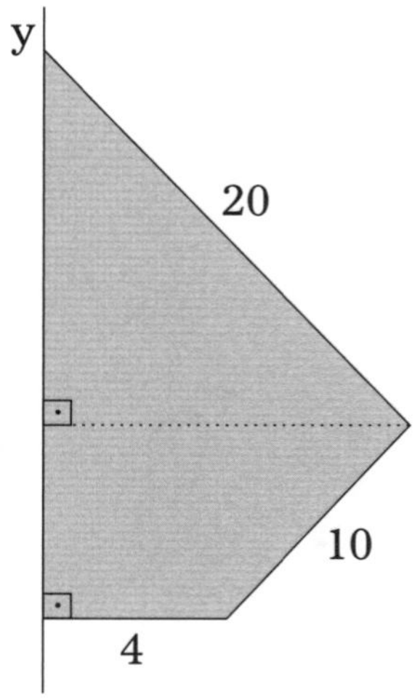

b) Ele tem 190π cm^2 de área.

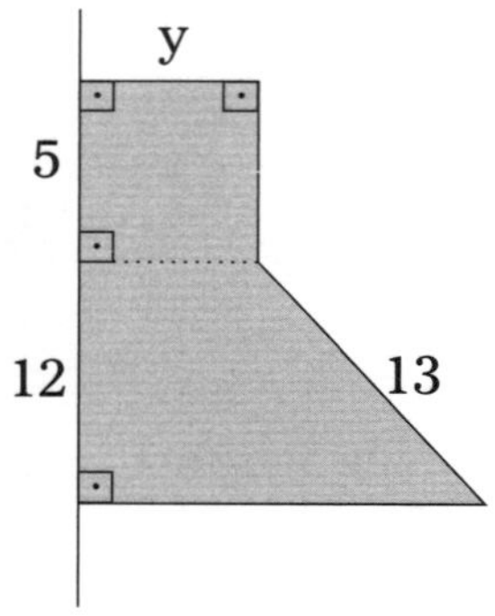

228 A região sombreada gira em torno do eixo e determinando um sólido de 84π cm^3 de volume. Determinar a área deste sólido.

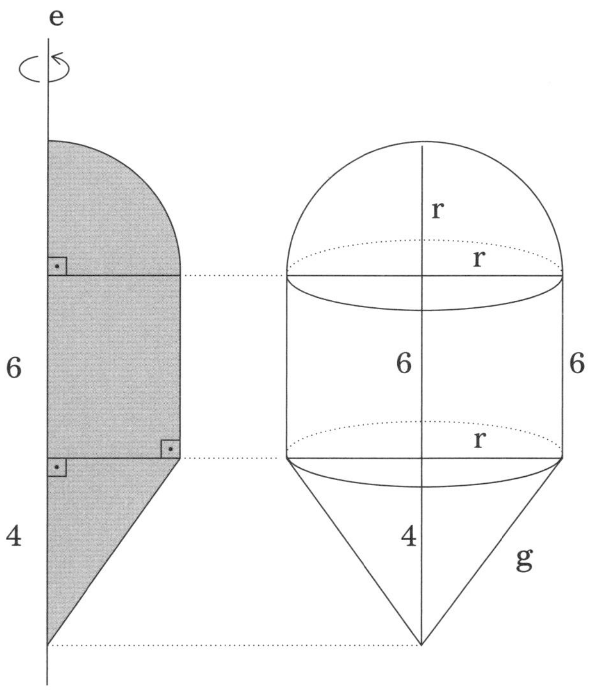

Resp: **224** 696π m^3 **225** 128π m^2 **226** 528π m^3

103

229 A região sombreada da figura gira em torno do eixo y gerando um sólido de 255π cm^2 de área. Se o arco da figura é um arco de circunferência de 90° e tem centro em y e as unidades das medidas indicadas na figura é o **cm**, qual é o volume desse sólido?

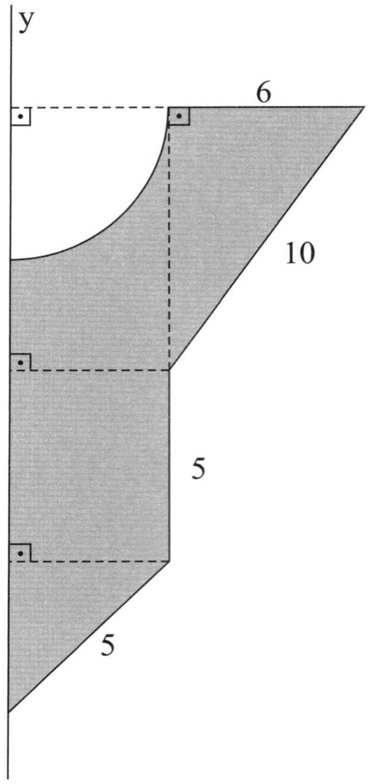

230 A região sombreada gira em torno do eixo **y** gerando um sólido de revolução. Sendo o centímetro a unidade das medidas indicadas na figura. determine a área do sólido, nos casos:

a) Ele tem $330\pi\ cm^3$ de volume.

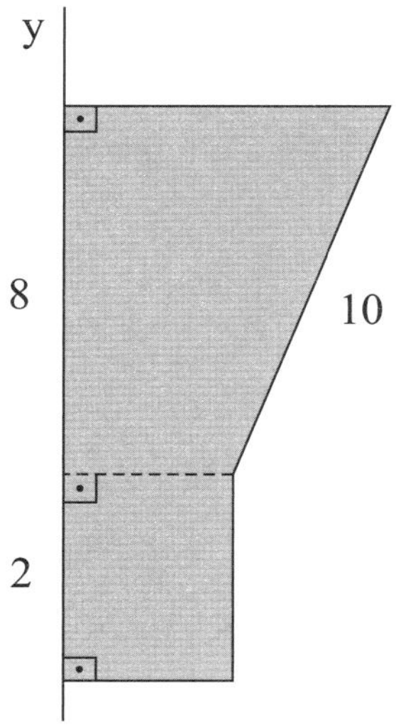

b) Ele tem $102\pi\ cm^3$ de volume.

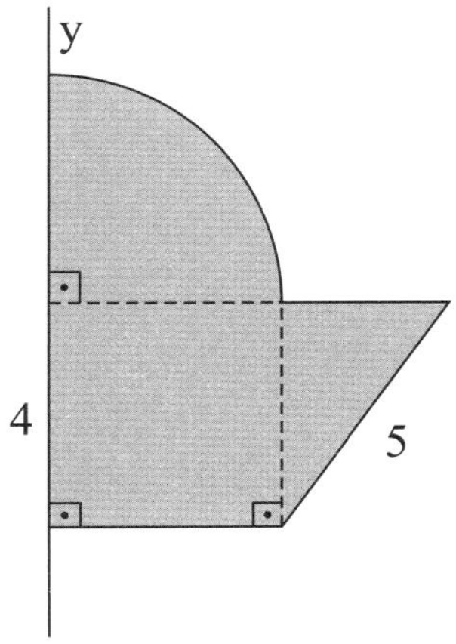

Resp: **227** a) $1184\pi\ cm^3$ b) $288\pi\ cm^3$ **228** $69\pi\ cm^2$

2 – Inscrição e circunscrição

1) Poliedro inscrito em uma esfera

Dizemos que um poliedro está **inscrito** em uma esfera, ou que a esfera está circunscrita a esse poliedro se todos os vértices do poliedro pertencem à superfície da esfera.

Note que a distância entre o centro da esfera e qualquer vértice do poliedro é igual ao raio da esfera.

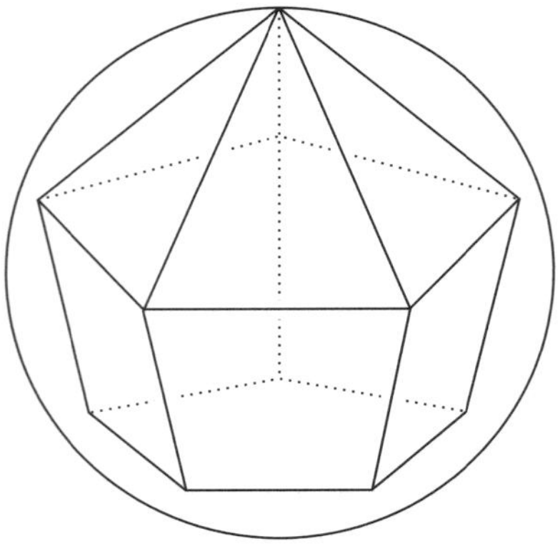

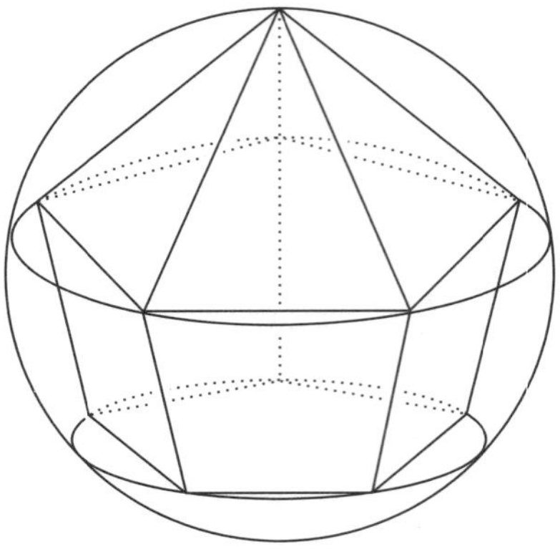

2) Esfera inscrita em um poliedro

Dizemos que uma esfera está inscrita em um poliedro, ou que o poliedro está circunscrito a essa esfera (ele é circunscritível) se todas as faces do poliedro tangenciam a esfera.

Note que a distância entre o centro da esfera e qualquer face do poliedro é igual ao raio da esfera.

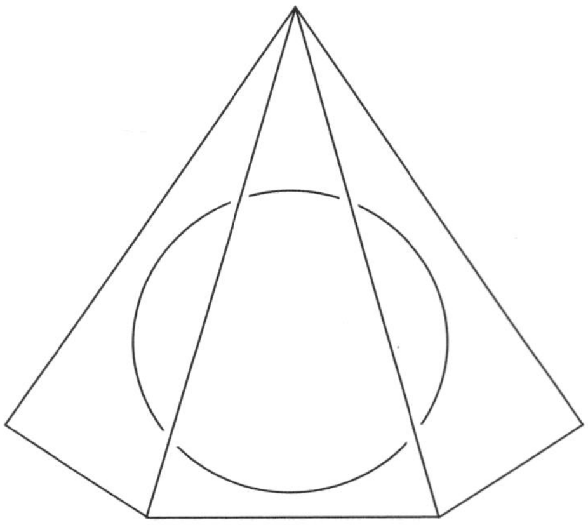

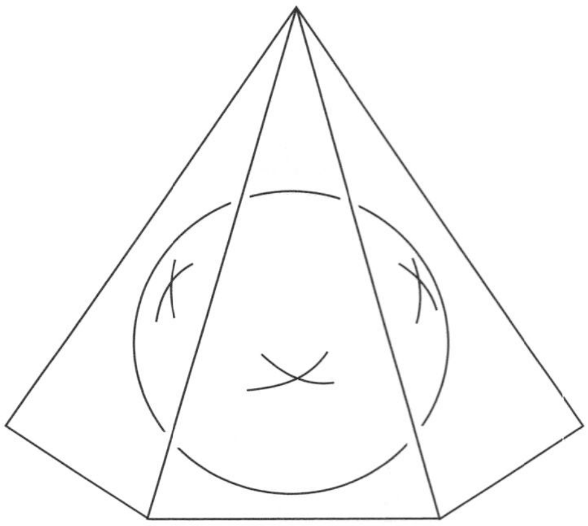

3) Cilindro inscrito em esfera

Dizemos que um cilindro reto está inscrito em uma esfera (ou que a esfera é circunscrita a esse cilindro) se as circunferências das bases estão contidas na superfície dessa esfera. O centro da esfera está sobre o eixo do cilindro e eqüidista das bases.

Para descobrirmos as relações importantes, pensamos no plano de uma secção meridiana do cilindro: um retângulo inscrito numa circunferência.

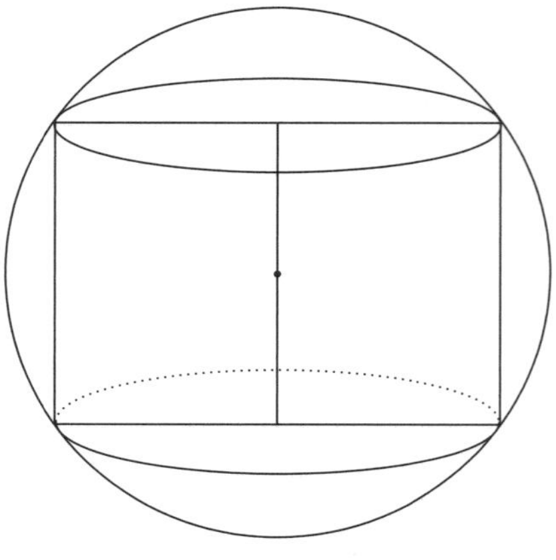

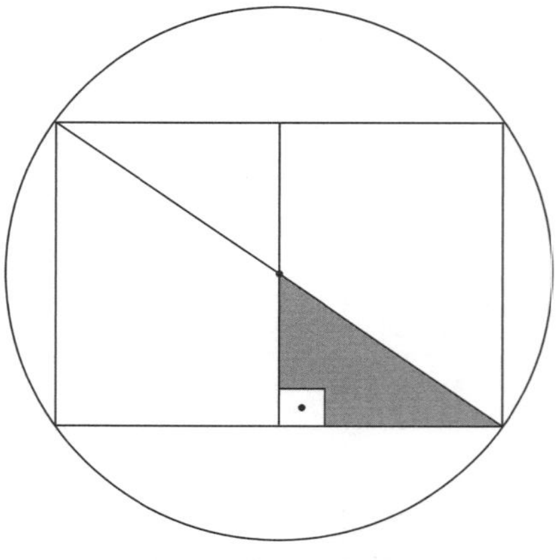

4) Cone inscrito em esfera

Dizemos que um cone reto está inscrito em uma esfera (ou que a esfera está circunscrita a esse cone) se a circunferência da base do cone está contida na superfície da esfera e o vértice do cone pertence a essa superfície. O centro da esfera está no eixo do cone. Para descobrirmos as relações importantes, pensamos no plano de uma secção meridiana do cone: um triângulo isósceles inscrito numa circunferência.

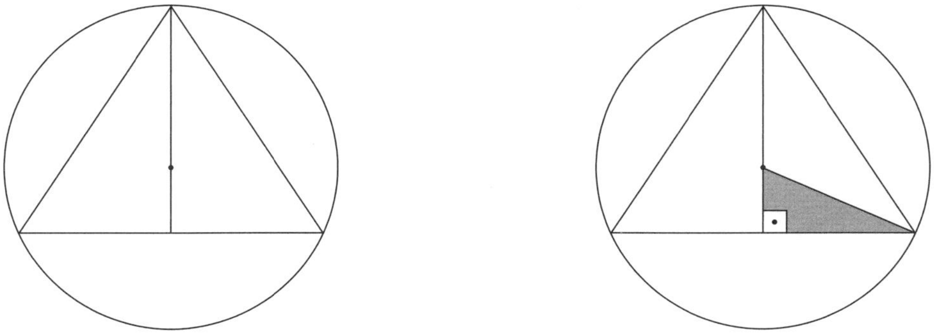

5) Esfera inscrita em cilindro

Dizemos que uma esfera está inscrita em um cilindro reto (ou que o cilindro está circunscrito a essa esfera) se todas as geratrizes tangenciam a esfera e as bases do cilindro também tangenciam a esfera. O centro da esfera está no eixo do cilindro e este cilindro é necessariamente equilátero (altura igual ao diâmetro da base : H = 2R). Basta pensarmos no plano de uma secção meridiana do cilindro.

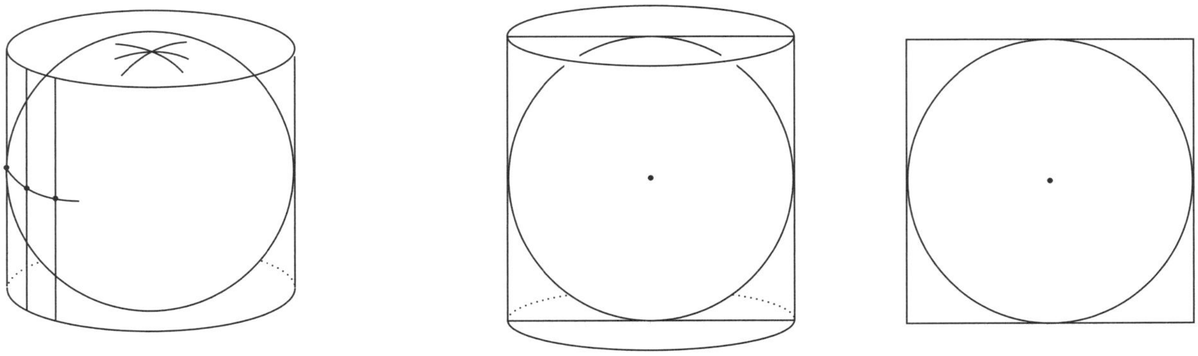

6) Esfera inscrita em cone

Dizemos que uma esfera está inscrita em um cone reto (ou que o cone está circunscrito a essa esfera), se todas as geratrizes tangenciam a esfera e a base do cone também tangencia a esfera. O centro da esfera está no eixo do cone. Para descobrirmos relações importantes, pensamos no plano de uma secção meridiana do cone: um triângulo isósceles circunscrito a um círculo.

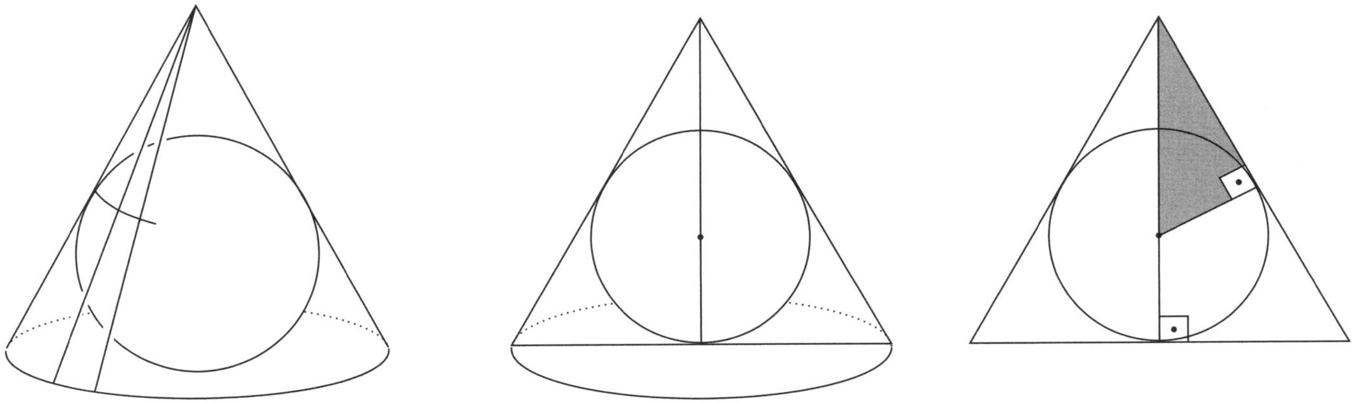

Resp: **229** $351\pi\ cm^3$ **230** a) $222\pi\ cm^2$ b) $99\pi\ cm^2$

Exemplo 1: Um cilindro de $440\pi\ cm^2$ de área, cuja geratriz (altura) mede 12 cm está inscrito em uma esfera. Qual é a área desta esfera?

Resolução:

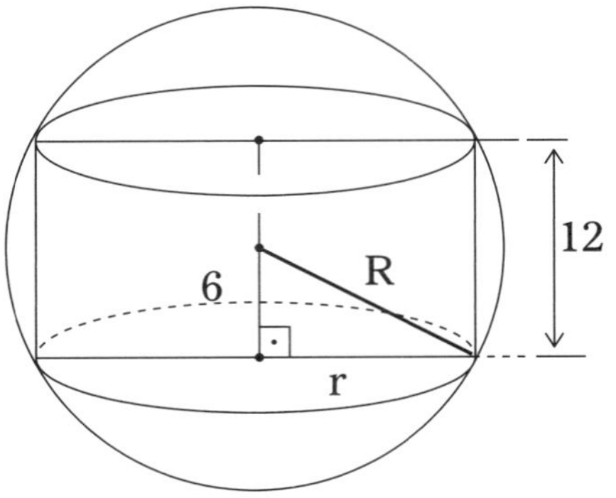

1) Cálculo do raio do cilindro

$2\pi r^2 + 2\pi rH = A_{cil}$

$2\pi r^2 + 2\pi r \cdot 12 = 440\pi$

$r^2 + 12r - 220 = 0$

$(r+22)(r-10) = 0 \Rightarrow \boxed{r = 10}$

2) Cálculo de R da esfera

$R^2 = 6^2 + r^2 = 6^2 + 10^2 \Rightarrow R^2 = 136$

3) Área da esfera: $A = 4\pi R^2 \Rightarrow A = 4\pi(136) \Rightarrow \boxed{A = 544\pi\ cm^2}$

Resposta: $544\pi\ \ cm^2$

Exemplo 2: Uma esfera de $180\pi\ cm^2$ de área circunscreve um cilindro de maior altura possível, de $108\pi\ cm^3$ de volume. Qual é a área deste cilindro?

Resolução:

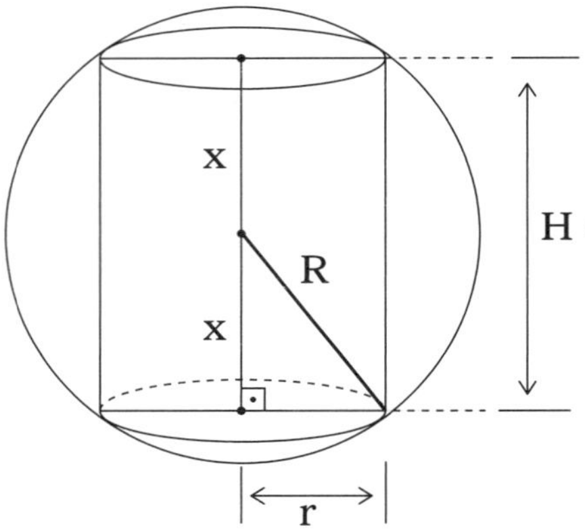

1) Cálculo do raio da esfera

$4\pi R^2 = 180\pi \Rightarrow R^2 = 45$

2) $\begin{cases} \pi r^2 \cdot 2x = 180\pi \\ x^2 + r^2 = R^2 \end{cases} \Rightarrow \begin{cases} r^2 = \dfrac{54}{x} \\ x^2 + r^2 = 45 \end{cases} \Rightarrow$

$x^2 + \dfrac{54}{x} = 45 \Rightarrow x^3 + 54 = 45x \Rightarrow$

$\boxed{x^3 - 45x + 54 = 0}\ (-45x = -36x - 9x) \Rightarrow$

$x^3 - 36x - 9x + 54 =$

$x(x^2 - 36) - 9(x - 6) = 0$

$x(x+6)(x-6) - 9(x-6) = 0$

$(x-6)\left[x(x+6) - 9\right] = 0$

$(x-6)(x^2 + 6x - 9) = 0$

$x - 6 = 0$ ou $x^2 + 6x - 9 = 0$

$\boxed{x = 6}$ ou

$x^2 + 6x - 9 = 0$

$\Delta = 36 + 36 = 36 \cdot 2$

$x = \dfrac{-6 \pm 6\sqrt{2}}{2} \Rightarrow$

$\boxed{x = 3\sqrt{2} - 3}$

Maior altura $\Rightarrow x = 6 \Rightarrow \boxed{H = 12}$

3) Cálculo do raio (do cilindro)

$r^2 = \dfrac{54}{x} \Rightarrow r^2 = \dfrac{54}{6} = 9 \Rightarrow \boxed{r = 3}$

4) Área do cilindro

$A = 2B + A_L$

$A = 2\pi \cdot r^2 + 2\pi rH$

$A = 2\pi \cdot 3^2 + 2\pi \cdot 3 \cdot 12$

$A = 18\pi + 72\pi \Rightarrow \boxed{A = 90\pi\ cm^2}$

Resposta: $90\pi\ \ cm^2$

Exemplo 3: Um cone circular reto (cone de revolução) tem altura de 12 cm. Se ele tem $48\pi\ cm^3$ de volume, qual é a área da esfera circunscrita a ele?

Inicialmente não sabemos se o centro da esfera é interno ou externo ao cone. Vamos esboçar uma qualquer.

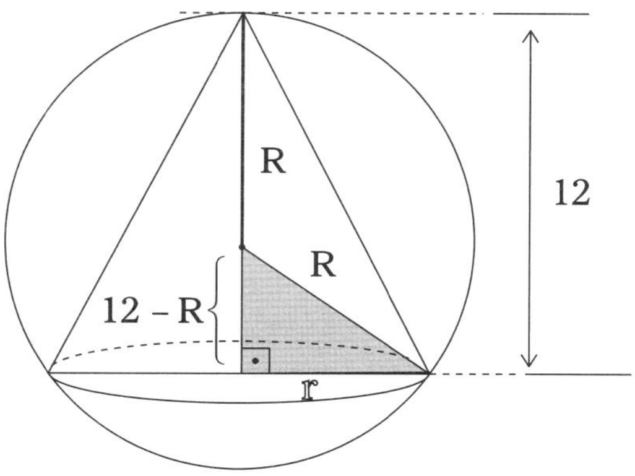

1) Cálculo do raio r do cone

$$V_c = \frac{1}{3}BH \Rightarrow 48\pi = \frac{1}{3}\pi r^2 \cdot 12 \Rightarrow$$

$$\boxed{r^2 = 12} \Rightarrow \boxed{r = 2\sqrt{3}}$$

2) Cálculo do raio R da esfera

$$R^2 = (12 - R)^2 + r^2 \Rightarrow$$

$$R^2 = 144 - 24R + R^2 + 12 \Rightarrow 24R = 144 + 12 \Rightarrow$$

$$2R = 12 + 1 \Rightarrow \boxed{R = \frac{13}{2} = 6,5}$$

3) Área da esfera: $A = 4\pi R^2 \Rightarrow A = 4\pi \cdot \left(\frac{13}{2}\right)^2 \Rightarrow \boxed{A = 169\pi\ cm^2}$

Obs.: Note que como H = 12 e R = 6,5, o centro da esfera é interno ao cone. Então a figura esboçada está correta.

Exemplo 4: Um cone de revolução com geratriz $2\sqrt{10}$ cm tem $12\sqrt{10}\,\pi\ cm^2$ de área lateral. Qual é a área da esfera circunscrita a ele?

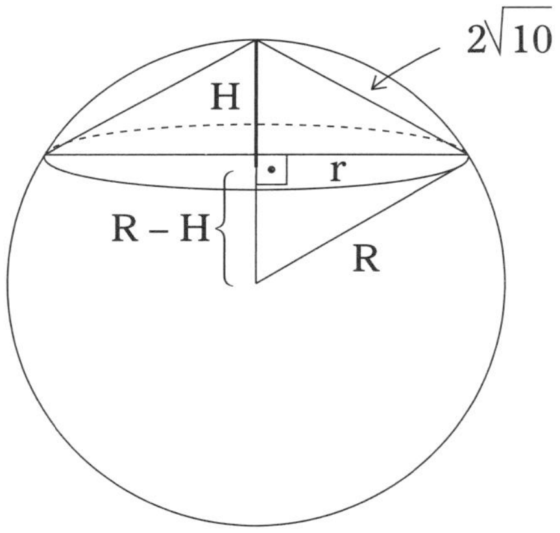

1) Cálculo do raio r do cone

$$A_L = \pi rg \Rightarrow 12\sqrt{10}\,\pi = \pi r \cdot 2\sqrt{10} \Rightarrow \boxed{r = 6}$$

2) Cálculo da altura H do cone

$$H^2 + r^2 = g^2 \Rightarrow H^2 + 6^2 = (2\sqrt{10})^2 \Rightarrow \boxed{H = 2}$$

3) Cálculo do raio R da esfera

$$R^2 = (R - H)^2 + r^2 \Rightarrow R^2 = (R - 2)^2 + 6^2 \Rightarrow$$

$$R^2 = R^2 - 4R + 4 + 36 \Rightarrow 4R = 40 \Rightarrow \boxed{R = 10}$$

4) Área da esfera: $A = 4\pi R^2 \Rightarrow 4\pi \cdot 10^2 \Rightarrow \boxed{A = 400\pi\ cm^2}$

Obs.: Como H = 2 e R = 10, note que o centro da esfera é, de fato, externo ao cone. Então a figura esboçada está correta

Exemplo 5: A geratriz de um cone de revolução mede 12 cm. Se este cone tem $216\pi\ cm^3$ de volume e a altura, a menor possível, determinar o volume da esfera circunscrita a ele e dizer se o centro é externo ou interno ao cone.

Vamos esboçar uma delas e depois verificar se é a correta.

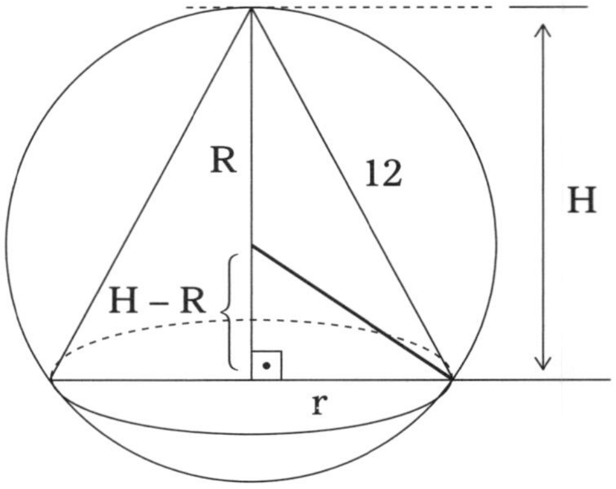

1) Cálculo de H e r do cone

$$\begin{cases} \frac{1}{3}\pi r^2 H = 216\pi \\ H^2 + r^2 = 12^2 \end{cases} \Rightarrow \begin{cases} r^2 = \frac{648}{H} \\ H^2 + r^2 = 144 \end{cases} \Rightarrow$$

$$\Rightarrow H^2 + \frac{648}{H} = 144 \Rightarrow H^3 + 648 = 144H \Rightarrow$$

$$H^3 - 144H + 648 = 0$$

Fatoração por artifício: $-144H = -36H - 108H$

$$\underbrace{H^3 - 36H} - \underbrace{108H + 648} = 0 \Rightarrow$$

$$H(H^2 - 36) - 108(H - 6) = 0 \Rightarrow$$

$$H(H+6)\underline{(H-6)} - 108\underline{(H-6)} = 0 \Rightarrow (H-6)[H(H+6) - 108] = 0 \Rightarrow$$

$$(H-6)(H^2 + 6H - 108) = 0$$

$$\left[\begin{array}{l} H - 6 = 0 \Rightarrow \boxed{H = 6} \Rightarrow r^2 = \frac{648}{6} \Rightarrow \boxed{r^2 = 108} = 36 \cdot 3 \Rightarrow \boxed{r = 6\sqrt{3}} \\ \text{ou} \\ H^2 + 6H - 108 = 0 \Rightarrow \Delta = 36 + 4 \cdot 3 \cdot 36 = 36 \cdot 13 \Rightarrow H = \frac{6 \pm 6\sqrt{13}}{2} \Rightarrow H = 3\sqrt{13} - 3 \Rightarrow H > 6 \end{array}\right.$$

Então: $H = 6$ e $r = 6\sqrt{3}$

2) Cálculo de R da esfera:

$$R^2 = (H-R)^2 + r^2 \Rightarrow R^2 = (6-R)^2 + 108 \Rightarrow R^2 = 36 - 12R + R^2 + 108 \Rightarrow \boxed{R = 12}$$

3) Volume da esfera: $V = \frac{4}{3}\pi R^3 \Rightarrow V = \frac{4}{3}\pi \cdot 12^3 = \frac{4}{3}\pi \cdot 12 \cdot 12 \cdot 12 \Rightarrow \boxed{V = 2304\pi\ cm^3}$

Como H = 6 e R = 12, note que o centro da esfera é externo ao cone. Olhe a figura correta ao lado.

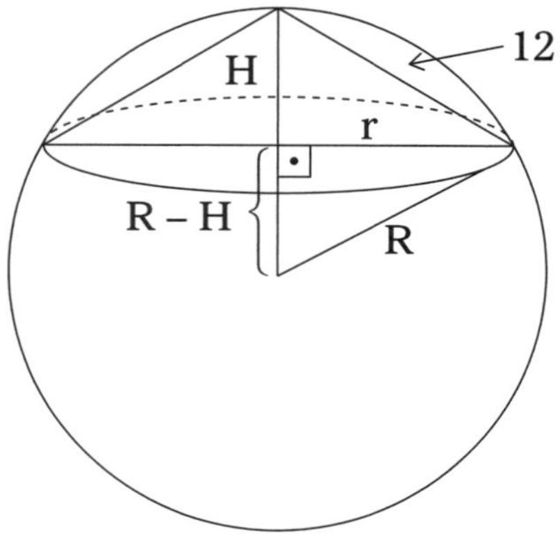

O pitágoras aplicado foi:

$R^2 = (H - R)^2 + R^2$

O correto é

$R^2 = (R - H)^2 + R^2$

Como $(H - R)^2 = (H - R)^2$, não altera o resultado.

Resposta: $2304\pi\ cm^3$

Exemplo 6: Um cone de revolução cuja geratriz tem 34 cm, tem $1920\pi \text{ cm}^2$ de área. Determinar o volume da esfera inscrita neste cone.

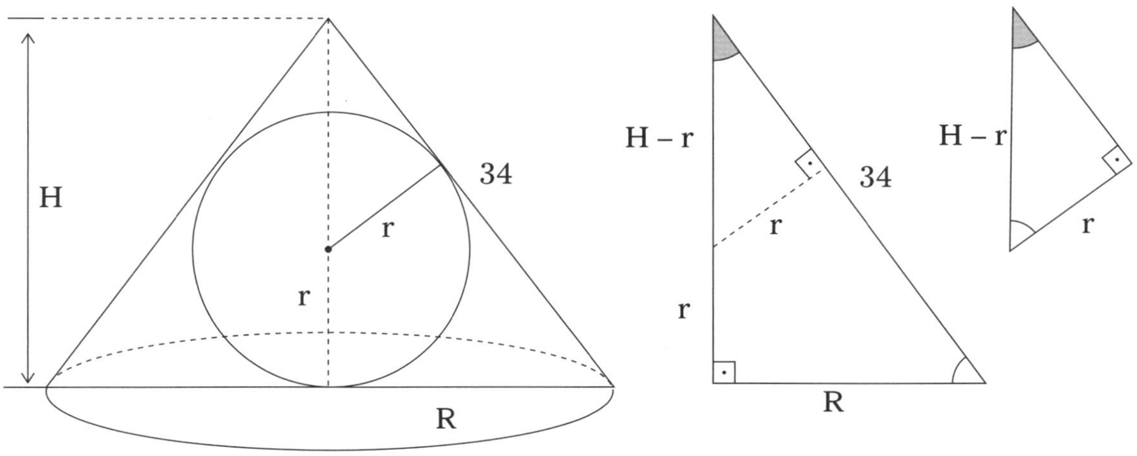

1) Cálculo do raio do cone (R)

$A = B + A_L \Rightarrow 1920\pi = \pi R^2 + \pi R g \Rightarrow 1920 = R^2 + R \cdot 34 \Rightarrow$

$R^2 + 34R - 1920 = 0 \quad (\Delta = 1156 + 7680 = 8836 = 94^2 \ldots)$ ou

$1920 = 2 \cdot (960) = 4(480) = 8(240) = 16(120) = 32(60) = 64 \cdot 30 = \ldots$

$(R + 64)(R - 30) = 0 \Rightarrow \boxed{R = 30}$

2) Cálculo de H: $H^2 + R^2 = g^2 \Rightarrow H^2 + 30^2 = 34^2 \Rightarrow H^2 = 256 \Rightarrow \boxed{H = 16}$

3) Cálculo de r da esfera

Por semelhança: $\dfrac{H - r}{34} = \dfrac{r}{R} \Rightarrow \dfrac{16 - r}{34} = \dfrac{r}{30} \Rightarrow \dfrac{16 - r}{17} = \dfrac{r}{15} \Rightarrow$

$17r = 15 \cdot 16 - 15r \Rightarrow 32r = 15 \cdot 16 \Rightarrow \boxed{r = \dfrac{15}{2}}$

4) Volume da esfera

$V = \dfrac{4}{3}\pi r^3 \Rightarrow V = \dfrac{4}{3}\pi \cdot \left(\dfrac{15}{2}\right)^3 = \dfrac{4}{3}\pi \cdot \dfrac{15 \cdot 15 \cdot 15}{2 \cdot 2 \cdot 2} \Rightarrow$

$\Rightarrow \boxed{V = \dfrac{1125}{2}\pi \text{ cm}^3}$

Resposta: $\dfrac{1125}{2}\pi \text{ cm}^3$

Exemplo 7: Um cone circular reto de 20 cm de altura tem $600\pi\ cm^2$ de área. Determinar a área da esfera inscrita neste cone.

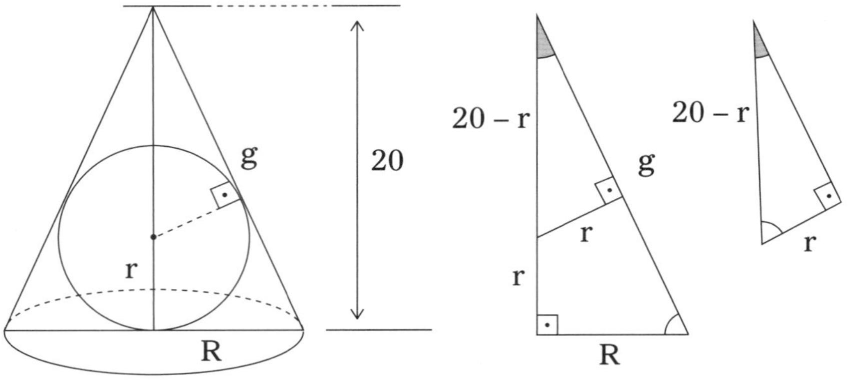

1) Cálculo de R e g do cone

$$\begin{cases}\pi R^2 + \pi Rg = 600\pi \\ g^2 = R^2 + 20^2\end{cases} \Rightarrow \begin{cases}R^2 + Rg = 600 \\ g^2 - R^2 = 400\end{cases} \Rightarrow \begin{cases}R(R+g) = 600 \\ (g+R)(g-R) = 400\end{cases}$$

Dividindo membro a membro as equações, obtemos:

$$\frac{R(R+g)}{(g+R)(g-R)} = \frac{600}{400} \Rightarrow \frac{R}{g-R} = \frac{3}{2} \Rightarrow 3g - 3R = 2R \Rightarrow \boxed{g = \frac{5R}{3}} \Rightarrow$$

$$g^2 - R^2 = 400 \Rightarrow \frac{25}{9}R^2 - R^2 = 400 \Rightarrow 25R^2 - 9R^2 = 400 \cdot 9 \Rightarrow 16R^2 = 400 \cdot 9 \Rightarrow$$

$$4R = 20 \cdot 3 \Rightarrow \boxed{R = 15} \Rightarrow g = \frac{5}{3}(15) \Rightarrow \boxed{g = 25}$$

2) Cálculo de r da esfera

Por semelhança: $\frac{20-r}{g} = \frac{r}{R} \Rightarrow \frac{20-r}{25} = \frac{r}{15} \Rightarrow \frac{20-r}{5} = \frac{r}{3} \Rightarrow$

$$\Rightarrow 5r = 60 - 3r \Rightarrow 8r = 60 \Rightarrow \boxed{r = \frac{15}{2}}$$

Poderíamos ter determinado **r** assim: $g = \frac{5}{3}R$ e $\frac{20-r}{g} = \frac{r}{R} \Rightarrow$

$$\frac{20-r}{\frac{5}{3}R} = \frac{r}{R} \Rightarrow \frac{20-r}{\frac{5}{3}} = r \Rightarrow 60 - 3r = 5r \Rightarrow 8r = 60 \Rightarrow \boxed{r = \frac{15}{2}}$$

3) Área da esfera: $A = 4\pi r^2 \Rightarrow A = 4\pi\left(\frac{15}{2}\right)^2 \Rightarrow \boxed{A = 225\pi\ cm^2}$

Resposta: $225\pi\ cm^2$

Exemplo 8: Um prisma triangular regular circunscritível (há uma esfera que tangencia todas as suas faces) tem $54\sqrt{3}\ \text{cm}^2$ de área. Determinar o seu volume.

Projetando, ortogonalmente, a esfera sobre o plano da base, obtemos um círculo inscrito em um triângulo equilátero.

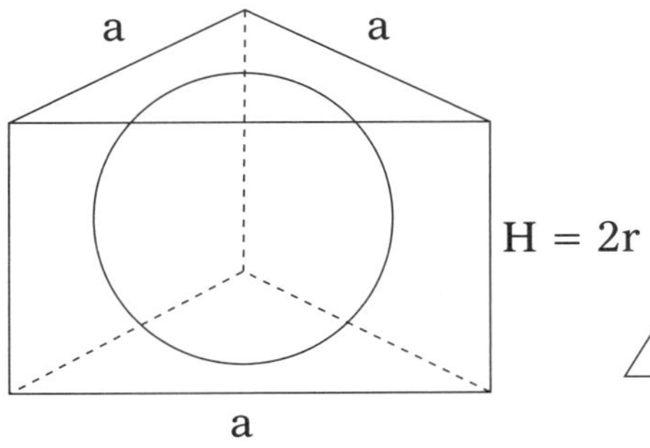

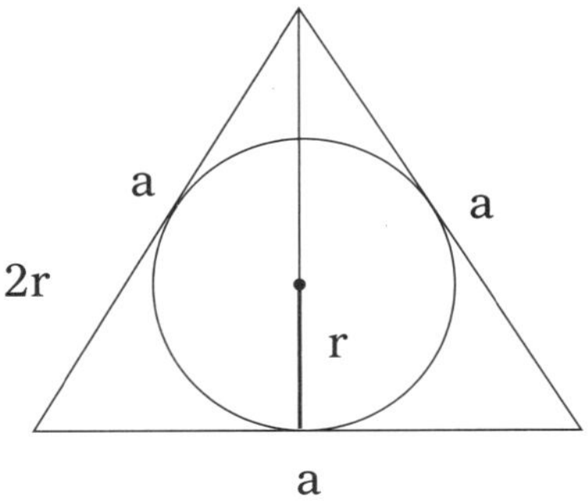

1) H em função de a

$$r = \frac{1}{3}h \text{ e } h = \frac{a\sqrt{3}}{2}$$

$$r = \frac{1}{3}\,\frac{a\sqrt{3}}{2} \Rightarrow r = \frac{a\sqrt{3}}{6}$$

$$H = 2r = 2\left[\frac{a\sqrt{3}}{6}\right] \Rightarrow \boxed{H = \frac{a\sqrt{3}}{3}}$$

2) Cálculo de a e H

$$A_{pr.} = 2B + A_L \Rightarrow 54\sqrt{3} = 2\left[\frac{a^2\sqrt{3}}{4}\right] + 3[a \cdot H] \Rightarrow$$

$$54\sqrt{3} = \frac{a^2\sqrt{3}}{2} + 3a \cdot \frac{a\sqrt{3}}{3} \Rightarrow 54 = \frac{a^2}{2} + a^2 \Rightarrow 108 = a^2 + 2a^2 \Rightarrow$$

$$\Rightarrow 3a^2 = 108 \Rightarrow a^2 = 36 \Rightarrow \boxed{a = 6} \Rightarrow H = \frac{6\sqrt{3}}{3} \Rightarrow \boxed{H = 2\sqrt{3}}$$

3) Volume do prisma

$$V = BH \Rightarrow V = \frac{a^2\sqrt{3}}{4} \cdot H \Rightarrow V = \frac{6^2\sqrt{3}}{4} \cdot 2\sqrt{3} = V = 9 \cdot 3 \cdot 2 \Rightarrow \boxed{V = 54\ \text{cm}^3}$$

Resposta: $54\ \text{cm}^3$

Exemplo 9: Determinar a área de um prisma triangular regular circunscritível que tem $162\sqrt{3}\ \text{cm}^3$ de volume.

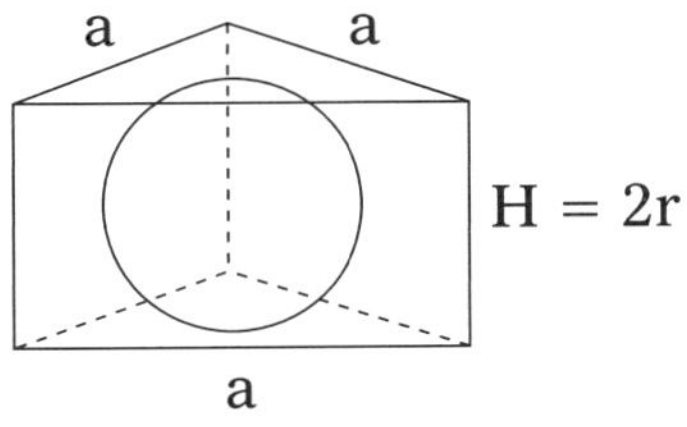

1) H em função de a (Igual foi feito acima)

$$H = 2r = 2\left[\frac{1}{3}h\right] = 2\left[\frac{1}{3}\,\frac{a\sqrt{3}}{2}\right] \Rightarrow \boxed{H = \frac{a\sqrt{3}}{3}}$$

2) Cálculo de a e H

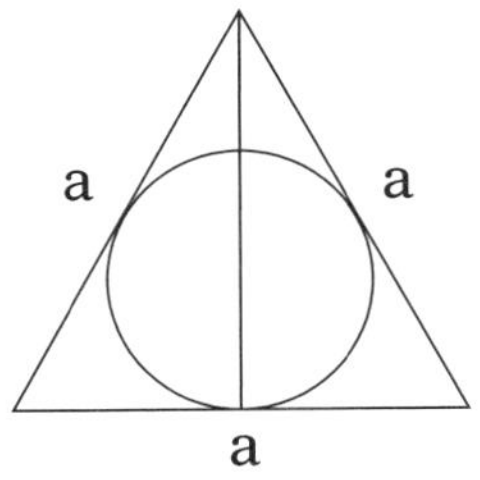

$$V = BH \Rightarrow 162\sqrt{3} = \frac{a^2\sqrt{3}}{4} \cdot \frac{a\sqrt{3}}{3} \Rightarrow a^3 = 162 \cdot 4\sqrt{3} \Rightarrow$$

$$a^3 = 8 \cdot 81\sqrt{3} = 2^3 \cdot 3^3 \cdot 3\sqrt{3}. \quad \left[\text{como } 3 = \left(\sqrt{3}\right)^2\right], \text{ temos:}$$

$$a^3 = 2^3 \cdot 3^3 \cdot \left(\sqrt{3}\right)^2 \cdot \sqrt{3} \Rightarrow a^3 = 2^3 \cdot 3^3\left(\sqrt{3}\right)^3 \Rightarrow \boxed{a = 6\sqrt{3}} \Rightarrow$$

$$\Rightarrow H = \frac{6\sqrt{3} \cdot \sqrt{3}}{3} = 6 \Rightarrow \boxed{H = 6}$$

3) Área do prisma

$$A = 2B + A_L \Rightarrow A = 2\left[\frac{a^2\sqrt{3}}{4}\right] + 3[a \cdot H] = 2\left[\frac{(6\sqrt{3})^2\sqrt{3}}{4}\right] + 3\left[6\sqrt{3} \cdot 6\right]$$

$$\Rightarrow A = 2 \cdot 27\sqrt{3} + 108\sqrt{3} \Rightarrow \boxed{A = 162\sqrt{3}\ \text{cm}^2}$$

Resposta: $162\sqrt{3}\ \text{cm}^2$

Exemplo 10: Um prisma hexagonal regular circunscritível tem $108\sqrt{3}\ cm^3$ de volume. Qual é o volume da esfera inscrita nele?

Resolução:

1) H em função de a

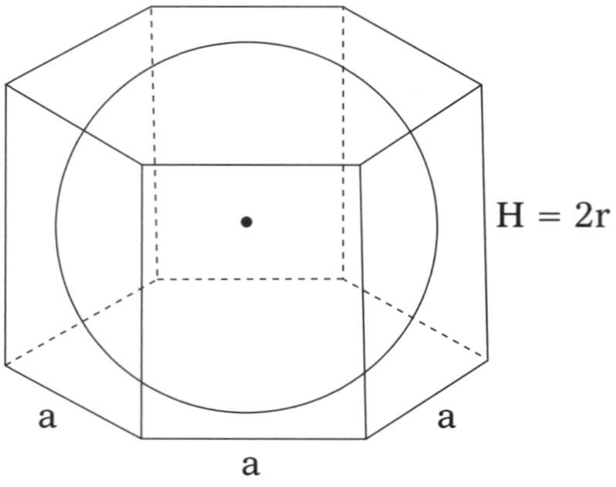

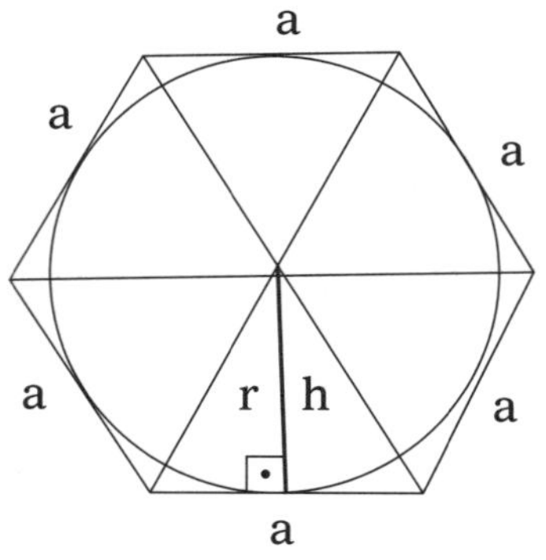

$r = h = \dfrac{a\sqrt{3}}{2}$

$H = 2r = 2\left(\dfrac{a\sqrt{3}}{2}\right)$

$\boxed{H = a\sqrt{3}}$

2) Cálculo de e r

$V = BH \Rightarrow 108\sqrt{3} = \left[6 \cdot \dfrac{a^2\sqrt{3}}{4}\right] \cdot a\sqrt{3} \Rightarrow 108\sqrt{3} = \dfrac{3}{2}a^3 \cdot 3 \Rightarrow$

$\Rightarrow 36\sqrt{3} = \dfrac{3}{2}a^3 \Rightarrow a^3 = 24\sqrt{3} \Rightarrow a^3 = 2^3 \cdot 3\sqrt{3}$

Artifício: $3 = (\sqrt{3})^2 \Rightarrow a^3 = 2^3 \cdot (\sqrt{3})^2 \cdot \sqrt{3} \Rightarrow$

$a^3 = 2^3 \cdot (\sqrt{3})^3 \Rightarrow \boxed{a = 2\sqrt{3}}$

$r = h = \dfrac{a\sqrt{3}}{2} \Rightarrow r = \dfrac{2\sqrt{3} \cdot \sqrt{3}}{2} \Rightarrow \boxed{r = 3}$

3) Volume da esfera

$V = \dfrac{4}{3}\pi r^3 \Rightarrow V = \dfrac{4}{3}\pi \cdot 3^3 \Rightarrow \boxed{V = 36\pi}$

2º modo (Para determinar r)

1) Já sabemos que H = 2r. Vamos determinar a em função de r

$r = h = \dfrac{a\sqrt{3}}{2} \Rightarrow 2r = a\sqrt{3} \Rightarrow \boxed{a = \dfrac{2r}{\sqrt{3}}}$

2) **Cálculo de r**

$V = B \cdot H \Rightarrow 108\sqrt{3} = \left[6\dfrac{a^2\sqrt{3}}{4}\right] \cdot 2r \Rightarrow 108 = 3ra^2 \Rightarrow 36 = r\,a^2 \Rightarrow$

$36 = r \cdot \left(\dfrac{2r}{\sqrt{3}}\right)^2 \Rightarrow 36 = r \cdot \dfrac{4r^2}{3} \Rightarrow r^3 = 27 \Rightarrow \boxed{r = 3}$

Obs.: Desta forma evita-se o artifício $3 = (\sqrt{3})^2$, do 1º modo

Exemplo 11: A aresta lateral (altura) de um prisma triangular regular mede $6\sqrt{3}$ cm e ele tem $288\sqrt{3}$ cm^2 de área. Qual o volume da esfera circunscrita a ele?

Resolução:

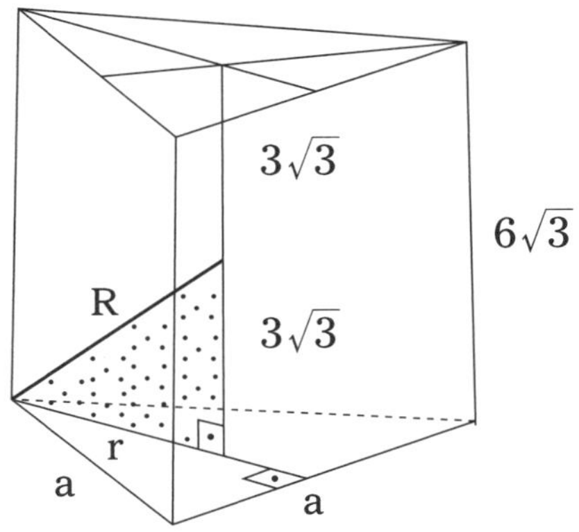

1) Cálculo da aresta da base a

$$A = 2B + A_L \Rightarrow$$

$$288\sqrt{3} = 2\left[\frac{a^2\sqrt{3}}{4}\right] + 3\left[a \cdot 6\sqrt{3}\right] \Rightarrow$$

$$\frac{a^2}{2} + 18a - 288 = 0 \Rightarrow a^2 + 36a - 2 \cdot 2 \cdot 144 = 0$$

$$a^2 + 36a - 12 \cdot 12 \cdot 4 = 0 \quad (\Delta = \ldots) \text{ ou:}$$

$$(a+48)(a-12) = 0 \Rightarrow \boxed{a = 12}$$

Resposta: $500\sqrt{3}\pi$ cm^3

2) Como o centro da base é o baricentro, obtemos: $r = \frac{2}{3}\frac{a\sqrt{3}}{2} \Rightarrow r = \frac{2}{3}\frac{12\sqrt{3}}{2} \Rightarrow \boxed{r = 4\sqrt{3}}$

3) **Cálculo do raio da esfera (R)**

$$R^2 = r^2 + \left(3\sqrt{3}\right)^2 \Rightarrow R^2 = \left(4\sqrt{3}\right)^2 + 27 = 48 + 27 = 75 \Rightarrow \boxed{R = 5\sqrt{3}}$$

4) Volume da esfera: $V = \frac{4}{3}\pi R^3 = \frac{4}{3}\pi\left(5\sqrt{3}\right)^3 = \frac{4}{3}\pi \cdot 125 \cdot 3\sqrt{3} \Rightarrow \boxed{V = 500\sqrt{3}\pi}$

Exemplo 12: A aresta lateral de um prisma hexagonal regular mede $4\sqrt{3}$ cm. Se ele tem $252\sqrt{3}$ cm^2 de área, qual é área da esfera circunscrita a ele?

Resolução:

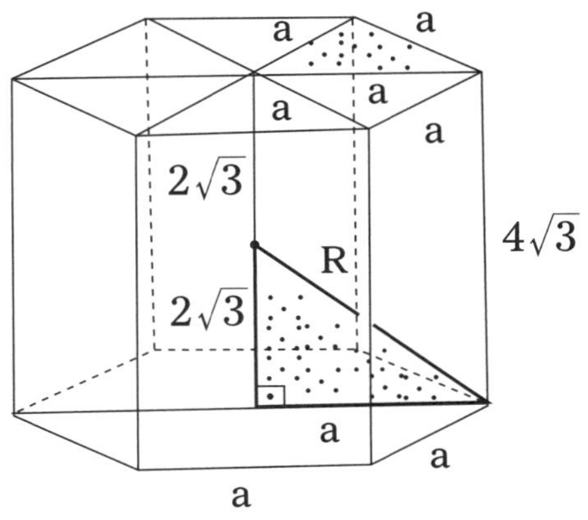

1) Cálculo da aresta da base a

$$A = 2B + A_L \Rightarrow$$

$$252\sqrt{3} = 2\left[6 \cdot \frac{a^2\sqrt{3}}{4}\right] + 6 \cdot \left[a \cdot 4\sqrt{3}\right] \Rightarrow$$

$$252 = 3a^2 + 24a \Rightarrow 3a^2 + 24a - 252 = 0 \Rightarrow$$

$$a^2 + 8a - 84 = 0 \quad (\Delta = \ldots) \text{ ou}$$

$$(a+14)(a-6) = 0 \Rightarrow \boxed{a = 6}$$

2) Cálculo do raio R da esfera

$$R^2 = a^2 + \left(2\sqrt{3}\right)^2 \Rightarrow R^2 = 36 + 12 \Rightarrow \boxed{R^2 = 48}$$

3) Área da esfera

$$A = 4\pi R^2 \Rightarrow A = 4\pi(48) \Rightarrow \boxed{A = 192\pi}$$

Resposta: 192π cm^2

Exemplo 13: A esfera circunscrita a um octaedro regular tem $288\pi\ cm^3$ de volume. Qual é a área da esfera inscrita nele?

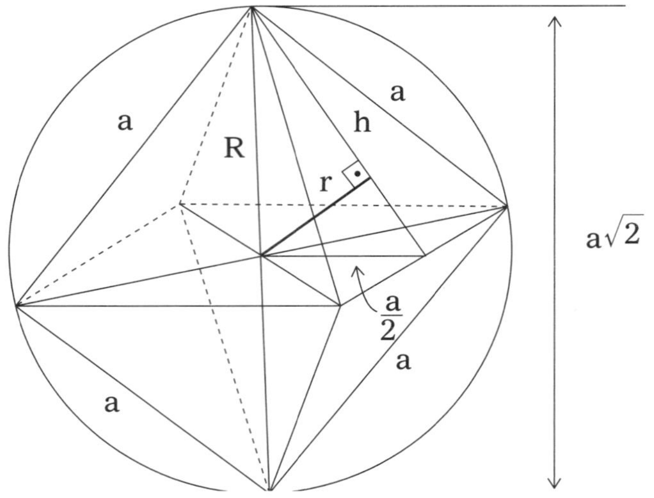

1) Cálculo de R

$$V_{esf} = \frac{4}{3}\pi R^3$$

$$288\pi = \frac{4}{3}\pi R^3 \Rightarrow 72 = \frac{R^3}{3} \Rightarrow$$

$$R^3 = 216 \Rightarrow \boxed{R = 6}$$

2) Cálculo de a

$$R = \frac{d}{2} \Rightarrow R = \frac{a\sqrt{2}}{2} \Rightarrow$$

$$6 = \frac{a\sqrt{2}}{2} \Rightarrow a = \frac{12}{\sqrt{2}} \Rightarrow \boxed{a = 6\sqrt{2}}$$

3) Cálculo do raio da inscrita

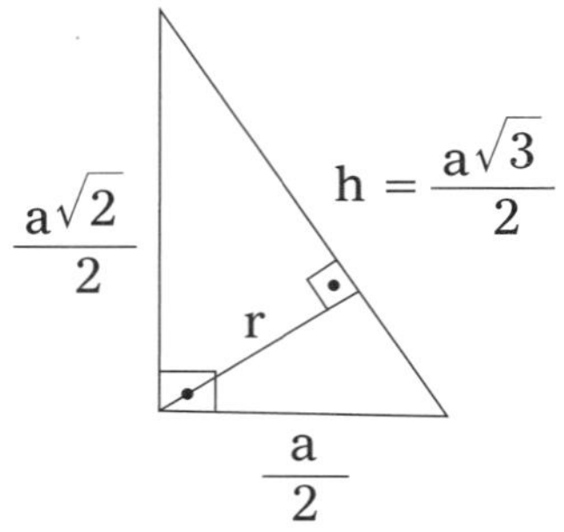

$$\frac{a\sqrt{3}}{2} \cdot r = \frac{a}{2} \cdot \frac{a\sqrt{2}}{2} \Rightarrow r = \frac{a\sqrt{2}}{2\sqrt{3}} \Rightarrow r = \frac{a\sqrt{6}}{6} \Rightarrow$$

$$r = \frac{(6\sqrt{2})\sqrt{6}}{6} \Rightarrow r = \sqrt{12} \Rightarrow \boxed{r = 2\sqrt{3}}$$

4) Área da esfera

$$A = 4\pi r^2 \Rightarrow A = 4\pi \cdot (2\sqrt{3})^2 \Rightarrow \boxed{A = 48\pi}$$

Resposta: $48\pi\ cm^2$

Exemplo 14: Um tetraedro regular tem $128\sqrt{6}\ cm^3$ de volume. Determinar o volume da esfera circunscrita a ele e a área da inscrita. Usar $H = \frac{a\sqrt{6}}{3}$.

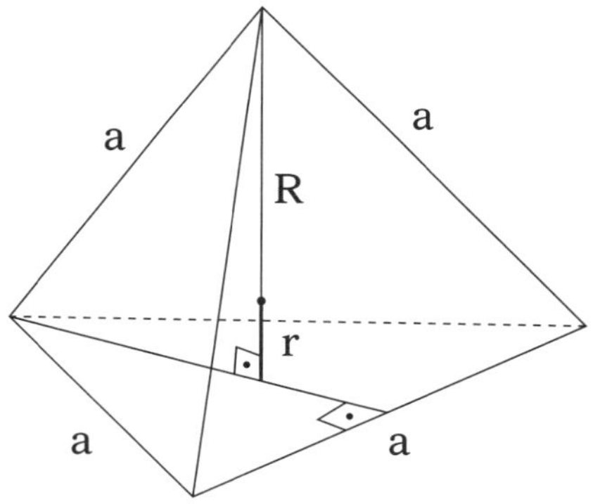

1) Cálculo da aresta a

$$V = \frac{1}{3}BH \Rightarrow \frac{1}{3} \cdot \frac{a^2\sqrt{3}}{4} \cdot \frac{a\sqrt{6}}{3} = 128\sqrt{6} \Rightarrow$$

$$a^3\sqrt{3} = 12 \cdot 3 \cdot 128 \Rightarrow a^3 = 4 \cdot 128 \cdot 3\sqrt{3} \Rightarrow$$

$$a^3 = 8 \cdot 64 \cdot (\sqrt{3})^3 \Rightarrow \boxed{a = 8\sqrt{3}}$$

2) Cálculo da aresta H

$$H = \frac{a\sqrt{6}}{3} \Rightarrow H = \frac{8\sqrt{3} \cdot \sqrt{6}}{3} \Rightarrow \boxed{H = 8\sqrt{2}}$$

3) Cálculo dos raios: $r = \frac{1}{4}H$ e $R = \frac{3}{4}H \Rightarrow \boxed{r = 2\sqrt{2}}$ e $\boxed{R = 6\sqrt{2}}$

4) $V = \frac{4}{3}\pi R^3 \Rightarrow V = \frac{4}{3}\pi \cdot (6\sqrt{2})^3 \Rightarrow V = \frac{4}{3}\pi \cdot 6 \cdot 36 \cdot 2\sqrt{2} \Rightarrow \boxed{V = 576\sqrt{2}\,\pi}$

5) $A = 4\pi r^2 \Rightarrow A = 4\pi \cdot (2\sqrt{2})^2 \Rightarrow \boxed{A = 32\pi}$

Resposta: $576\sqrt{2}\,\pi\ cm^3$, $32\pi\ cm^2$

231 Qual é a área da esfera circunscrita a um cilindro equilátero cuja área é de $384\pi \text{ m}^2$?

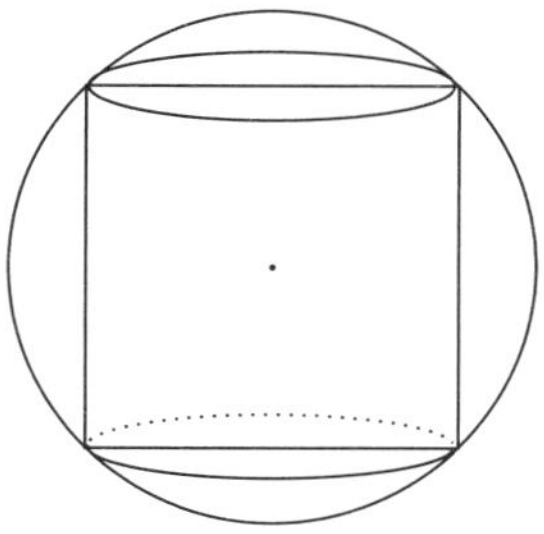

---

232 Um cilindro equilátero está inscrito em uma esfera de $2744\sqrt{6}\,\pi \text{ m}^3$. Qual é o volume deste cilindro?

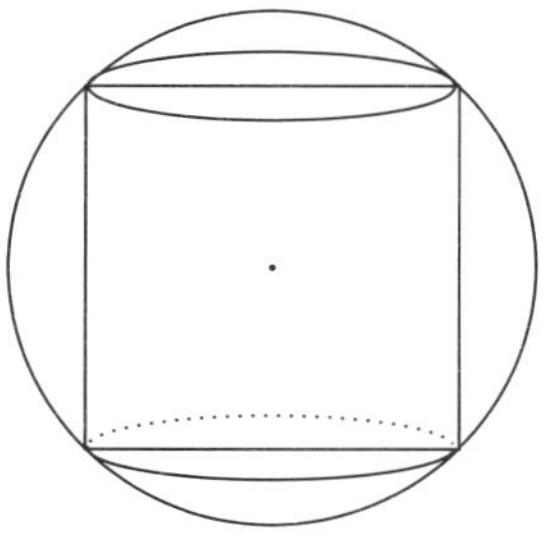

---

233 Um cilindro reto de 9m de raio tem $486\pi \text{ m}^3$ de volume. Determine o volume da esfera circunscrita a ele.

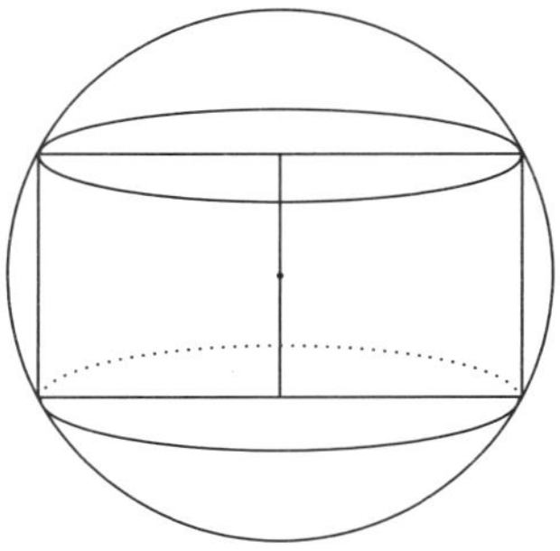

---

234 Um cilindro de revolução de 6m de altura está inscrito em uma esfera. Se o cilindro tem $80\pi \text{ m}^2$ de área, qual é a área da esfera?

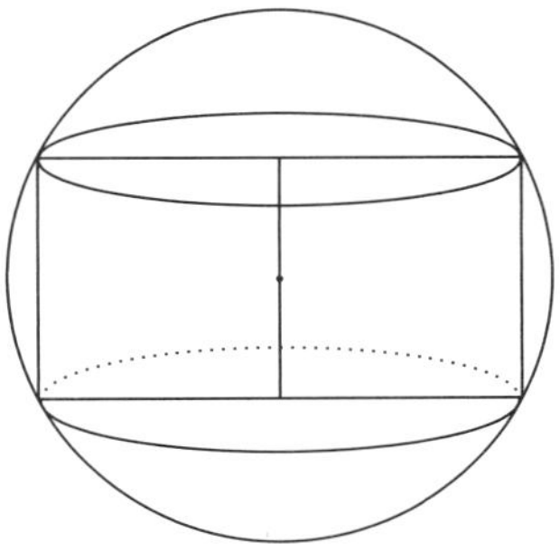

235 Um cilindro de revolução de $32\pi\ m^3$ de volume, de maior altura possível, está inscrito em uma esfera de $80\pi\ m^2$ de área. Qual é a área desse cilindro?

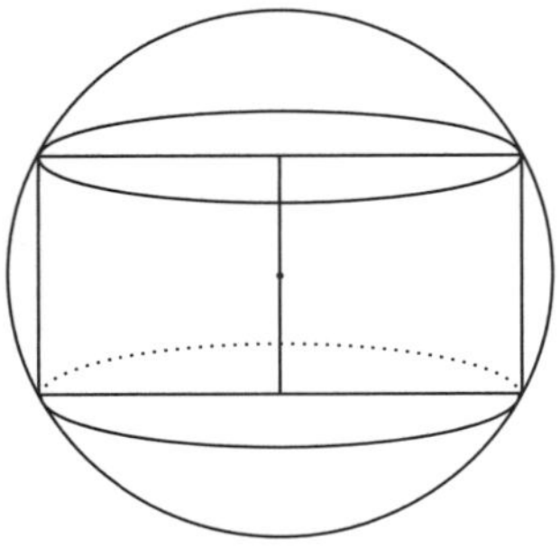

236 Qual é o volume da esfera inscrita em um cone equilátero de $108\pi\ m^2$?

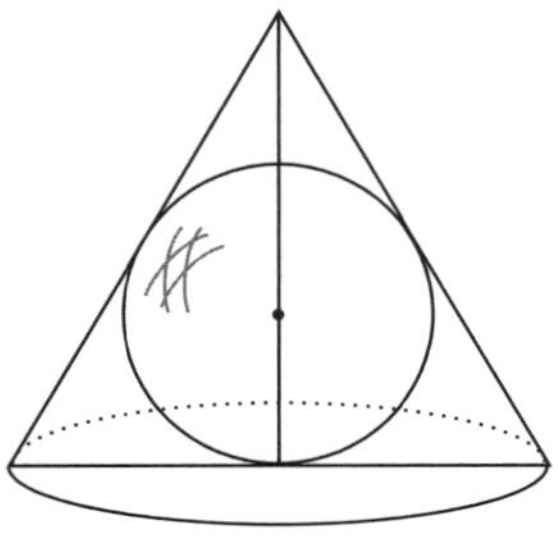

237 Qual é o área da esfera circunscrita a um cone equilátero de $192\pi\ m^3$?

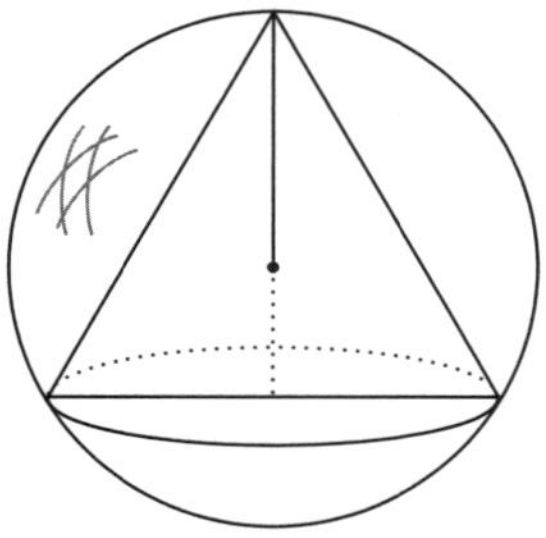

238 O raio e a geratriz de um cone reto medem 8m e $8\sqrt{5}$ m. Determine o raio da esfera circunscrita a esse cone.

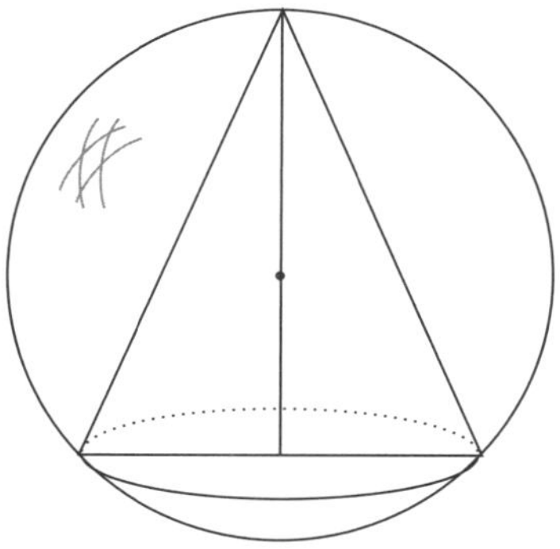

---

239 Um cone reto tem 12m de raio e 15m de geratriz. Determine o raio da esfera inscrita nesse cone.

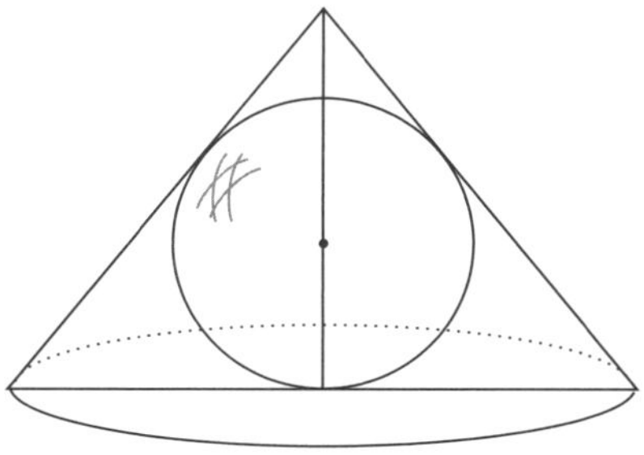

---

240 A geratriz de um cone de revolução mede $3\sqrt{10}$ m e o raio da esfera circunscrita mede 5m. Determine o raio e a altura desse cone.

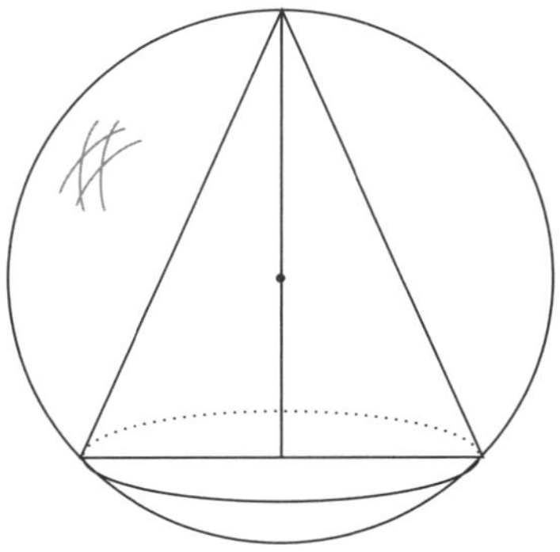

Resp: **231** $512\pi \, m^2$ **232** $2058\sqrt{3}\,\pi \, m^3$ **233** $360\sqrt{10}\,\pi \, m^3$ **234** $100\pi \, m^2$

241 O raio da esfera inscrita em um cone reto e o raio do cone medem 5 m e 7,5 m. Determine a altura e a geratriz do cone.

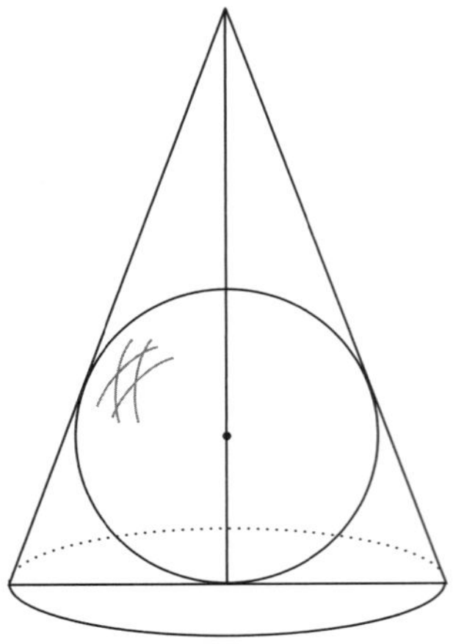

242 Determinar o volume da esfera inscrita em um cone reto de 6 m de raio, sabendo que ele tem $96\pi \text{ m}^2$ de área.

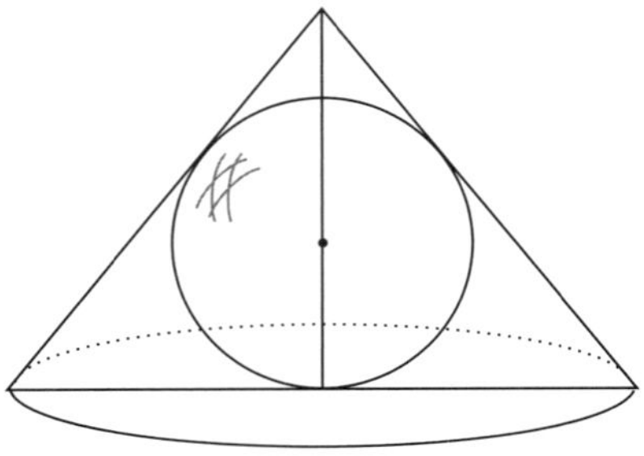

243 O raio de um cone reto de $216\pi \text{ m}^3$ mede 6 m. Determine a área da esfera circunscrita.

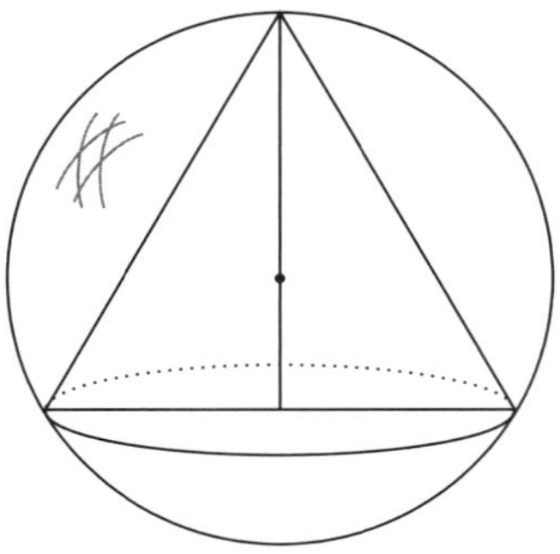

244 A altura de um cone reto mede 16m e ele tem $384\pi\ m^2$ de área. Determinar o volume da esfera inscrita neste cone.

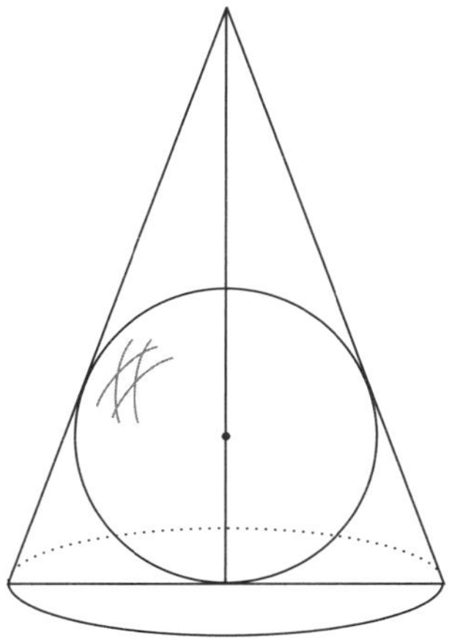

---

245 Um cone de revolução tem $\frac{128}{3}\pi\ m^3$ e a sua geratriz mede $4\sqrt{3}\,m$. Qual é o volume da esfera circunscrita a ele e o centro da esfera é interno ou externo ao cone?

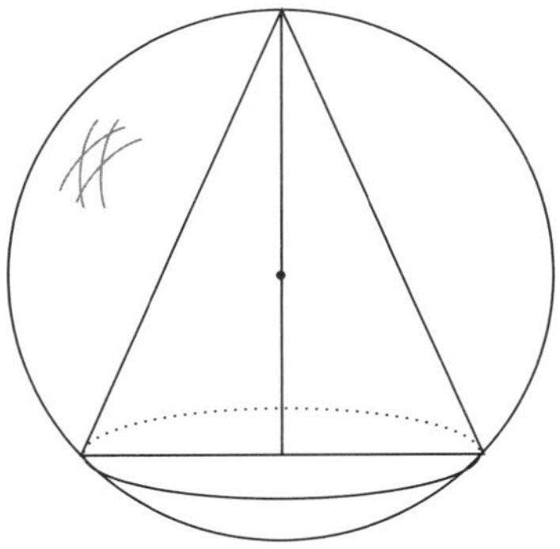

Resp: **235** $40\pi\ m^2$ **236** $32\sqrt{3}\,\pi\ m^3$ **237** $256\sqrt{3}\,\pi\ m^2$ **238** 10 m **239** 4 m **240** 3 m, 9 m

246 Determine o raio da esfera inscrita em um prisma triangular regular circuscritível nos casos:

a) A aresta lateral mede 10 m.

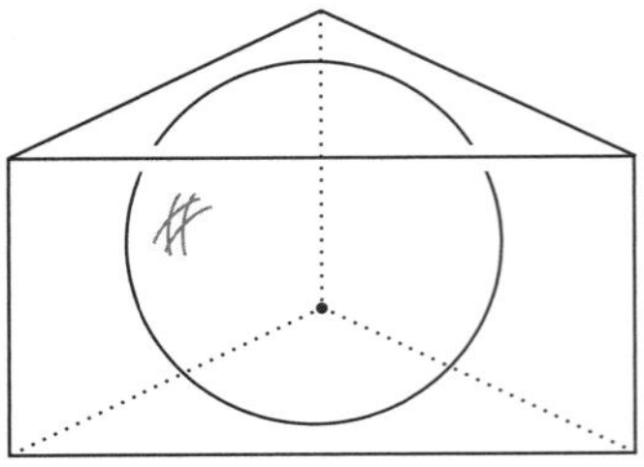

b) A aresta da base mede 12m.

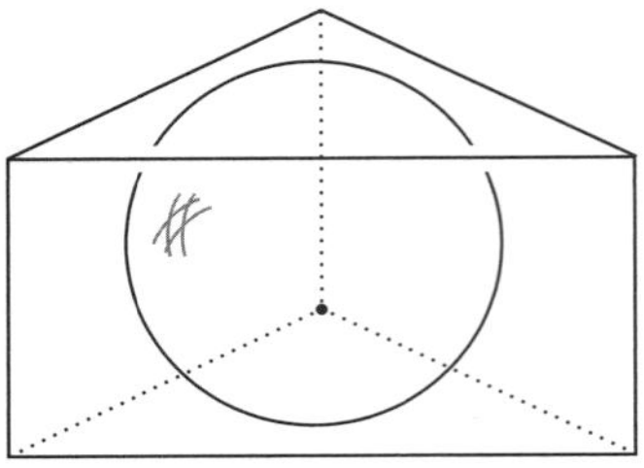

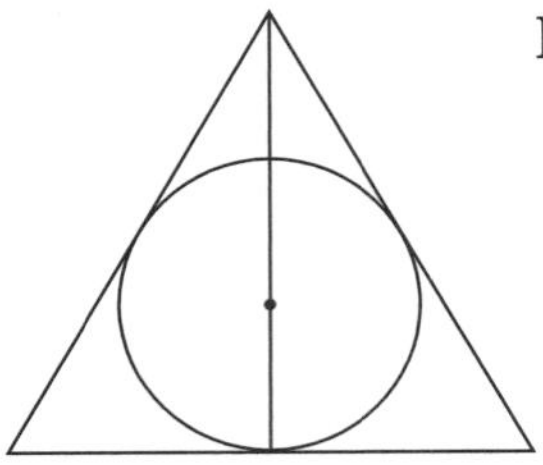

Projetando a esfera sobre o plano da base:

---

247 Se a aresta lateral de um prisma triangular regular circunscritível mede 12 m, quanto mede a aresta da base?

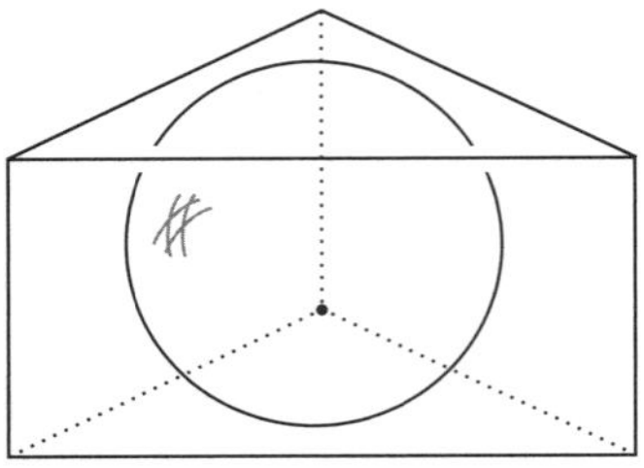

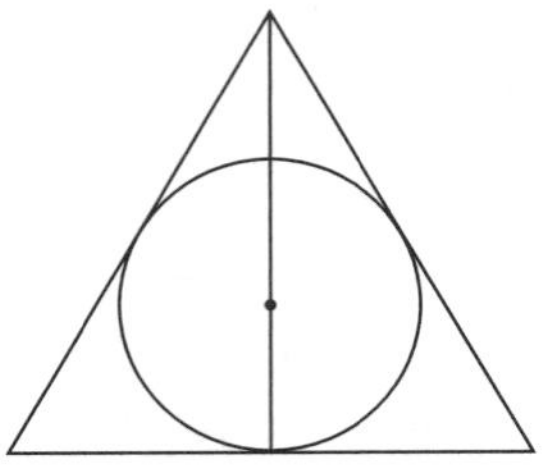

---

248 Se a aresta da base de um prisma triangular regular circunscritível mede $4\sqrt{3}$ m, quanto mede a aresta lateral?

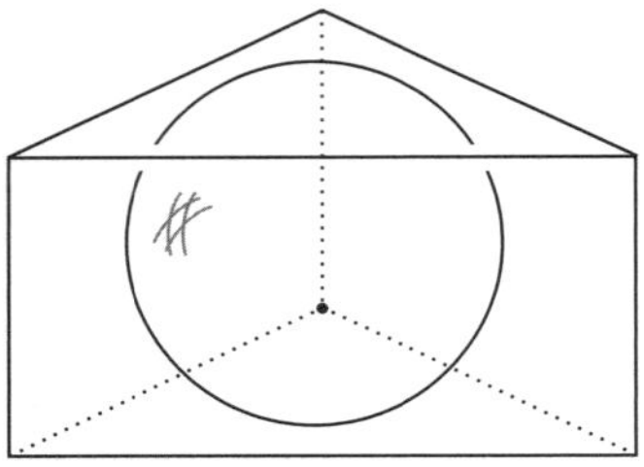

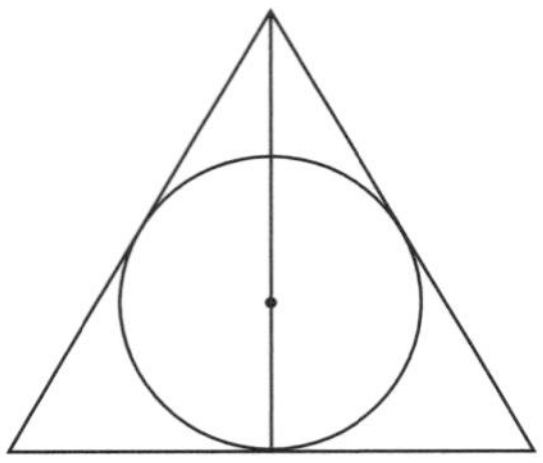

---

249 Quanto mede a aresta da base de um prisma hexagonal regular circunscritível cuja aresta lateral mede 30 m?

Projetando a esfera sobre o plano da base:

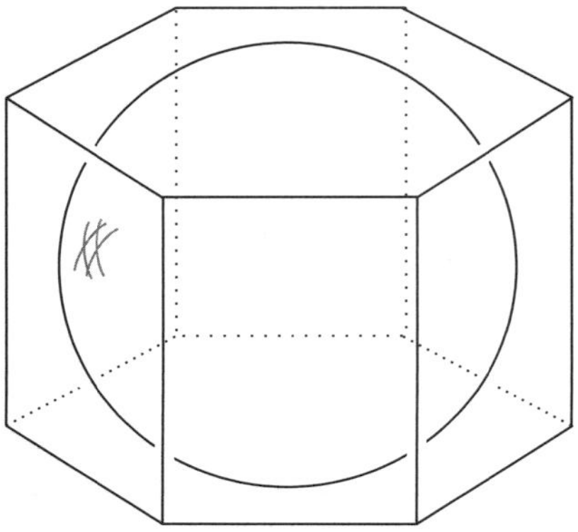

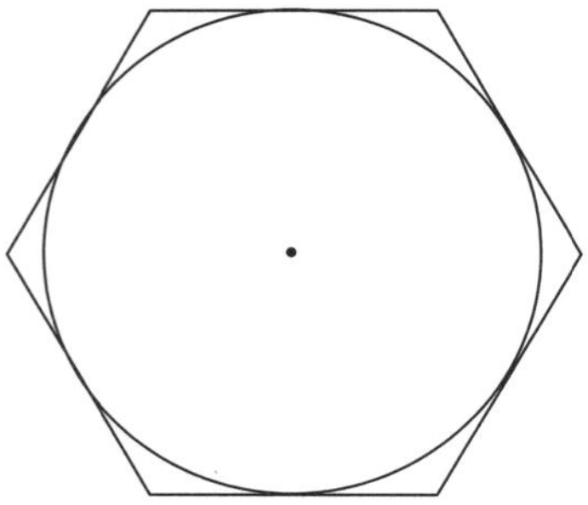

250 A base de um prisma reto circunscritível é um triângulo retângulo com catetos 8 m e 15 m. Quanto mede a aresta lateral.

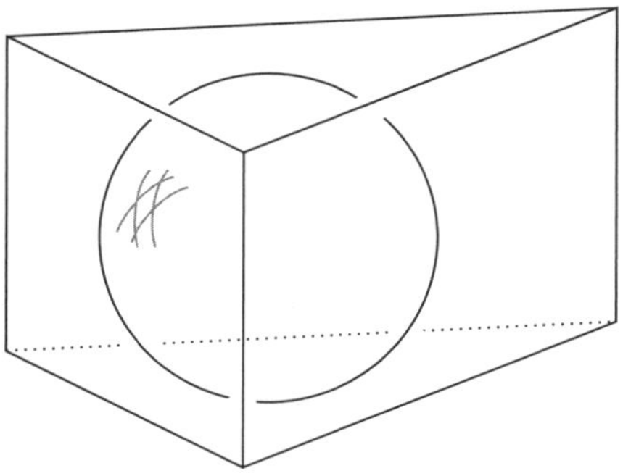

Projetando a esfera sobre o plano da base:

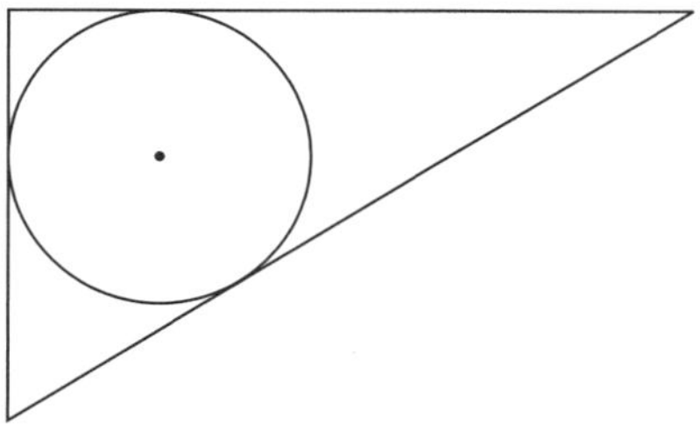

---

251 Um prisma triangulo regular circunscritível tem $972\sqrt{3}$ cm^2 de área. Determinar o volume da esfera inscrita nele.

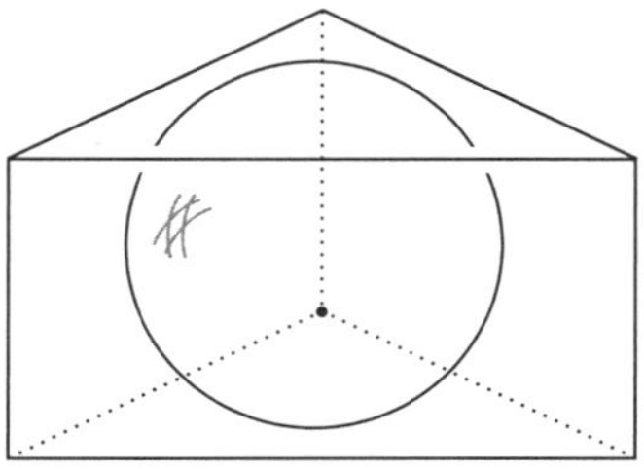

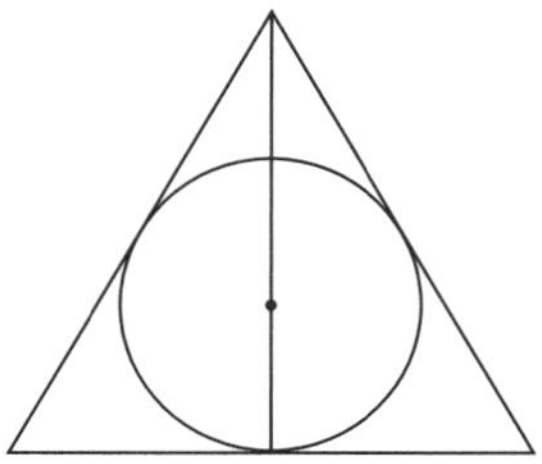

---

252 A esfera inscrita em um prisma triangular regular circunscritível tem 12π cm^2 de área. Qual é o volume deste prisma?

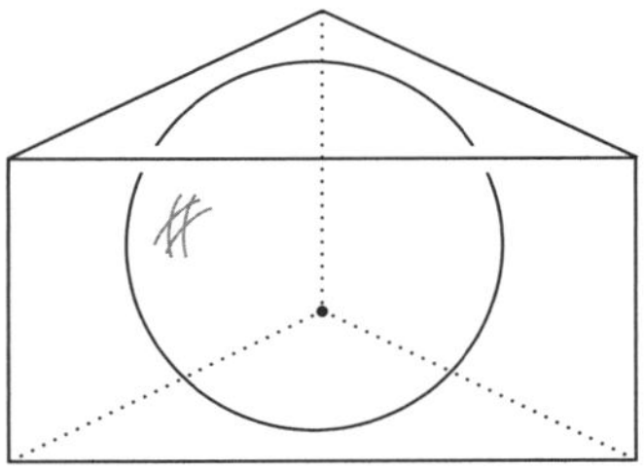

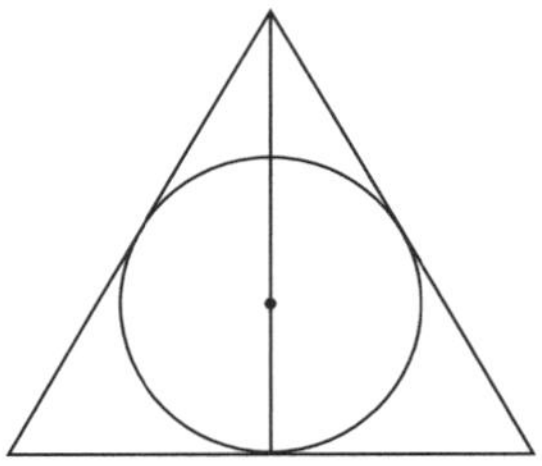

Resp: **241** 18 m, 19,5 m **242** 36π m^3 **243** 400π m^2 **244** 288π m^3 **245** 288π m^3

253 Determinar a área de um prisma hexagonal regular circunscritível que tem $864\sqrt{3}\,m^3$ de volume.

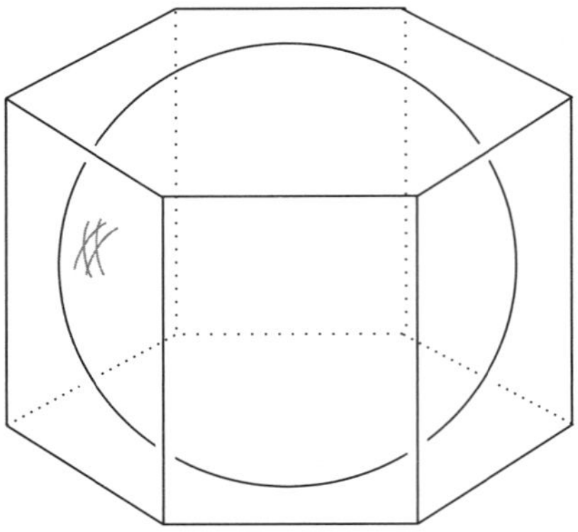

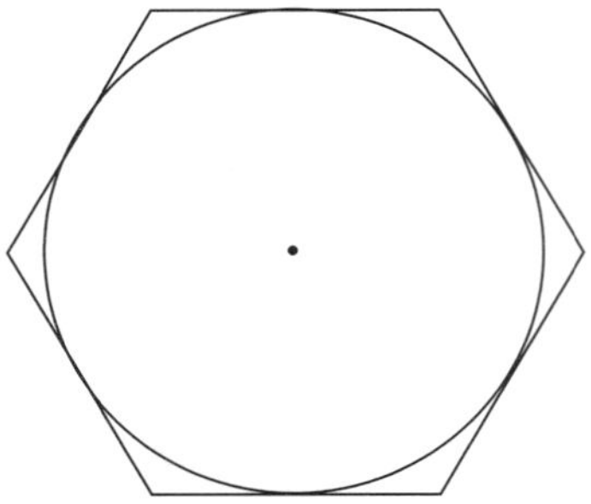

254 A base de um prisma reto circunscritível é um triângulo retângulo com um cateto de 6 cm. Se a esfera inscrita nele tem $16\pi\,cm^2$ de área, qual é o volume deste prisma?

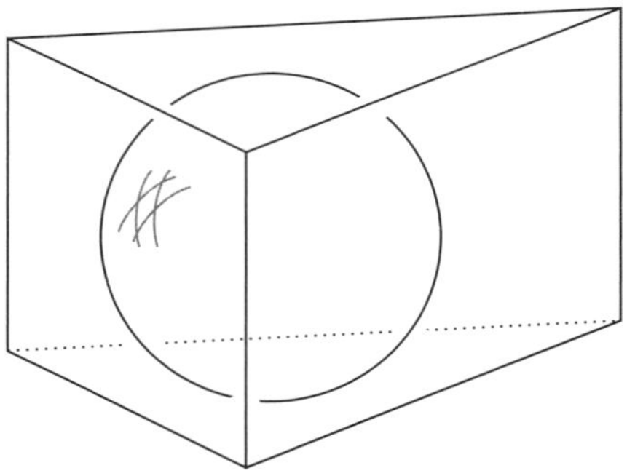

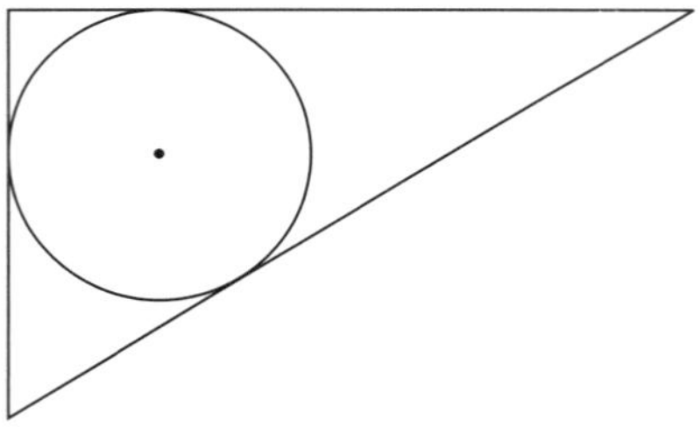

255 Um prisma reto é circunscritível e o raio da esfera inscrita mede 3 m. A sua base é um triângulo retângulo e ele tem 360 m^3 de volume. Qual é a área desse prisma?

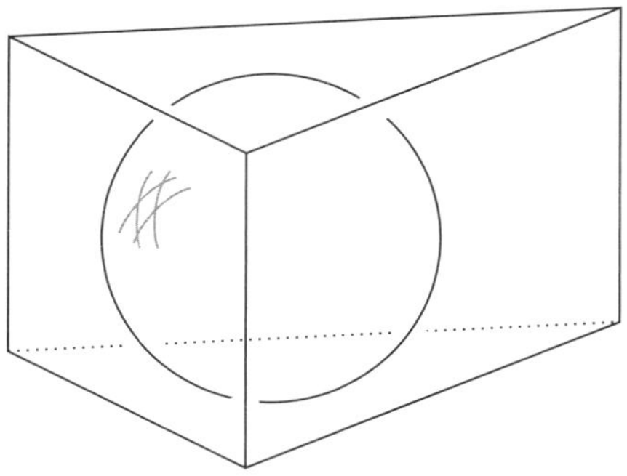

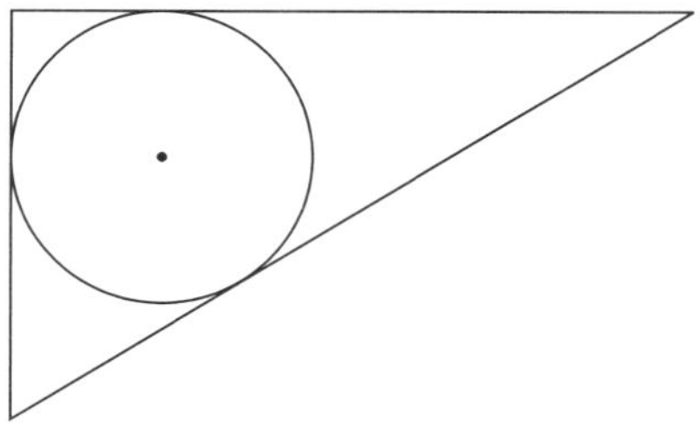

256 A base de um prisma reto circunscritível é um trapézio isósceles. Se esse prisma tem 2160 m^3 e o raio da esfera inscrita mede 6 m, qual é a sua área?

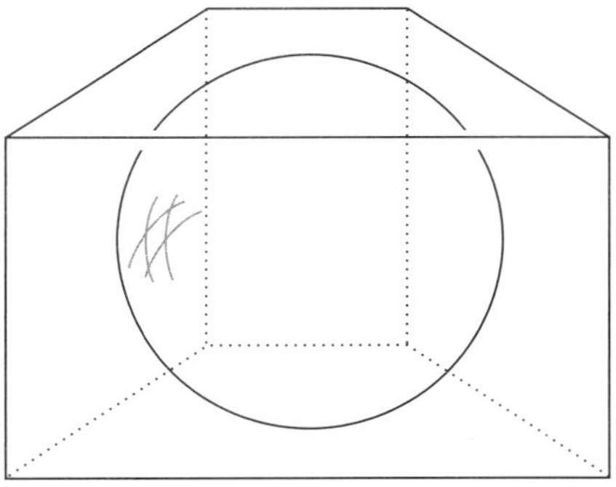

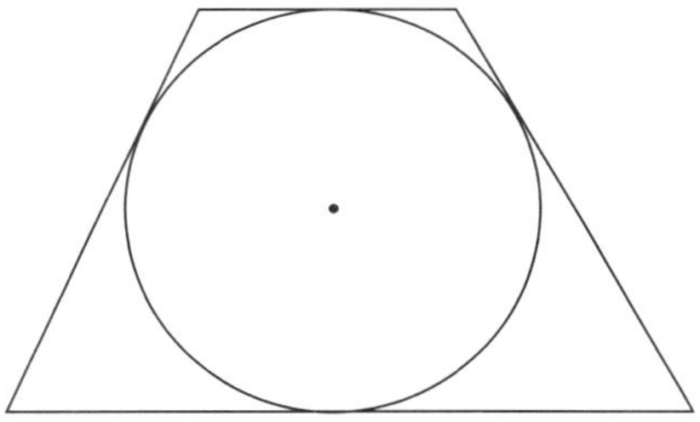

Resp: **246** a) 5 m b) $2\sqrt{3}$ m **247** $12\sqrt{3}$ m **248** 4 m **249** $10\sqrt{3}$ m **250** 6 m **251** $108\sqrt{3}\pi$ cm^3 **252** 54 cm^3

257 A base de um prisma reto circunscritível é um trapézio retângulo. Se esse prisma tem 600 m^2 e 800 m^3, determine o raio da esfera inscrita e as bases da base.

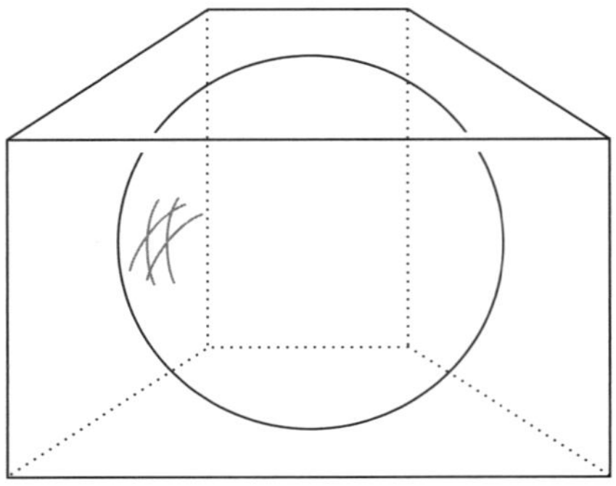

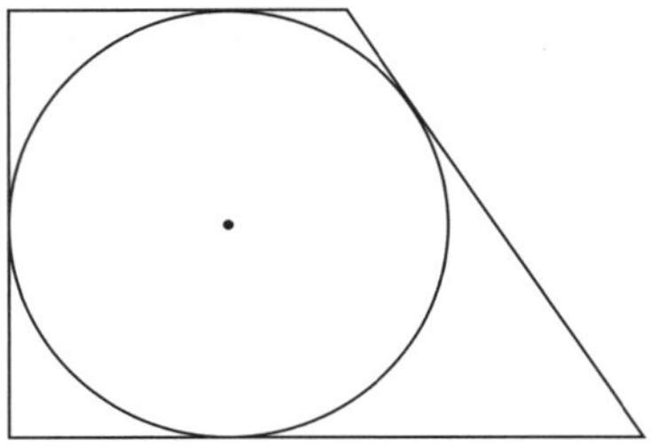

258 A área lateral de um prisma triangular regular é de 54 m^2. Se o raio da esfera circunscrita a ele mede $2\sqrt{3}$ m, qual é o volume desse prisma?

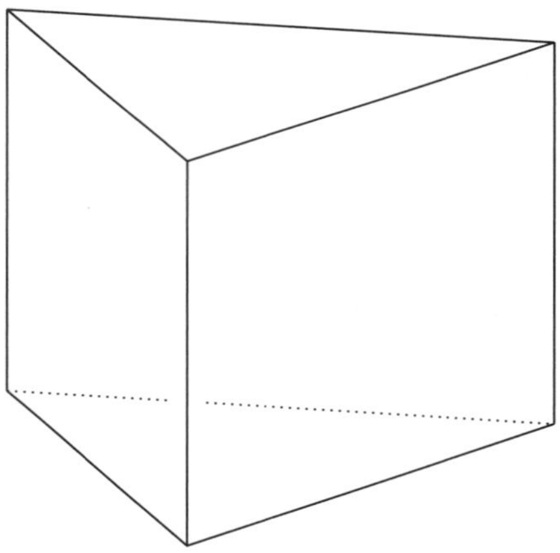

259 O raio da esfera circunscrita a um prima triangular regular circunscritível mede $6\sqrt{5}$ m. Qual é a área desse prisma?

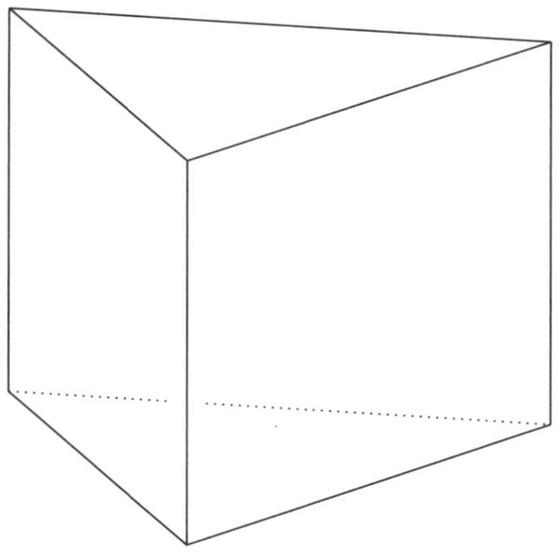

---

260 Quanto mede o raio da esfera inscrita em uma pirâmide quadrangular regular cuja aresta da base mede 24m e a altura 16m?

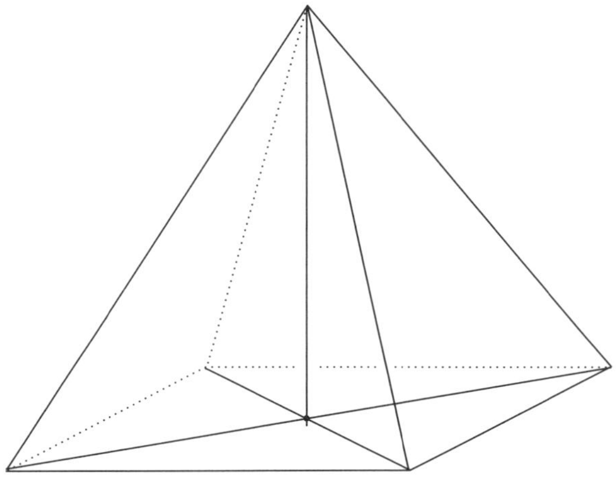

---

261 Quanto mede o raio da esfera inscrita em uma pirâmide triangular regular cuja aresta da base mede 36m e altura $8\sqrt{3}$ m?

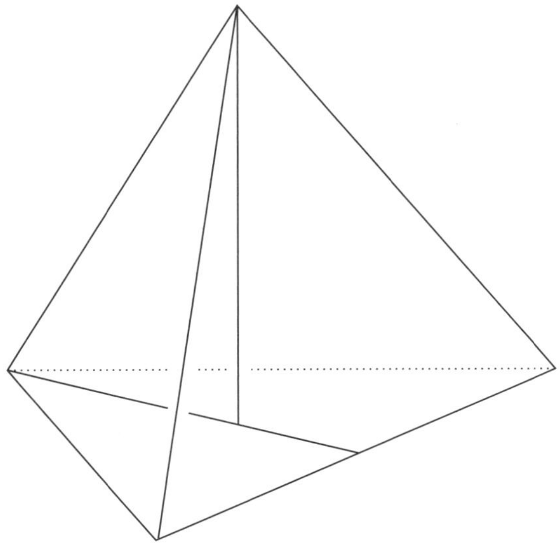

Resp: **253** $432\sqrt{3}$ m^2 **254** 96 cm^3 **255** 360 m^2 **256** 1080 m^2

262 Determine o raio da esfera inscrita e o da circunscrita a um cubo cuja área é de 1944 m^2.

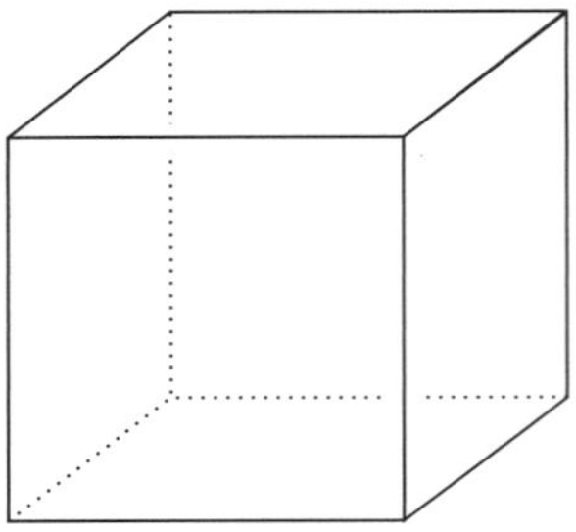

263 Determine o raio da esfera inscrita e o da circunscrita a um tetraedro regular de $1296\sqrt{3}\,m^2$.

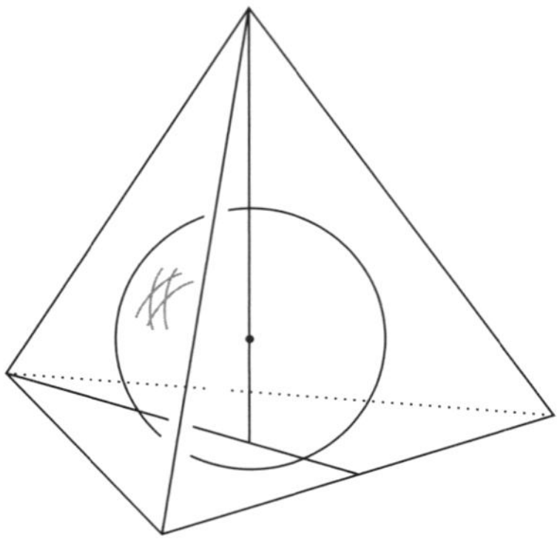

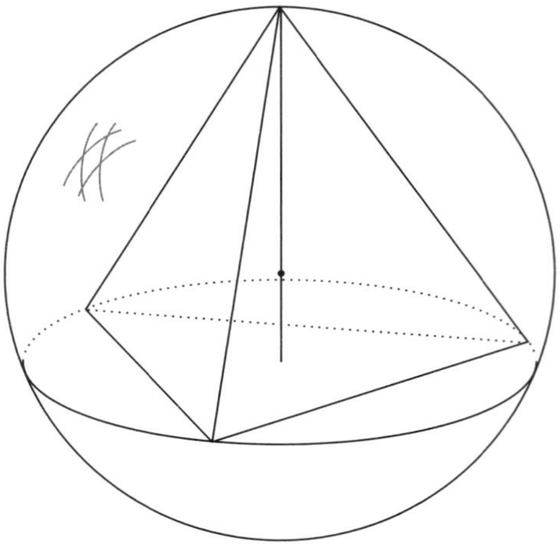

264 Qual é a razão entre os volumes das esferas circunscrita e inscrita em um tetraedro regular?

265 Qual é o volume da esfera circunscrita a um octaedro regular de 288 m^3 ?

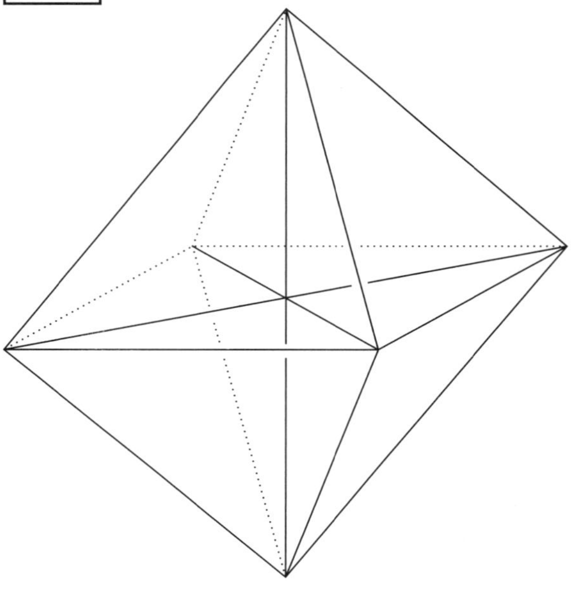

266 Qual é a área da esfera inscrita em um octaedro regular que tem $192\sqrt{3}\,m^2$?

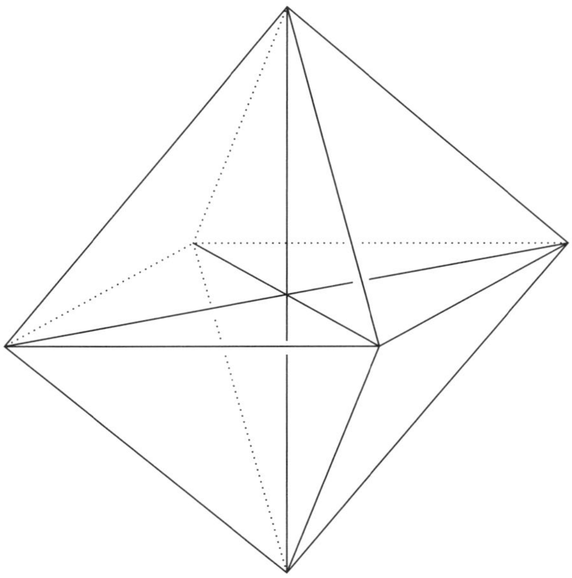

267 Qual é o volume do tetraedro regular inscrito em uma esfera de $972\pi\,m^3$ de volume?

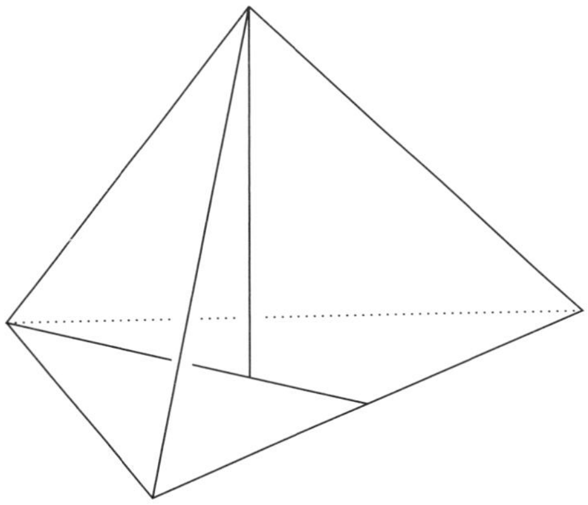

268 Qual é o volume da esfera inscrita em um tetraedro regular que tem $144\sqrt{2}\,m^3$ de volume?

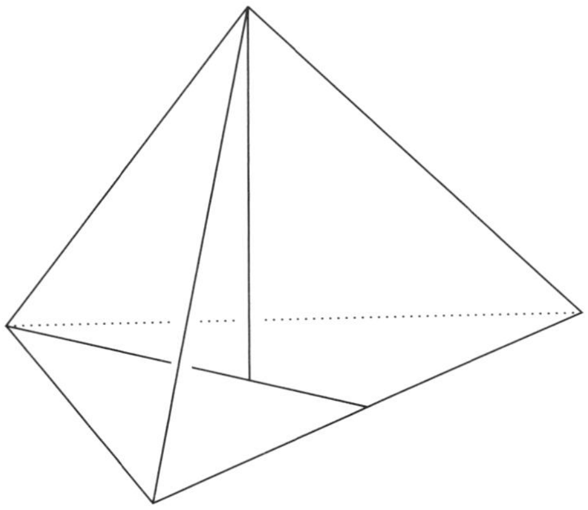

Resp: **257** r = 4 m, bases: 5 m e 20 m **258** $\frac{27\sqrt{3}}{2}m^3$ ou $\frac{81}{2}m^3$ **259** $648\sqrt{3}\,m^2$ **260** 6 m **261** $3\sqrt{3}$ m

269 Determinar:

a) O volume do cilindro reto circunscrito a uma esfera de $196\pi\ m^2$.

b) A área do cilindro reto circunscrito a uma esfera de $500\sqrt{3}\,\pi\ m^3$.

c) O volume da esfera inscrita em um cilindro equilátero de $108\pi\ m^2$.

d) A área da esfera inscrita em um cilindro equilátero de $2662\pi\ m^3$.

---

270 Qual é a área da esfera circunscrita a um cilindro equilátero de $96\pi\ cm^2$ de área?

---

271 Um cilindro de revolução tem $120\pi\ cm^2$ de área e a esfera circunscrita a ele tem $160\pi\ cm^2$ de área. Determinar o volume deste cilindro.

---

272 Determinar o raio da esfera:

a) Inscrita em um cone equilátero cuja altura mede 21 cm.

b) Circunscrita a um cone equilátero cuja altura mede 42 cm.

---

273 Um cone equilátero tem 9 cm de raio, determinar o raio da esfera:

a) Inscrita nele b) Circunscrita a ele

---

274 Determinar o raio do cone equilátero, nos casos:

a) Circunscrita a uma esfera de 4 cm de raio.

b) Inscrito em uma esfera de 12 cm de raio.

---

275 Qual é a área do cone equilátero circunscrito a uma esfera de $288\pi\ cm^3$?

---

276 Qual é o volume do cone equilátero inscrito em uma esfera de $128\pi\ cm^2$?

---

277 Qual é a área da esfera inscrita em um cone equilátero de $144\pi\ cm^2$ de área?

---

278 Qual é o volume da esfera circunscrita a uma cone equilátero de $576\sqrt{3}\,\pi\ cm^3$ de volume?

---

279 Uma esfera de $676\pi\ cm^2$ de área circunscreve um cone de revolução de geratriz $6\sqrt{13}$ cm . Determinar o volume deste cone.

---

280 Uma esfera de raio 4 cm está inscrita em um cone de revolução de 12 cm de raio. Determinar a altura e a geratriz deste cone.

---

281 Uma cone de revolução de 5 cm de altura tem $300\pi\ cm^2$ de área. Quanto mede o raio da esfera inscrita neste cone?

---

282 Um cone circular reto com geratriz de $6\sqrt{3}$ cm tem $144\pi\ cm^3$ de volume. Determinar o volume da esfera circunscrita a ele.

---

283 A geratriz de um cone reto mede $2\sqrt{6}$ m e sua altura é expressa por um número inteiro de metros. Se este cone tem $\frac{32}{3}\pi\ m^3$, qual é o volume da esfera circunscrita a ele?

---

284 O centro de uma esfera circunscrita a um cone reto de $24\pi\ m^3$ é um ponto deste cone. Sendo $4\sqrt{3}$ m a medida da geratriz do cone, qual é a área da esfera?

---

285 Um cone com a menor altura possível, cuja geratriz mede $\sqrt{30}$ m tem $21\pi\ m^3$ de volume. Qual é o volume do cilindro reto circunscrito a esfera que circunscreve esse cone?

---

286 A altura de um cone reto é expressa por um número inteiro de metros. Se ele tem $72\pi\ m^3$ de volume e a sua geratriz mede $6\sqrt{2}$ m, determine o raio da esfera circunscrita e onde está o centro da esfera.

287 Um cone de revolução de 9m de raio está inscrito em uma esfera de $900\pi\ cm^2$ de área. Qual é o volume desse cone?

288 Uma secção plana de uma esfera de raio R é base comum de dois cones retos inscritos nessa esfera. Se a soma dos volumes desses cones é $\frac{1}{6}$ do volume da esfera, qual é a distância entre a secção plana e o centro da esfera?

289 A aresta da base e a altura de uma pirâmide quadrangular regular medem, respectivamente, $6\sqrt{6}\,m$ e 18m. Determine o raio da esfera circunscrita a ela.

290 A aresta da base e a altura de uma pirâmide triangular regular medem 18m e 18m. Determine o raio da esfera circunscrita a ela.

291 A base de uma pirâmide é um triângulo cujos lados, medem 6m, 8m e 10m. Se cada aresta lateral mede $5\sqrt{26}\,m$, quanto mede o raio da esfera circunscrita a essa pirâmide?

292 A aresta da base de um prisma quadrangular regular mede 12m e a lateral mede 24m. Determine o raio da esfera circunscrita a esse prisma.

293 A aresta da base e a aresta lateral de um prisma triangular regular medem respectivamente 12m e 16m. Determine o raio da esfera circunscrita a esse prisma.

294 As dimensões de uma paralelepípedo retângulo medem 6m, 8m e 24m. Quanto mede o raio da esfera circunscrita a esse paralelepípedo?

295 As arestas das bases de um prisma triangular reto medem 12m, 16m e 20m e a aresta lateral mede 10m. Determine o raio da esfera circunscrita a esse prisma.

296 De uma pirâmide ABCD sabemos que AB é perpendicular ao plano do triângulo BCD e que o triângulo BCD é retângulo em C. Sabendo que AB = 9m, BC = 12m e CD = 20m, determine:

a) O raio da esfera circunscrita a essa pirâmide. b) O raio da esfera inscrita nessa pirâmide.

297 Um prisma triangular regular circunscritível tem $288\sqrt{3}\,m^2$ de área. Qual é o volume desse prisma?

298 Um prisma triangular regular circunscritível tem $432m^3$ de volume. Qual é a área desse prisma?

299 Um prisma hexagonal regular é circunscritível. Qual é a razão entre as áreas das esferas circunscrita e inscrita neste prisma?

300 A aresta da base de uma pirâmide quadrangular regular é congruente a sua altura. Se o volume da esfera circunscrita à pirâmide é de $972\pi m^3$, qual é o volume desta pirâmide?

301 A aresta da base de uma pirâmide quadrangular regular mede 36m. Se essa pirâmide tem $3456m^2$ de área, qual é o volume da esfera inscrita nela?

302 Três esferas com raios de 25m, 25m e 9m são tangentes externamente e tangenciam um plano nos pontos A, B e C, respectivamente. Determine os lados do triângulo ABC.

303 Uma esfera de raio 12m tangencia as faces de um diedro de 60°. Quanto mede o raio da menor esfera, inscrita neste diedro, que também tangencia aquela esfera?

Resp: **262** $9m, 9\sqrt{3}\,m$ **263** $3\sqrt{6}\,m, 9\sqrt{6}\,m$ **264** 27 **265** $288\pi\,m^3$ **266** $64\pi\,m^2$ **267** $216\sqrt{3}\,m^3$ **268** $8\sqrt{6}\,\pi\,m^3$

304 Três esferas tangentes entre si (externamente) tangenciam um plano nos pontos A, B e C. Se o triângulo determinado pelos centros tem lados de 25m, 20m e 13m, qual é a área do triângulo ABC?

---

305 Quatro esferas de raio r são tais que cada uma tangencia outras duas, os seus centros são vértices de um quadrado e tangenciam um plano α, estando em um dos semi-espaços, com origem α. Uma quinta esfera de raio também r tangencia as outras esferas e não intercepta α. Qual é a distância entre o centro dessa quinta esfera e α?

---

306 Quatro esferas de raio **r** são tais que cada uma tangencia outras duas, os seus centros são vértices de um quadrado e tangenciam um plano α, estando em um dos semi-espaços, com origem α. Uma quinta esfera tangencia as outras esferas e também o plano α. Determine o raio dessa esfera.

---

307 Uma esfera está inscrita em um tetraedro regular de aresta **a**. Quanto mede o raio de cada esfera que tangencia essa esfera e três faces do tetraedro?

---

308 Qual é o volume do octaedro regular circunscrito a uma esfera que tem $24\pi m^2$ de área?

---

309 Determine o volume da esfera inscrita em um octaedro regular que tem $576\sqrt{2}\ m^3$ de volume.

---

310 A esfera inscrita em um cubo tem $288\pi m^3$ de volume. Qual é a área da esfera circunscrita a esse cubo?

---

311 O volume da esfera circunscrita a um octaedro regular é de $72\sqrt{2}\,\pi\ cm^3$. Qual é a área da esfera inscrita neste octaedro?

Resp: **269** a) $686\pi\ m^3$ b) $450\pi\ m^2$ c) $72\sqrt{2}\,\pi\ m^3$ d) $484\pi\ m^2$ **270** $128\ cm^2$ **271** $144\pi\ cm^3$ ou $80\sqrt{5}\,\pi\ cm^3$

272 a) 7 cm b) 28 cm **273** a) $3\sqrt{3}$ cm b) $6\sqrt{3}$ cm **274** a) $4\sqrt{3}$ cm b) $6\sqrt{3}$ cm **275** $324\pi\ cm^2$ **276** $48\sqrt{2}\,\pi\ cm^3$

277 $64\pi\ cm^2$ **278** $2048\sqrt{3}\,\pi\ cm^3$ **279** $864\pi\ cm^3$ **280** 9 cm e 15 cm **281** 2,4 cm

282 $972\pi\ cm^3$ **283** $36\pi\ m^3$ **284** $64\pi\ m^2$ **285** $250\pi\ m^3$

286 6 m. O centro da esfera é o centro da base do cone. **287** $729\pi\ m^3$ ou $81\pi\ m^3$

288 $\frac{\sqrt{6}}{3}R$ **289** 12 m **290** 12 m **291** 13 m **292** $6\sqrt{6}$ m **293** $4\sqrt{7}$ m **294** 13 m

295 $5\sqrt{5}$ m **296** a) 12,5 m b) $\frac{6}{29}(18-\sqrt{34})$m **297** $384\sqrt{3}\ m^3$ **298** $216\sqrt{3}\ m^2$ **299** $\frac{7}{3}$

300 $576\ m^3$ **301** $972\pi\ m^3$ **302** 50 m, 30 m e 30 m **303** 4 m **304** $4\sqrt{455}\ m^2$

305 $(\sqrt{2}+1)r$ **306** $\frac{r}{2}$ **307** $\frac{a\sqrt{6}}{24}$ **308** $72\sqrt{2}\ m^3$ **309** $64\sqrt{6}\,\pi\ m^3$ **310** $432\pi\ m^2$ **311** $24\pi\ m^2$

IV INEQUAÇÕES COM DUAS VARIÁVEIS

1 – Gráfico de uma reta

a) **Dados dois pontos distintos da reta**

Como dois pontos distintos determinam uma reta, para esboçar o gráfico de uma reta, no plano cartesiano, dados dois de seus pontos, distintos, basta traçar a reta que passa por esses dois pontos. Se não for dado o sistema de coordenadas cartesianas, adotamos um sistema cartesiano qualquer, plotamos os pontos e traçamos a reta.

Exemplo: Esboçar o gráfico da reta AB dados $A(-1,\ 2)$ e $B(3,\ 4)$.

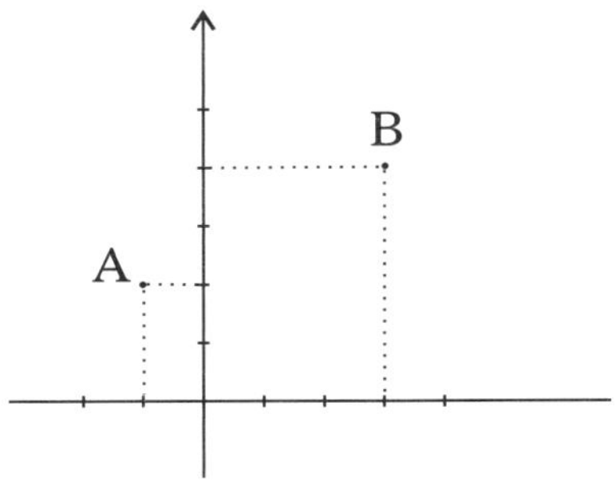

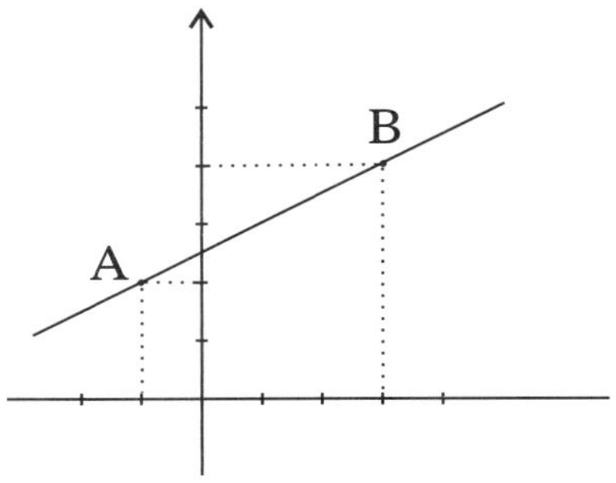

b) **Dada uma equação da reta r**

Dada uma equação da reta **r** , escolhendo valores convenientes para a abscissa (ou ordenada) e determinando as coordenadas correspondentes, determinamos, facilmente, dois pontos da reta r , plotamos estes pontos e traçamos a reta.

Exemplo: Esboçar o gráfico da reta $(r)\quad 2x - y - 4 = 0$

Determinemos dois pontos da reta r

$$\begin{cases} y = 2 \Rightarrow x = 3 \Rightarrow (3, 2) \\ x = 1 \Rightarrow y = -2 \Rightarrow (1, -2) \end{cases}$$

Note que se tivessemos escolhidos outros dois pontos, o gráfico obtido seria o mesmo:

$$\begin{cases} x = 0 \Rightarrow y = -4 \Rightarrow (0, -4) \\ y = 0 \Rightarrow x = 2 \Rightarrow (2, 0) \end{cases}$$

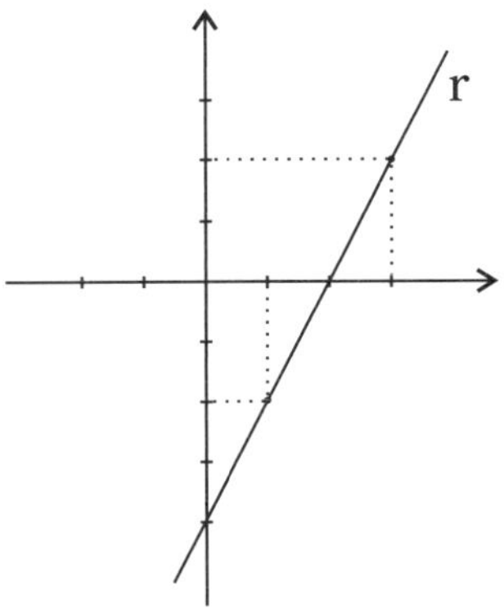

Observe que a reta que passa por $(3,\ 2)$ e $(1,\ -2)$ passa também por $(0, -4)$ e $(2,\ 0)$.

Exemplo: Esboçar o gráfico da reta $(r)\ \dfrac{x}{3} + \dfrac{y}{2} = 1$

Determinemos dois pontos de r :

$$\begin{cases} x = 0 \Rightarrow y = 2 \Rightarrow (0, 2) \\ y = 0 \Rightarrow x = 3 \Rightarrow (3, 0) \end{cases}$$

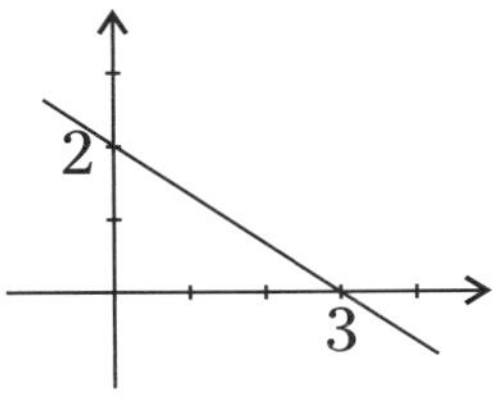

2 – Sinal de f (x, y) = ax + by + c

Dada a reta $(r)\ ax + by + c = 0$, considere a função

$$f(x, y) = ax + by + c$$

Se $P(x_p, y_p)$ pertence à reta **r**, então:

$$f(x_p, y_p) = ax_p + by_p + c = 0.$$

Se P não pertence à reta **r**, então:

$$f(x_p, y_p) = ax_p + by_p + c \neq 0$$

Exemplo: Determine a posição entre os pontos

A (2, 7) , B (3, 2) e C (1, 8) e a reta $(r)\ x - 2y + 12 = 0$.

Resolução: $f(x, y) = x - 2y + 12$

1) $f(2, 7) = 2 - 2(7) + 12 = 14 - 14 = 0 \Rightarrow f(2, 7) = 0 \Rightarrow$

A (2, 7) pertence à reta **r**

2) $f(3, 2) = 3 - 2(2) + 12 = 15 - 4 = 11 \Rightarrow f(3, 2) = 11 \Rightarrow 0 \Rightarrow$

B (3, 2) não pertence à reta **r**

3) $f(1, 8) = 1 - 2(8) + 12 = 13 - 16 = -3 \Rightarrow f(1, 8) = -3 \Rightarrow 0 \Rightarrow$

C (1, 8) não pertence à reta **r**

Como quando P não pertence à reta, $f(x_p, y_p)$ é diferente de **Zero**, vamos verificar para quais pontos P, $f(x_p, y_p)$ é positivo e para quais pontos P , $f(x_p, y_p)$ é negativo.
Sejam A e B dois pontos distintos, **não** pertencentes à reta $(r)\ ax + by + c = 0$ e seja **S** o ponto onde a reta AB intercepta a reta **r** . Sendo **k** a razão em que o ponto S divide o segmento orientado $\overrightarrow{AB}$, sabemos que

$$x_S = \frac{x_A + kx_B}{1 + k} \quad \text{e} \quad y_S = \frac{y_A + ky_B}{1 + k}$$

e que se **S** está no segmento AB, então **k** é positivo e se **S** está fora do segmento AB, então **k** é negativo.

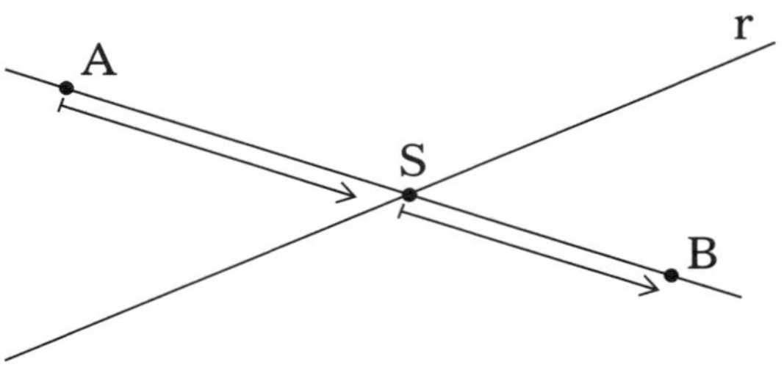

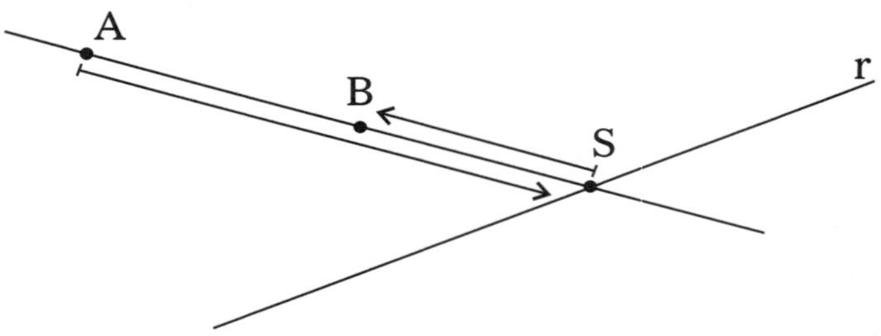

$$\frac{(\overrightarrow{AS})}{(\overrightarrow{SB})} = k > 0 \qquad\qquad \frac{(\overrightarrow{AS})}{(\overrightarrow{SB})} = k < 0$$

Note que se **S** está no segmento AB , isto é: $k > 0$, então A e B estão em semiplanos opostos, que têm origem em r , e que se **S** está fora do segmento AB , isto é: $k < 0$, então A e B estão em um mesmo semiplano, dos dois semiplanos, que têm origem em **r** .

Como **S** está em (r) ax + by + c = 0 , podemos afirmar que:

$$S\left(\frac{x_A+kx_B}{1+k},\frac{y_A+ky_B}{1+k}\right)\in r \Rightarrow a\left(\frac{x_A+kx_B}{1+k}\right)+b\left(\frac{y_A+ky_B}{1+k}\right)+c=0\Rightarrow$$

$$\Rightarrow a\,(x_A + kx_B) + b\,(y_A + ky_B) + c\,(1 + k) = 0 \Rightarrow$$

$$ax_A + akx_B + by_A + bky_B + c + ck = 0 \Rightarrow$$

$$ax_A + by_A + c + k\,(ax_B + by_B + c) = 0 \Rightarrow$$

$$ax_A + by_A + c = -k\,(ax_B + by_B + c)$$

$$\frac{ax_A+by_A+c}{ax_B+by_B+c}=-k\Rightarrow\frac{f(x_A,y_A)}{f(x_B,y_B)}=-k\Rightarrow\boxed{\frac{f(A)}{f(B)}=-k}$$

Então:

Se $k < 0$, obtemos:

1º) A e B estão num mesmo semiplano, dos dois que têm origem em **r**

2º) $\frac{f(A)}{f(B)}=-k$ e $k<0\Rightarrow\frac{f(A)}{f(B)}>0\Leftrightarrow f(x_A,y_A)$ e (x_B,y_B) têm sinais iguais.

[f (A) e f (B) são ambos positivos ou ambos negativos]

A e B estão num mesmo semiplano, dos que têm origem na reta **r**	$\Leftrightarrow$	$f(x_A, y_A)$ e $f(x_B, y_B)$ têm sinais iguais. Ou são ambos positivos ou são ambos negativos

Se $k > 0$, obtemos:

1º) A e B estão em semi-planos opostos, que têm origem em **r**

2º) $\frac{f(A)}{f(B)}=-k$ e $k>0\Rightarrow\frac{f(A)}{f(B)}<0\Leftrightarrow f(x_A,y_A)$ e (x_B,y_B) têm sinais contrários.

[f (A) e f (B) são, respectivamente, positivo e negativo ou vice-versa.]

A e B estão em semiplanos opostos, com origem em **r**	$\Leftrightarrow$	$f(x_A, y_A)$ e $f(x_B, y_B)$ têm sinais contrários

Dada a reta (r) ax + by + c = 0 , considerando a função f (x, y) = ax + by + c , podemos afirmar que para todo ponto:

1º) **P** de **r** , temos: $ax_P + by_P + c = 0$

2º) **P** fora de **r** e situado num dos semiplanos, temos: $ax_P + by_P + c < 0$

3º) **P** fora de **r** e situado no outro semiplano, temos: $ax_P + by_P + c > 0$

Exemplo: Dada a reta $(r)\ 2x - 3y - 6 = 0$, indicar nos semiplanos de origem **r** os sinais de $f(x, y) = 2x - 3y - 6$.

Vamos esboçar o gráfico de **r** e como **r** não passa pela origem $0(0, 0)$, vamos determinar o sinal de $f(0, 0)$, obtendo desta forma que o semiplano aberto onde está $(0, 0)$ tem o sinal de $f(0, 0)$ e o outro semiplano aberto terá sinal contrário de $f(0, 0)$.

1º) $(r)\ 2x - 3y - 6 = 0$

$$\begin{cases} x = 0 \Rightarrow y = -2 \Rightarrow (0, -2) \\ y = 0 \Rightarrow x = 3 \Rightarrow (3, 0) \end{cases}$$

2º) $f(0, 0) = 2(0) - 3(0) - 6 = -6 \Rightarrow f(0, 0) < 0$

Note que $f(0, 0)$ tem o sinal de **c**

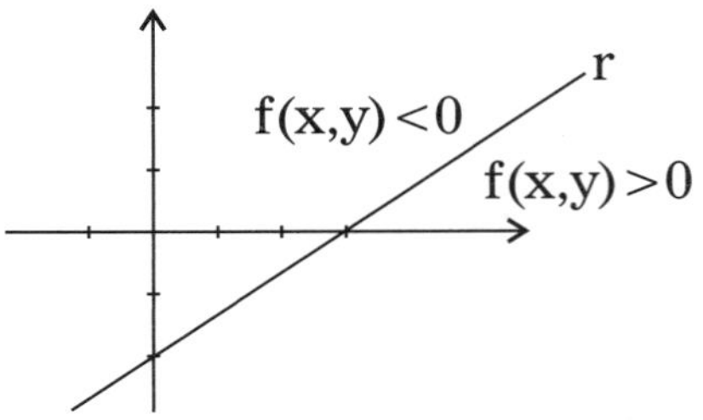

ou

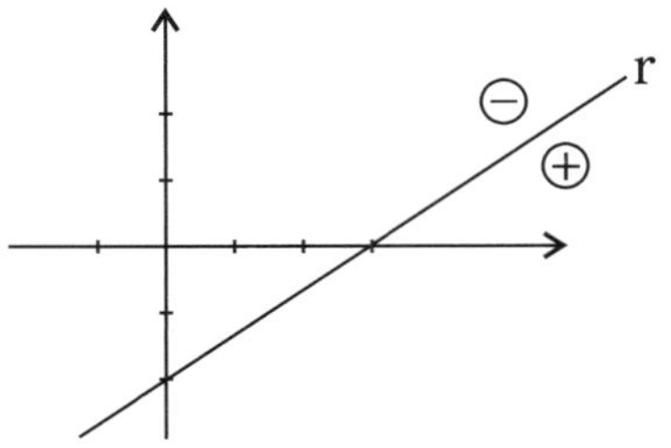

Exemplo: Idem para $(r)\ x - 2y + 4 = 0$ e $f(x, y) = x - 2y + 4$

1º) $(r)\ x - 2y + 4 = 0$

$$\begin{cases} x = 0 \Rightarrow y = 2 \Rightarrow (0, 2) \\ y = 0 \Rightarrow x = -4 \Rightarrow (-4, 0) \end{cases}$$

2º) $f(2, -1) = (2) - 2(-1) + 4 = 8$

$f(2, -1) > 0$

Achamos $f(2, -1)$ mas poderíamos ter achado $f(0, 0)$

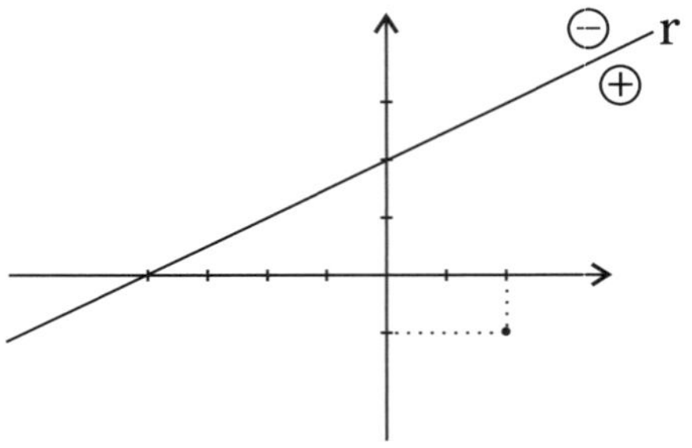

Exemplo: Idem para $(r)\ x + 2y - 4 = 0$

1º) $(r)\ x + 2y - 4 = 0 \Rightarrow (0, 2)$ e $(4, 0)$

2º) $f(-3, -2) = (-3) + 2(-2) - 4 = -11$

$f(-3, -2) < 0$

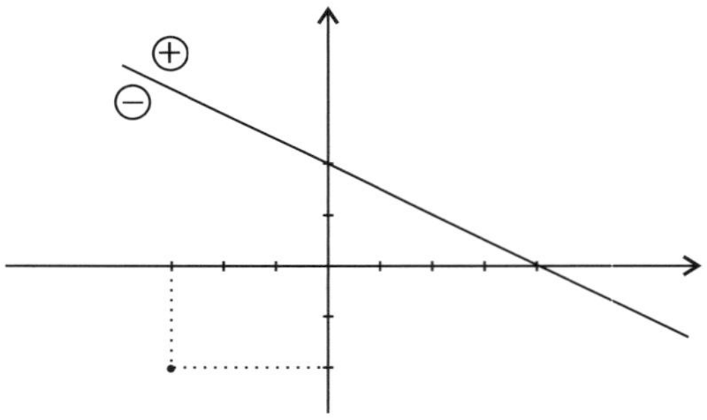

Determinamos o sinal de $f(-3, -2)$ mas poderíamos ter determinado o sinal de $f(0, 0)$

Obs: Quando $f(x, y) = ax + by + c = 0$ não passa pela origem $O(0, 0)$, note que $f(0, 0) = a(0) + b(0) + c = c$.
Então o semiplano aberto ao qual pertence $O(0, 0)$ tem o mesmo sinal de **c** e o outro, sinal contrário de **c**.

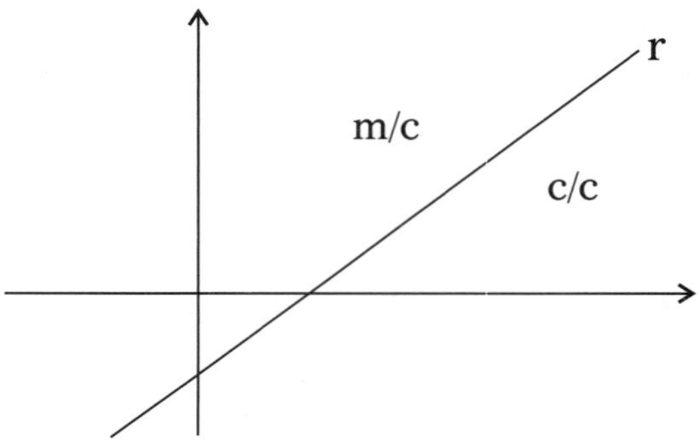

3 – Inequações do 1º grau com duas variáveis e consequências

Inequação do 1º grau com duas variáveis é toda inequação do tipo

$$ax + by + c > 0 \quad (\geqslant 0, \ < 0 \ , \ \leqslant 0)$$

onde $ax + by + c = 0$ é a equação de uma reta.
Resolvemos essas inequações, graficamente.

Exemplo: Resolver $2x - y - 4 < 0$.

Esboçamos o gráfico de r e sombreamos o semiplano, neste caso aberto, cujos pontos (x, y) satisfazem a condição dada.

$(r)\ 2x - y - 4 < 0 \quad \Rightarrow \quad (0, -4)$ e $(2, 0)$

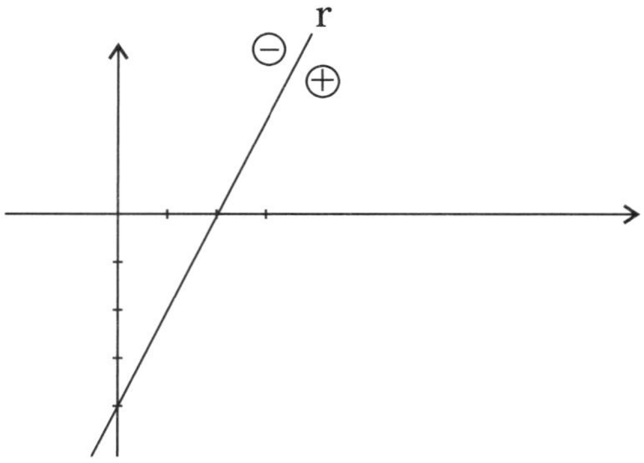

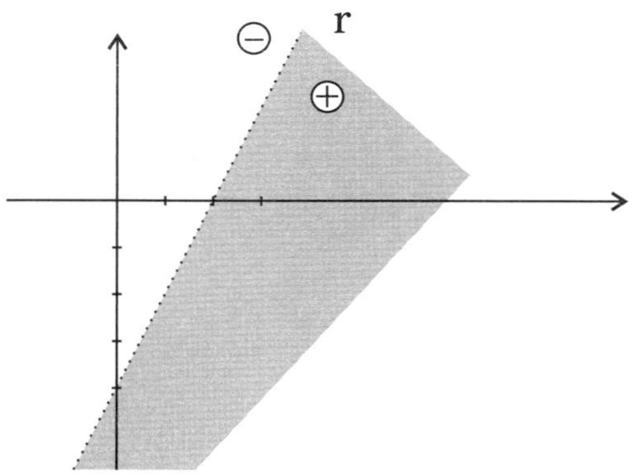

Exemplo: Considere as retas $(r)\ x + y - 2 = 0$ e $(s)\ x - 2y - 4 = 0$
observe os exemplos:

1º) $\begin{cases} x + y - 2 > 0 \\ x - 2y - 4 < 0 \end{cases}$

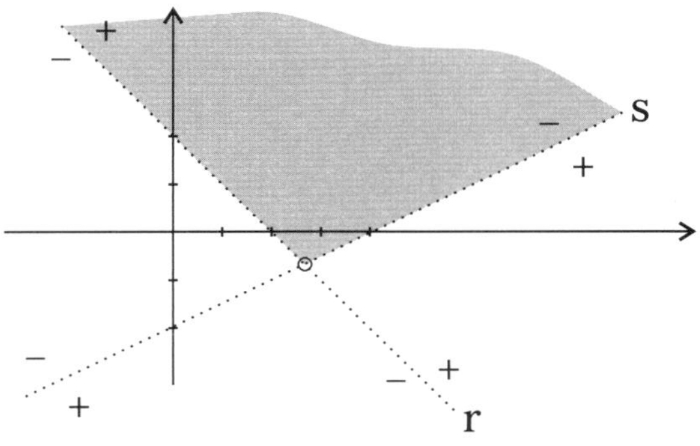

2º) $\begin{cases} x + y - 2 > 0 \\ x - 2y - 4 \leq 0 \end{cases}$

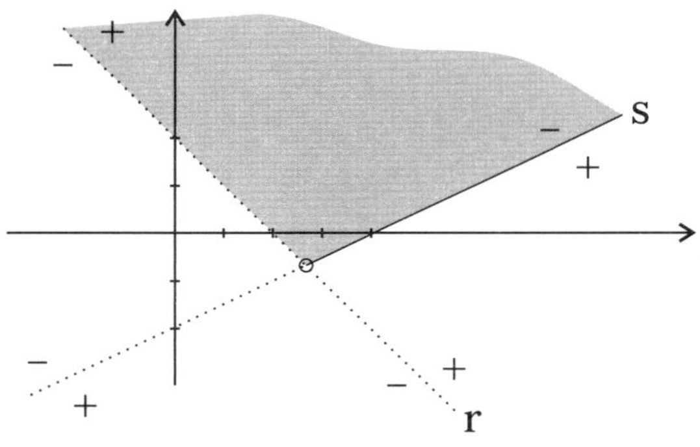

3º) $(x + y - 2)\ (x - 2y - 4) \leqslant 0$

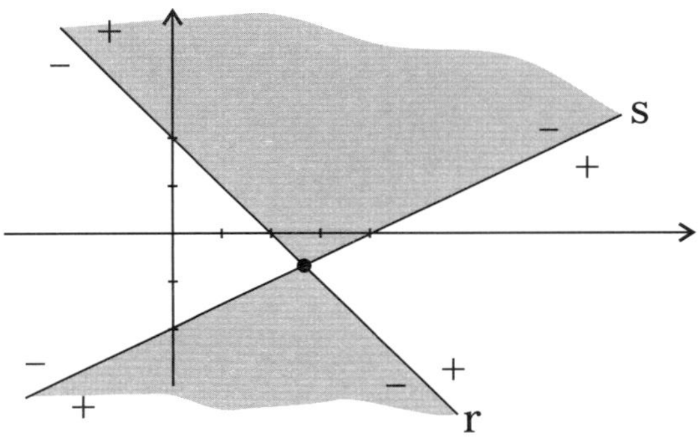

4º) $\dfrac{x + y - 2}{x - 2y - 4} \geqslant 0$

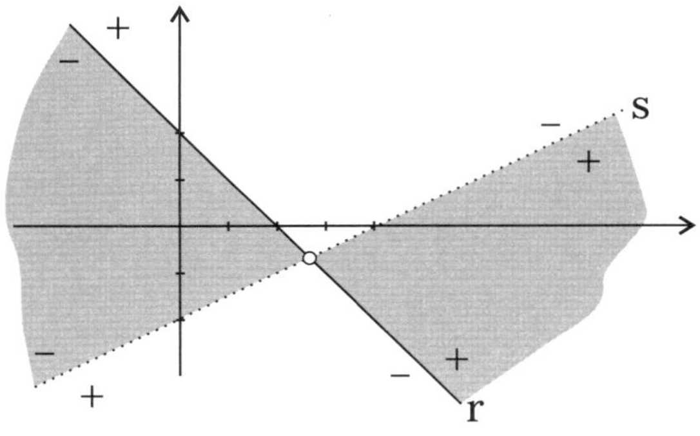

312 Esboçar o gráfico da reta AB dados A e B , nos casos:

a) A (– 2, – 1) e B (3, 4)

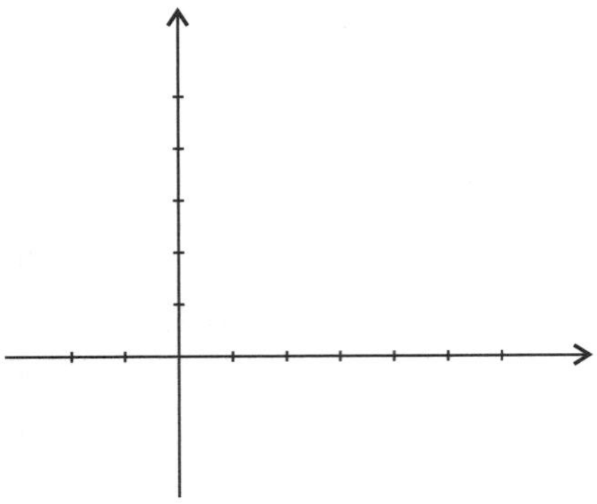

b) A (– 2, 5) e B (4, – 1)

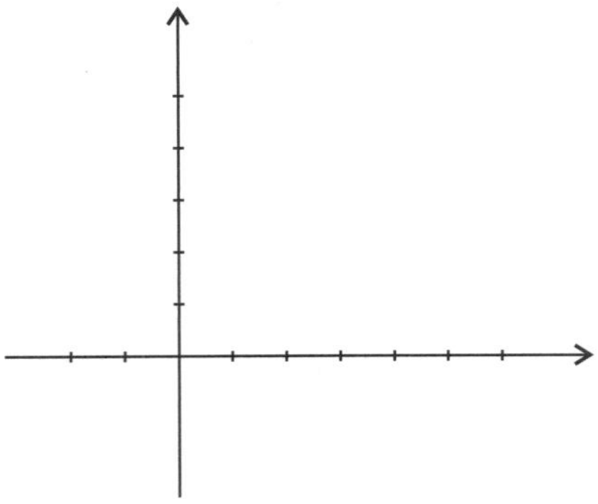

c) A (0, 5) e B (4, 0)

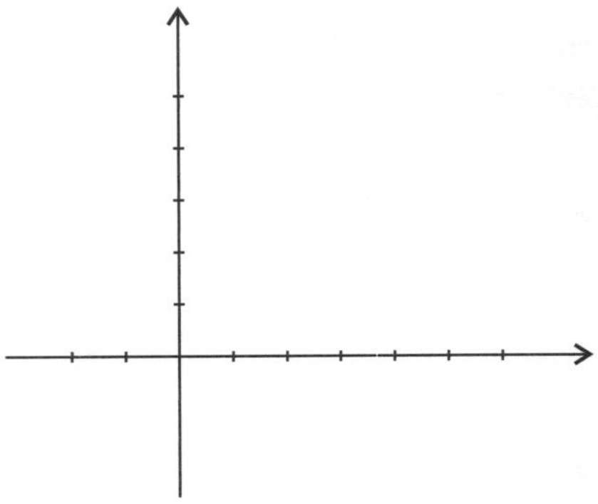

---

313 Dada a reta (r) $x - 3y - 12 = 0$, determine o ponto de **r** que tem

a) abscissa – 6

b) ordenada 1

c) abscissa zero

d) ordenada zero

e) abscissa 12

f) ordenada – 5

---

314 Dada a reta (r) $2x - 3y - 30 = 0$, determine o ponto onde ela corta:

a) O eixo das abscissas

b) O eixo das ordenadas

c) A bissetriz dos quadrantes pares

d) A bissetriz dos quadrantes ímpares

---

315 Determine a equação segmentária $\left(\frac{x}{p} + \frac{y}{q} = 1\right)$ da reta **r** , nos casos:

a) $3x + 2y - 18 = 0$

b) $y = 2x - 6$

---

316 Dada a reta **r** por equações paramétricas $x = 2t - 1$ e $y = t + 2$ determine o ponto de **r** dado **t** nos casos:

a) $t = 1 \Rightarrow$

b) $t = -2$

c) $t = \frac{1}{2} \Rightarrow$

---

317 Dada a equação reduzida $y = 2x - 6$ de uma reta **r** , determine o ponto de r de

a) abscissa 5

b) ordenada 2

c) abscissa 3

318 Esboçar o gráfico da reta **r**, dada a sua equação segmentária, nos casos:

a) $\frac{x}{4}+\frac{y}{3}=1$

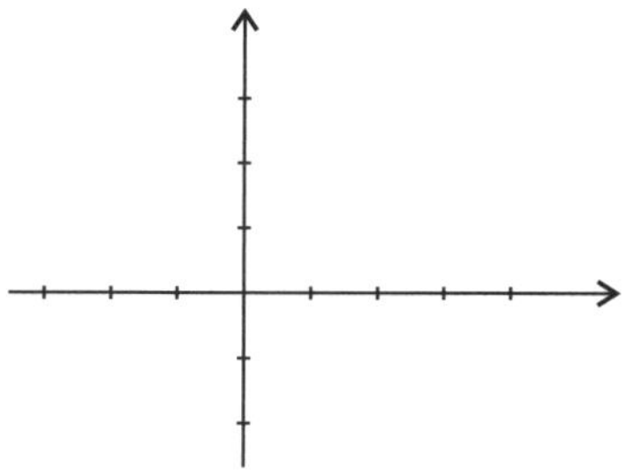

b) $\frac{x}{3}+\frac{y}{-2}=1$

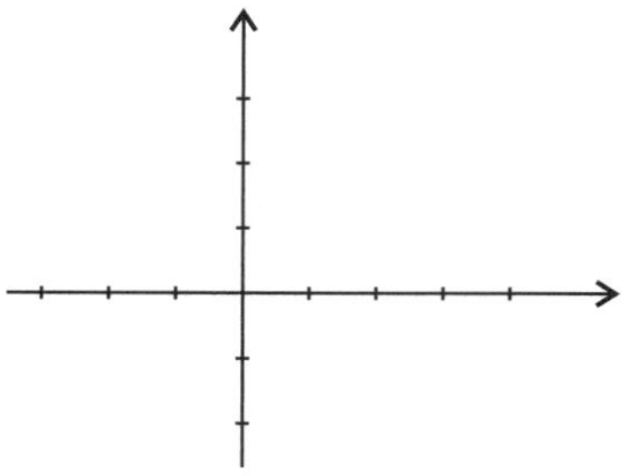

c) $\frac{x}{-2}+\frac{y}{3}=1$

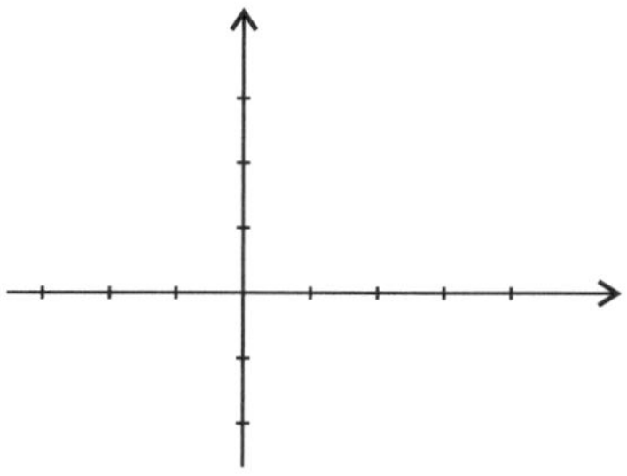

---

319 Esboçar o gráfico de **r**, dada equações paramétricas de **r**, nos casos:

a) $(r): \begin{cases} x = 2t - 11 \\ y = t - 3 \end{cases}$

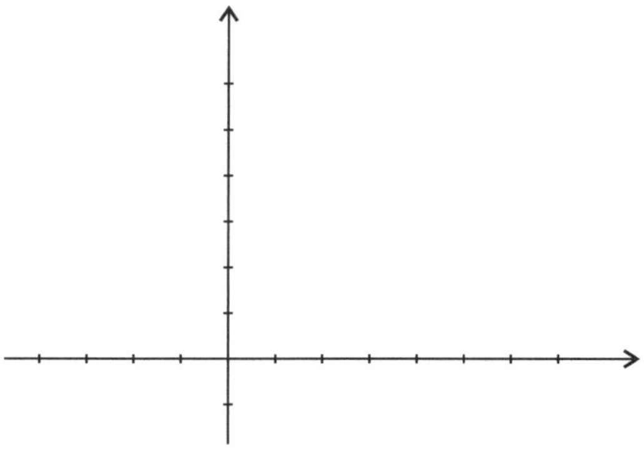

b) $(r): \begin{cases} x = 2t - 11 \\ y = t - 3 \end{cases}$

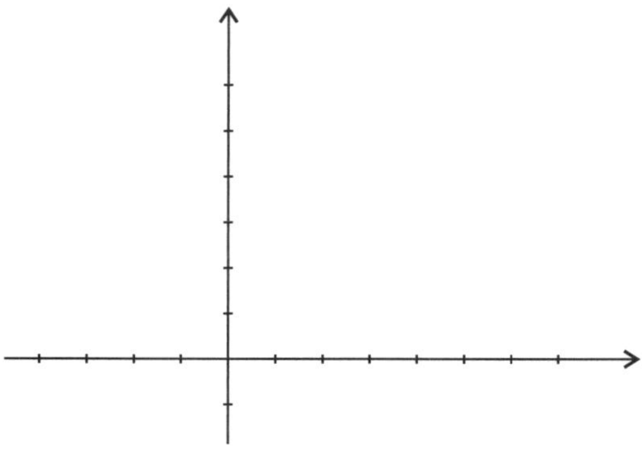

---

320 Esboçar o gráfico de **r** dada a sua equação reduzida, nos casos:

a) $(r)\ y = \frac{3}{2}x - 2$

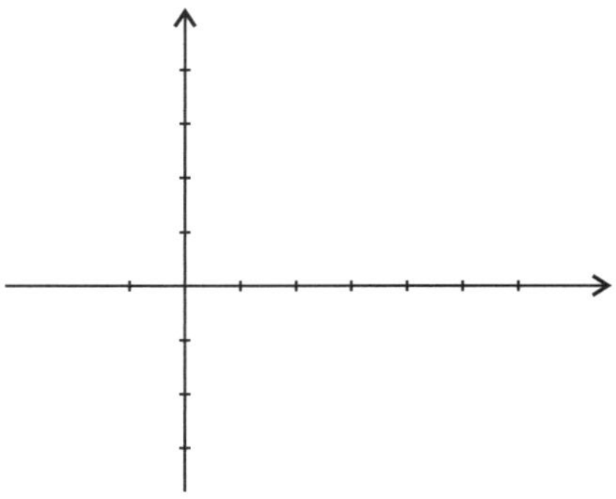

b) $(r)\ y = \frac{2}{3}x - 1$

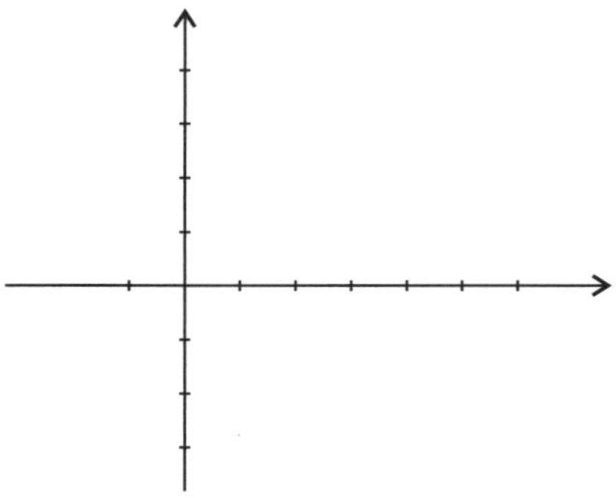

---

321 Esboçar o gráfico de r dada sua equação geral nos casos:

a) $x - y + 3 = 0$

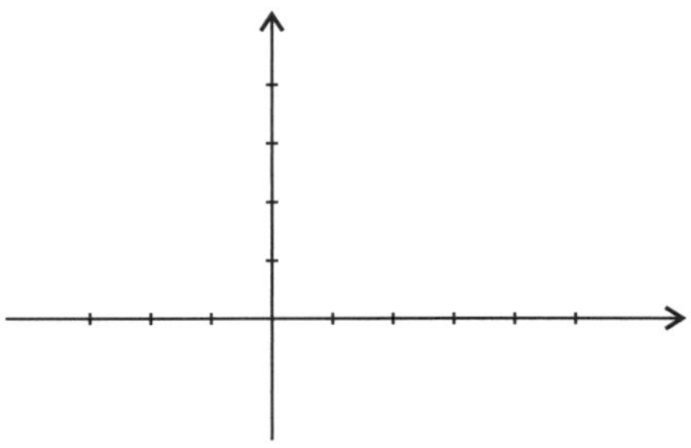

b) $x + 2y - 4 = 0$

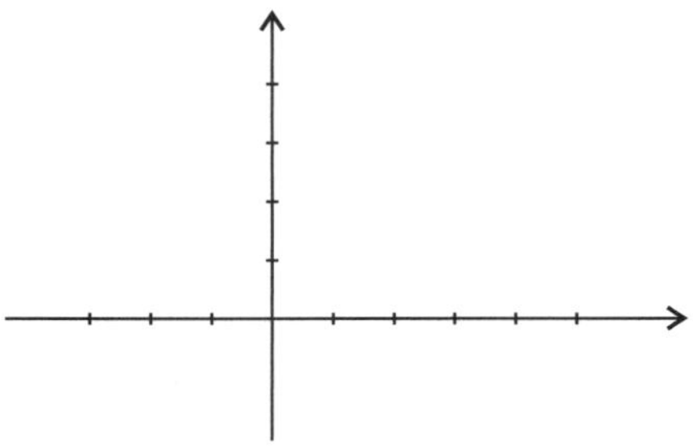

322 Esboçar o gráfico da reta r nos casos:

a) (r) $y = \frac{1}{2}x + 3$

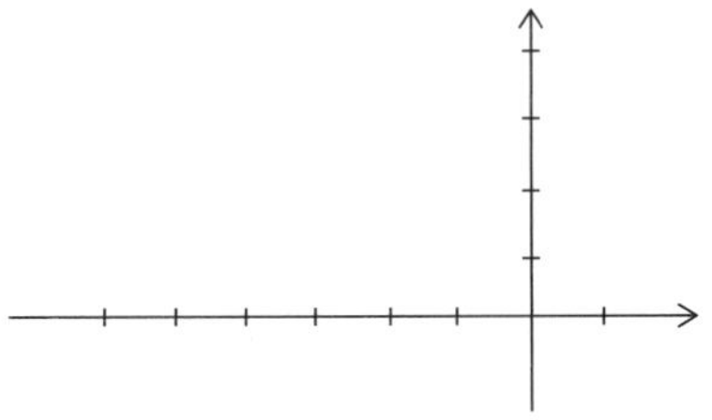

b) (r) $2x - 3y - 12 = 0$

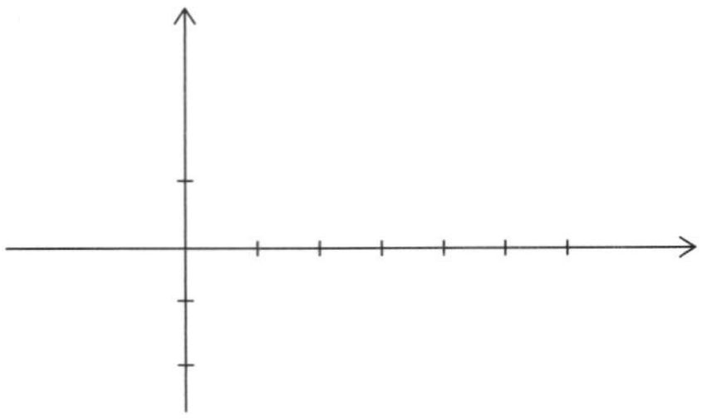

c) (r) $x = t - 3$ e $y = t + 2$

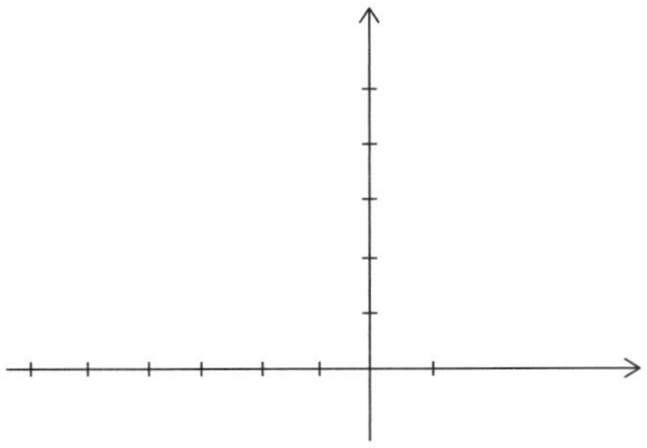

d) (r) $3x - 2y - 5 = 0$

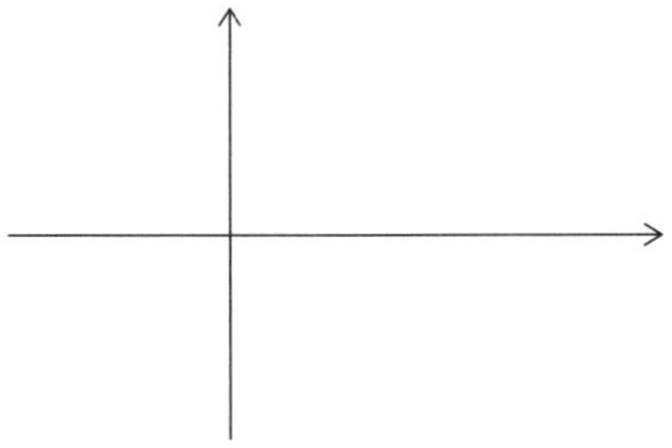

---

323 Dada a reta (r) $3x - 2y - 7 = 0$, considere a função $f(x, y) = 3x - 2y - 7$. Verifique se os pontos A e B , dados em cada caso, estão em um mesmo semi-plano, com origem **r** , ou se estão em semi-planos opostos.

a) A (2, 3) e B (– 2, 0)

b) A (5, – 2) e B (0, 3)

c) A (2, 0) e B (1, – 3)

d) A (3,0) e B (2, – 5)

---

324 Assinalar com (+) e (–) os semi-planos de origem (r) f (x, y) = 0 , conforme f (x, y) seja, respectivamente, positivo ou negativo, nos casos:

a) $f(x, y) = 2x - 3y - 18$

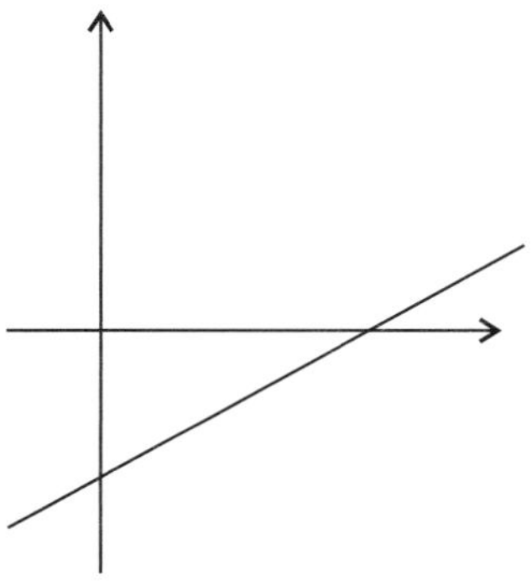

b) $f(x, y) = 3x + y - 9$

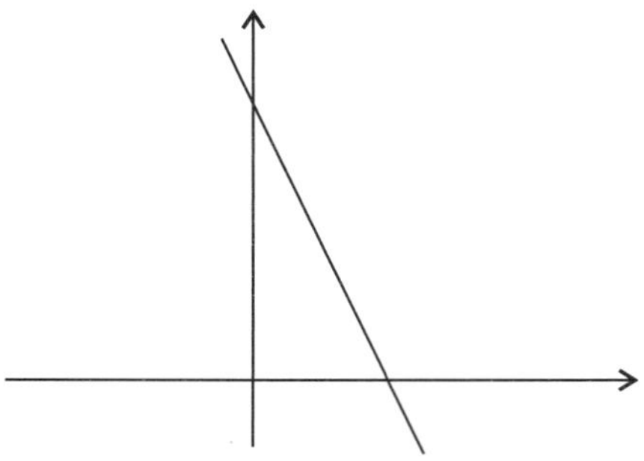

324 c) $f(x, y) = 2x - y + 4$

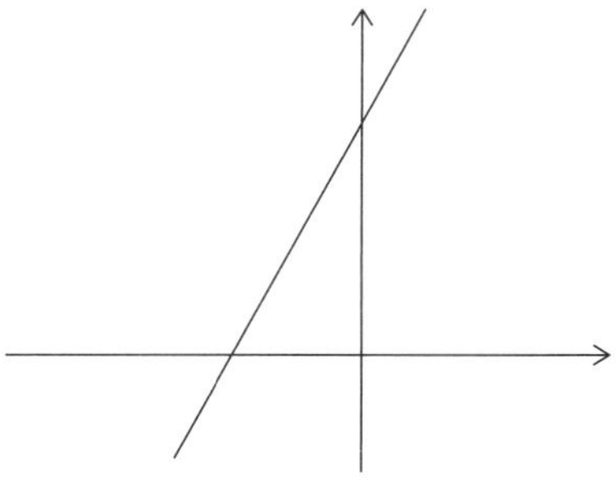

d) $f(x, y) = x + 2y$

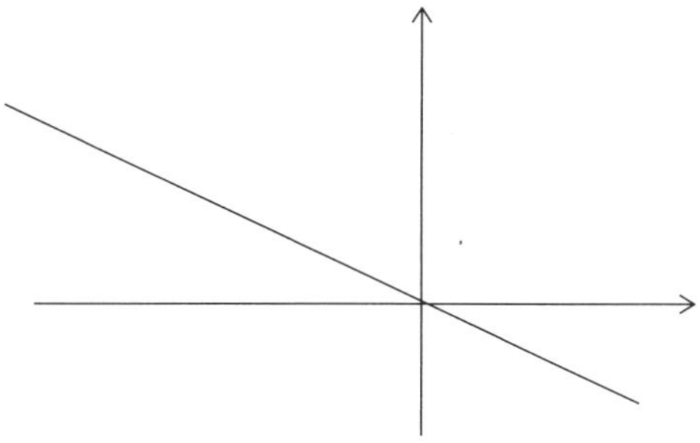

325 Resolver as seguintes inequações

a) $2x + 3y - 6 \geqslant 0$

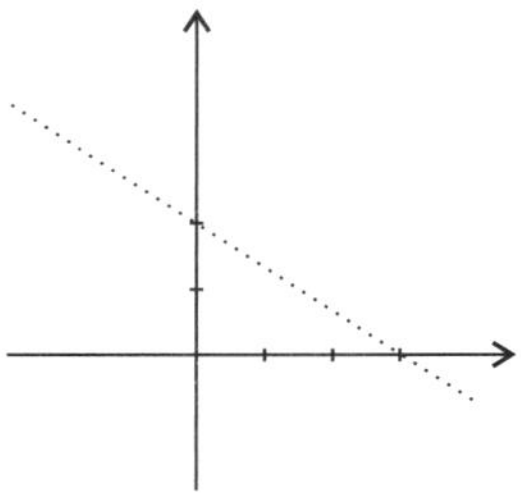

b) $x - y + 2 \geqslant 0$

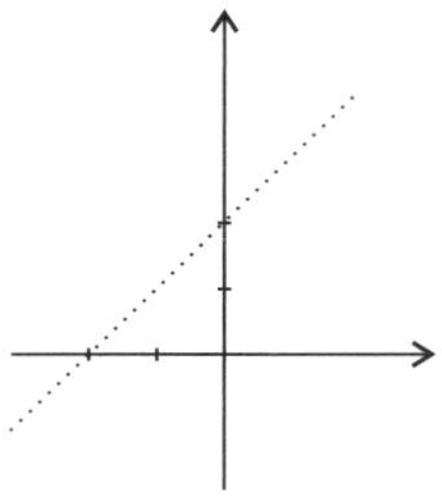

c) $x - 3y - 3 < 0$

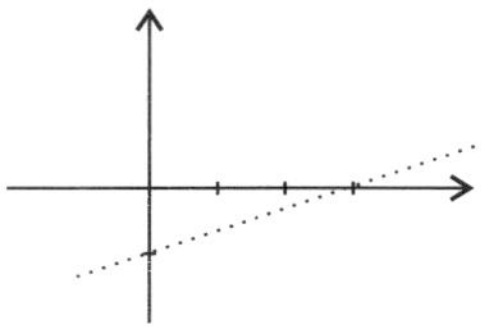

Resp: **312** a)

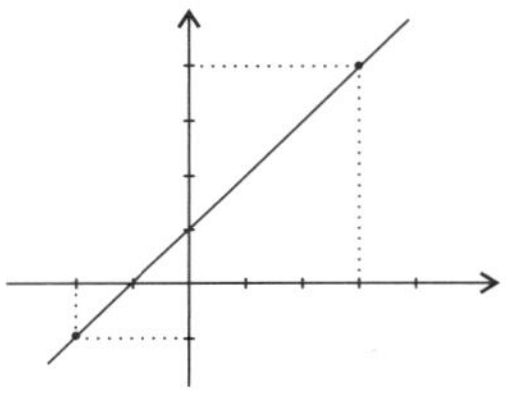

b)

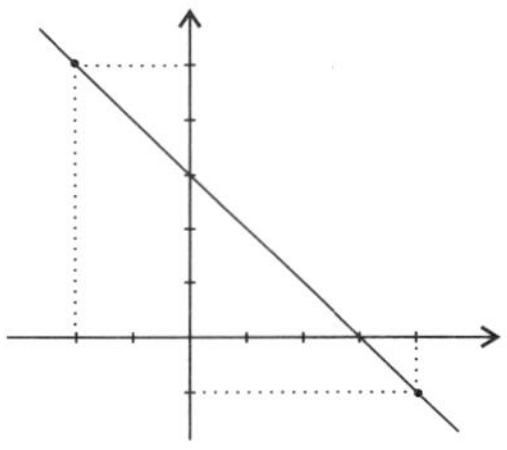

c)

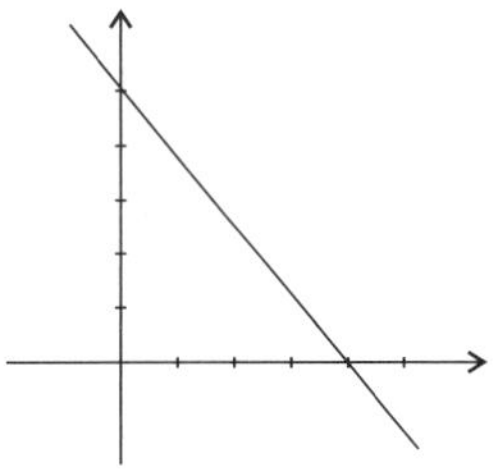

313 a) $(-6, -6)$ b) $(15, 1)$ c) $(0, -4)$ d) $(12, 0)$ e) $(12, 0)$ f) $(-3, -5)$

314 a) $(15, 0)$ b) $(0, -10)$ c) $(6, -6)$ d) $(-30, -30)$

315 a) $\frac{x}{6} + \frac{y}{9} = 1$ b) $\frac{x}{3} + \frac{y}{-6} = 1$ **316** a) $(1, 3)$ b) $(-5, 0)$ c) $\left(0, \frac{5}{2}\right)$ **317** a) $(5, 4)$ b) $(4, 2)$ c) $(3, 0)$

318 a)

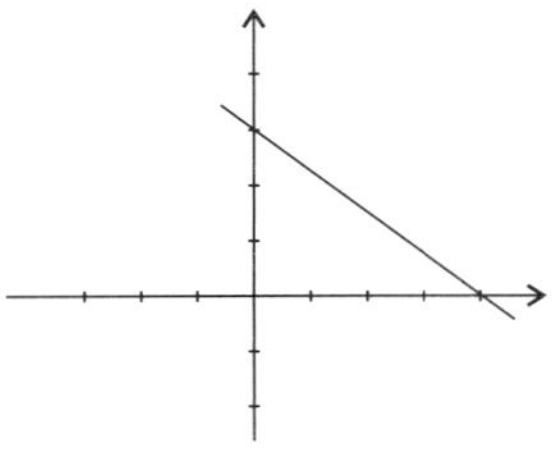

b)

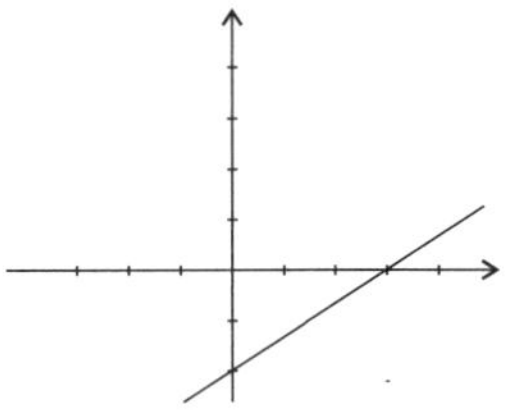

c)

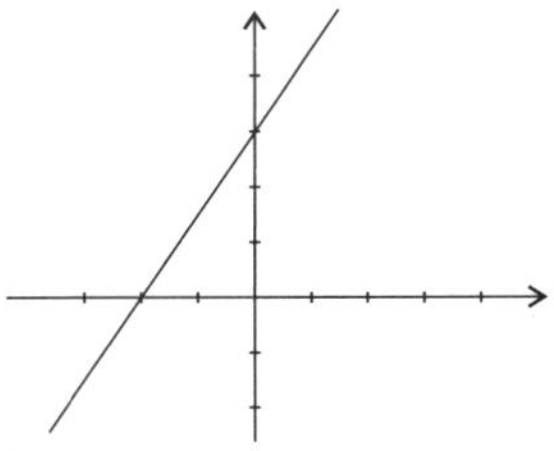

319 a)

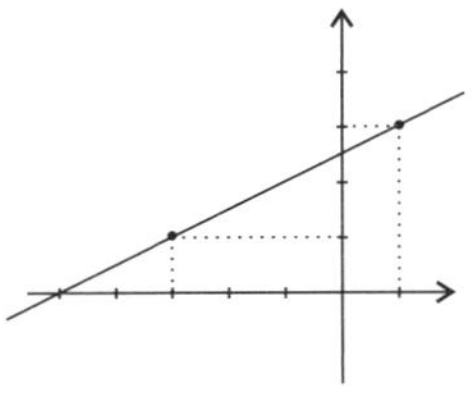

b)

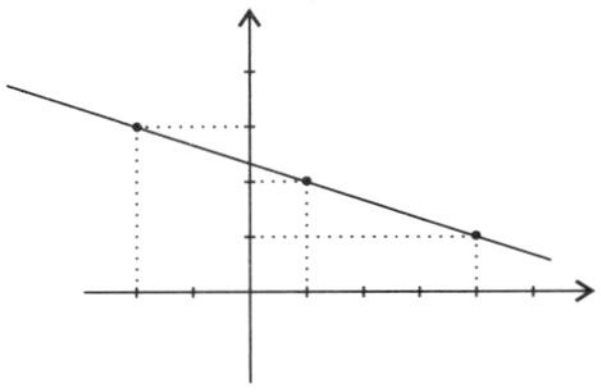

320 a)

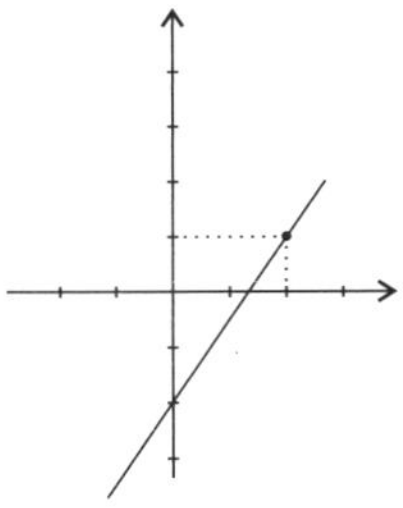

b)

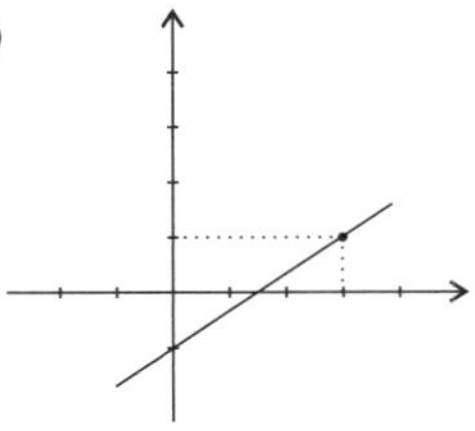

321 a)

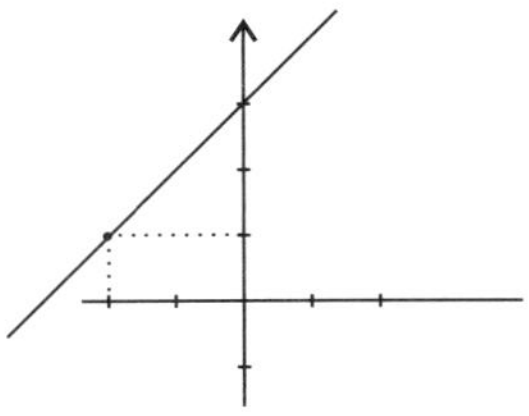

b)

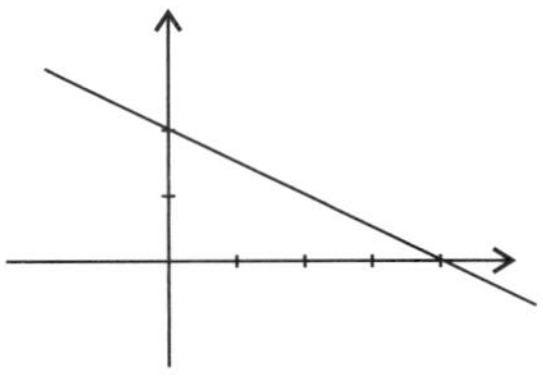

325 d) $2x - y \leq 0$ e) $x + 2y < 0$ f) $x - 2y + 2 > 0$

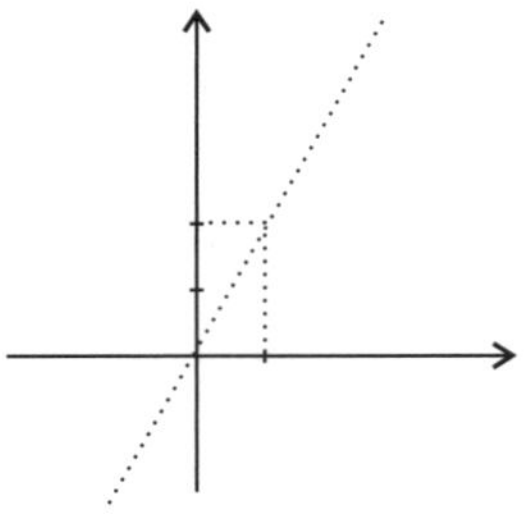

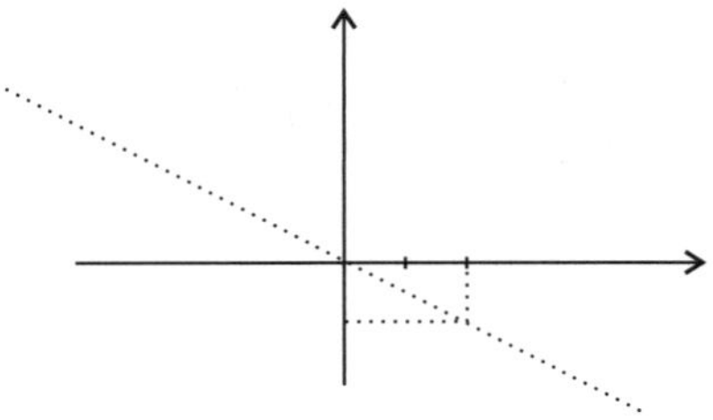

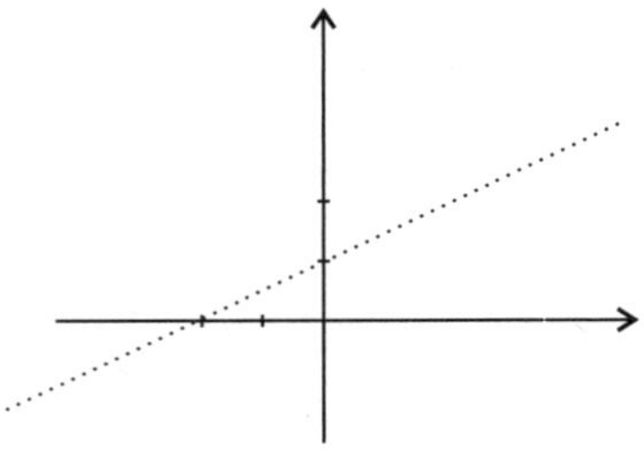

326 Resolver as inequações

a) $3x + 2y - 6 \leq 0$ b) $x - 3y < 0$ c) $3x + y > 0$

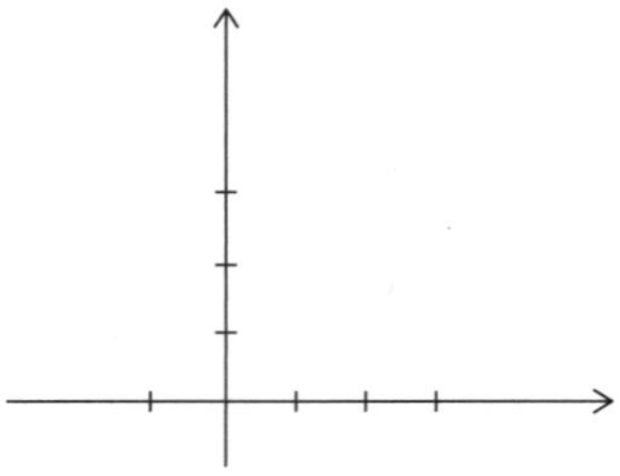

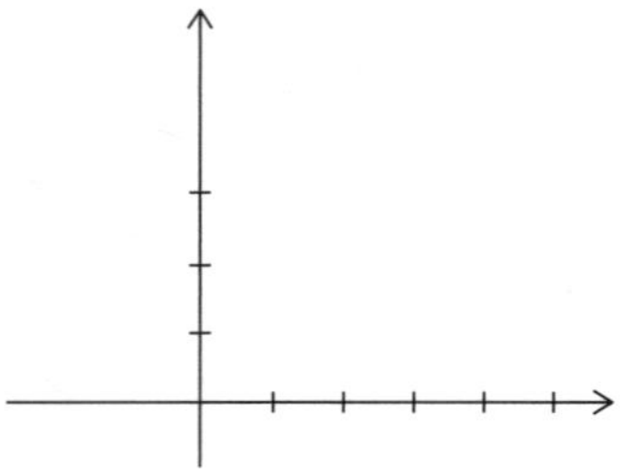

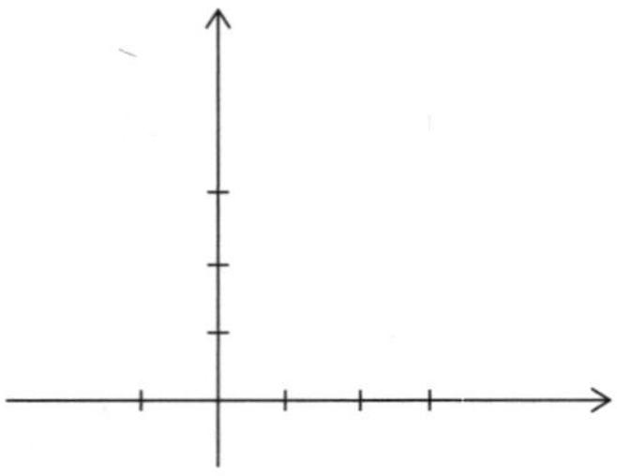

d) $2x - 3y - 6 < 0$ e) $3x - 4y + 12 \geq 0$ f) $2x - 3y < 0$

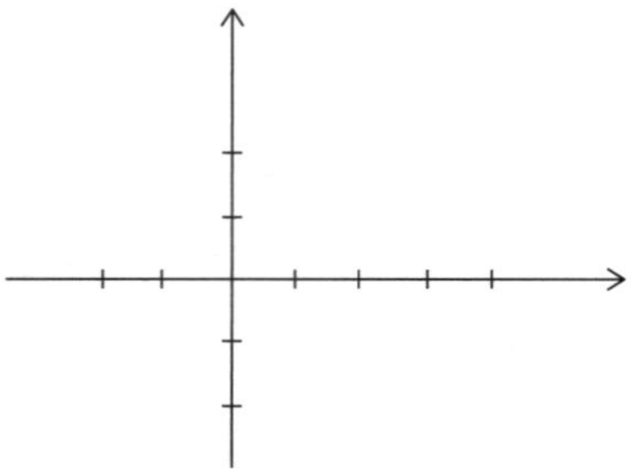

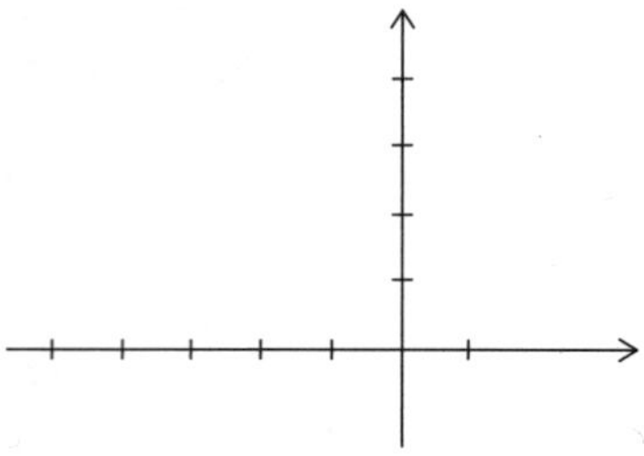

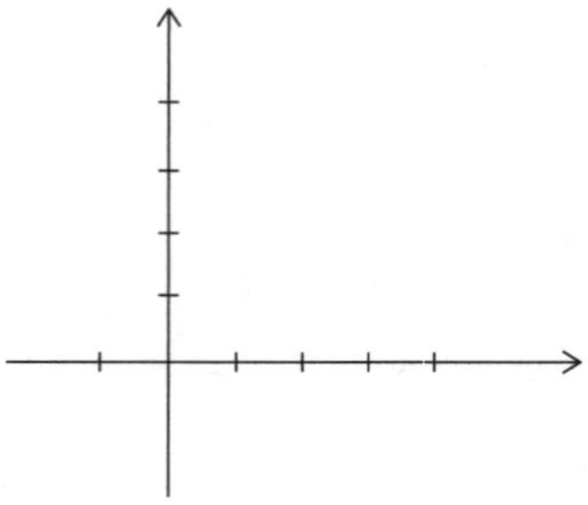

327 Resolver os seguintes sistemas

a) $\begin{cases} 4x + 3y - 12 \geqslant 0 \\ 2x - 3y + 6 \geqslant 0 \end{cases}$ b) $\begin{cases} 4x + 3y - 12 < 0 \\ 2x - 3y + 6 \geqslant 0 \end{cases}$

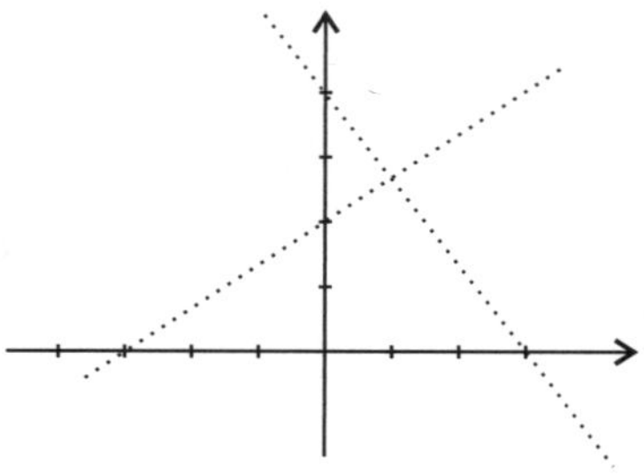

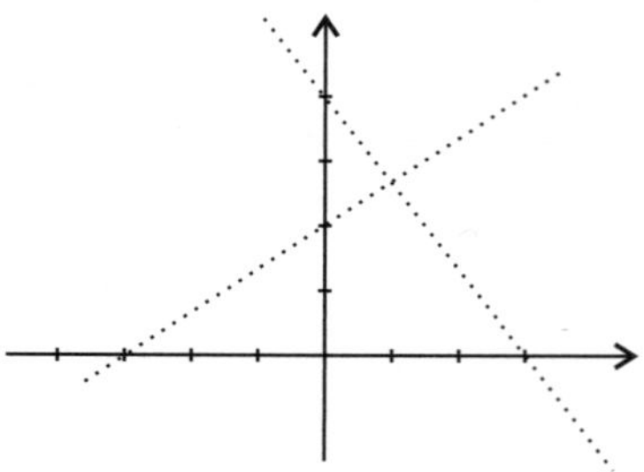

327 c) $\begin{cases} x - 3 \leqslant 0 \\ 2x - 3y \geqslant 0 \end{cases}$

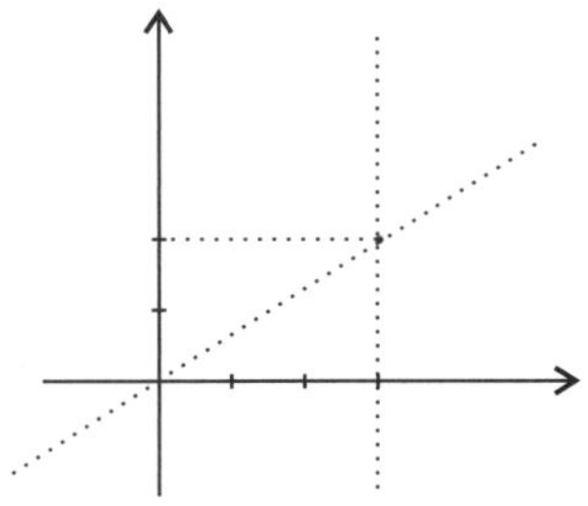

d) $\begin{cases} y + 3 > 0 \\ 3x + 4y < 0 \end{cases}$

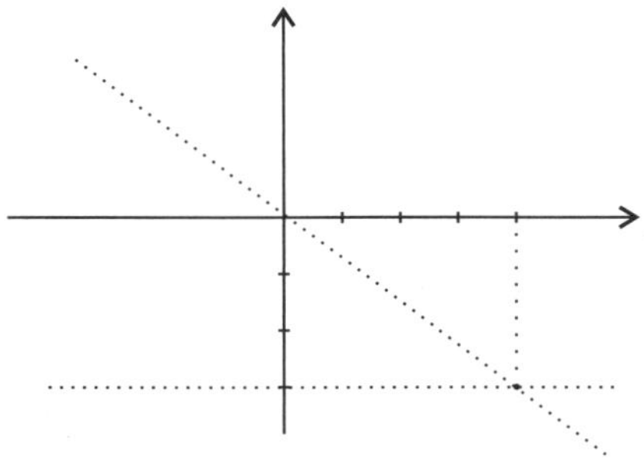

328 Resolver os seguintes sistemas:

a) $\begin{cases} (x-2)^2 + (y-1)^2 \leqslant 16 \\ 3x + 5y - 15 > 0 \end{cases}$

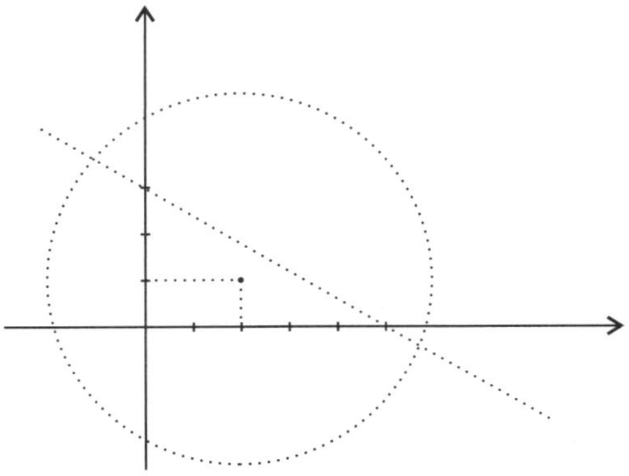

b) $\begin{cases} (x-2)^2 + (y-1)^2 > 9 \\ x - 3y + \leqslant 0 \end{cases}$

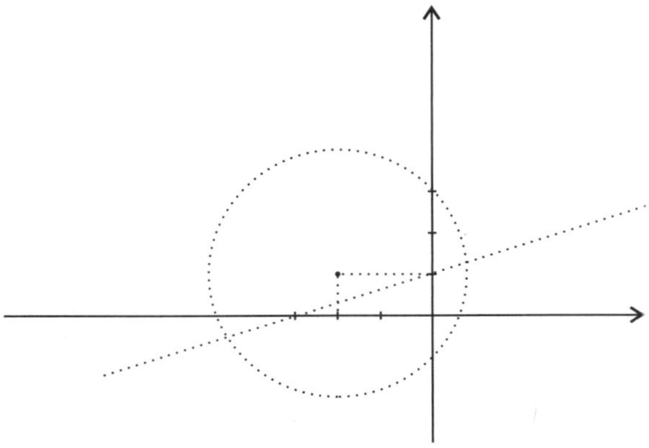

Resp: **322** a)

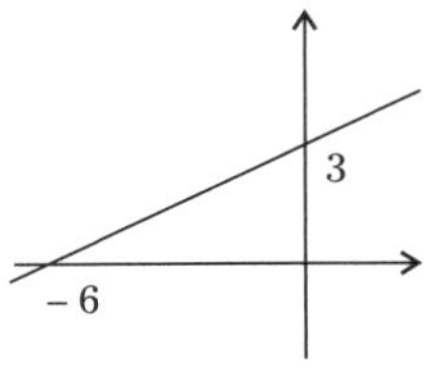

b)

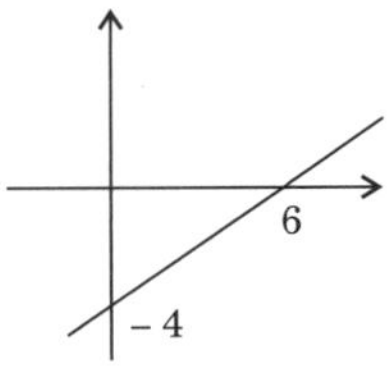

c)

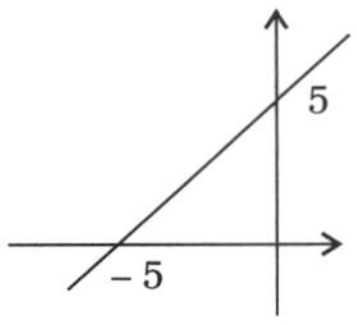

d)

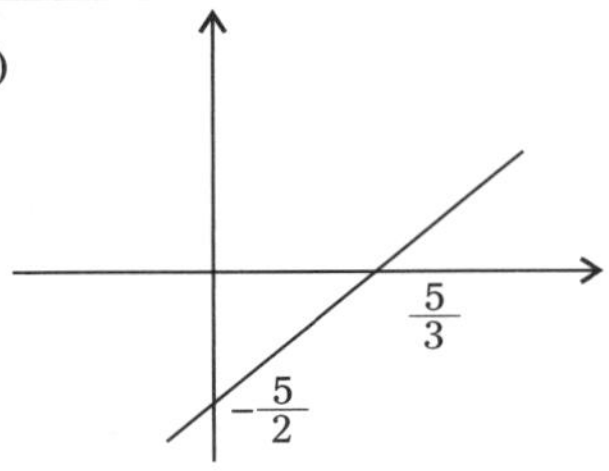

323 a) mesmo b) opostos c) opostos d) mesmo

324 a)

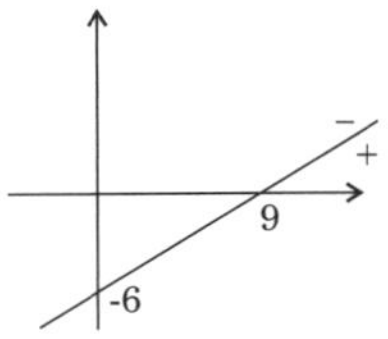

b)

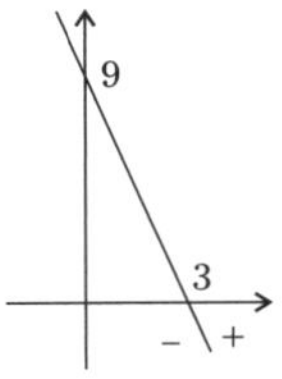

c)

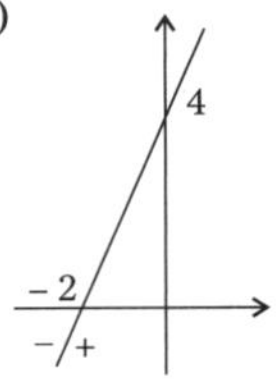

d)

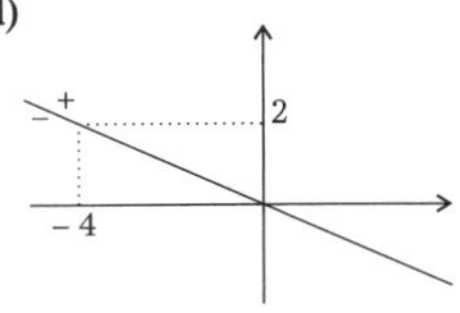

325 a)

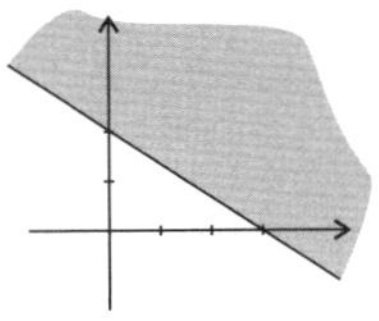

b)

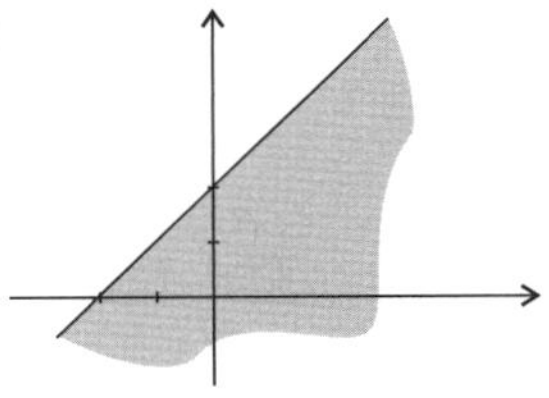

c)

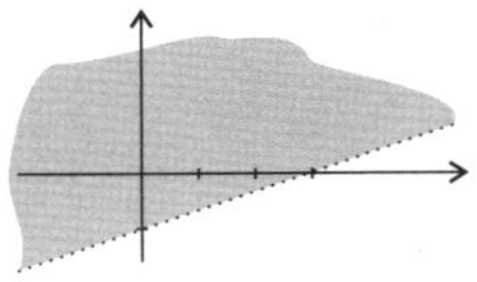

329 Resolver os sistemas

a) $4x + 5y - 20 < 0$ e $2x - y \leqslant 0$

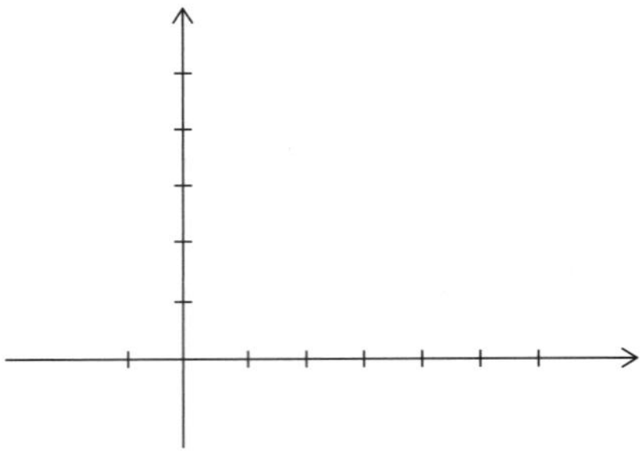

b) $x^2 + (y - 3)^2 < 9$ e $4x + 3y - 12 \geqslant 0$

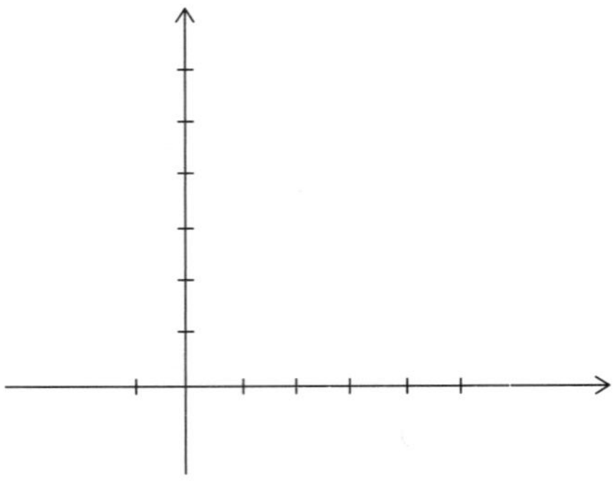

c) $x^2 + y^2 - 16 \leqslant 0$ e $x - y - 1 \leqslant 0$

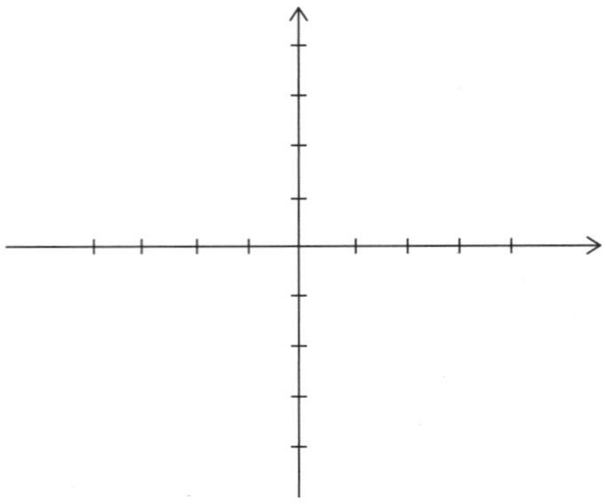

d) $(x + 3)^2 + y^2 \geqslant 9$, $4x - 3y + 12 < 0$ e $x + 4 \geqslant 0$

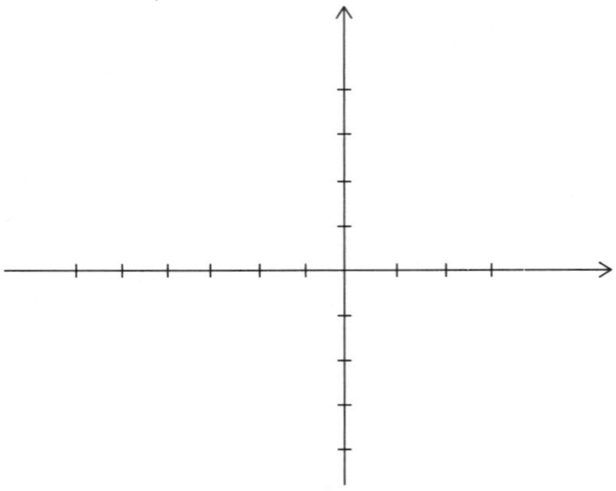

330 Resolver o sistema

$$\begin{cases} x - y + 9 \geqslant 0 \\ x^2 + 2y^2 + 8x - 8y + 16 \leqslant 0 \\ x^2 + y^2 + 10x - 8y + 37 > 0 \end{cases}$$

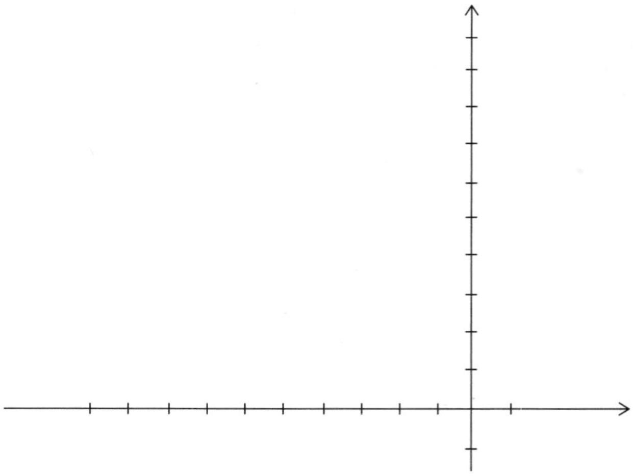

331 Resolver as seguintes inequações

a) $(x - 2y + 4)(2x + y - 4) \geqslant 0$

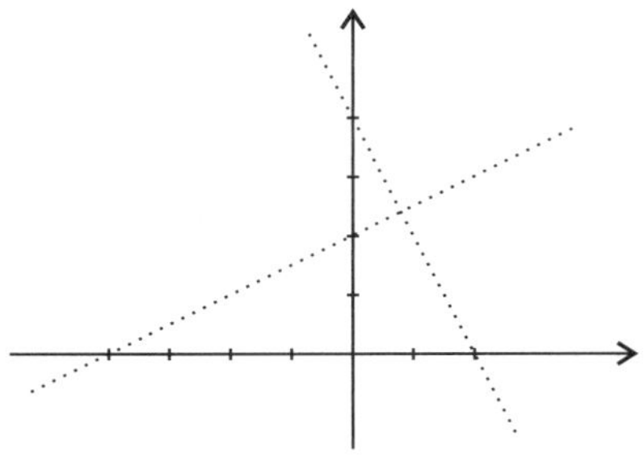

b) $\dfrac{x - 2y + 4}{2x + y - 4} \geqslant 0$

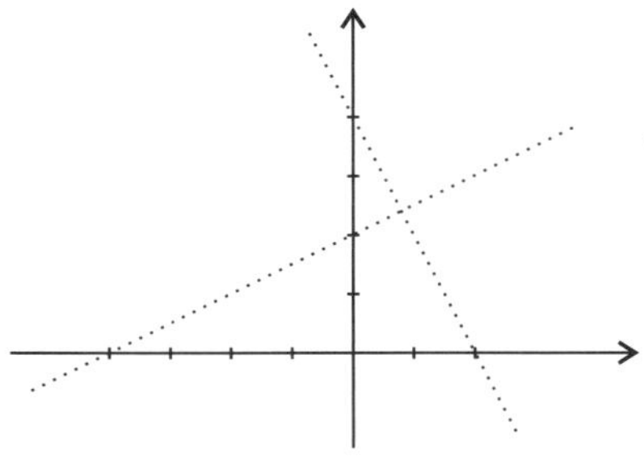

Resp: **325** d)

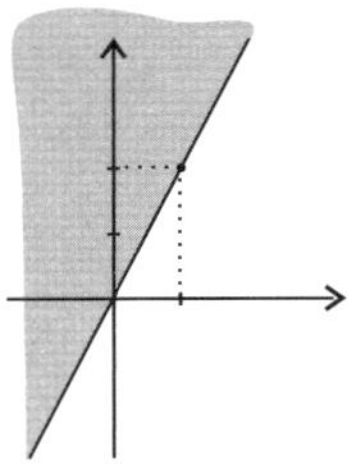

e)

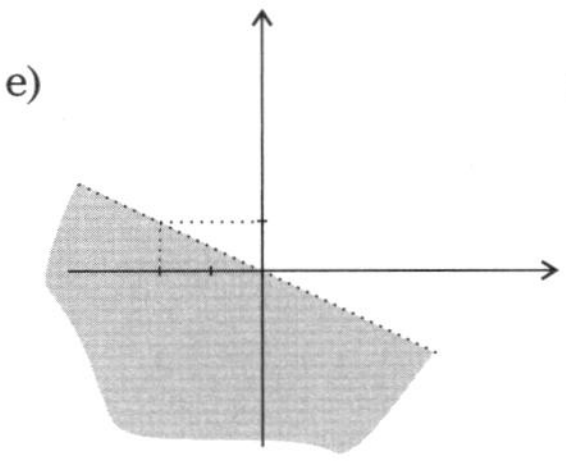

f)

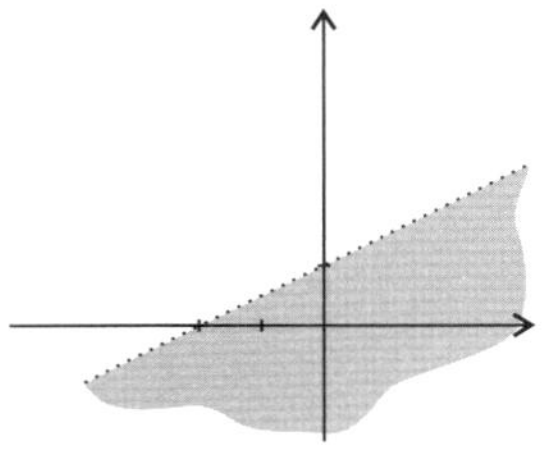

326 a)

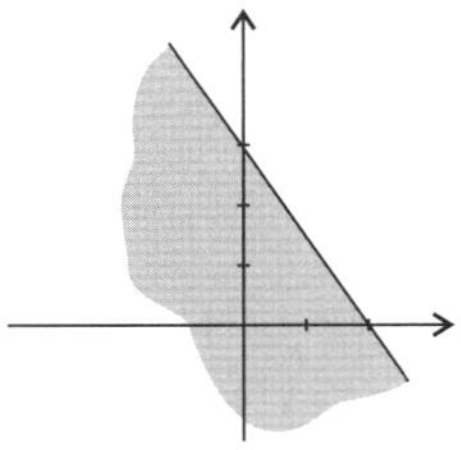

b)

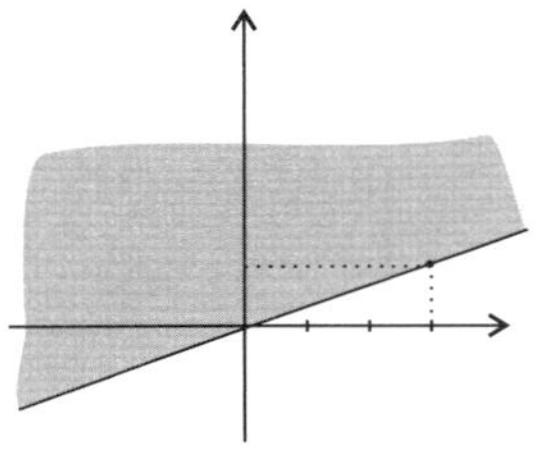

c)

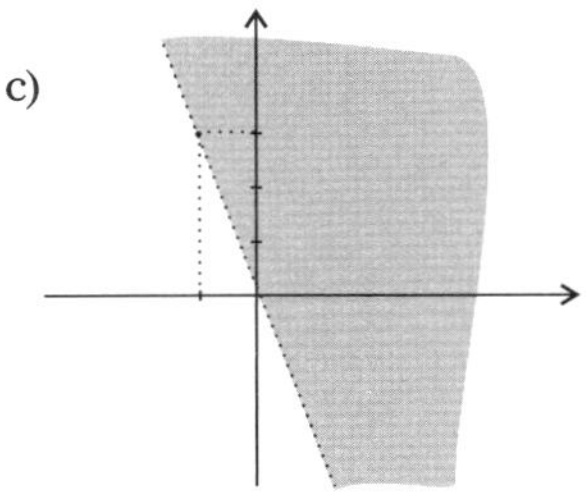

d)

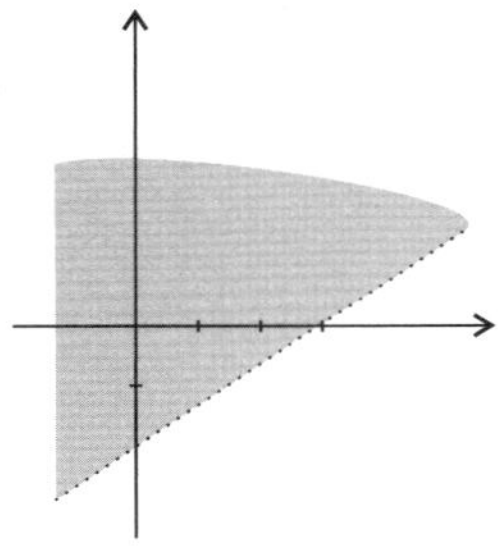

e)

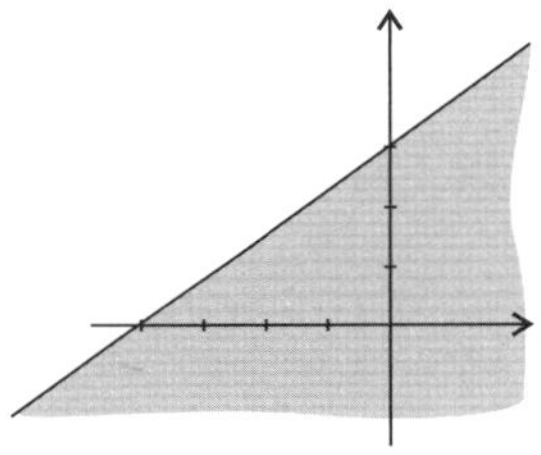

f)

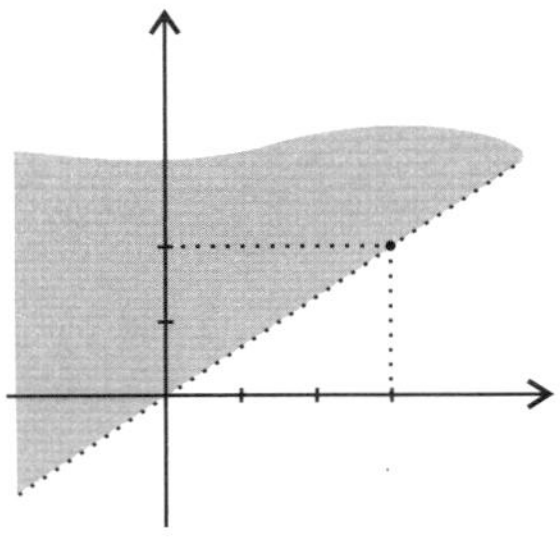

327 a)

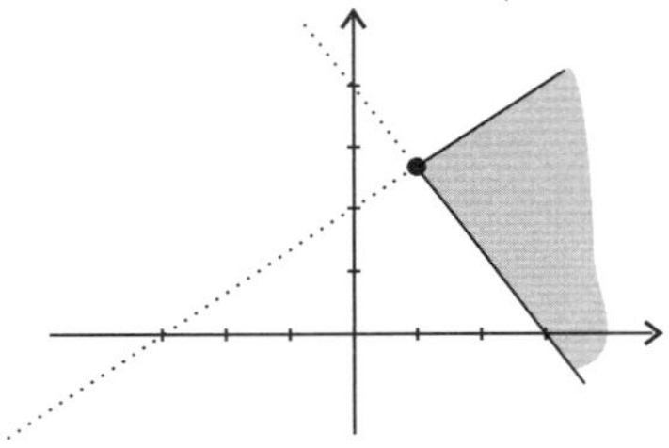

b)

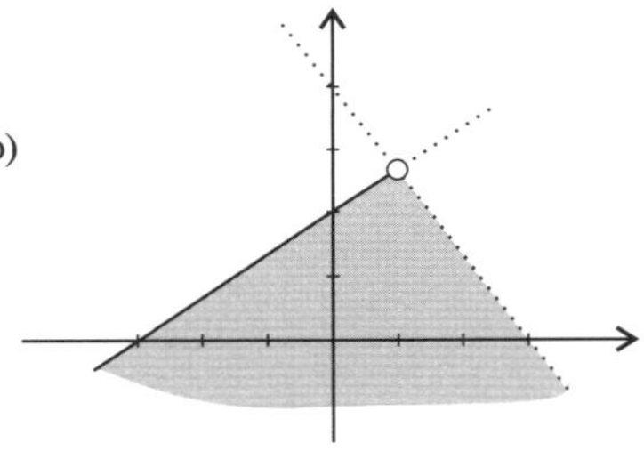

c)

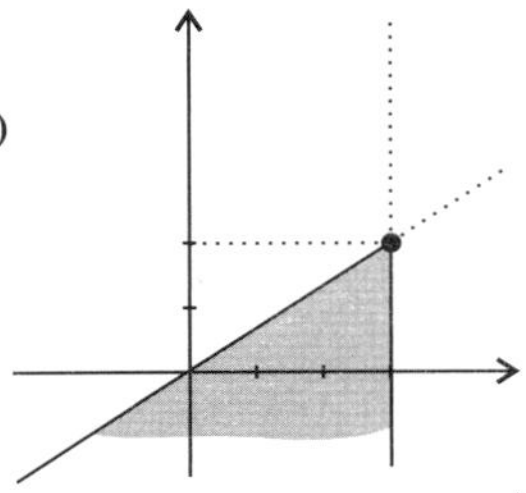

d)

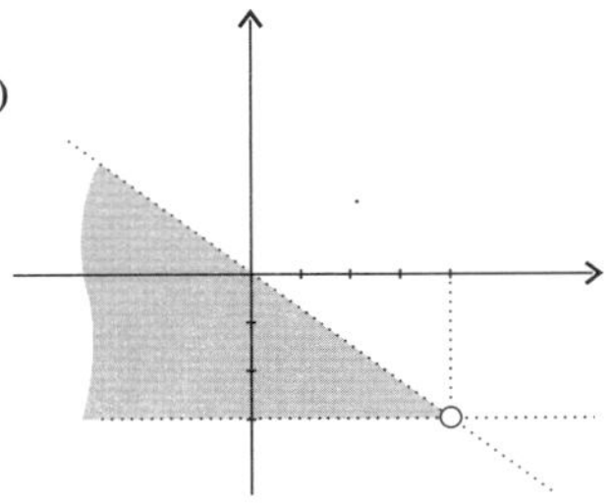

328 a)

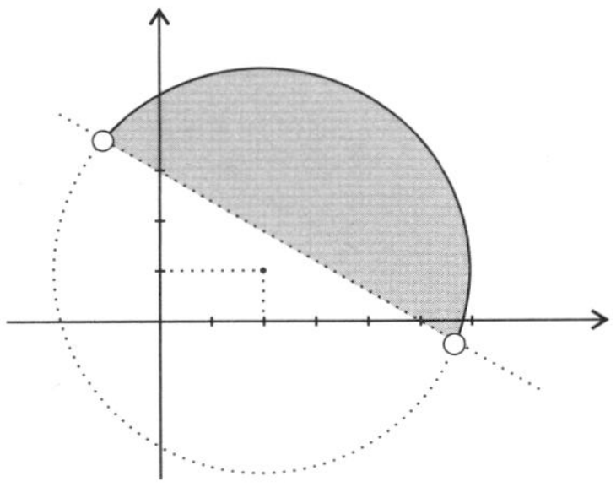

b)

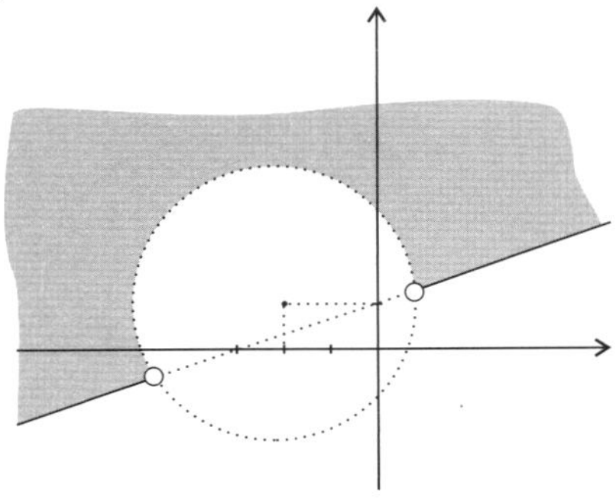

332 Resolver a ineqação:

$$\frac{(x-2)(y-4)}{x-y-2} \geqslant 0$$

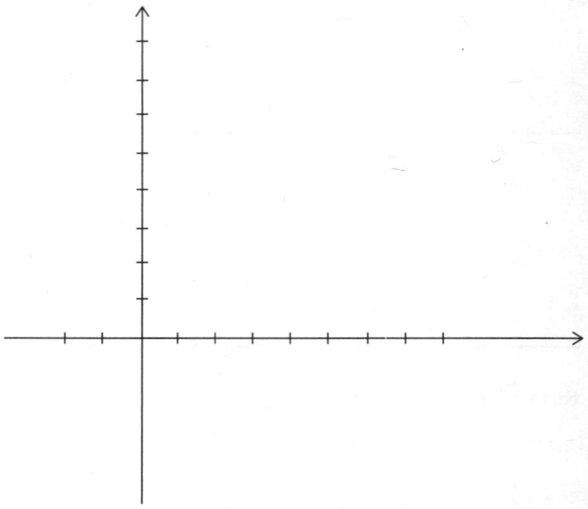

---

333 Resolver a inequação $\dfrac{(x+4)(2x-3y+15)}{x^2+y^2+4x-4y-17} \leqslant 0$

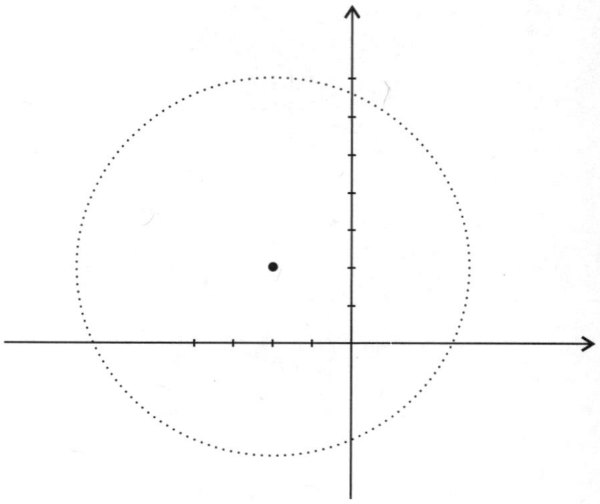

334 Resolver as inequações

a) $(x^2 + y^2 - 10x + 21)\ (x^2 + y^2 - 10x + 9) \leqslant 0$

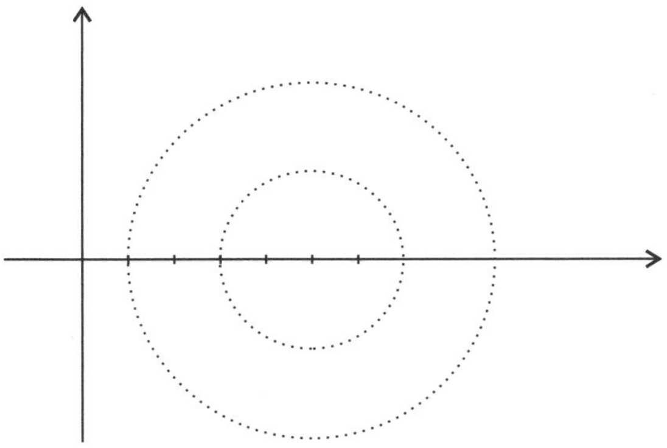

b) $\dfrac{x^2 + y^2 + 2x - 10y + 10}{x^2 + y^2 - 8x - 8y + 23} \geqslant 0$

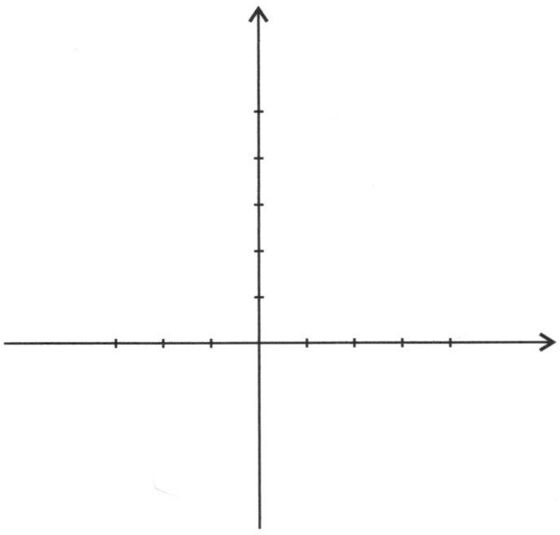

Resp: **329** a)

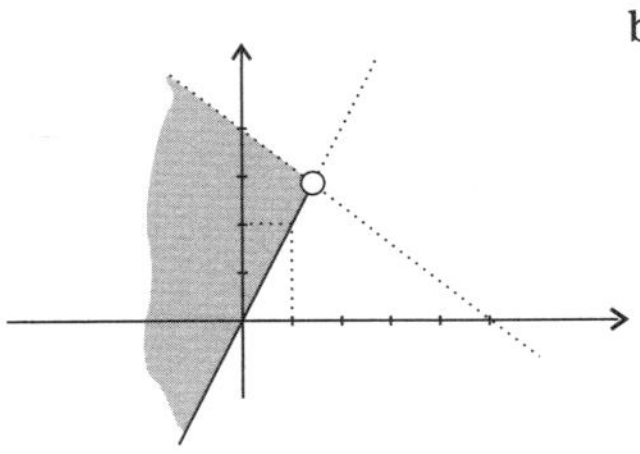

b)

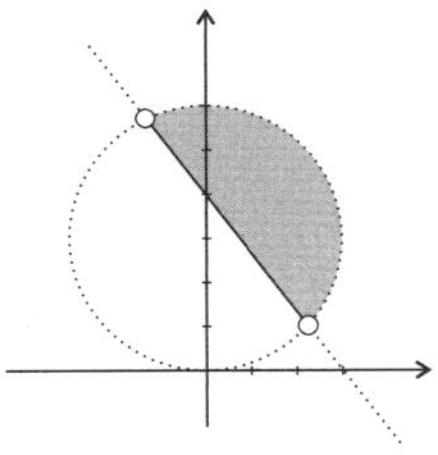

c)

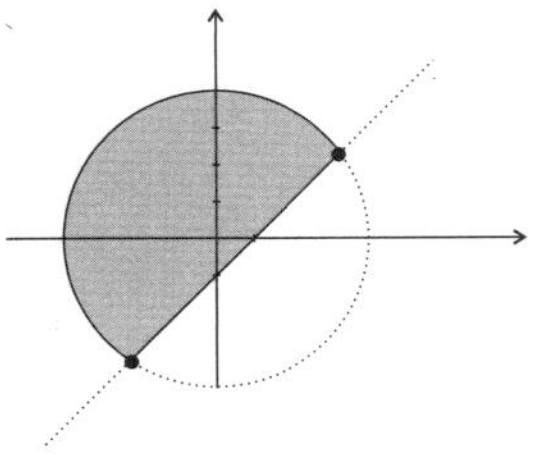

d)

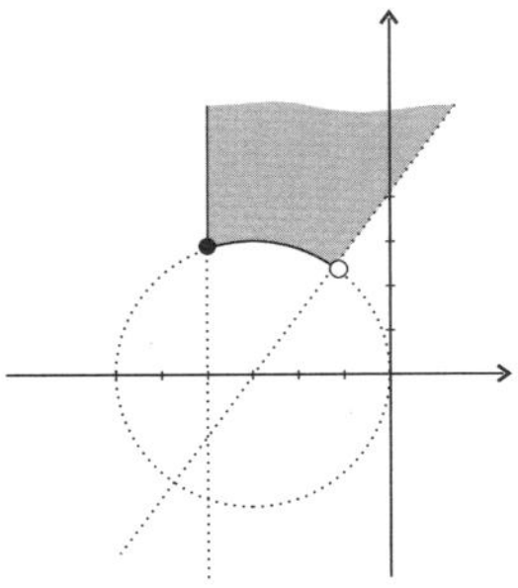

330 a)

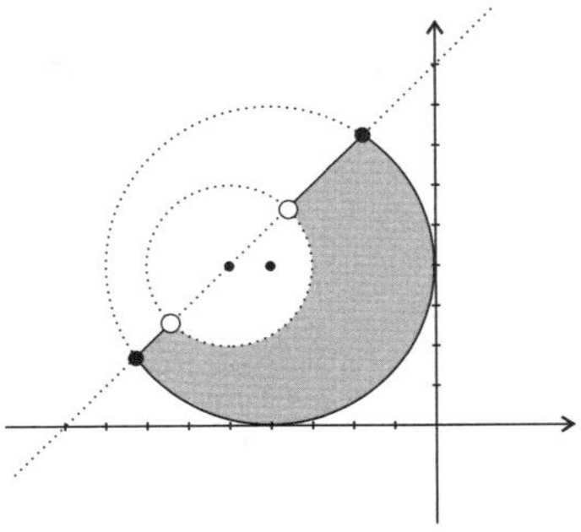

331 a)

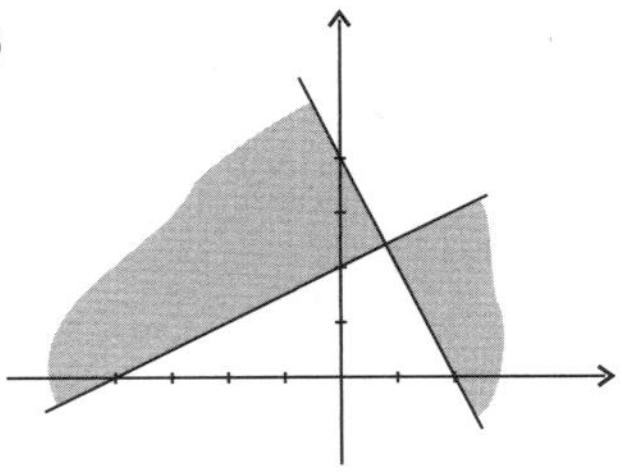

b)

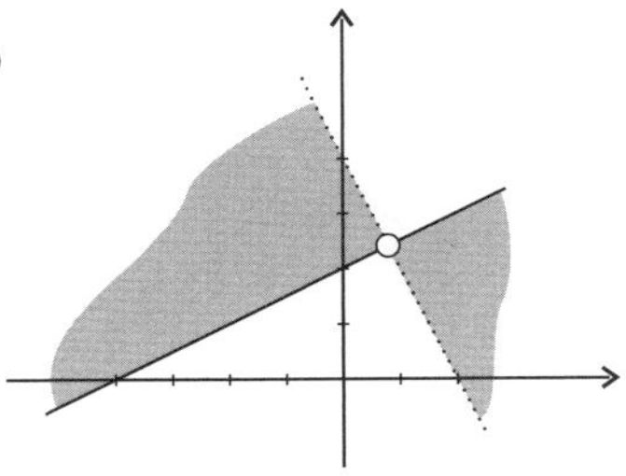

335 Resolver a inequação $\dfrac{2x^3 + 2xy^2 - 18x - x^2y - y^3 + 9y}{x^2 + y^2 + 2x + 2y - 23} \geqslant 0$

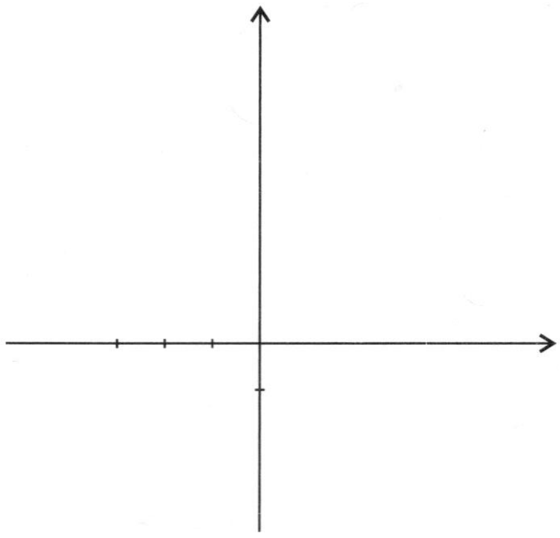

---

336 Sombrear no plano cartesiano a região cujos pontos (x, y) satisfazem as condições:

a) $3x + 2y - 6 \geqslant 0$ e $3x - 5y - 15 > 0$

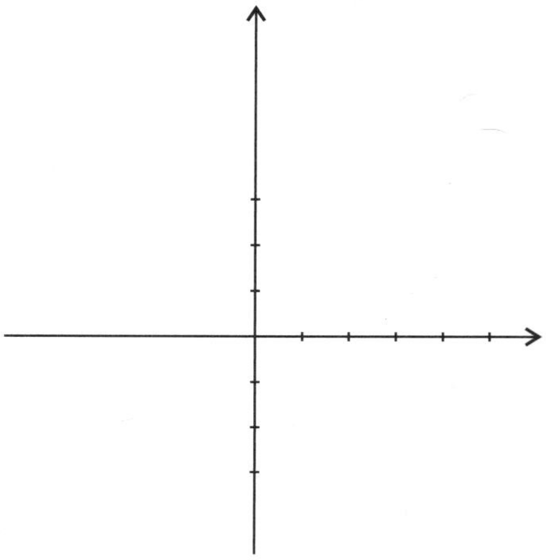

b) $3x + 2y - 6 \geqslant 0$ ou $3x - 5y - 15 > 0$

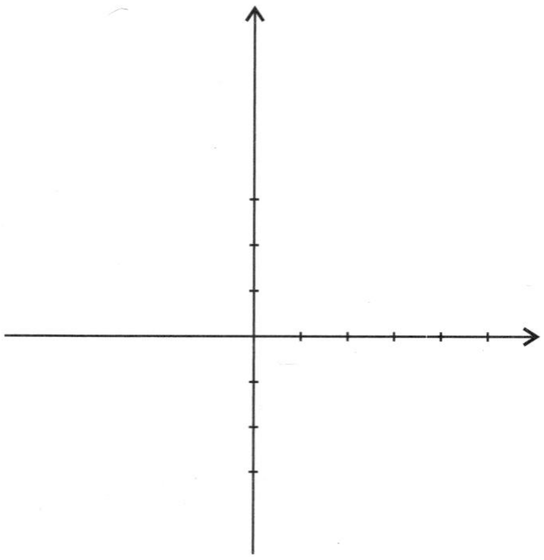

---

337 Resolver:

a) $x - 2y + 2 > 0$ e $x - 2y - 4 \leqslant 0$

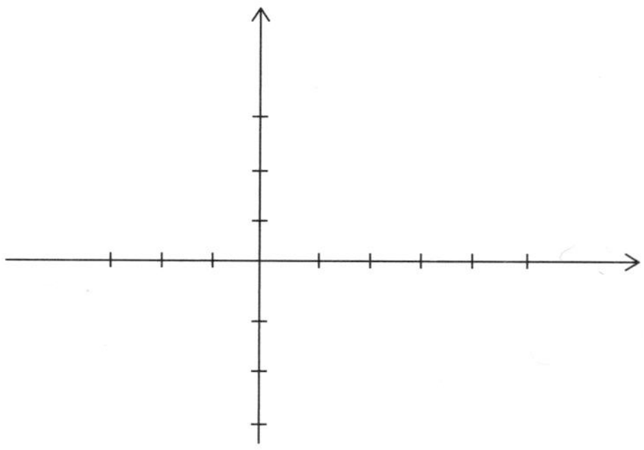

b) $x - 2y + 2 > 0$ e $x - 2y - 4 \geqslant 0$

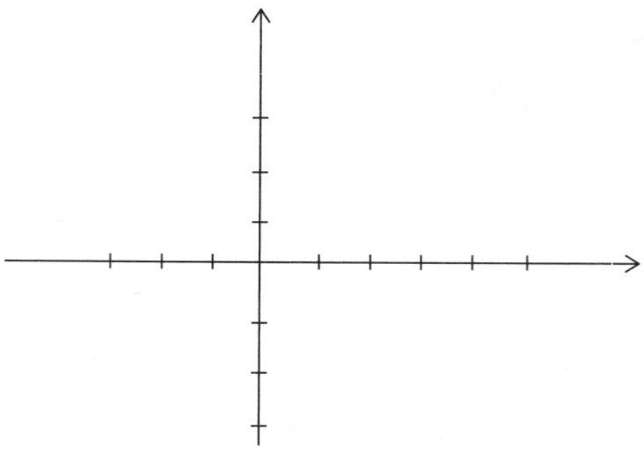

337 c) $x - 2y + 2 < 0$ e $x - 2y - 4 > 0$

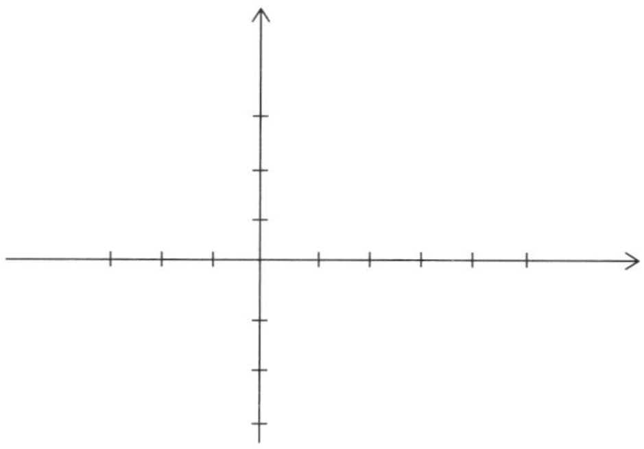

d) $x - 2y + 2 < 0$ ou $x - 2y - 4 > 0$

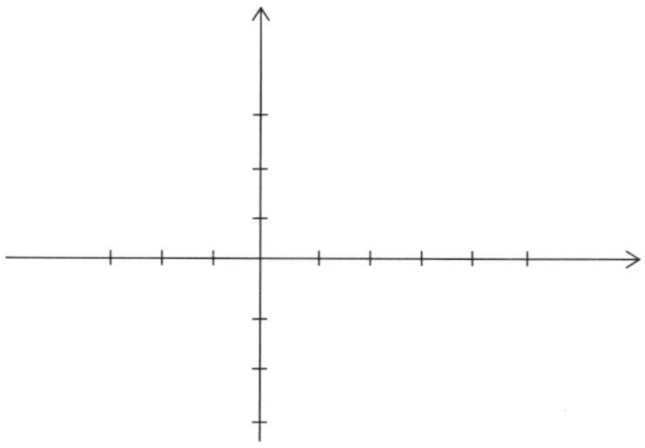

338 Resolver:

a) $(2x - 3y + 6)(2x - 3y + 18) > 0$

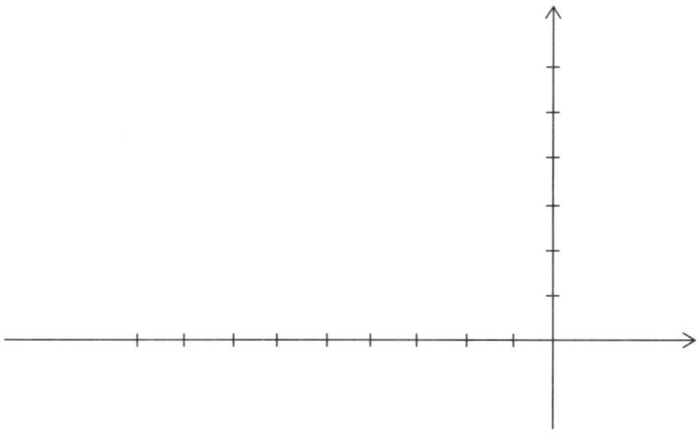

b) $\dfrac{2x - 3y + 6}{2x - 3y + 18} < 0$

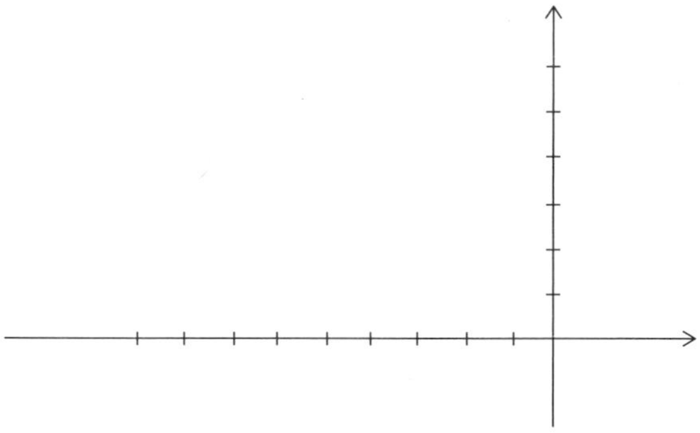

Resp: **332**

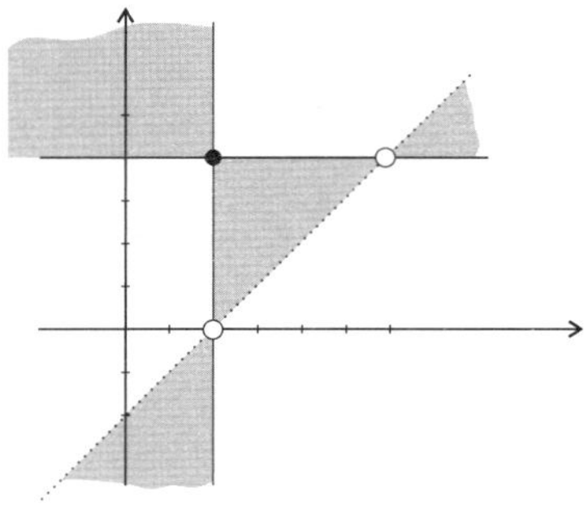

333

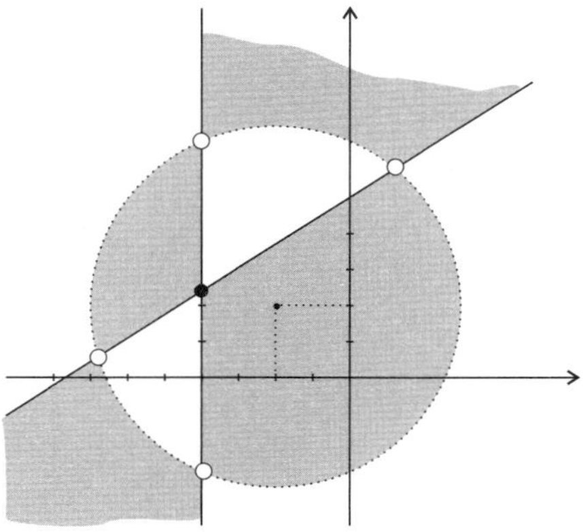

334 a)

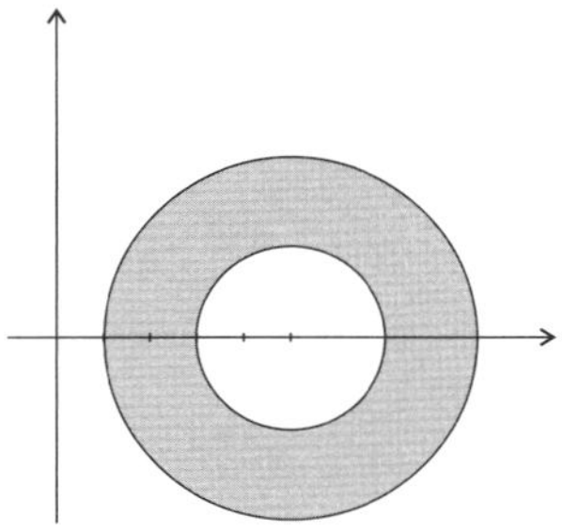

b)

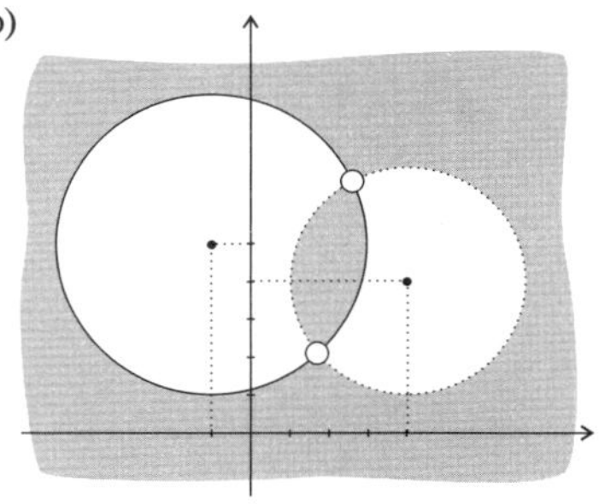

339 Resolver as seguintes inequações

a) $|2x + 3y| < 6$

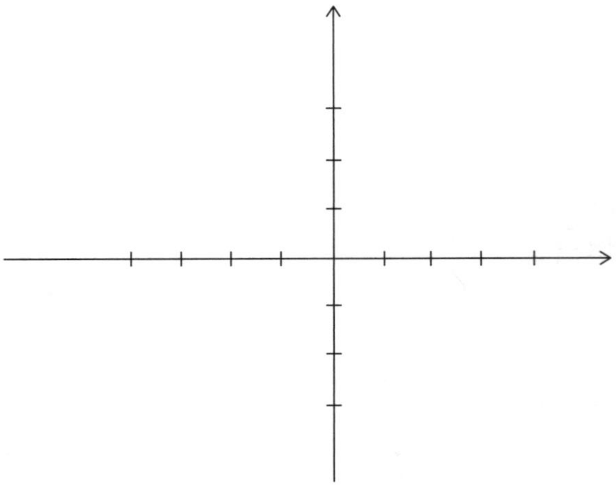

b) $|2x + 3y| \geqslant 6$

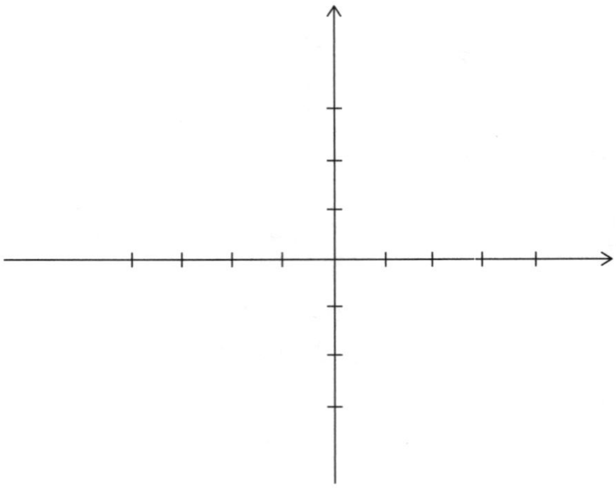

340 Resolver as inequações:

a) $|x| - 2y - 4 < 0$

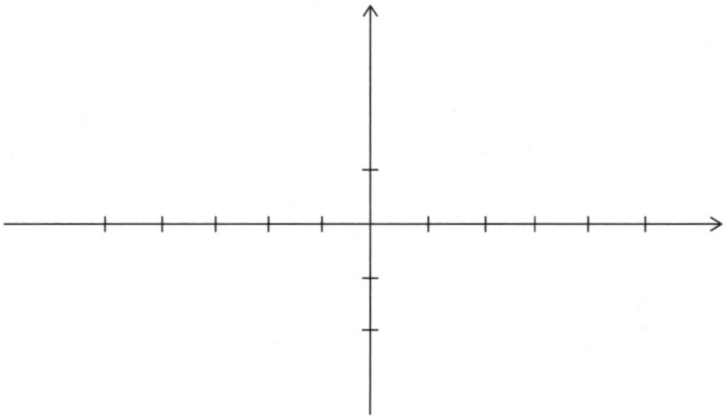

b) $2\,|x| - 3y - 6 \geqslant 0$

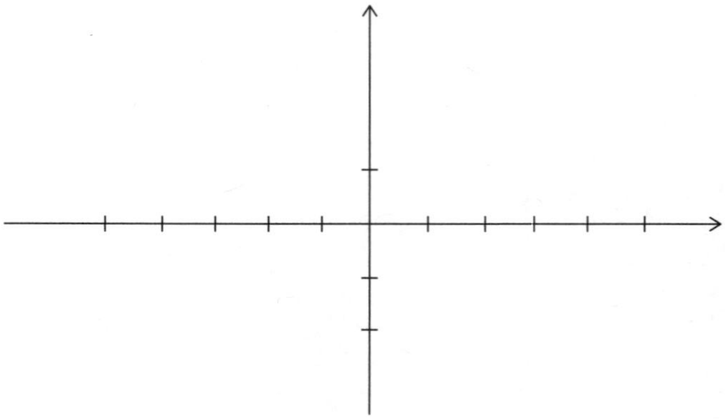

340 c) $2x - |y| + 4 \leqslant 0$ d) $3x - 2|y| - 6 > 0$

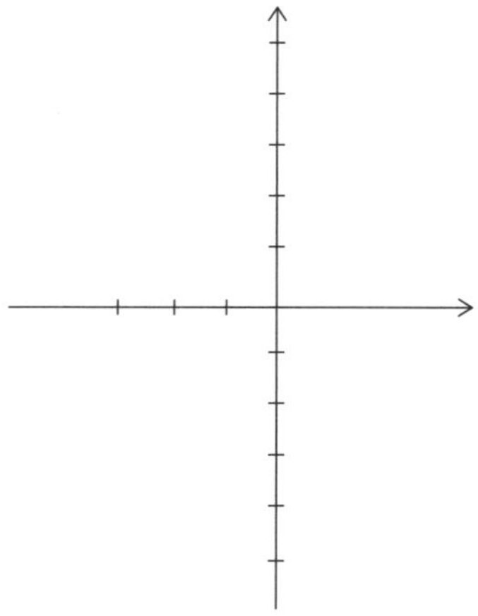

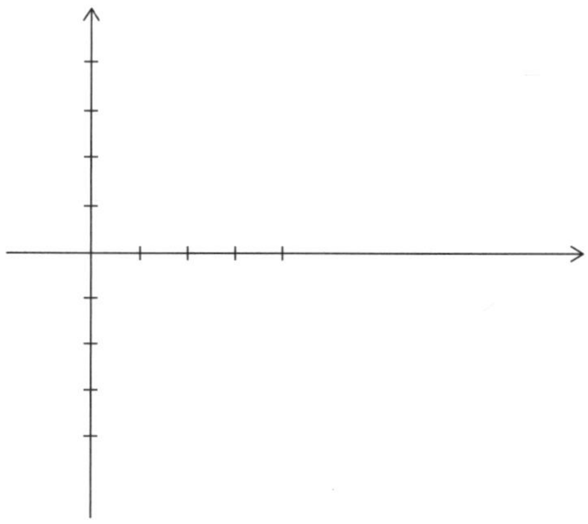

Resp: **335**

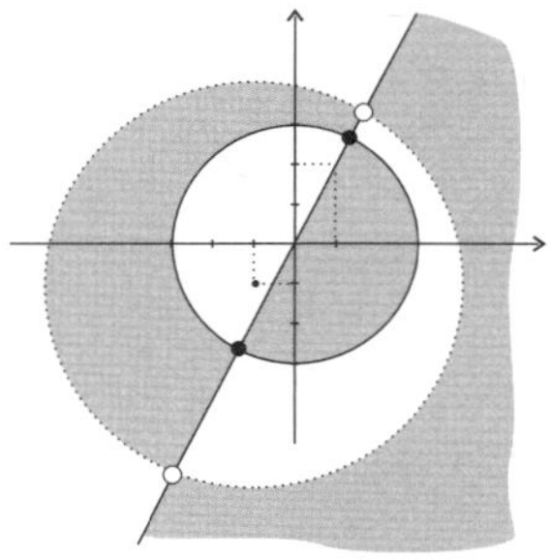

336 a)

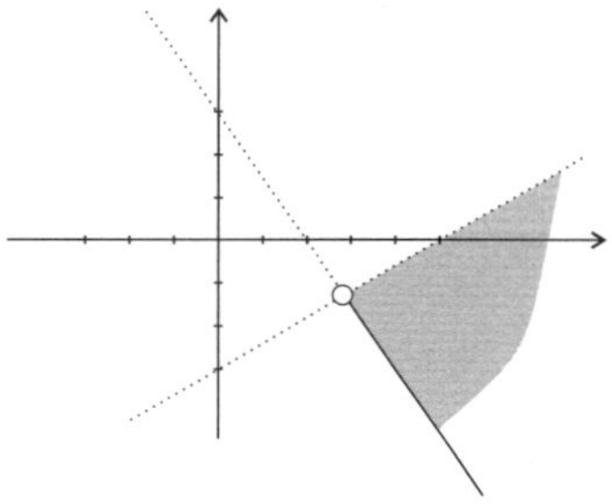

b)

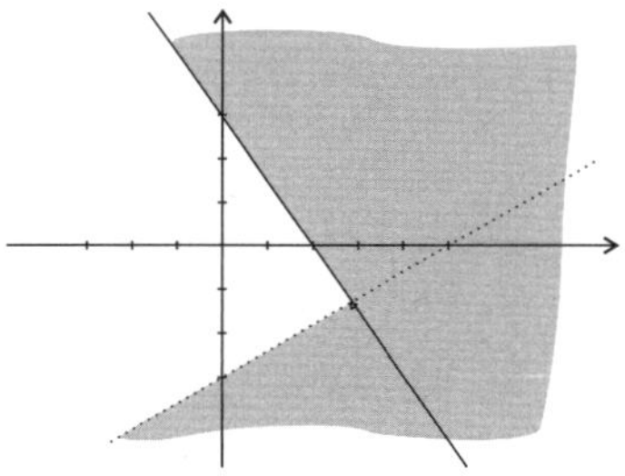

337 a)

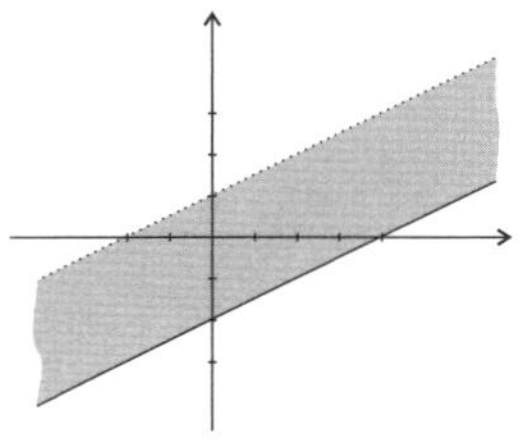

b)

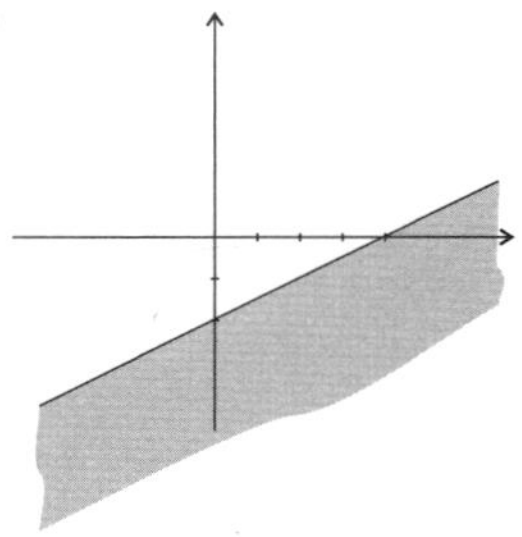

c) $S = \varnothing$

d)

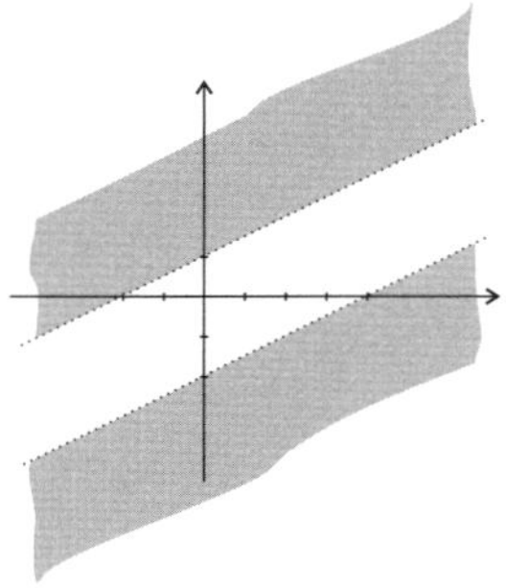

338 a)

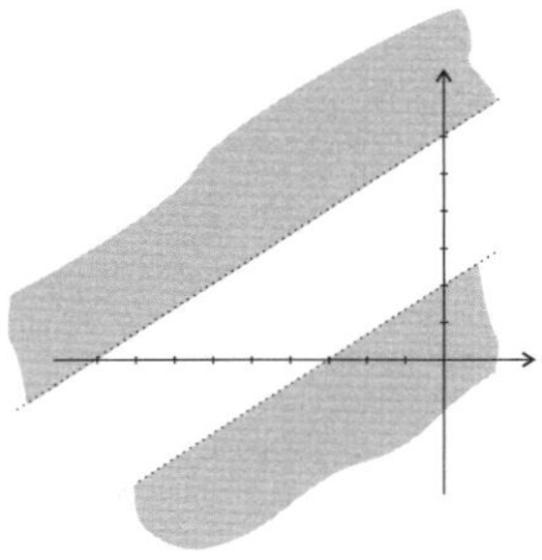

b)

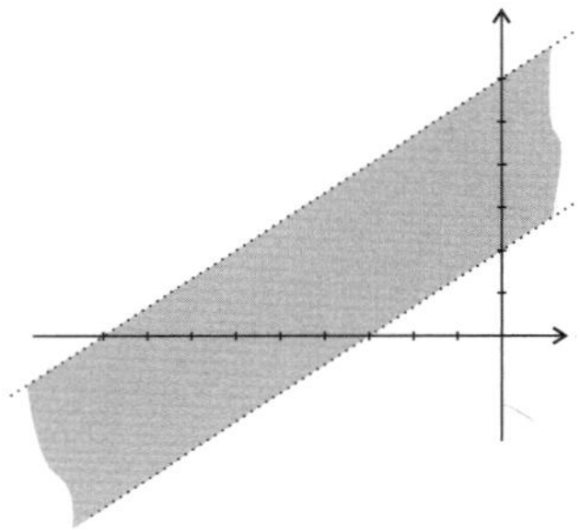

341 Resolver as inequações

a) $|x| + |y| \leq 4$

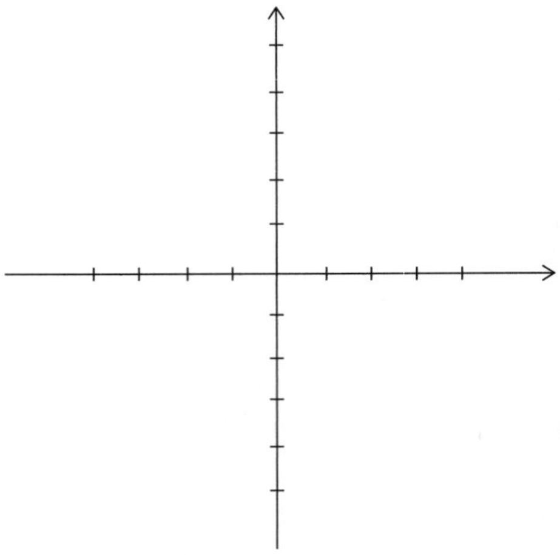

b) $|x| + |y| > 3$

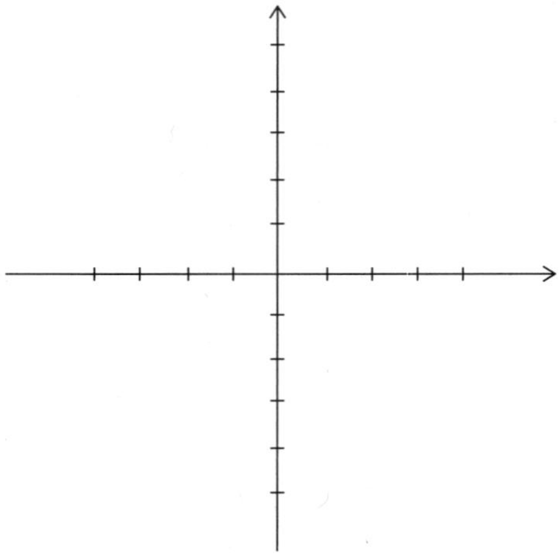

342 Resolver as inequações:

a) $4|x| - 3|y| - 12 < 0$

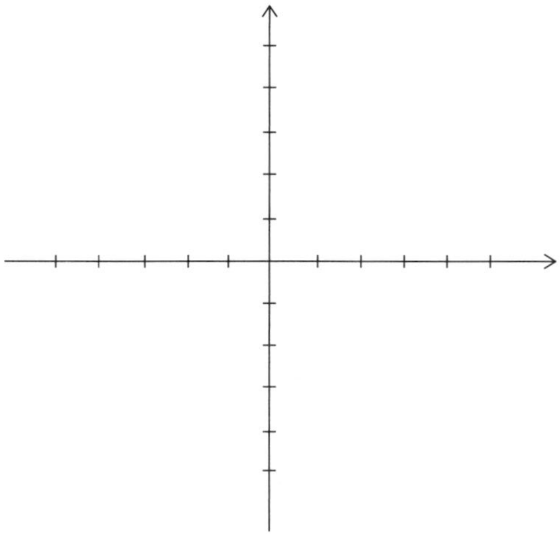

Resp: **339** a)

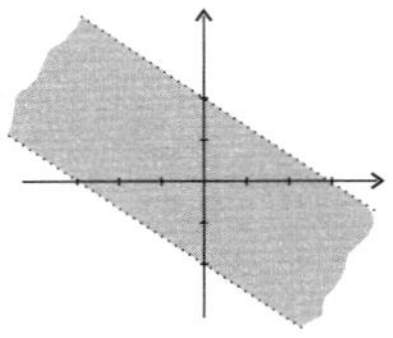

b)

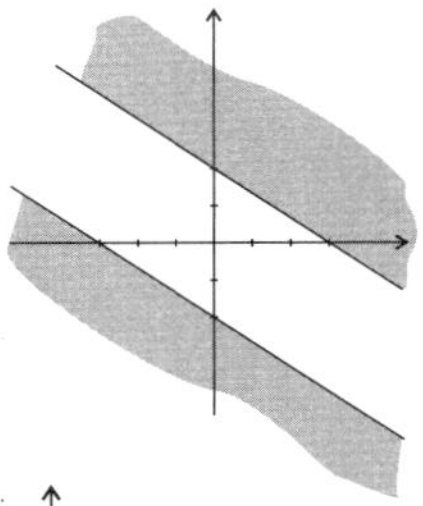

c)

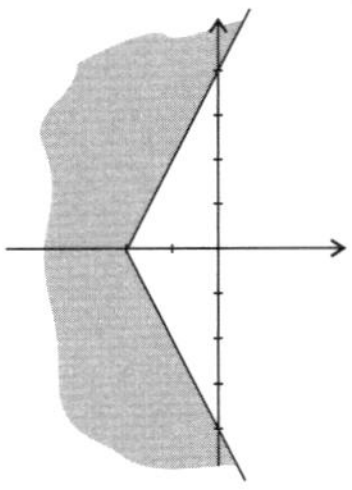

d)

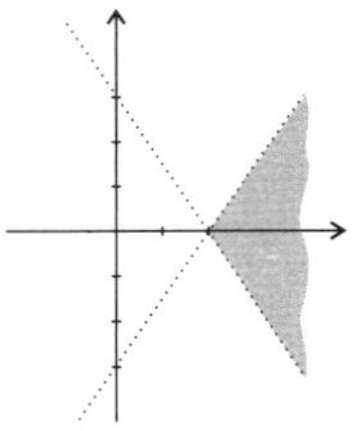

340 a)

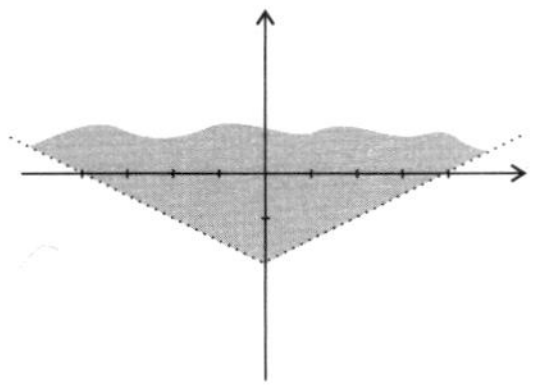

b)

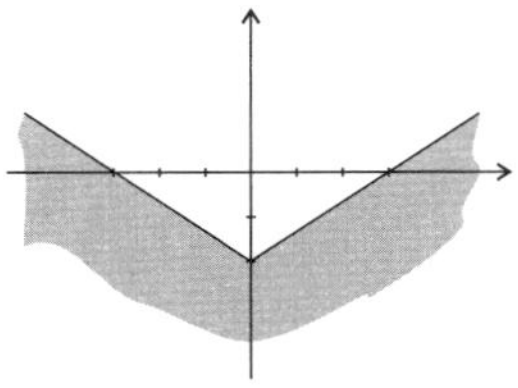

342 b) $3\,|x| + 4\,|y| - 12 < 0$

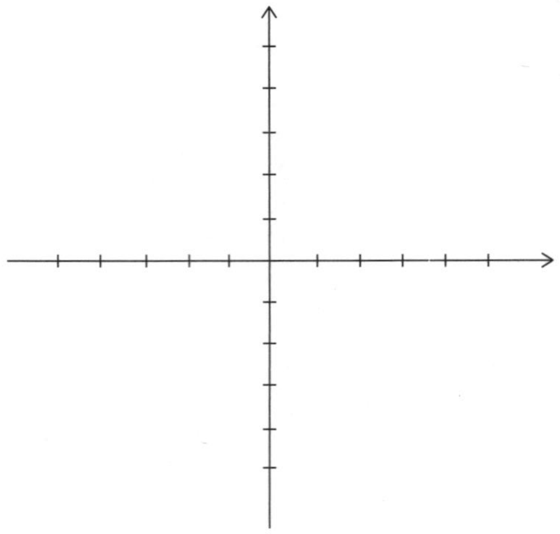

343 Resolver a inequação $\dfrac{x^2 + y^2 + 10x + 8y + 32}{xy + 3x + 6y + 18} \leqslant 0$

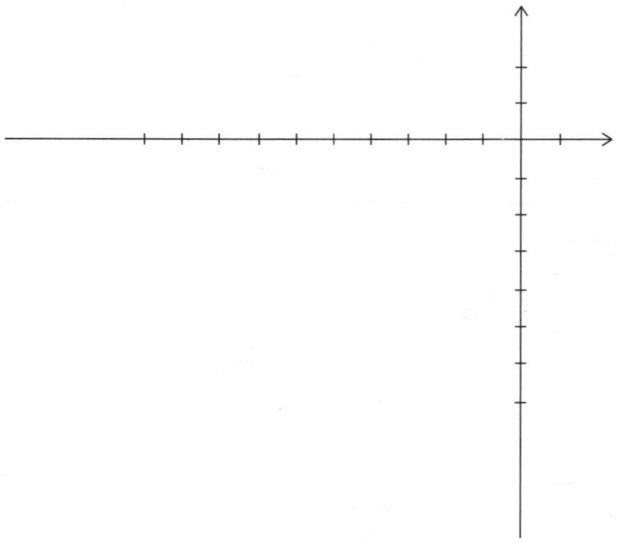

344 Resolver a inequação $\dfrac{x^2+4y^2-4xy-16}{x^2+y^2-16} \leqslant 0$

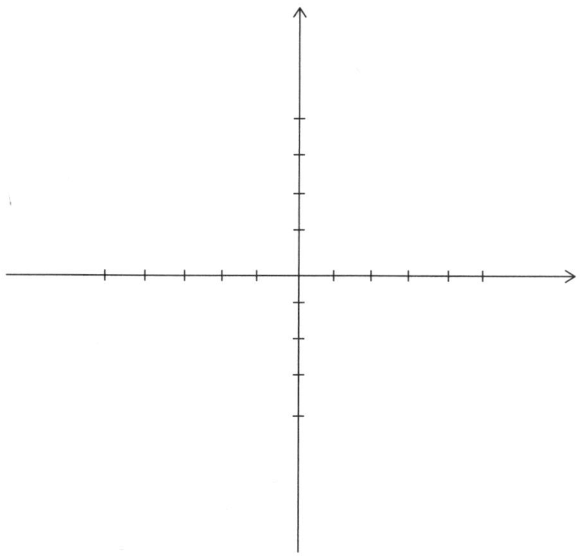

---

345 Dada a expressão f (x, y) = (2x – 4y – 4) (4x + 5y – 20) (x – 2) , assinalar sobre o plano os pontos (x, y) que satisfazem a condição:

a) f (x, y) = 0

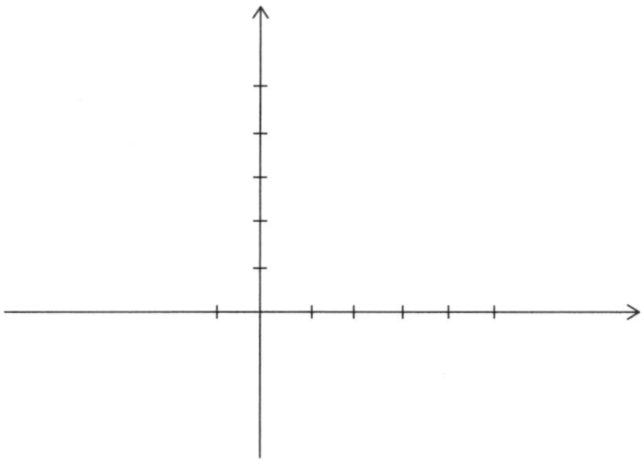

b) f (x, y) > 0

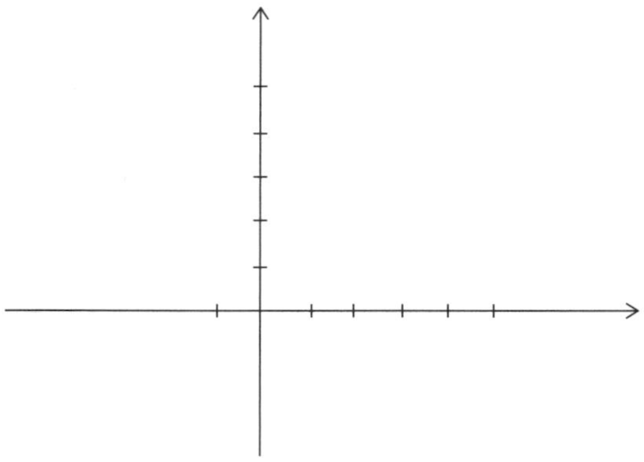

Resp: **341** a)

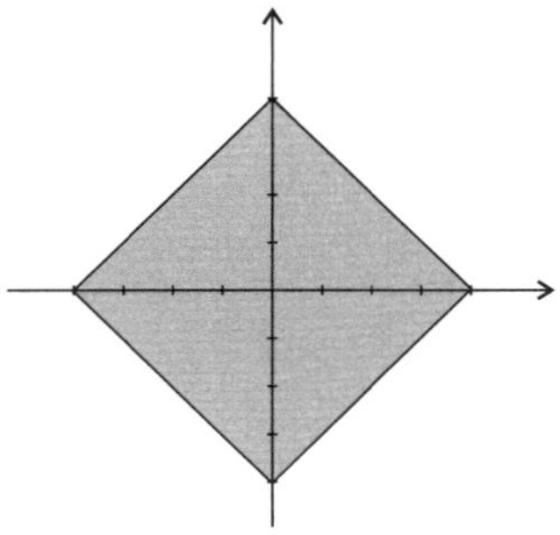

b)

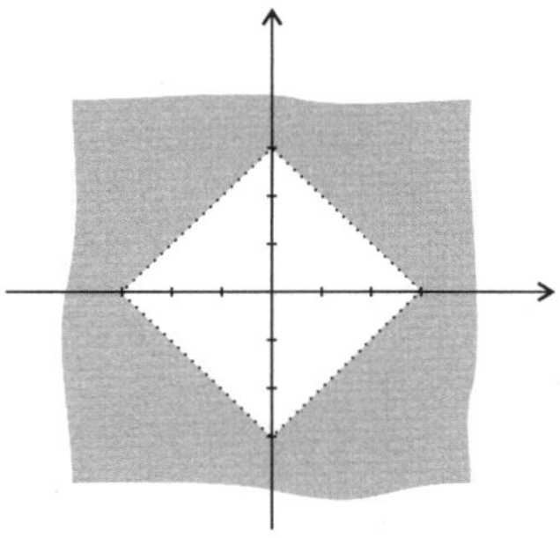

342 a)

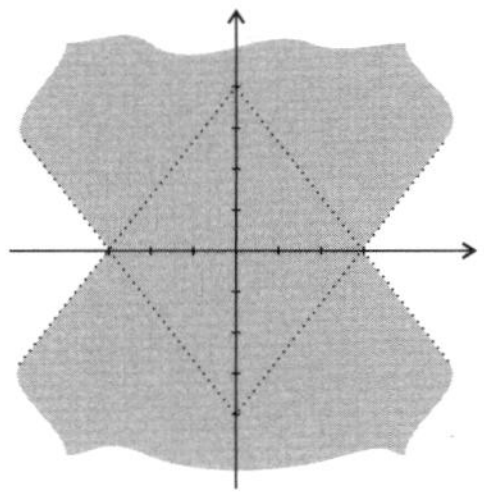

346 Esboçar o gráfico de $x^2 + y^2 + 6|x| - 6y - 7 = 0$

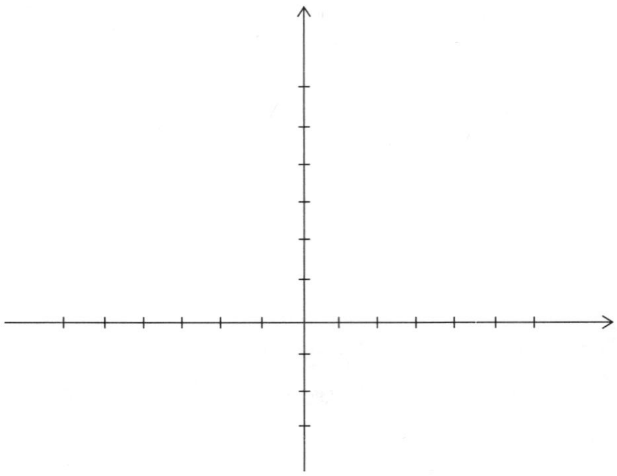

---

347 Esboçar o gráfico de $x^2 + y^2 - 6|x| + 6y - 7 = 0$

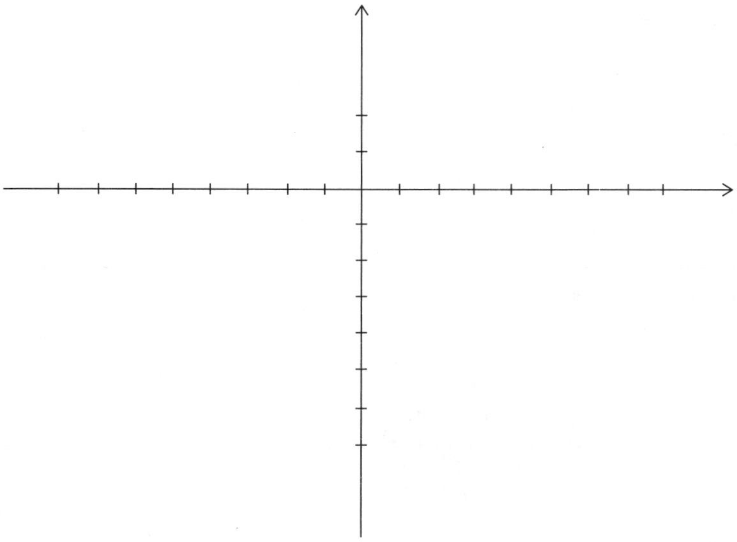

348 Esboçar o gráfico de $x^2 + y^2 - 4|x| + 4|y| - 17 = 0$

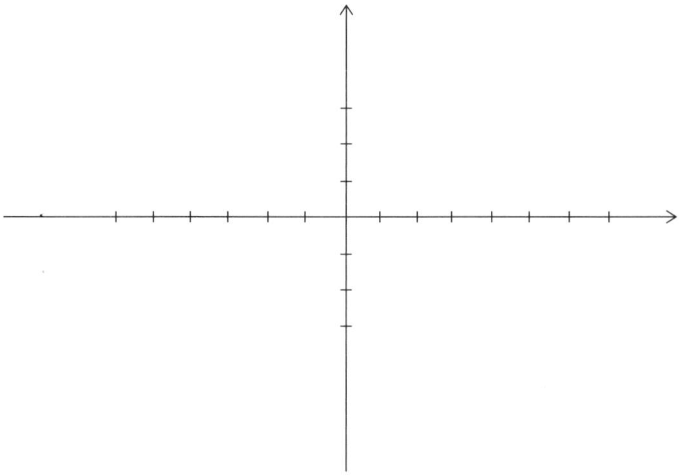

Resp: **342** b)

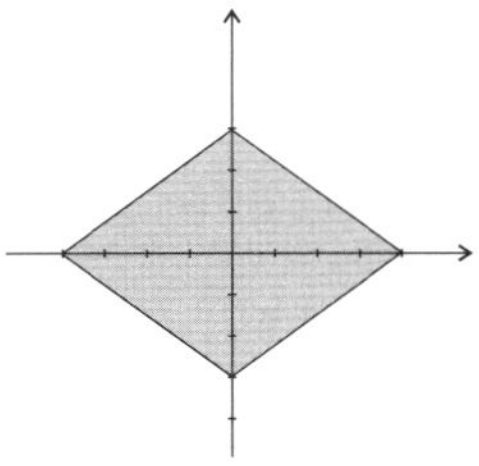

343

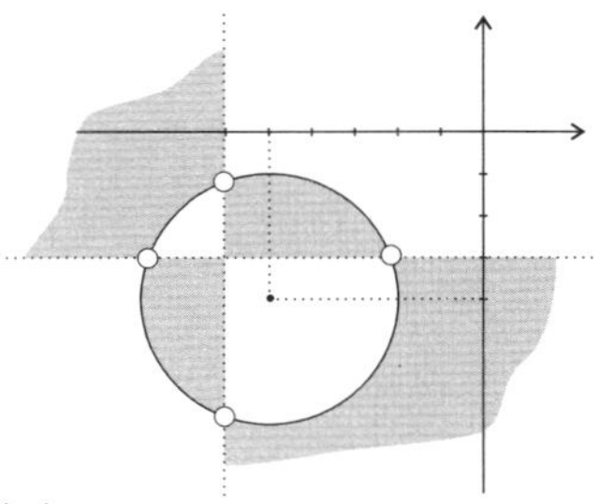

344

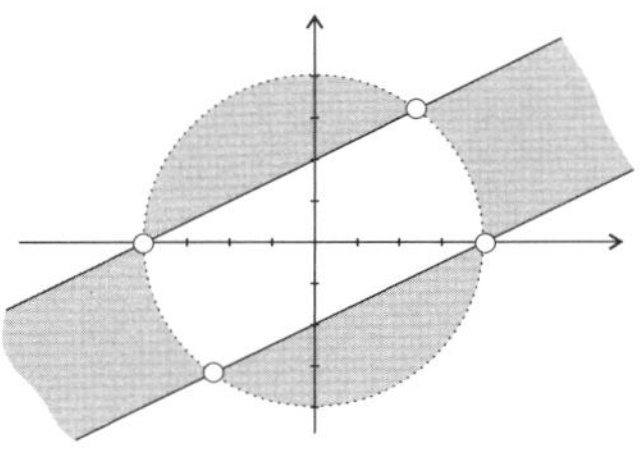

345 a)

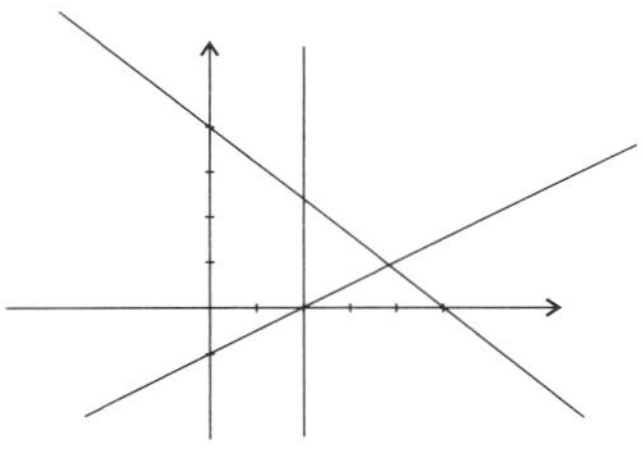

b)

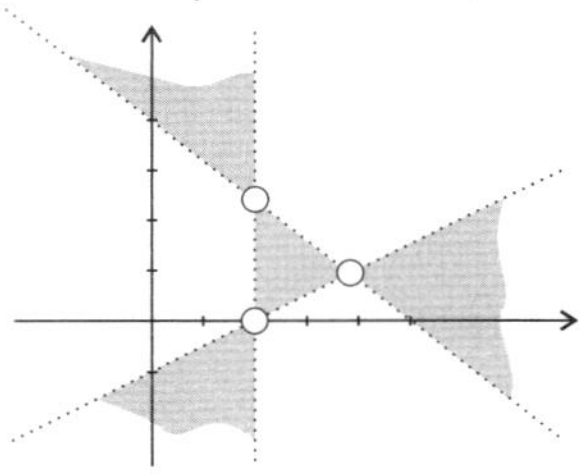

V CÔNICAS

Introdução

Vamos estudar três tipos de curvas que são chamadas **elipse**, **hipérbole** e **parábola**. Elas são chamadas **secções cônicas** porque podem ser obtidas quando uma superfície cônica, de revolução, de duas folhas, é interceptada por um plano que não passa pelo vértice.

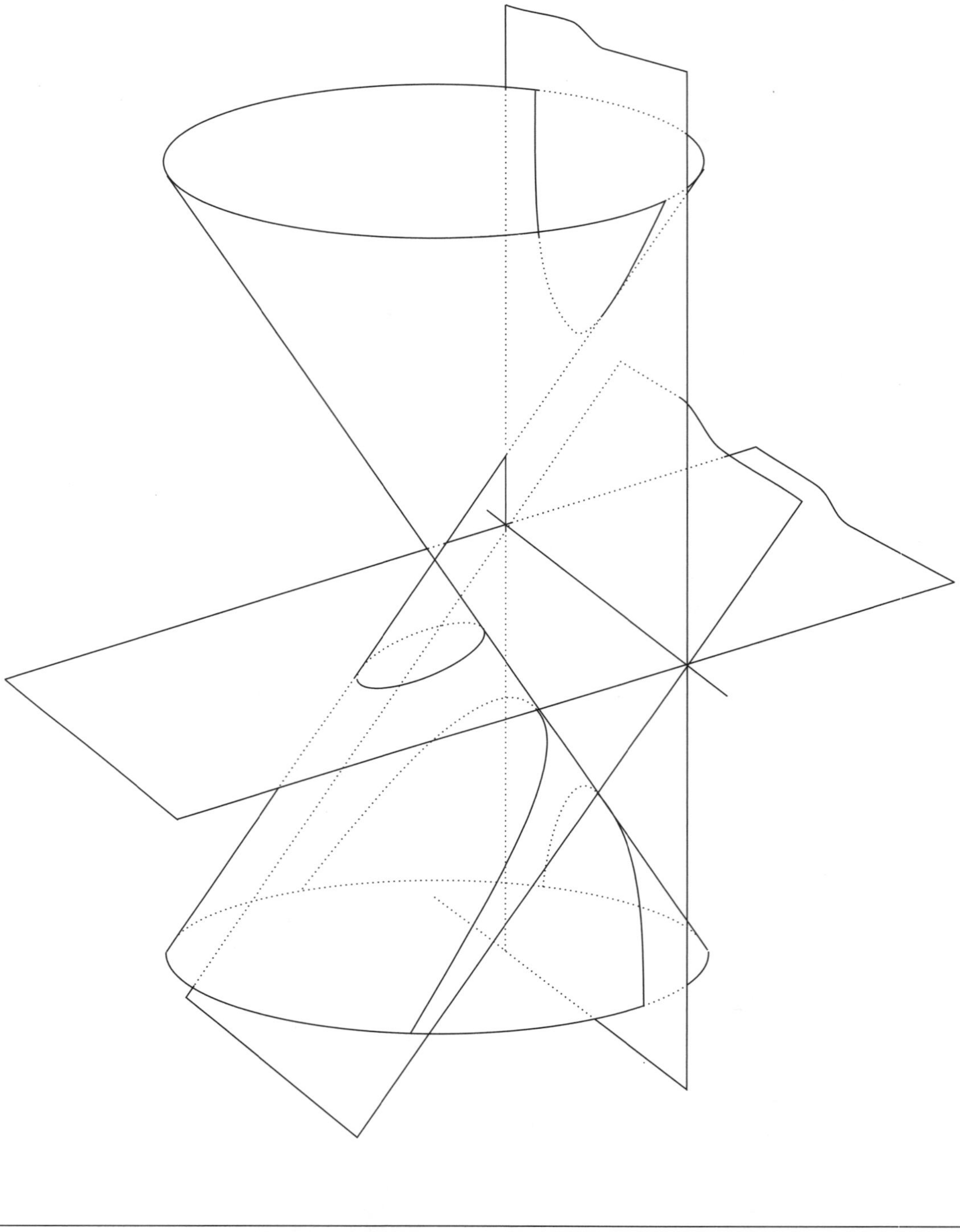

Resp: 346

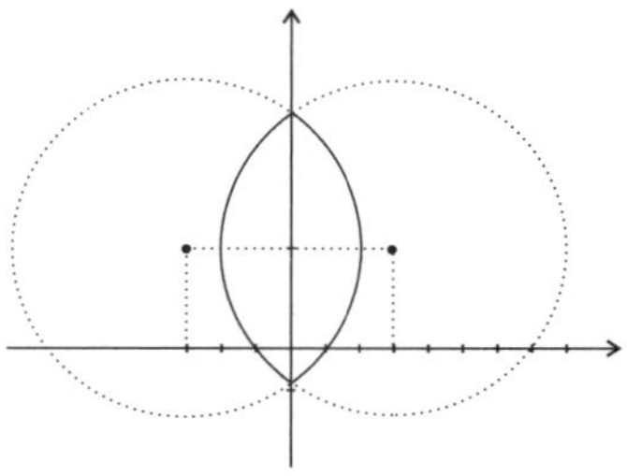

347 a)

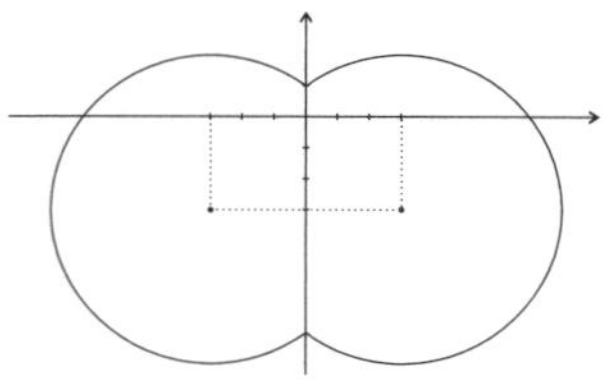

348 a)

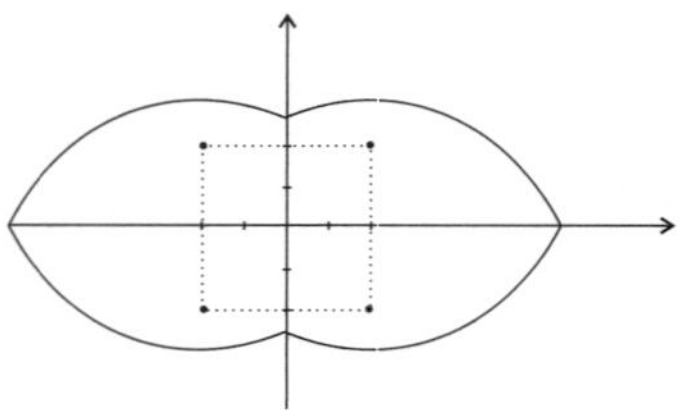

1 – Elipse

1) Definição

Dados em um plano α dois pontos distintos F_1 e F_2, com $F_1F_2 = \mathbf{2c}$, e uma distância **2a**, com $2a > 2c$, donde tiramos que $a > c$, o conjunto dos pontos de α cuja soma das distâncias até F_1 e F_2 é igual a **2a** é chamado elipse.

Um ponto **P** pertence à elipse se, e somente se, $PF_1 + PF_2 = 2a$.

F_1 e F_2 são chamados focos da elipse e F_1P e F_2P são raios focais do ponto **P**.

Se A, B, D, E e P são pontos de uma elipse de focos F_1 e F_2, temos: $AF_1 + AF_2 = 2a$, $BF_1 + BF_2 = 2a$, $DF_1 + DF_2 = 2a$, $EF_1 + EF_2 = 2a$ e $PF_1 + PF_2 = 2a$.

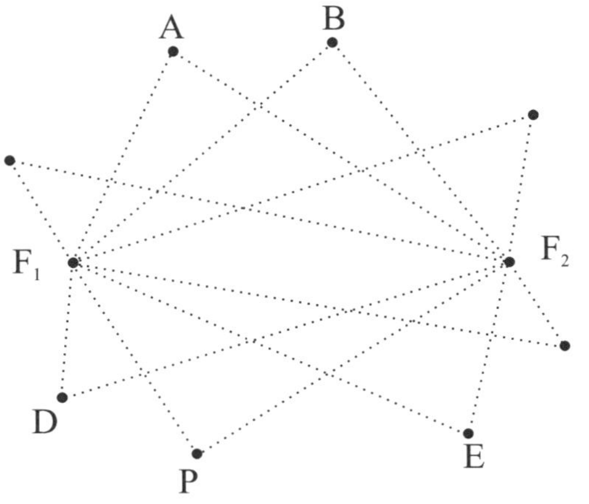

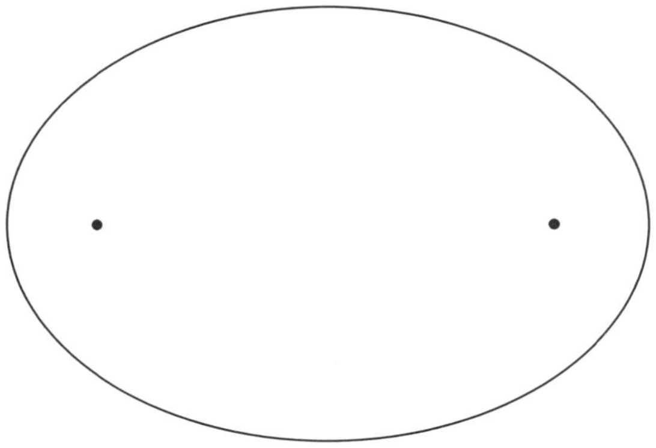

Como podemos ver, a elipse é uma curva fechada.

2º) Nomenclatura

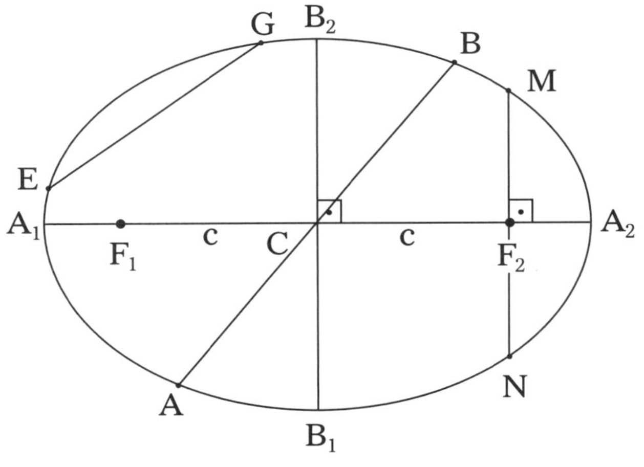

- F_1 e F_2 são os focos da elipse
- O ponto médio **C** de F_1F_2 é o centro da elipse
- **2c** é a distância focal
- $\overline{A_1A_2}$ é o eixo maior
- $\overline{B_1B_2}$, perpendicular a $\overline{A_1A_2}$, pelo seu ponto médio
- $\overline{B_1B_2}$ é o eixo menor da elipse
- $\overline{EG}$ é uma corda da elipse
- $\overline{AB}$ é um diâmetro
- $\overline{MN}$ é uma corda focal mínima
- A_1, A_2, B_1, B_2 são os vértices da elipse.

Note que os eixos da elipse são eixos de simetria da própria e que o centro dela é centro de simetria.

3º) Medidas dos eixos

Note primeiramente que como a reta B_1B_2 é mediatriz do segmento F_1F_2, podemos afirmar que $B_1F_1 = B_1F_2$ e $B_2F_1 = B_2F_2$. E como por definição, $B_1F_1 + B_1F_2 = 2a$ e $B_2F_1 + B_2F_2 = 2a$, obtemos:

$B_1F_1 + B_1F_1 = 2a \Rightarrow 2B_1F_1 = 2a \Rightarrow B_1F_1 = a \Rightarrow B_1F_1 = B_1F_2 = a$

Da mesma forma obtemos: $B_2F_1 = B_2F_2 = a$

Então $B_1F_1B_2F_2$ é um losango de lado **a**

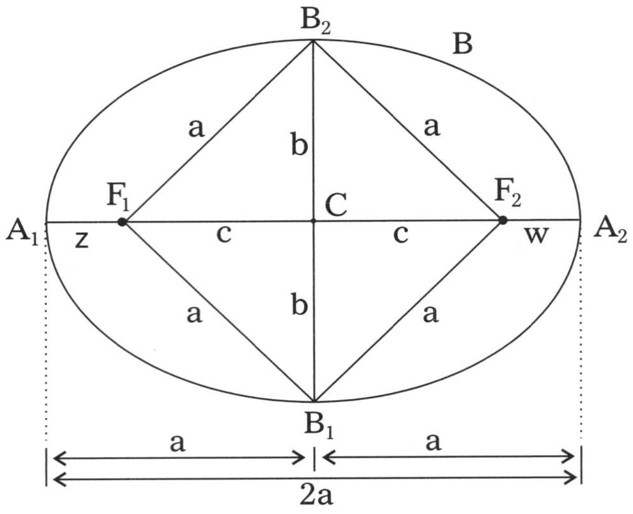

Por definição:

$A_1F_1 + A_1F_2 = 2a \Rightarrow$

$z + (z + 2c) = 2a \Rightarrow$

$2z + 2c = 2a \Rightarrow$

$\boxed{z = a - c}$

Da mesma forma obtemos:

$\boxed{w = a - c}$

Como $A_1C = z + c$, temos:

$A_1C = a - c + c \Rightarrow A_1C = a$

Da mesma forma: $A_2C = a$

Por conveniência indicaremos a medida de B_1B_2 por 2b.

Então: $F_1F_2 = 2c$, $A_1A_2 = 2a$ e $B_1B_2 = 2b$

Relação importante: $\boxed{b^2 + c^2 = a^2}$

4º) **Excentricidade**

Sendo 2a e 2c as medidas, respectivamente, do eixo maior e da distância focal, a excentricidade é definida por $\boxed{e = \dfrac{c}{a}}$

Como $0 < c < a$, note que $\boxed{0 < e < 1}$

Observe, abaixo, que quanto maior for o valor de **e**, mais achatada é a elipse e quanto menor for **e**, mais arredondada será a elipse

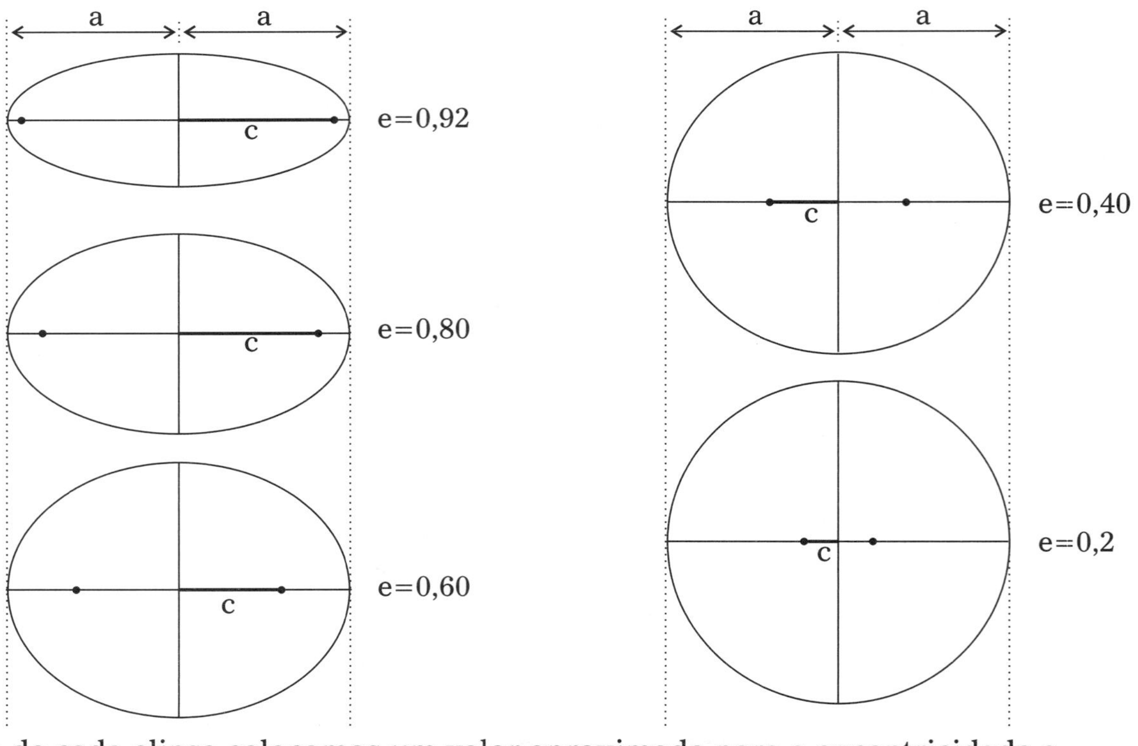

Ao lado de cada elipse colocamos um valor aproximado para a excentricidade e

5º) Diretrizes de uma elipse

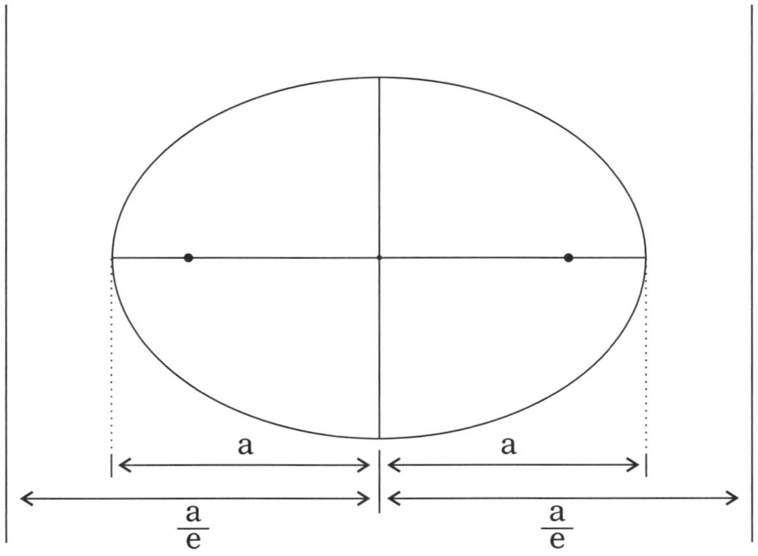

As retas perpendiculares à reta determinada pelos focos de uma elipse, distantes $\frac{a}{e}$ do centro da elipse, onde e é a excentricidade $\frac{c}{a}$ da elipse, são chamadas diretrizes da elipse.

Como $\frac{a}{e}$ é maior que a, note que as diretrizes são externas à elipse.

Propriedade: Sendo **P** um ponto qualquer de uma elipse, então a razão entre as distâncias entre P e o foco mais próximo e entre P e a diretriz correspondente é a excentricidade $e = \frac{c}{a}$ da elipse.

6º) Reta tangente à elipse

Uma reta é tangente a uma elipse se, e somente se, ela e a elipse têm um único ponto em comum.

Propriedade: Uma reta **t** tangente a uma elipse em um ponto **P**, forma ângulos congruentes com os raios focais de **P**.

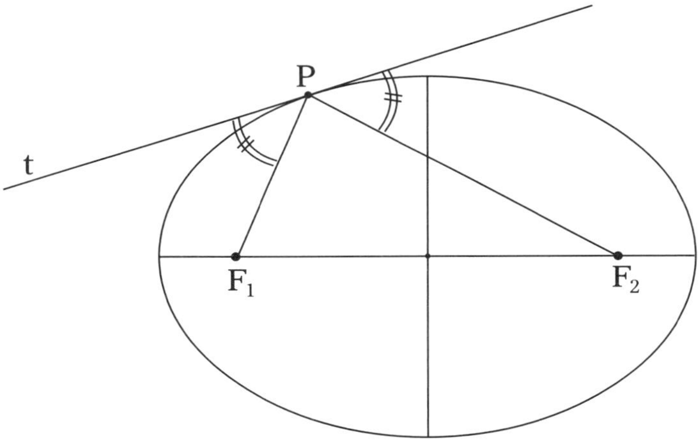

7º) Propriedade das cordas paralelas

Os pontos médios de cordas paralelas de uma elipse são alinhados e estão sobre um diâmetro da elipse

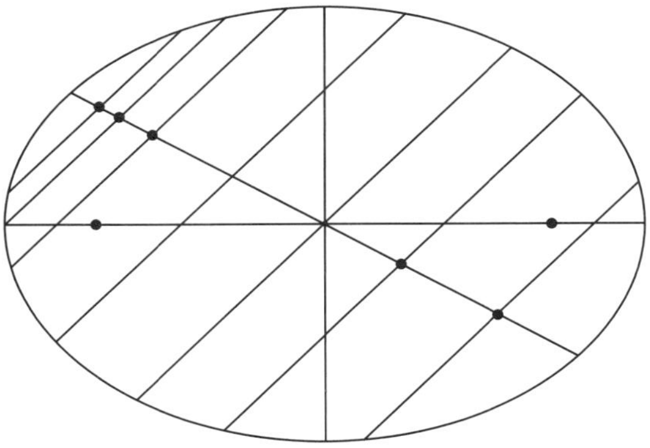

8º) Equação canônica

Considere uma elipse com eixo maior sobre o eixo das abscissas e o eixo menor sobre o eixo das ordenadas. Como a distância focal é 2c, note que $F_1(-c, 0)$ e $F_2(c, 0)$ serão os focos.

Vamos deduzir, a partir daí, uma equação que é chamada **equação canônica** ou **forma típica da equação** da elipse ou ainda equação **reduzida da elipse**.

Sendo P (x, y) um ponto genérico dessa elipse, temos:

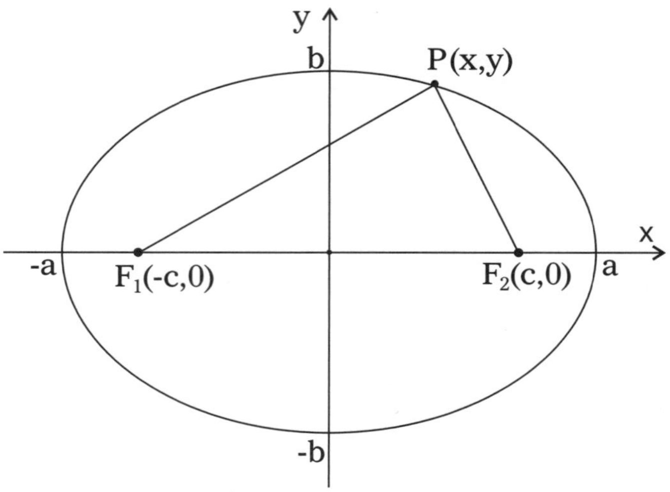

$PF_1 + PF_2 = 2a \Rightarrow$

$\Rightarrow \sqrt{(x+c)^2+y^2} + \sqrt{(x-c)^2+y^2} = 2a \Rightarrow$

$\Rightarrow \sqrt{(x+c)^2+y^2} = 2a - \sqrt{(x-c)^2+y^2} \Rightarrow$

$\Rightarrow (x+c)^2 + y^2 = 4a^2 - 4a\sqrt{(x-c)^2+y^2} + (x-c)^2 + y^2 \Rightarrow$

$\Rightarrow 4cx = 4a^2 - 4a\sqrt{(x-c)^2+y^2} \Rightarrow a\sqrt{(x-c)^2+y^2} = a^2 - cx \Rightarrow$

$\Rightarrow a^2 [(x - c)^2 + y^2] = a^4 - 2ca^2x + c^2x^2 \Rightarrow$

$\Rightarrow a^2 [x^2 - 2cx + c^2 + y^2] = a^4 - 2ca^2x + c^2x^2 \Rightarrow$

$a^2x^2 + a^2c^2 + a^2y^2 = a^4 + c^2x^2 \Rightarrow$

$(a^2 - c^2)\, x^2 + a^2y^2 = a^2 (a^2 - c^2)$

E como $a^2 - c^2 = b^2$ (pois $a^2 = b^2 + c^2$) , temos:
$b^2x^2 + a^2y^2 = a^2b^2$. Dividindo membro a membro por a^2b^2 , temos:

$$\frac{x^2}{a^2} + \frac{y^2}{b^2} = 1$$ que é a equação **canônica** ou **reduzida** da elipse

Se a elipse estiver com eixo maior sobre o eixo das ordenadas e o eixo menor sobre o eixo das abscissas, caindo dessa forma, como no caso anterior, o centro sobre a origem do sistema, os focos serão F_1 (0, – c) e F_2 (0, c).

Efetuando as mesmas operações chegaremos a:

$$\frac{x^2}{b^2} + \frac{y^2}{a^2} = 1$$

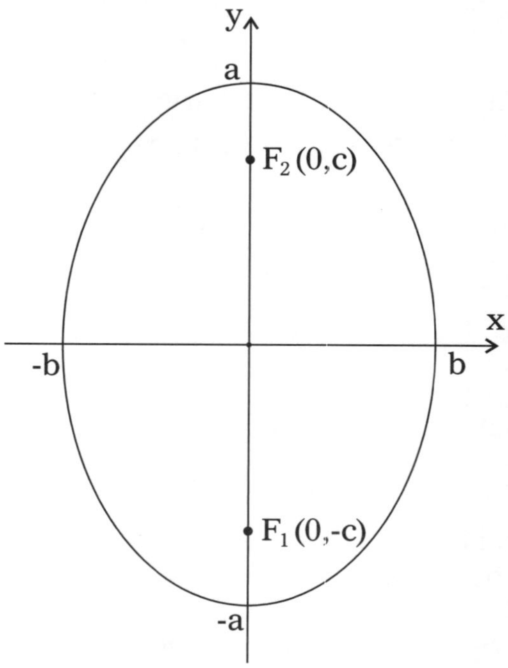

Se o centro **C** da elipse não coincidir com a origem do sistema xOy , mas os eixos da elipse forem paralelos aos eixos coordenados, vejamos qual é a forma típica da equação da elipse.

Sendo $C = (x_C, y_C)$ o centro da elipse e o seu eixo maior horizontal (paralelo ao eixo das das abscissas), fazendo uma translação do sistema até que a origem do sistema x'O'y' seja C, vamos escrever a equação da elipse no novo sistema, e depois usando as fórmulas de transformação determinar a equação da elipse em xOy .

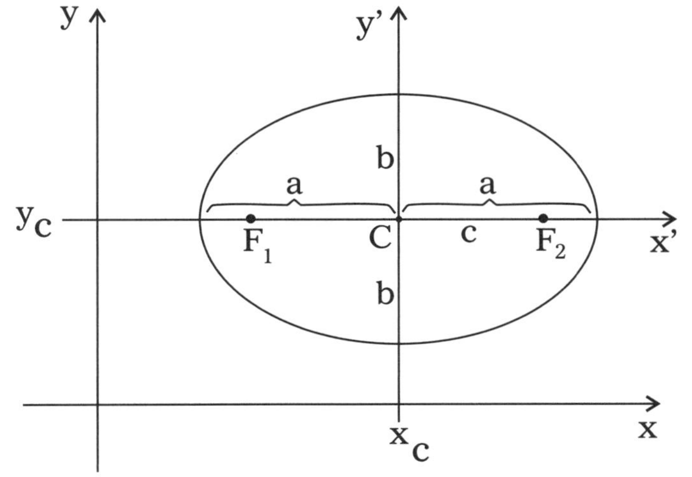

Em x'O'y' :

$$\frac{x'^2}{a^2} + \frac{y'^2}{b^2} = 1$$

Fórmulas de transformação

$$\begin{cases} x = x_C + x' \\ y = y_C + y' \end{cases} \quad \text{ou} \quad \begin{cases} x' = x - x_C \\ y' = y - y_C \end{cases}$$

Então em xOy a equação canônica (ou reduzida) da elipse será:

$$\frac{(x - x_C)^2}{a^2} + \frac{(y - y_C)^2}{b^2} = 1$$

Quando o eixo maior da elipse for vertical (paralelo ao eixo das ordenadas) obtemos:

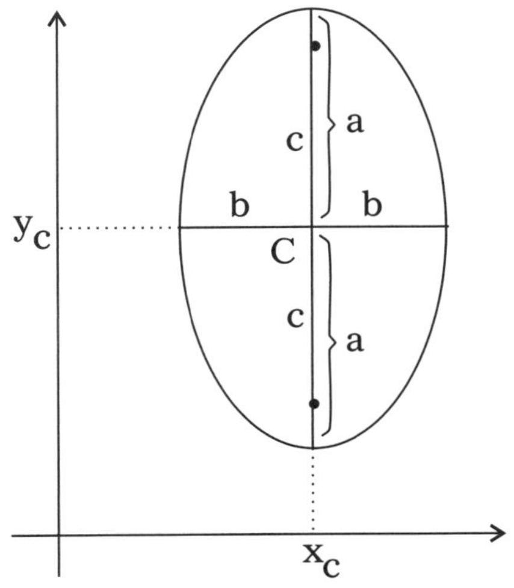

$$\frac{(x - x_C)^2}{b^2} + \frac{(y - y_C)^2}{a^2} = 1$$

Obs: 1) A intersecção de uma superfície de um cilindro de revolução com um plano oblíquo ao eixo que intercepta todas as geratrizes é uma elipse.

2) Dado um diedro agudo, a projeção ortogonal de uma circunferência, contida numa face, sobre a outra face é uma elipse.

Exemplo: Os eixos (maior e menor) de uma elipse têm 10 e 6 de comprimento. Determine a distância focal, a excentricidade e a distância **d** entre as diretrizes

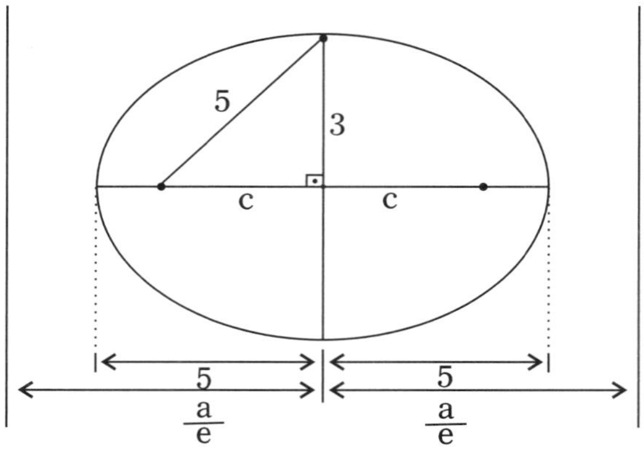

1º) $b^2 + c^2 = a^2 \Rightarrow 3^2 + c^2 = 5^2 \Rightarrow c = 4 \Rightarrow \boxed{2c = 8}$

2º) $e = \frac{c}{a} \Rightarrow \boxed{e = \frac{4}{5}}$

3º) $d = 2\left(\frac{a}{e}\right) = 2\frac{5}{\frac{4}{5}} = 2 \cdot \frac{25}{4} \Rightarrow \boxed{d = \frac{25}{2}}$

Exemplo: Em cada caso é dada uma elipse com eixos horizontal e vertical. Determine a sua equação canônica (equação reduzida)

a)

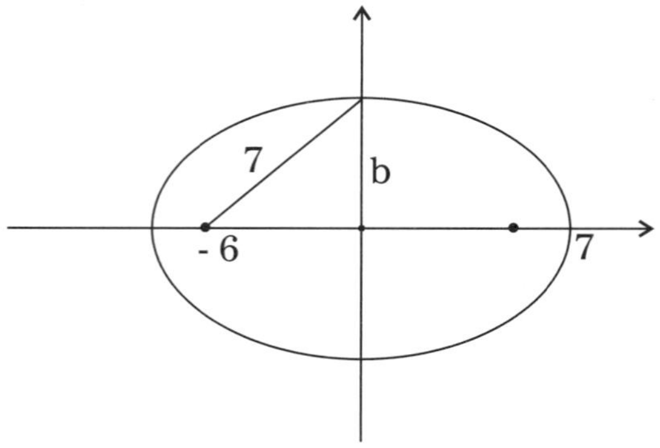

1º) $a^2 = b^2 + c^2 \Rightarrow 49 = b^2 + 36 \Rightarrow b^2 = 13$

2º) $\frac{x^2}{a^2} + \frac{y^2}{b^2} = 1 \Rightarrow \frac{x^2}{49} + \frac{y^2}{13} = 1$

b)

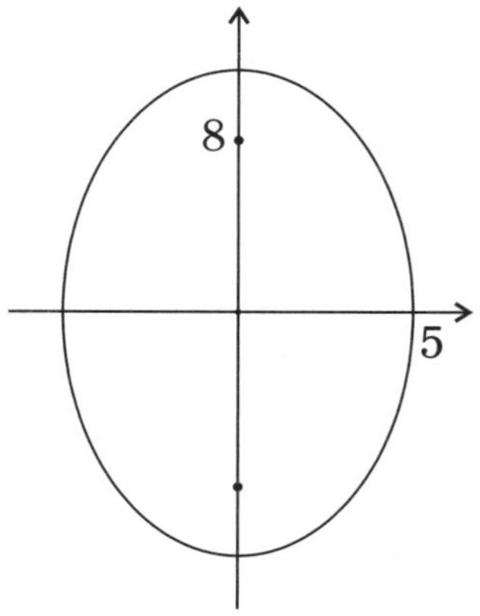

1º) $a^2 = b^2 + c^2 \Rightarrow a^2 = 5^2 + 8^2 \Rightarrow a^2 = 89$

2º) $\frac{x^2}{b^2} + \frac{y^2}{a^2} = 1 \Rightarrow \frac{x^2}{25} + \frac{y^2}{89} = 1$

c)

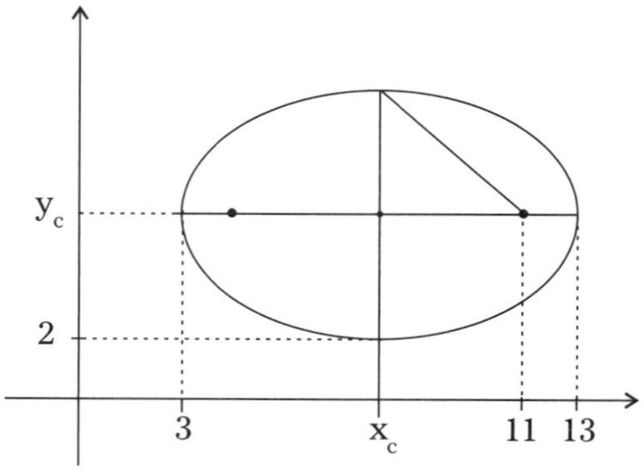

1º) $x_C = \frac{3+13}{2} = 8,\ 2a = 13 - 3 \Rightarrow a = 5$

2º) $c = 11 - 8 = 3$

3º) $b^2 + c^2 = a^2 \Rightarrow b^2 + 9 = 25 \Rightarrow b = 4 \Rightarrow y_C = 6$

4º) $\frac{(x - x_C)^2}{a^2} + \frac{(y - y_C)^2}{b^2} = 1$

$\frac{(x-8)^2}{25} + \frac{(y-6)^2}{16} = 1 \Rightarrow$

d)

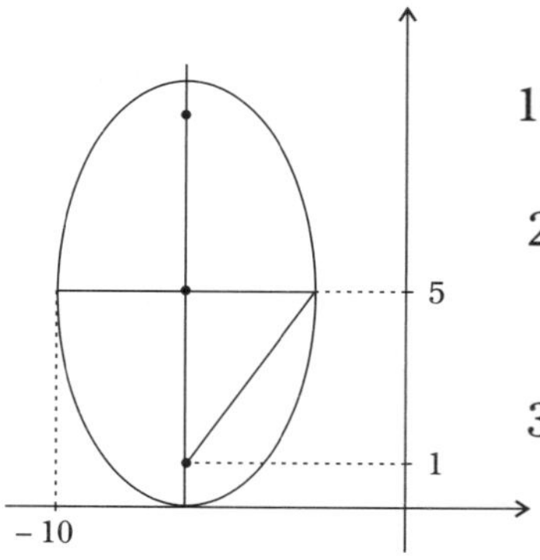

1º) $c = 5 - 1$

$c = 4$

2º) $b^2 + c^2 = a^2$

$b^2 + 4^2 = 5$

$b = 3$

3º) $x_C = -10 + 3$

$x_C = -7$

4º) $\frac{(x - x_C)^2}{b^2} + \frac{(y - y_C)^2}{a^2} = 1$

$\frac{(x+7)^2}{9} + \frac{(y-5)^2}{25} = 1$

349 Resolver:

a) Se os eixos de uma elipse têm 12 e 20 de comprimentos, determine a distância focal e a excentricidade.

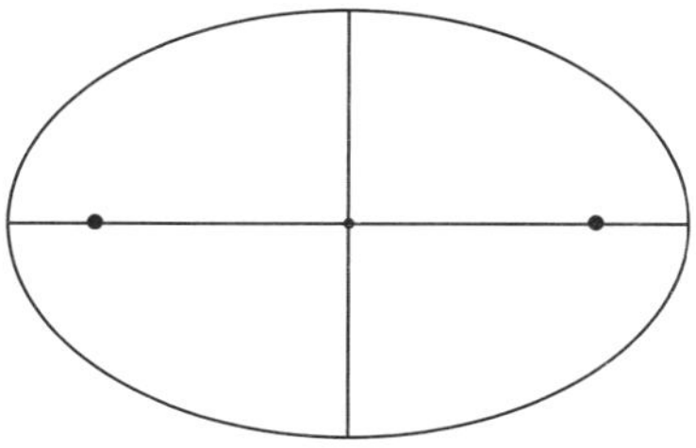

b) Dada a distância focal 12 e o eixo menor 12, de uma elipse, determine o eixo maior e a excentricidade.

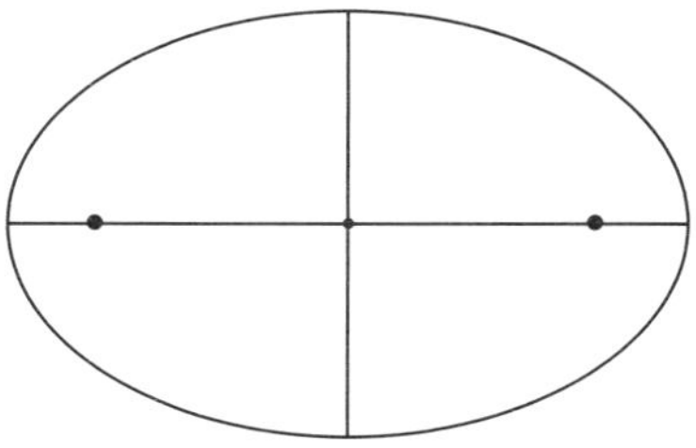

c) Dado o eixo maior 34 e a distância focal 30, de uma elipse, determine a excentricidade e o eixo menor da elipse.

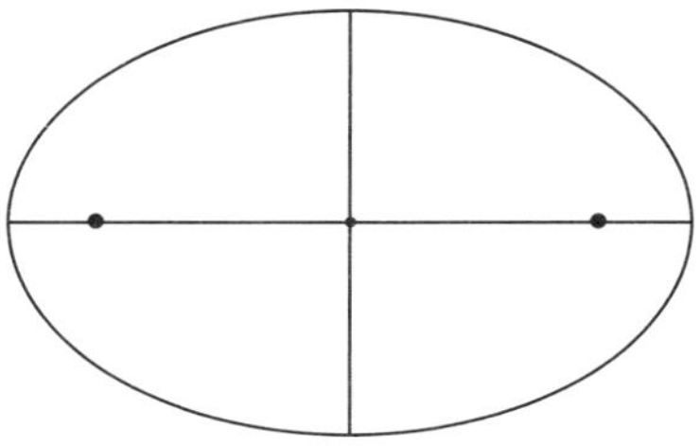

d) Dado o semi-eixo menor 2 e a excentricidade $e = \frac{2\sqrt{5}}{5}$, de uma elipse, determine a distância focal e o eixo maior.

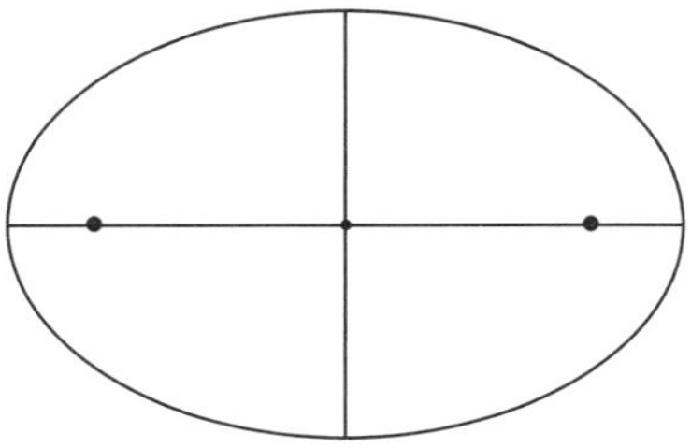

e) Dada a excentricidade $e = \frac{4}{5}$ e a distância $d = \frac{75}{2}$ entre as diretrizes, determine o eixo menor, o eixo maior e a distância focal dessa elipse.

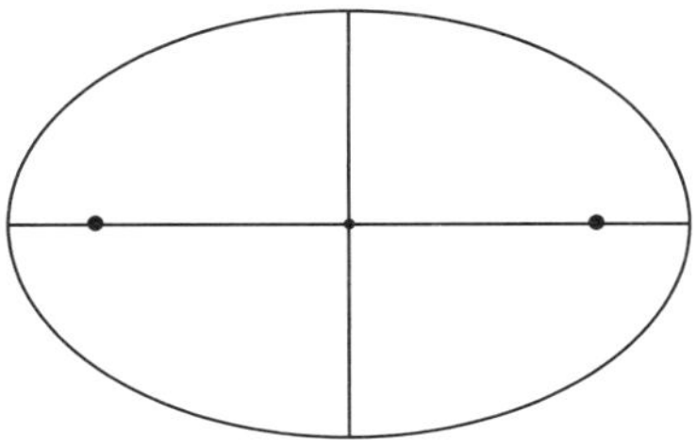

350 Levando em conta a nomenclatura e adotando que a distância entre as diretrizes será indicada por 2d, resolva:

a) Dado $a = 10$ e $b = 8$, determine e, c e d

b) Dado $a = 13$ e $c = 5$, determine e, b e d

c) Dado $b = 8$ e $c = 15$, determine a, e e d

d) Dado $a = 25$ e $e = \frac{7}{25}$, determine c, b e d

e) Dado $c = 6$ e $e = \frac{2}{3}$, determine a, b e d

f) Dado $b = 2\sqrt{5}$ e $e = \frac{2}{3}$, determine a, c e d

g) Dado $e = \frac{2}{3}$ e $d = 18$, determine a, c e b

h) Dado $b = 4$ e $d = \frac{25}{3}$, determine c, a e e

351 Mostre que a corda focal mínima de uma elipse vale $\frac{2b^2}{a}$

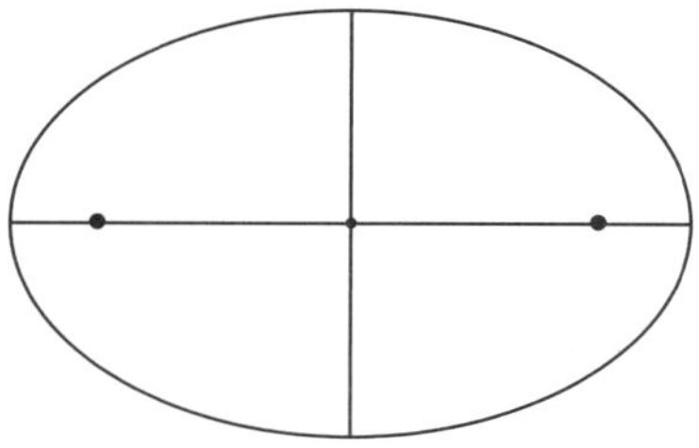

352 Determine a equação reduzida (ou canônica) das seguintes elipses, sabendo que os eixos são horizontais e verticais.

a)

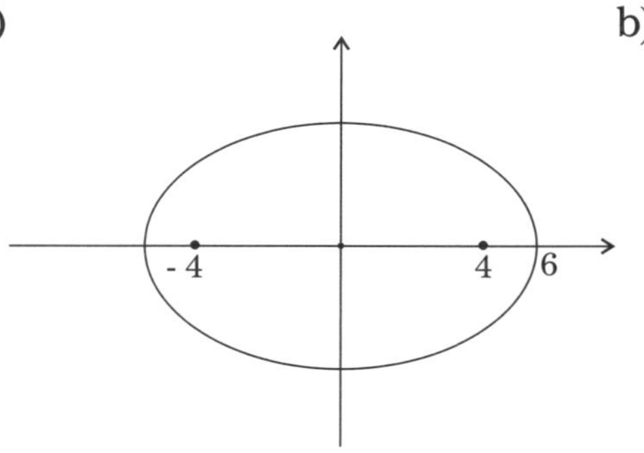

b)

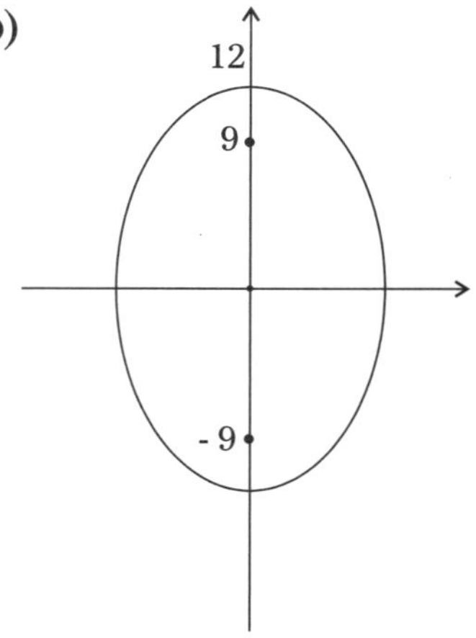

c)

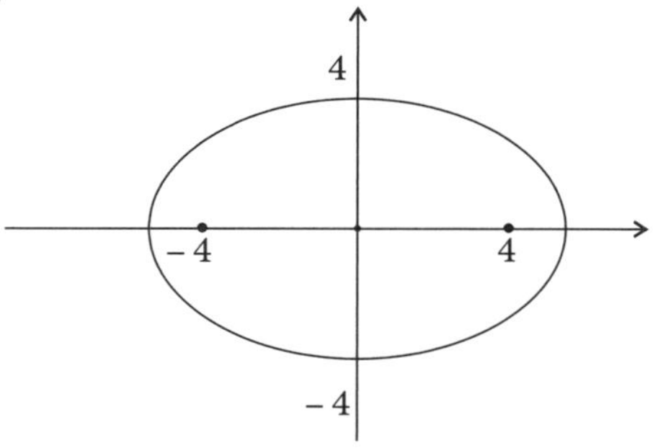

d)

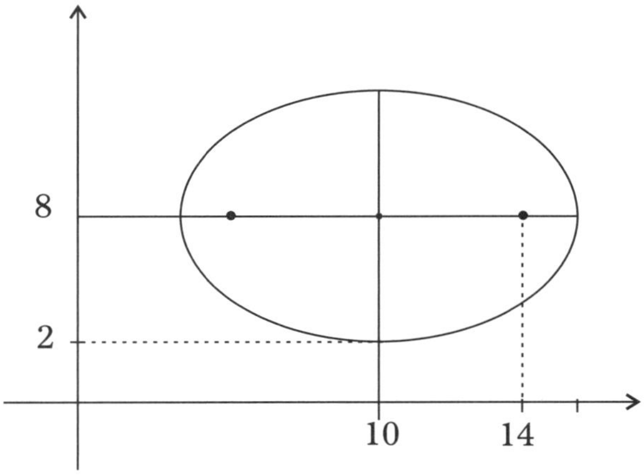

e)

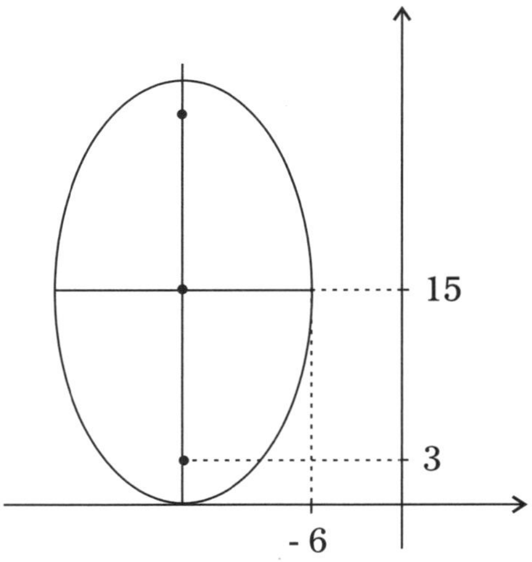

Resp: **349** a) $2c = 16$, $e = \frac{4}{5}$ b) $2a = 12\sqrt{2}$, $e = \frac{\sqrt{2}}{2}$ c) $2b = 16$, $e = \frac{15}{17}$ d) $2a = 4\sqrt{5}$, $2c = 8$

e) $2b = 18$, $2a = 30$, $2c = 24$

353 As elipses, nos caso, têm eixos paralelos aos eixos coordenados e tangencia os eixos. Determine a equação canônica.

a)

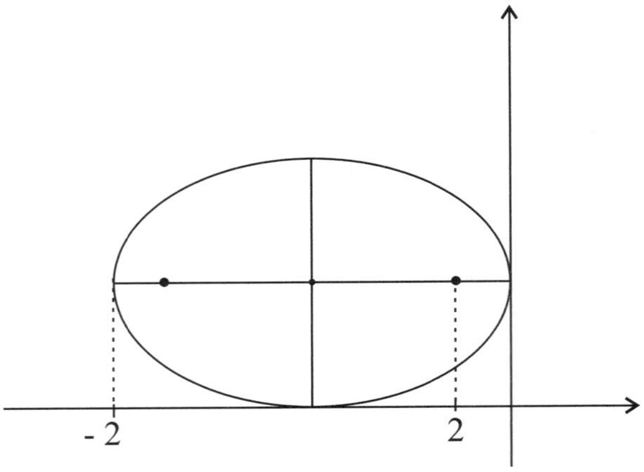

b)

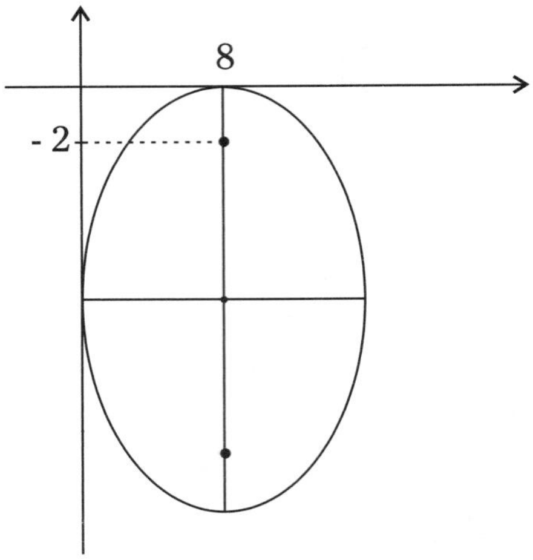

---

354 Determine as equações das diretrizes das seguintes elipses

a)

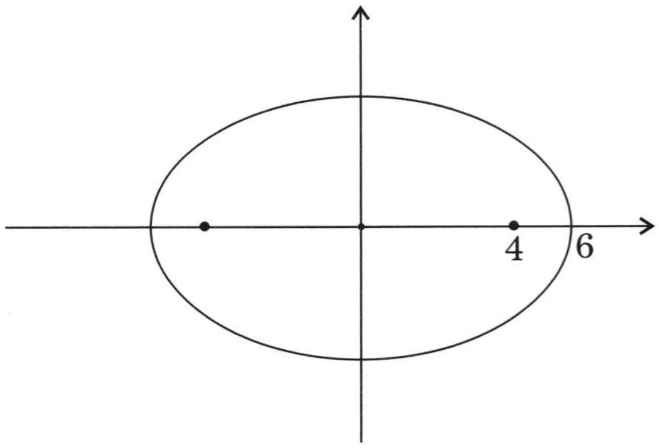

b)

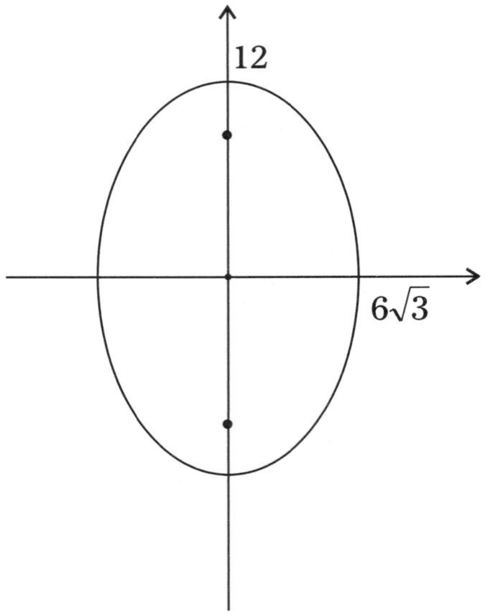

355 Determine a equação reduzida da elipse sabendo que os seus eixos são paralelos aos eixos do sistema cartesiano.

a)

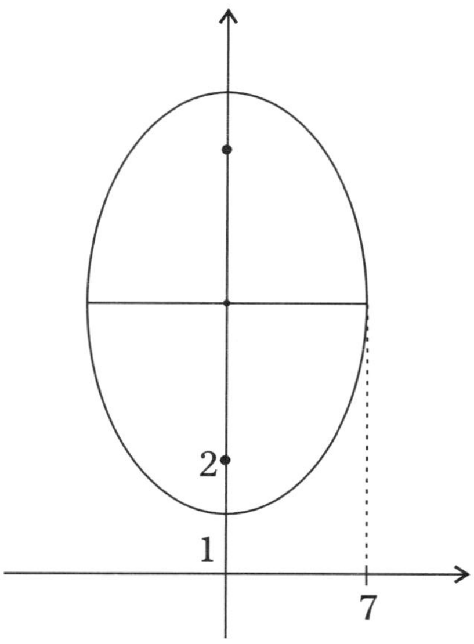

b)

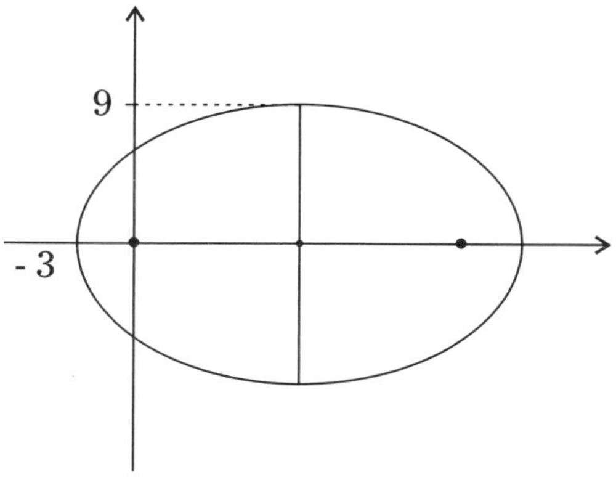

---

356 Em cada caso são dados dois vértices e o centro C de uma elipse. Determine a sua equação canônica (ou reduzida).

a) C (0, 0) , A (7, 0) e B (0, 4)

b) C (0, 0) , A (– 10, 0) e B (0, 12)

c) C (– 4, – 2) , A (– 20, – 2) e B (– 4, – 11)

d) C (8, – 5) , A (– 2, – 5) e B (8, 6)

Resp: **350** a) $c = 6$, $e = \frac{3}{5}$, $d = \frac{50}{3}$ b) $e = \frac{5}{13}$, $b = 12$, $d = \frac{169}{5}$ c) $a = 17$, $e = \frac{15}{17}$, $d = \frac{289}{15}$

d) $c = 7$, $b = 24$, $d = \frac{625}{7}$ e) $a = 9$, $b = 3\sqrt{5}$, $d = \frac{27}{2}$ f) $a = 6$, $c = 4$, $d = 9$

g) $a = 12$, $c = 8$, $b = 4\sqrt{5}$ h) $c = 3$, $a = 5$, $e = \frac{3}{5}$ ou $c = \frac{16}{3}$, $a = \frac{20}{3}$, $e = \frac{4}{5}$

351 No triângulo PF_1F_2 , onde P e uma extremidade da corda, aplique definição de elipse e Pitágoras.

352 a) $\frac{x^2}{36} + \frac{y^2}{20} = 1$ b) $\frac{x^2}{63} + \frac{y^2}{144} = 1$ c) $\frac{x^2}{32} + \frac{y^2}{16} = 1$ d) $\frac{(x-10)^2}{52} + \frac{(y-8)^2}{36} = 1$ e) $\frac{(x+15)^2}{81} + \frac{(y-15)^2}{225} = 1$

357 Dados três vértices da elipse, determine sua equação, nos casos:

a) A (– 3, – 5) , D (17, – 5) e B (7, – 12)

b) A (– 10, 6) , B (2, 6) e D (– 4, 20)

---

358 Em cada caso a elipse tem eixos paralelos aos eixos coordenados. Sendo **A** uma extremidade do eixo maior e **B** um vértice, determine a equação reduzida da elipse, nos casos:

a) A (– 5, 30) e B (– 18, 13)

b) A (– 2, 7) e B (– 10, 2)

359 Uma elipse tem o eixo menor horizontal. Dados dois vértices, A (– 2, 11) e B (– 7 , 1), determine sua equação reduzida.

---

360 Dada uma extremidade do eixo maior , A , um foco, F , e um vértice **B** de uma elipse, determine a sua equação reduzida, nos casos:

a) A (– 1, – 9) , F (– 26, – 9) e B (– 14, – 14) b) A (– 10, – 3) , F (– 10, – 7) e B (– 18, – 13)

Resp: **353** a) $\frac{(x+10)^2}{100}+\frac{(y-6)^2}{36}=1$ b) $\frac{(x-8)^2}{64}+\frac{(y+17)^2}{289}=1$ **354** a) $x-9=0$ e $x+9=0$ b) $y-24=0$ e $y+24=0$

355 a) $\frac{x^2}{49}+\frac{(y-26)^2}{625}=1$ b) $\frac{(x-12)^2}{225}+\frac{y^2}{81}=1$ **356** a) $\frac{x^2}{49}+\frac{y^2}{16}=1$ b) $\frac{x^2}{100}+\frac{y^2}{144}=1$

c) $\frac{(x+4)^2}{256}+\frac{(y+2)^2}{81}=1$ d) $\frac{(x-8)^2}{100}+\frac{(y+5)^2}{121}=1$

361 Dado um foco $F(4, 5)$ e uma extremidade $B(7, 9)$ do eixo menor de uma elipse, determine a sua equação nos casos:

a) O eixo menor é vertical

b) O eixo menor é horizontal

---

362 A, F e C são, respectivamente, um vértice, um foco e o centro de uma elipse. Determine a sua equação, nos casos:

a) $A(-30, 7)$, $F(-28, 7)$ e $C(-20, 7)$

b) $A(-6, -17)$, $F(-6, 7)$ e $C(-6, -2)$

363 Dado o centro C, o eixo maior $2a$, a excentricidade e e a posição, determine a equação da elipse nos casos:

a) $C(-7, 21)$, $2a = 6\sqrt{10}$, $e = \frac{3\sqrt{10}}{10}$ e eixo maior horizontal

b) $C(13, -5)$, $2a = 24$, $e = \frac{3}{4}$ e eixo maior vertical

---

364 Dada as extremidades do eixo maior, $A(-15, 6)$ e $D(5, 6)$ e o comprimento $6{,}4$, da corda focal mínima, determine a equação da elipse em questão.

---

365 O ponto $P(0, 13)$ pertence a uma elipse de focos $F_1(-9, 1)$ e $F_2(5, 1)$. Determine a equação dessa elipse.

Resp: **357** a) $\frac{(x-7)2}{100} + \frac{(y+5)^2}{49} = 1$ b) $\frac{(x+4)^2}{36} + \frac{(y-6)^2}{196} = 1$ **358** a) $\frac{(x+5)^2}{169} + \frac{(y-13)^2}{289} = 1$ b) $\frac{(x+10)^2}{64} + \frac{(y-7)^2}{25} = 1$

359 a) $\frac{(x+7)^2}{25} + \frac{(y-11)^2}{100} = 1$ ou $\frac{(x+2)^2}{25} + \frac{(y-1)^2}{100} = 1$ **360** a) $\frac{(x+14)^2}{169} + \frac{(y+9)^2}{25} = 1$ b) $\frac{(x+10)^2}{64} + \frac{(y+13)^2}{100} = 1$

366 Dada a equação reduzida da elipse, determine o centro e os focos, nos casos:

a) $\frac{x^2}{100} + \frac{y^2}{75} = 1$

b) $\frac{x^2}{120} + \frac{y^2}{169} = 1$

c) $\frac{(x-10)^2}{625} + \frac{(y+9)^2}{400} = 1$

d) $\frac{(x+7)^2}{225} + \frac{(y-1)^2}{250} = 1$

---

367 Dada uma equação da elipse, determine a sua equação reduzida, o centro, o semi-eixo maior e o semi-eixo menor.

a) $4x^2 + 3y^2 - 24 = 0$

b) $96x^2 + 64y^2 - 192 = 0$

c) $4(x - 9)^2 + 9(y + 7)^2 - 36 = 0$

d) $25(x + 5)^2 + 81(y - 12)^2 - 2025 = 0$

368 Determine a equação reduzida, dada a equação geral da elipse, nos casos:

a) $4x^2 + 3y^2 - 24x + 12y + 36 = 0$

b) $4x^2 + 9y^2 + 40x - 72y + 208 = 0$

---

369 Determinar o centro, os semi-eixos e os focos da elipse, nos casos:

a) $9x^2 + 25y^2 + 72x - 350y + 1144 = 0$

b) $5x^2 + y^2 - 50x + 12y + 141 = 0$

Resp: **361** a) $\frac{(x-7)^2}{25} + \frac{(y-5)^2}{16} = 1$ b) $\frac{(x-4)^2}{9} + \frac{(y-9)^2}{25} = 1$ **362** a) $\frac{(x+20)^2}{100} + \frac{(y-7)^2}{36} = 1$ b) $\frac{(x+6)^2}{144} + \frac{(y+2)^2}{225} = 1$

363 a) $\frac{(x+7)^2}{90} + \frac{(y-21)^2}{9} = 1$ b) $\frac{(x-13)^2}{63} + \frac{(y+5)^2}{144} = 1$ **364** $\frac{(x+5)^2}{100} + \frac{(y-6)^2}{32} = 1$ **365** $\frac{(x+2)^2}{196} + \frac{(y-1)^2}{147} = 1$

370 Os pontos $(-4, 3)$ e $(6, -2)$ são de uma elipse com centro na origem do sistema e eixo maior horizontal. Determine uma equação dessa elipse.

---

371 Os pontos $A(-3, 6)$, $B(-5, -1)$, $D(9, -2)$ e $E(3, 7)$ são pontos de uma elipse com eixos paralelos aos eixos coordenados. Determine a equação dessa elipse.

372 Determine a intersecção da reta (s) $x + 2y - 7 = 0$ com a elipse $x^2 + 4y^2 = 25$.

---

373 Determine a intersecção entre a reta $3x + 10y - 25 = 0$ e a elipse $4x^2 + 25y^2 - 100 = 0$.

---

374 Determine uma reta que é paralela à reta $3x + 2y + 7 = 0$ e é tangente à elipse $x^2 + 4y^2 - 10 = 0$.

Resp: **366** C (0, 0) , F_1 (– 5, 0) , F_2 (5, 0) b) C (0, 0) , F_1 (0, – 7) , F_2 (0, 7) c) C (10, – 9) , F_1 (– 5, – 9)F_2 (25, – 9)

d) C (– 7, 1) , F1 (– 7, – 4) , F2 (– 7, 6) **367** a) $\frac{x^2}{6} + \frac{y^2}{8} = 1, C(0,0), a = 2\sqrt{2}, b = \sqrt{6}$

b) $\frac{x^2}{2} + \frac{y^2}{3} = 1, C(0,0), a = \sqrt{3}, b = \sqrt{2}$ c) $\frac{(x-9)^2}{9} + \frac{(y+7)^2}{4} = 1, C(9,-7), a = 3, b = 2$

d) $\frac{(x+5)^2}{81} + \frac{(y-12)^2}{25} = 1, C(-5,12), a = 9, b = 5$ **368** a) $\frac{(x-3)^2}{3} + \frac{(y+2)^2}{4} = 1$ b) $\frac{(x+5)^2}{9} + \frac{(y-4)^2}{4} = 1$

369 a) a = 5 , b = 3, C (– 4, 7) , F_1 (– 8, 7) , F_2 (0, 7) b) $a = 2\sqrt{5}$, b = 2 , C (5, – 6), F_1 (5, – 10) , F_2 (5, – 2)

375 Determine uma reta que é perpendicular à reta $2x-2y-13=0$ e tangencia a elipse $x^2+4y^2=20$.

---

376 Determine uma reta que passa por $P\left(\frac{10}{3}, \frac{5}{3}\right)$ e tangencia a elipse $x^2 + 4y^2 = 20$.

377 Determine a equação reduzida de uma elipse com focos sobre o eixo das abscissas e eixo menor sobre o das ordenadas, nos casos:

a) A distância focal é 4 e a entre as diretrizes é 5

b) O eixo maior tem 8 e a distância entre as diretrizes é 16

c) O eixo menor tem 6 e a distância entre as diretrizes é 13

d) A excentricidade é $e = \frac{1}{2}$ e a distância entre as diretrizes é 32

---

378 Dada a elipse $9x^2 + 5y^2 = 45$, determine:

a) Os focos   b) A excentricidade   c) As equações das diretrizes

---

379 A excentricidade de uma elipse é $e = \frac{2}{3}$ e um raio focal de um ponto **P** da elipse é 10. Determine a distância entre P e a diretriz correspondente ao foco em questão.

---

380 A excentricidade de uma elipse é $\frac{2}{5}$ e a distância entre um ponto P da elipse e a diretriz correspondente é 20. Determine a distância entre P e o foco correspondente a diretriz em questão.

---

381 A excentricidade de uma elipse é $\frac{1}{3}$, o centro coincide com a origem e um foco é $F(-2, 0)$. Determine a distância de um ponto P da elipse, com abscissa 2, até a diretriz correspondente a F.

---

382 O centro de uma elipse coincide com a origem do sistema, a sua excentricidade é $\frac{1}{2}$ e $x - 16 = 0$ é a equação de uma das diretrizes. Um ponto **P** dessa elipse tem abscissa -4, determine a distância entre P e o foco associado à diretriz dada.

---

383 Em cada caso é dada a equação de uma elipse. Determine o seu centro, os semi-eixos, a excentricidade e as equações das diretrizes:

a) $5x^2 + 9y^2 - 30x + 18y + 9 = 0$

b) $16x^2 + 25y^2 + 32x - 100y - 284 = 0$

c) $4x^2 + 3y^2 - 8x + 12y - 32 = 0$

---

384 Dada a elipse $(f)\ x^2 + 4y^2 = 20$ e a reta $(r)\ y = -x + k$, determine **k** de modo que:

a) **r** seja secante a **f**

b) **r** seja tangente a **f**

c) **r** não tenha ponto em comum com **f**

---

385 Determine as retas que são paralelas à reta $(s)\ 4x - 2y + 33 = 0$ e tangenciam a elipse $\frac{x^2}{30} + \frac{y^2}{24} = 1$.

---

386 Uma elipse passa pelo ponto $P(4, -1)$ e tangencia a reta $(t)\ x + 4y - 10 = 0$. Determine a equação dessa elipse sabendo que os seus eixos estão sobre os eixos coordenados.

---

387 Pelo ponto $P(10, -8)$ traçamos as retas tangentes à elipse $\frac{x^2}{25} + \frac{y^2}{16} = 1$. Determine a equação da reta determinada pelos pontos de tangencia.

Resp: **370** $x^2 + 4y^2 - 52 = 0$ **371** $x^2 + 4y^2 - 6x - 16y - 75 = 0$ **372** $\left\{\left(4, \frac{3}{2}\right), (3, 2)\right\}$

373 $\left\{\left(3, \frac{8}{5}\right)\right\}$. A reta é tangente à elipse   **374** $3x + 2y - 10 = 0$ ou $3x + 2y + 10 = 0$

Resp: **375** $x + y - 5 = 0$ ou $x + y + 5 = 0$ **376** $x + y - 5 = 0$ ou $x + 4y - 10 = 0$

377 a) $\frac{x^2}{5} + y^2 = 1$ b) $\frac{x^2}{16} + \frac{y^2}{12} = 1$ c) $\frac{x^2}{13} + \frac{y^2}{9} = 1$ ou $\frac{4x^2}{117} + \frac{y^2}{9} = 1$

d) $\frac{x^2}{13} + \frac{y^2}{9} = 1$ ou $\frac{4x^2}{117} + \frac{y^2}{9} = 1$ **378** a) $(0, -2)$ e $(0, 2)$ b) $\frac{2}{3}$ c) $2y + 9 = 0$ e $2y - 9 = 0$

379 15 **380** 8 **381** 20 **382** 10

383 a) $C(3, -1)$, $a = 3$, $b = \sqrt{5}$, $e = \frac{2}{3}$, $2x - 15 = 0$ e $2x + 3 = 0$

b) $C(-1, 2)$, $a = 5$, $b = 4$, $e = \frac{3}{5}$, $3x - 22 = 0$ e $3x + 28 = 0$

c) $C(1, -2)$, $a = 4$, $b = 2\sqrt{3}$, $e = \frac{1}{2}$, $y - 6 = 0$ e $y + 10 = 0$

384 a) $-5 < k < 5$, k real b) $k = -5$ ou $k = 5$ c) k real e $k < -5$ ou $k > 5$

385 $2x - y - 12 = 0$ e $2x - y + 12 = 0$ **386** $\frac{x^2}{20} + \frac{y^2}{5} = 1$ ou $\frac{x^2}{80} + \frac{4y^2}{5} = 1$

387 $4x - 5y - 10 = 0$

2 – Hipérbole

1º) **Definição**

Dados em um plano α dois pontos distintos F_1 e F_2, com $F_1F_2 = \mathbf{2c}$, e uma distância **2a**, com $2a < 2c$, donde obtemos que $a < c$, o conjunto (ou lugar geométrico (LG)) dos pontos de α cuja diferença das distâncias até F_1 e F_2, em qualquer ordem, é igual a **2a** é chamado hipérbole.

Um ponto P pertence à hipérbole se, e somente se, $PF_1 - PF_2 = 2a$ ou $PF_2 - PF_1 = 2a$

Os pontos F_1 e F_2 são chamados focos da hipérbole e F_1P e F_2P são chamados raios focais do ponto **P**.

Se A, B, D e P são pontos da hipérbole de focos F_1 e F_2, temos:

$AF_1 - AF_2 = 2a$, $BF_1 - BF_2 = 2a$, $DF_2 - DF_1 = 2a$ e $PF_2 - PF_1 = 2a$

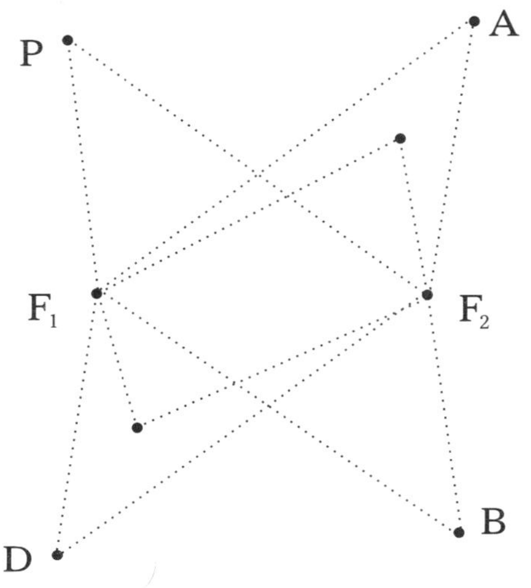

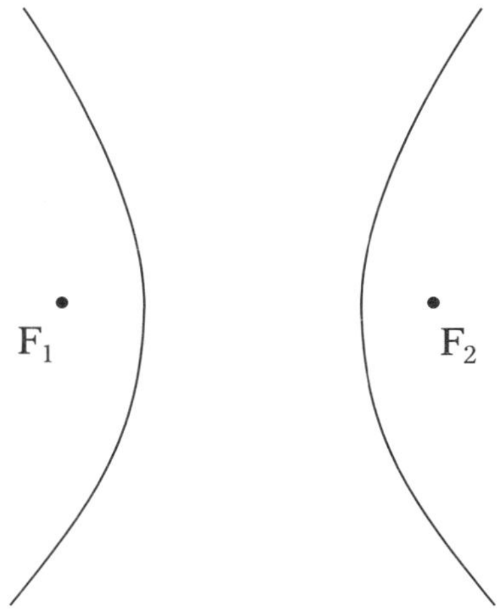

A hipérbole é uma curva aberta constituida de dois ramos. Para o esboço apresentado, se um ponto **P** é tal que $PF_1 - PF_2 = 2a$, o ponto P está no ramo da direita e se $PF_2 - PF_1 = 2a$, o ponto **P** está no ramo da esquerda.

2º) **Nomenclatura**

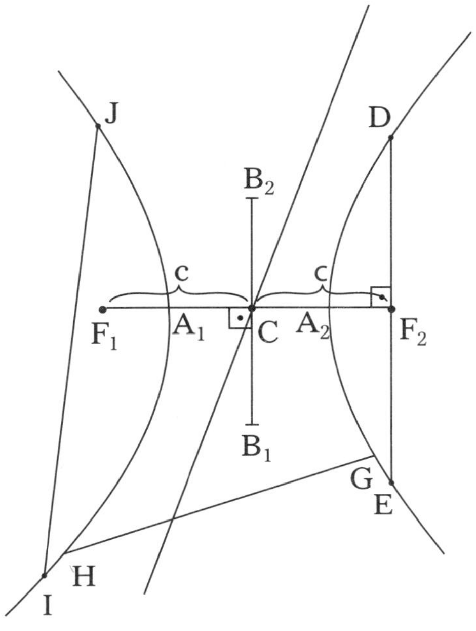

- F_1 e F_2 são os focos da hipérbole
- O ponto médio **C** de $\overline{F_1F_2}$ é o centro da hipérbole
- A_1 e A_2, os pontos onde $\overline{F_1F_2}$ intercepta a hipérbole, são os vértices da hipérbole
- $\overline{A_1A_2}$ eixo real ou eixo transverso da hipérbole
- Se C é ponto médio de $\overline{B_1B_2}$ $\overline{B_1B_2}$ é perpendicular a $\overline{F_1F_2}$ e CB_1 $\sqrt{c^2 - a^2}$, B_1B_2 é o eixo imaginário ou conjugado da hipérbole.
- $\overline{ED}$ é chamado corda focal mínima
- $\overline{GH}$ e $\overline{IJ}$ são cordas da hipérbole
- Qualquer reta que passa por C é chamada diâmetro

Obs: As retas contêm os eixos são eixos de simetria da hipérbole e o centro da hipérbole é centro de simetria

3º) **Medidas dos eixos**

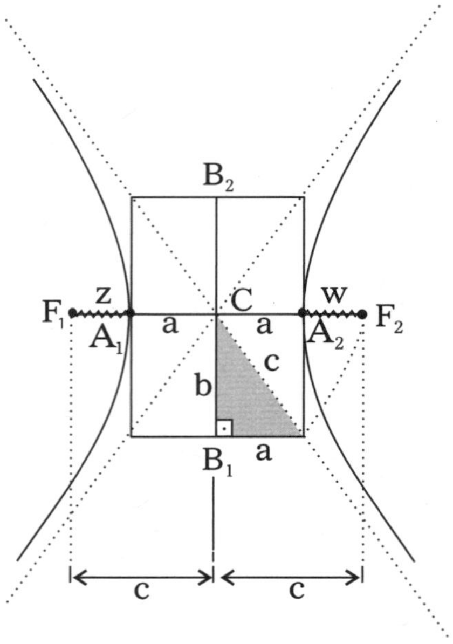

Por definição:

$A_2F_1 - A_2F_2 = 2a$. Então:

$(2c - w) - w = 2a \Rightarrow 2c - 2w = 2a \Rightarrow$

$\Rightarrow$ $\boxed{w = c - a}$

Da mesma forma obtemos:

$\boxed{z = c - a}$

Como $A_1C = c - z$, temos:

$A_1C = c - (c - a) \Rightarrow A_1C = a$.

Da mesma forma obtemos $A_2C = a$

Então $A_1A_2 = 2a$.

Por conveniência indicaremos a medida de B_1B_2 por $2b$.

Então: $F_1F_2 = 2c$, $A_1A_2 = 2a$ e $B_1B_2 = 2b$

Relação importante: $\boxed{a^2 + b^2 = c^2}$

4º) **Assíntotas**

O retângulo cujos pontos médios dos lados são as extremidades dos eixos (real e imaginário) de uma hipérbole é chamado **retângulo fundamental** da hipérbole. Note que os seus lados medem **2a** e **2b** . As retas que contêm as diagonais do retângulo fundamental são assíntotas da hipérbole (Assíntota é a reta que "tangencia a curva no infinito")

Quando o **retângulo fundamental** for um **quadrado** (a = b) , as assíntotas são perpendiculares e a hipérbole é chamada **equilátera**.

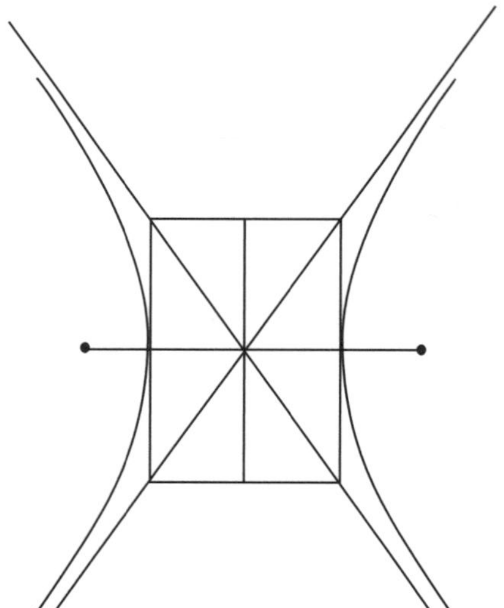

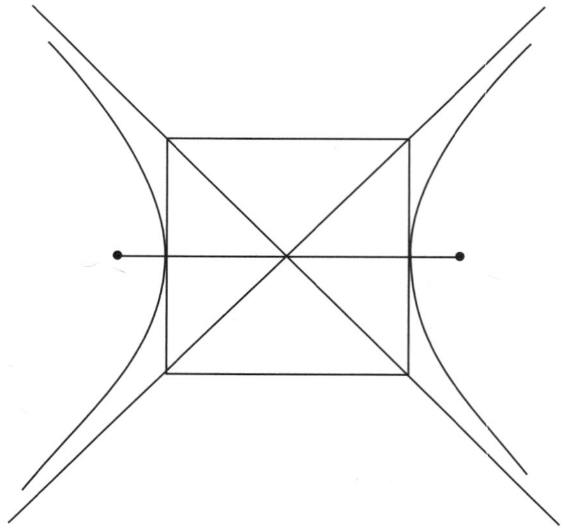

Obs: Dois lados do retângulo fundamental tangenciam a hipérbole nos vértices da hipérbole.

5º) Excentricidade

Sendo $2a$ e $2c$ as medidas, respectivamente, do eixo real e da distância focal de uma hipérbole, definimos como excentricidade **e** de uma hipérbole a razão:

$$\boxed{e = \frac{c}{a}}$$

Como $c > a > 0$, note que $\boxed{e > 1}$

Observe que quanto maior for **e**, mais aberta será cada ramo da curva.
Ao lado de cada parábola está um valor aproximado de e

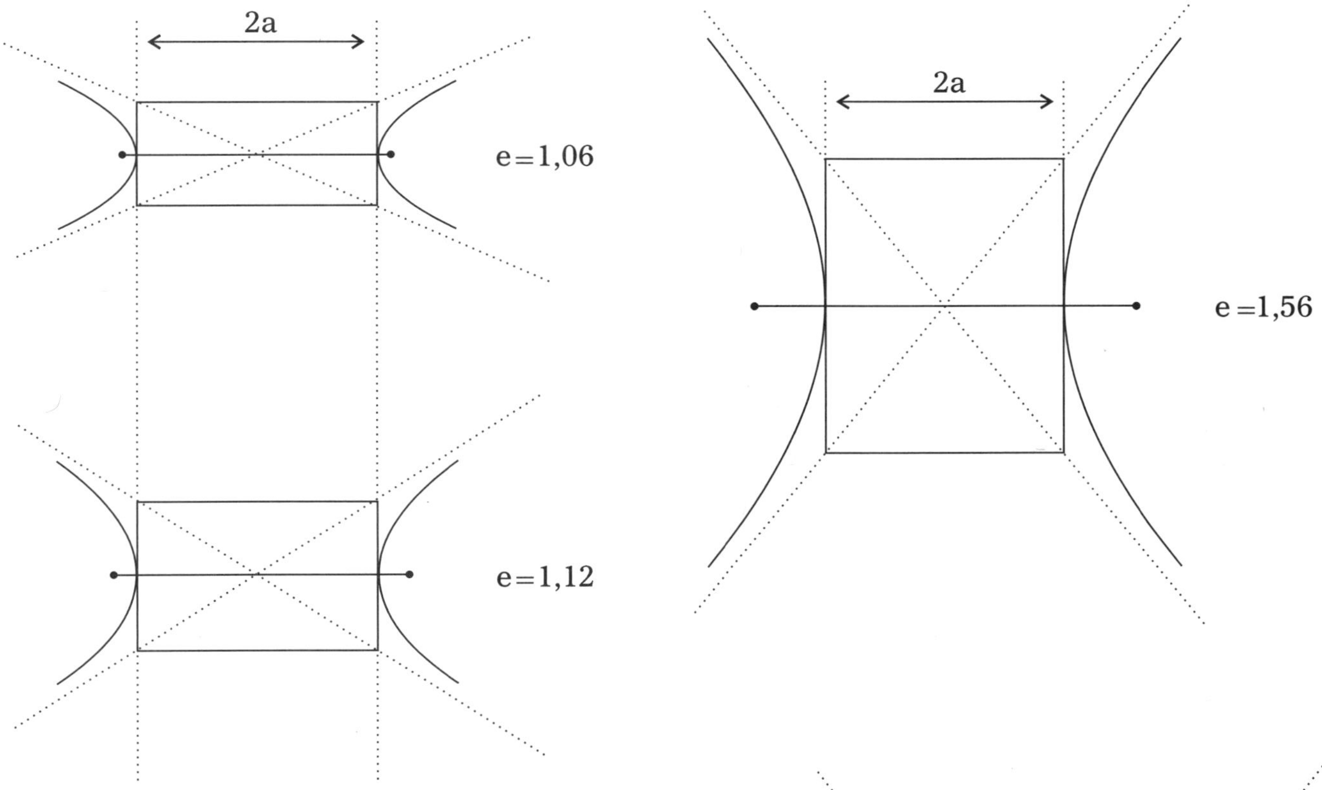

6º) Hipérboles conjugadas

Se o o eixo real e o eixo imaginário de uma hipérbole forem, respectivamente, o eixo imaginário e o eixo real de uma outra hipérbole, elas são ditas uma conjugada da outra e são chamadas hipérboles conjugadas.

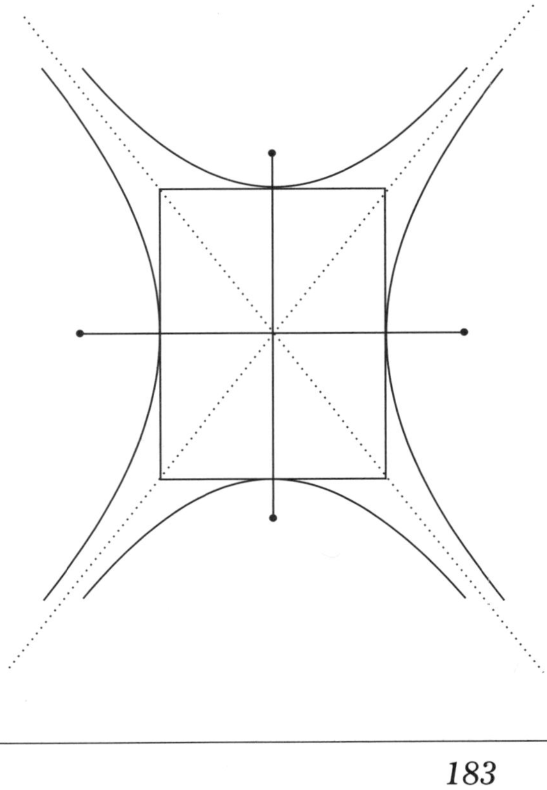

7º) **Diretrizes**

As retas perpendiculares à reta determinada pelos focos de uma hipérbole, distantes $\frac{a}{e}$ do centro da hipérbole, onde **e** é a excentricidade $\frac{c}{a}$ da hipérbole, são chamadas diretrizes da hipérbole.

Como $\frac{a}{e}$ é menor que a , pois **e** é maior que 1 , note que as diretrizes estão entre os vértices.

Propriedade: Sendo **P** um ponto qualquer de uma hipérbole, então a razão entre as distâncias entre P e o foco mais próximo e entre P e a diretriz correspondente é a excentricidade $e = \frac{c}{a}$ da hipérbole.

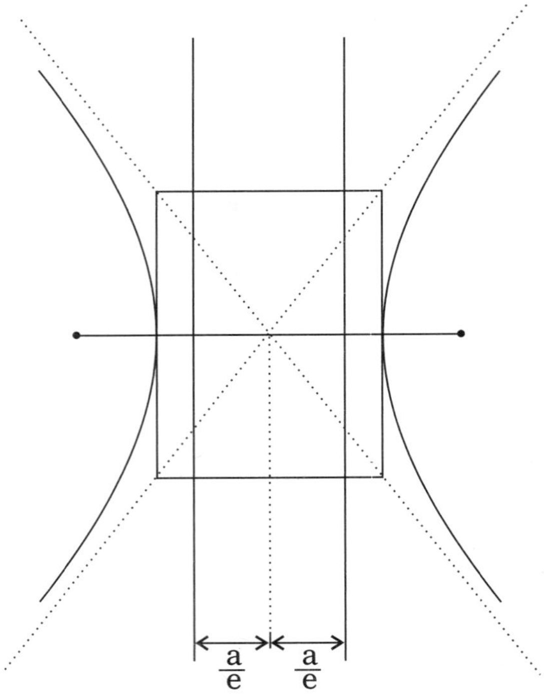

8º) **Reta tangente**

Uma reta é tangente a uma hipérbole se, e somente se, ela e a hipérbole têm um único ponto em comum.

Propriedade: Uma reta tangente a uma hipérbole em um ponto **P** forma ângulos iguais com os raios focais de **P** .

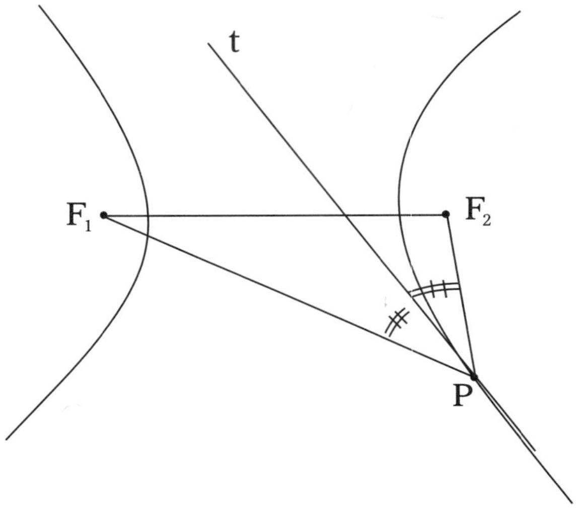

9º) **Propriedade das cordas paralelas**

Os pontos médios de cordas paralelas de uma hipérbole são alinhados e estão sobre um diâmetro da hipérbole.

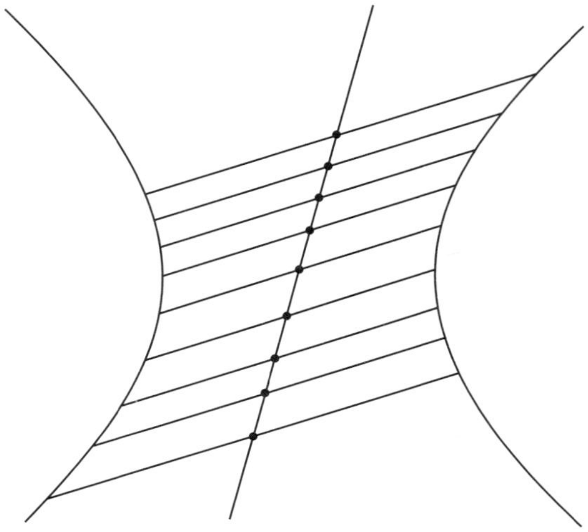

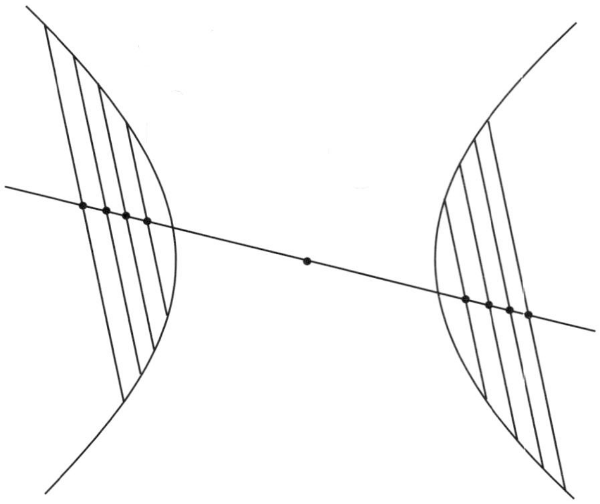

10º) **Equação canônica**

Considere uma hipérbole com eixo real sobre o eixo das abscissas e o eixo imaginário sobre o eixo das ordenadas. Então o centro da hipérbole coincide com a origem do sistema e os focos serão $F_1(-c, 0)$ e $F_2(c, 0)$.

Vamos deduzir uma equação que é chamada **equação canônica** ou **forma típica da equação** ou **equação reduzida** da hipérbole.

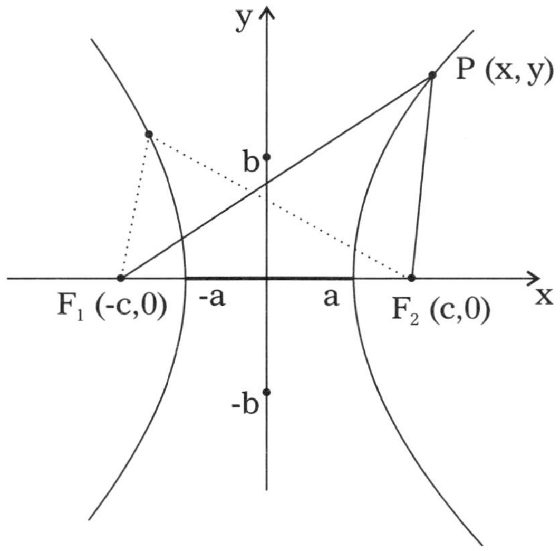

Sendo P (x, y) um ponto genérico dessa hipérbole, temos:
$PF_1 - PF_2 = 2a$ ou $PF_2 - PF_1 = 2a$. Então $|PF_1 - PF_2| = 2a \Rightarrow PF_1 - PF_2 = \pm 2a \Rightarrow$

$$\sqrt{(x+c)^2+y^2} - \sqrt{(x-c)^2+y^2} = \pm 2a \Rightarrow$$

$$\Rightarrow \sqrt{(x+c)^2+y^2} = \sqrt{(x-c)^2+y^2} \pm 2a \Rightarrow$$

$$\Rightarrow (x+c)^2+y^2 = (x-c)^2+y^2 \pm 4a\sqrt{(x-c)^2+y^2} + 4a^2 \Rightarrow$$

$$\Rightarrow 4cx - 4a^2 = \pm 4a\sqrt{(x-c)^2+y^2} \Rightarrow$$

$$\Rightarrow cx - a^2 = \pm a\sqrt{(x-c)^2+y^2} \Rightarrow c^2x^2 - 2a^2cx + a^4 = a^2[x^2 - 2cx + c^2 + y^2] \Rightarrow$$

$$\Rightarrow c^2x^2 - 2a^2cx + a^4 = a^2x^2 - 2a^2cx + a^2c^2 + a^2y^2 \Rightarrow$$

$$\Rightarrow c^2x^2 - a^2x^2 - a^2y^2 = a^2c^2 - a^4 \Rightarrow (c^2 - a^2)x^2 - a^2y^2 = a^2(c^2 - a^2).$$

E como $c^2 - a^2 = b^2$ (pois $a^2 + b^2 = c^2$), temos:

$b^2x^2 - a^2y^2 = a^2b^2$. Dividindo ambos os membros por a^2b^2, obtemos:

$$\boxed{\frac{x^2}{a^2} - \frac{y^2}{b^2} = 1}$$

que é a equação canônica ou reduzida da hipérbole.

Se a hipérbole estiver com o eixo real sobre o eixo das ordenadas e o eixo imaginário sobre o eixo das abscissas. Então o centro da hipérbole coincide com a origem do sistema e os focos serão $F_1(0, -c)$ e $F_2(0, c)$.

Efetuando as mesmas operações do caso anterior obtemos:

$$\boxed{\frac{y^2}{a^2} - \frac{x^2}{b^2} = 1}$$

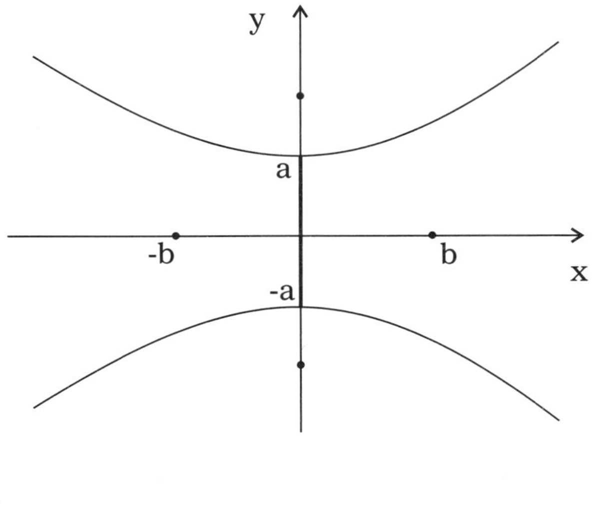

Se o centro **C** da hipérbole não coincidir com a origem do sistema xOy , mas os eixos da hipérbole forem paralelos aos eixos coordenados, vejamos qual é a forma típica da equação da hipérbole.

Sendo $C = (x_C , y_C)$ o centro da hipérbole e o seu eixo real sendo horizontal (paralelo ao eixo das abscissas), fazendo uma translação do sistema até que a origem do novo sistema x'O'y' coincida com o centro **C** da hipérbole, vamos escrever a equação da hipérbole no novo sistema e depois, usando as fórmulas de transformação de coordenadas, determinar a equação da hipérbole no sistema xOy .

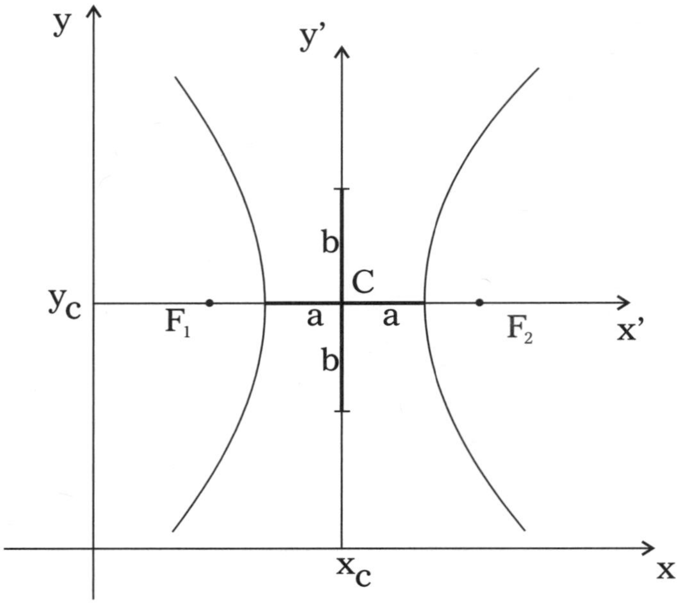

Em x'O'y' :

$$\frac{x'^2}{a^2} - \frac{y'^2}{b^2} = 1$$

Fórmulas de transformação

$$\begin{cases} x = x_c + x' \\ y = y_c + y' \end{cases} \quad \text{ou} \quad \begin{cases} x' = x - x_c \\ y' = y - y_c \end{cases}$$

Então em xOy a equação canônica (ou reduzida) da hipérbole será:

$$\frac{(x - x_c)^2}{a^2} - \frac{(y - y_c)^2}{b^2} = 1$$

Quando o eixo real da hipérbole for vertical (paralelo ao eixo das ordenadas) obtemos:

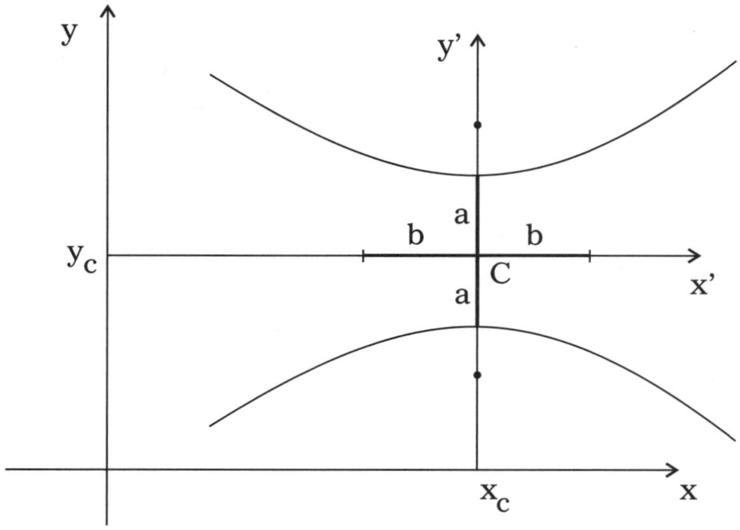

$$\frac{(y - y_c)^2}{a^2} - \frac{(x - x_c)^2}{b^2} = 1$$

Exemplo: O eixo real e o eixo imaginário de uma hipérbole têm, respectivamente, 6 e 8 de comprimento. Determine a distância focal, a excentricidade e a distância **d** entre as diretrizes.

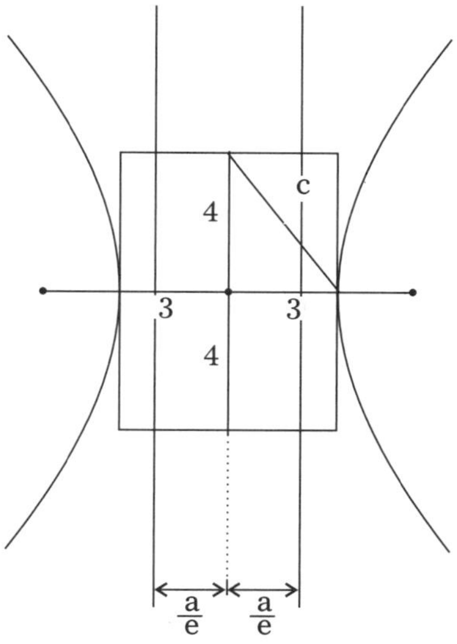

1º) $2a = 6 \Rightarrow a = 3$

$2b = 8 \Rightarrow b = 4$

$c^2 = a^2 + b^2 \Rightarrow c^2 = 3^2 + 4^2 \Rightarrow c = 5 \Rightarrow 2c = 10$

2º) $e = \frac{c}{a} = \frac{5}{3} \Rightarrow e = \frac{5}{3}$

3º) $d = 2\left(\frac{a}{e}\right) = 2 \cdot \frac{3}{\frac{5}{3}} \Rightarrow d = \frac{18}{5} \Rightarrow d = 3,6$

Exemplo: Em cada caso é dada uma hipérbole com eixos paralelos aos eixos coordenados. Determine a sua equação reduzida (ou canônica).

a)

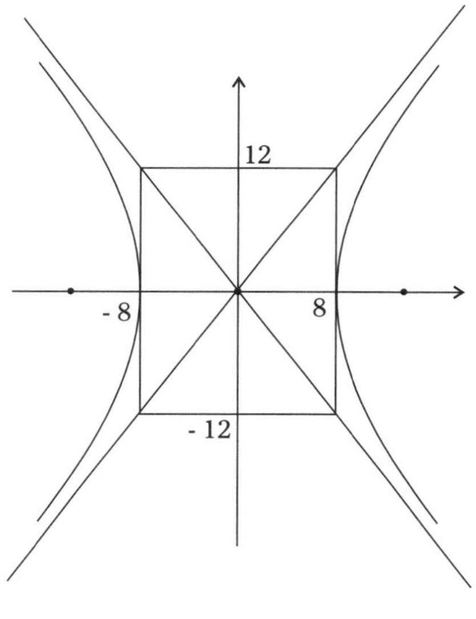

$$\frac{x^2}{a^2} - \frac{y^2}{b^2} = 1$$

$$\frac{x^2}{64} - \frac{y^2}{144} = 1$$

b)

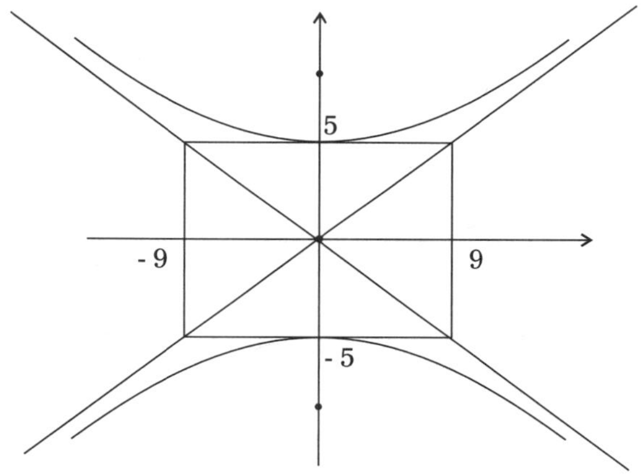

$$\frac{y^2}{a^2} - \frac{x^2}{b^2} = 1 \Rightarrow \frac{y^2}{25} - \frac{x^2}{81} = 1$$

c)

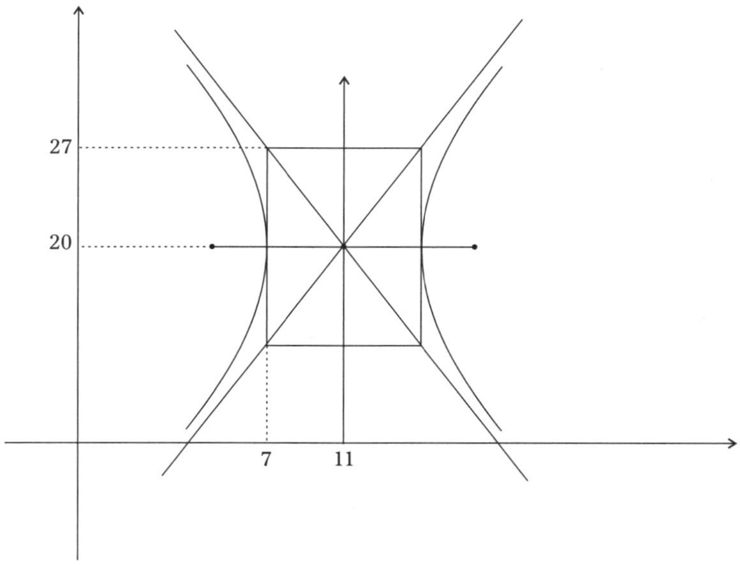

$$\frac{(x - x_c)^2}{a^2} - \frac{(y - y_c)^2}{b^2} = 1$$

$$\frac{(x - 11)^2}{4^2} - \frac{(y - 20)^2}{7^2} = 1$$

$$\frac{(x - 11)^2}{16} - \frac{(y - 20)^2}{49} = 1$$

388 Recordando a nomenclatura dos elementos principais de uma hipérbole, baseando-se na figura dada, resolver:

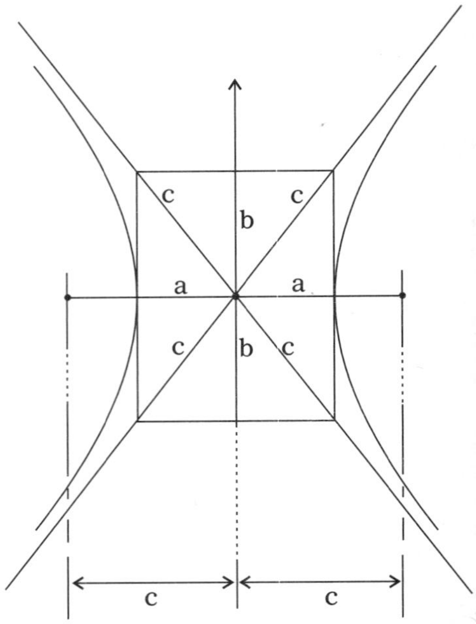

a) Se o eixo real de uma hipérbole tem 18 e o imaginário 24, de comprimento, determine a distância focal e a excentricidade

b) Dada a distância focal $2c = 34$ e o eixo imaginário $2b = 16$, determine o eixo real e a excentricidade da hipérbole

c) Dado o eixo real $2a = 24$ e a excentricidade $e = \frac{13}{12}$, determine a distância focal e o eixo imaginário.

d) Dado o eixo conjugado (ou imaginário) $2b = 18$ e a excentricidade $e = \sqrt{10}$, determine o eixo real e a distância focal.

e) Dado o eixo imaginário $2b = 6\sqrt{5}$ e a excentricidade $e = \frac{3}{2}$, determine a distância entre as diretrizes.

f) Dado a excentricidade $e = 2$ e a distância 6 entre as diretrizes, determine a distância focal e os semi-eixos.

389 Mostre que a corda focal mínima de uma hipérbole vale $\frac{2b^2}{a}$.

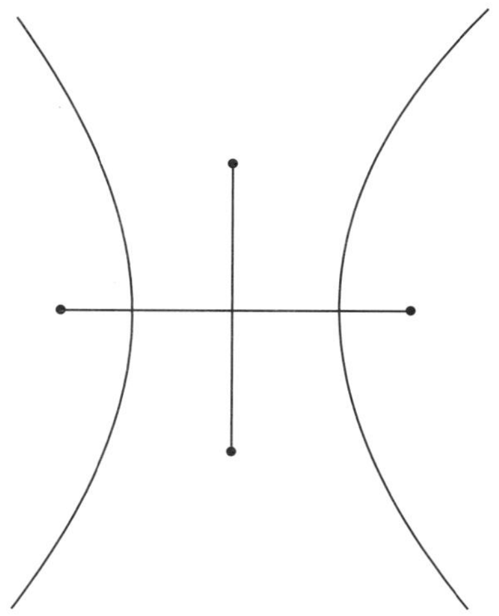

---

390 Em cada caso é dada uma hipérbole com eixos, real e conjugado, paralelos aos eixos. Determine a equação reduzida da hipérbole.

a)

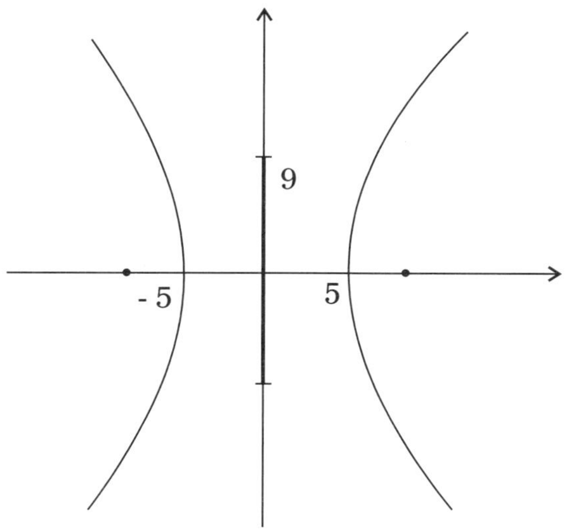

b)

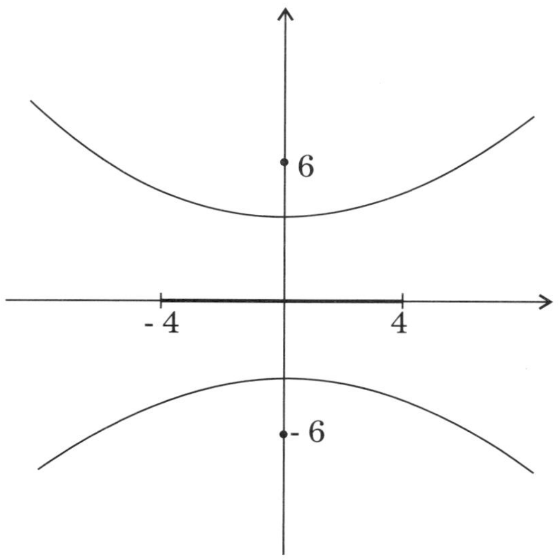

c)

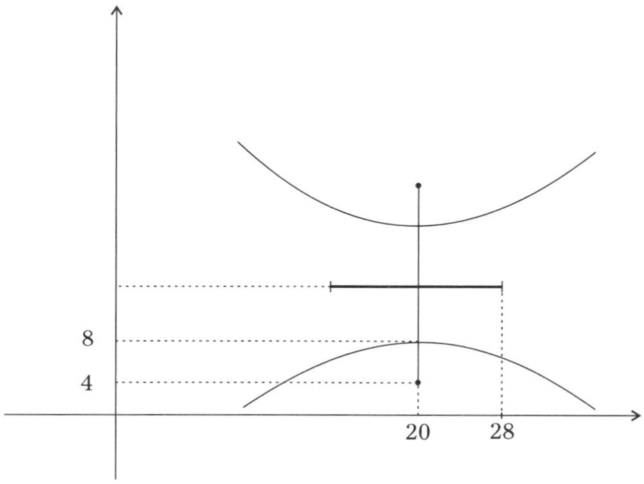

391 Determine a equação da hipérbole, onde o retângulo fundamental tem dois lados contidos nos eixos, nos casos:

a)

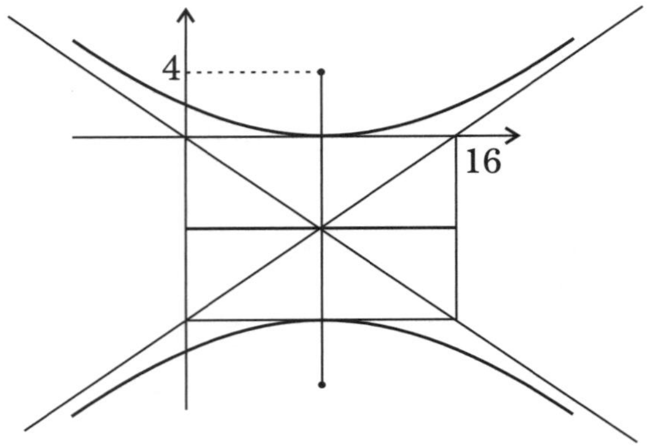

b)

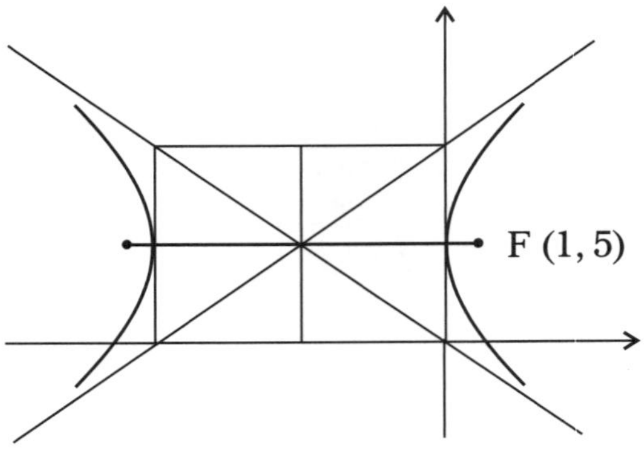

392 Dado o retângulo fundamental da hipérbole, esboçar o desenho e determinar as equações das assíntotas e da hipérbole, nos casos:

a) O eixo real é vertical

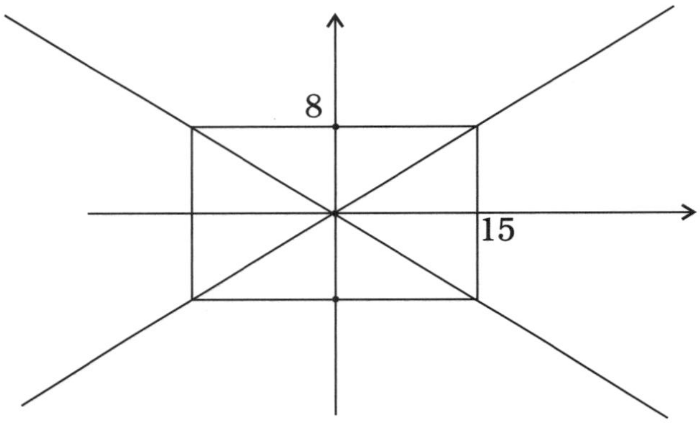

b) O eixo conjugado é vertical

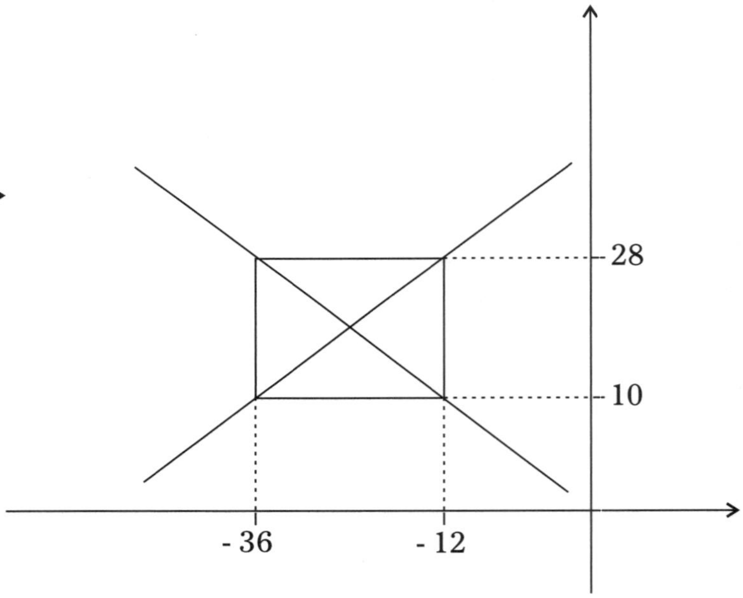

393 O retângulo dado é o fundamental de hipérboles conjugadas. Determine as equações das assíntotas e das hipérboles. Esboçar um desenho.

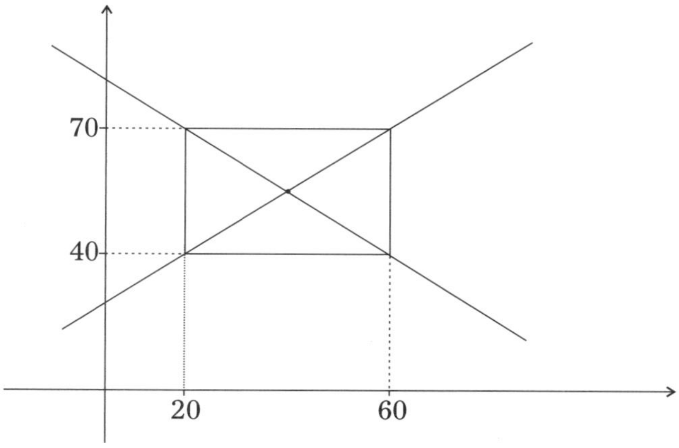

394 Dado o retângulo fundamental de uma hipérbole equilátera de eixo transverso horizontal, esboçar o desenho e determinar a equação dessa hipérbole.

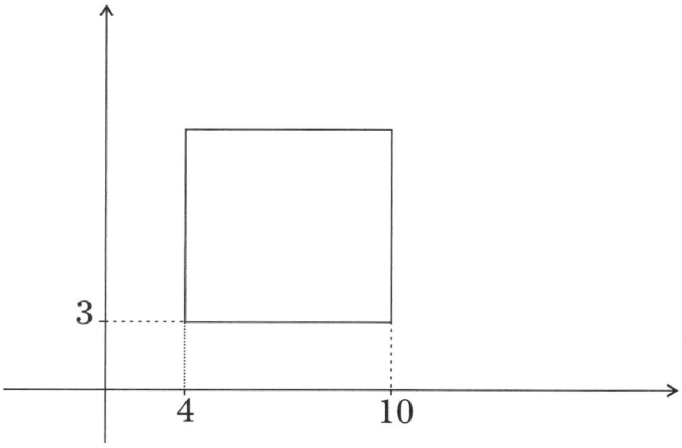

395 Determine as equações das diretrizes da hipérbole.

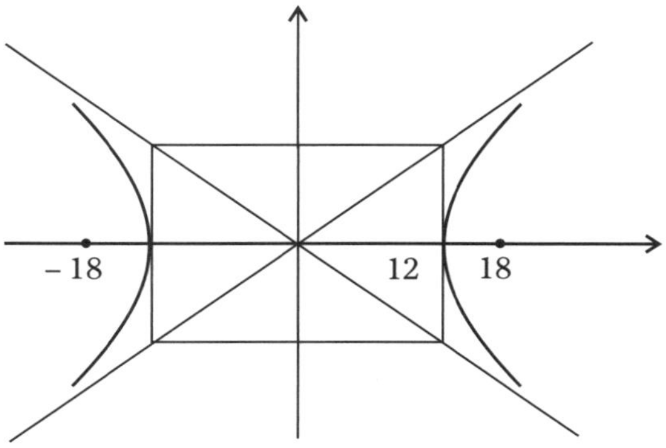

Resp: **388** a) $2c = 30$, $e = \frac{5}{3}$ b) $2a = 30$, $e = \frac{17}{15}$ c) $2c = 26$, $2b = 10$

d) $2a = 6$, $2c = 6\sqrt{10}$ e) 8 f) $2c = 24$, $a = 6$, $b = 6\sqrt{3}$

389 No triângulo PF_1F_2 , onde **P** é uma extremidade da corda, aplique a definição de Hipérbole e Pitágoras.

390 a) $\frac{x^2}{25} - \frac{y^2}{81} = 1$ b) $\frac{y^2}{20} - \frac{x^2}{16} = 1$ c) $\frac{(y-14)^2}{36} - \frac{(x-20)^2}{64} = 1$

396 Determine as equações das diretrizes da hipérbole de eixo imaginário horizontal, dados o centro C (– 30, 25) , e os eixos $2a = 36$ e $2b = 12\sqrt{7}$.

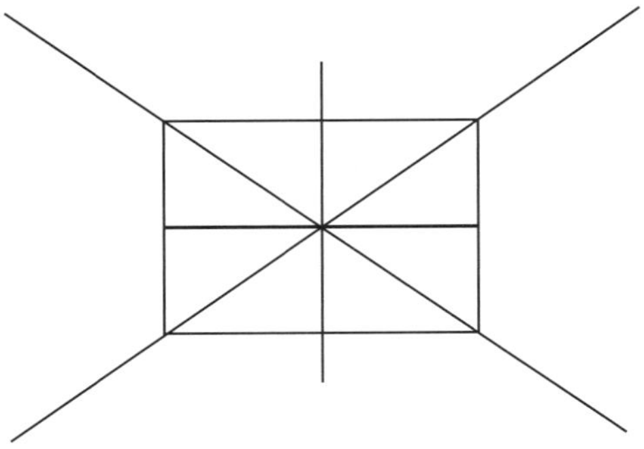

---

397 Determine a equação reduzida da hipérbole de centro **C** e eixos real e imaginário, respectivamente, 2a e 2b , nos casos:

a) Eixo real horizontal, C (– 7, 13)
$2a = 22$ e $2b = 18$

b) Eixo conjugado horizontal, C (8, – 4)
$2a = 12$ e $2b = 14$

c) Eixo transverso horizontal,
C (– 3, 2), $2a = 10$ e $2b = 8$

d) Eixo imaginário vertical, C (– 10, 1)
$2a = 16$ e $2b = 4$

---

398 Determine a equação da hipérbole dados os focos e o eixo real, nos casos:

a) (– 4, 7) , (22, 7) e $2a = 10$

b) (– 4, – 14) , (– 4, 20) e $2a = 30$

399 Determine a equação reduzida da hipérbole dados os focos e o eixo imaginário nos casos:

a) (– 6, – 13) , (– 6, + 7) e 2b = 12

b) (4, 3) , (– 26, 3) e 2b = 24

---

400 Determine a equação da hipérbole dados os focos e a excentricidade nos casos:

a) (– 6, – 2) , (4, – 2) e $e = \frac{5}{4}$

b) (2, 2) , (2, – 10) e $e = \frac{3}{2}$

---

401 $4x - 3y + 10 = 0$ e $4x + 3y - 2 = 0$ são equações das assíntotas de uma hipérbole onde F (– 6, 2) é um foco. Determine a equação reduzida desta hipérbole.

Resp: **391** a) $\frac{(y+6)^2}{36} - \frac{(x-8)^2}{64} = 1$ b) $\frac{(y+12)^2}{144} - \frac{(y-5)^2}{25} = 1$ **392** a) $\frac{y^2}{64} - \frac{x^2}{225} = 1, 8x - 15y = 0$ e $8x + 15y = 0$

b) $\frac{(x+24)^2}{144} - \frac{(y-19)^2}{81} = 1,\ 3x - 4y + 148 = 0$ e $3x + 4y - 4 = 0$

393 $3x - 4y + 100 = 0$ e $3x + 4y - 340 = 0$ e $\frac{(x-40)^2}{400} - \frac{(y-55)^2}{225} = 1$ e $\frac{(y-55)^2}{225} - \frac{(x-40)^2}{400} = 1$

394 $\frac{(x-7)^2}{9} - \frac{(y-6)^2}{9} = 1$ **395** $x + 8 = 0$ e $x - 8 = 0$

402 As assíntotas de uma hipérbole tem as seguintes equações $2x - \sqrt{5}\,y + 3\sqrt{5} + 4 = 0$ e $2x + \sqrt{5}\,y - 3\sqrt{5} + 4 = 0$ e uma de suas diretrizes é $y - 7 = 0$. Determine a equação dessa hipérbole.

---

403 Dados os vértices **P** e **Q** e uma extremidade, B, do eixo conjugado, determine a equação da hipérbole nos casos:

a) P (– 9, 4), Q (1, 4) e B (– 4, 11)

b) P (6, 4), Q (6, – 8) e B (– 5, – 2)

404 Dados os vértices **P** e **Q** e a excentricidade de uma hipérbole, determine sua equação, nos casos:

a) P (– 7, 2) , Q (– 7, – 6) , e = 3

b) P (– 3, – 9) , Q (13, – 9) , e = $\frac{7}{4}$

---

405 Dados os vértices **P** e **Q** e um foco, **F** , de uma hipérbole, determine a sua equação, nos casos:

a) P (– 8, 3) , Q (2, 3) e F (5, 3)

b) P (– 4, 10), Q (– 4, – 4) e F (– 4, – 9)

Resp: **396** 2y – 23 = 0 e 2y – 77 = 0 **397** a) $\frac{(x+7)^2}{121}-\frac{(y-13)^2}{81}=1$ b) $\frac{(y+4)^2}{36}-\frac{(x-8)^2}{49}=1$ c) $\frac{(x+3)^2}{25}-\frac{(y-2)^2}{16}=1$
d) $\frac{(x+10)^2}{64}-\frac{(y-1)^2}{4}=1$ **398** a) $\frac{(x-9)^2}{25}-\frac{(y-7)^2}{144}=1$ b) $\frac{(y-3)^2}{225}-\frac{(x+4)^2}{64}=1$ **399** a) $\frac{(y+3)^2}{64}-\frac{(x+6)^2}{36}=1$
b) $\frac{(y+11)^2}{81}-\frac{(y-3)^2}{144}=1$ **400** a) $\frac{(y+1)^2}{16}-\frac{(y+2)^2}{9}=1$ b) $\frac{(y+4)^2}{16}-\frac{(x-2)^2}{20}=1$
401 $\frac{(x+1)^2}{9}-\frac{(y-2)^2}{16}=1$

406 $F(2, 2)$ é um foco de uma hipérbole com eixo imaginário de extremidades $(-2, -5)$ e $(6, -5)$. Determine a equação da hipérbole.

---

407 $F(-13, 7)$ é um foco e $V(-11, 7)$ é um vértice de uma hipérbole com eixo conjugado $2b = 16$. Determine a equação dessa hipérbole.

---

408 Uma hipérbole de centro $C(-7, 9)$ e eixo real horizontal tem excentricidade $e = \frac{3}{2}$ e corda focal mínima igual a 15. Determine a equação dessa hipérbole.

409 Uma hipérbole com centro na origem do sistema e eixo real vertical, passa pelos pontos (– 4, – 6) e (1, 3). Determine sua equação.

---

410 Determinar a equação de uma hipérbole de eixo real no eixo das ordenadas e eixo imginário sobre o eixo das abscissas, sabendo que a distância focal é 12 e a corda focal mínima 18.

---

411 Determine o centro e os focos da hipérbole dada sua equação, nos casos:

a) $\frac{x^2}{25} - \frac{y^2}{56} = 1$

b) $\frac{y^2}{75} - \frac{x^2}{25} = 1$

c) $\frac{(y+10)^2}{9} - \frac{(x-30)^2}{40} = 1$

d) $\frac{(x-20)^2}{50} - \frac{(y+17)^2}{14} = 1$

Resp: **402** a) $\frac{(y-3)^2}{36} - \frac{(x+1)^2}{45} = 1$ b) $\frac{(x-5)^2}{64} - \frac{(y+9)^2}{132} = 1$ **403** a) $\frac{(x+4)^2}{25} - \frac{(y-4)^2}{49} = 1$ b) $\frac{(y+2)^2}{36} - \frac{(x-6)^2}{121} = 1$ **404** a) $\frac{(y+2)^2}{16} - \frac{(x+7)^2}{128} = 1$ **405** a) $\frac{(x+3)^2}{25} - \frac{(y-3)^2}{39} = 1$ b) $\frac{(y-3)^2}{49} - \frac{(x+4)^2}{95} = 1$

412 Determine a equação reduzida da hipérbole, nos casos:

a) $4x^2 - 3y^2 - 48 = 0$

b) $2x^2 - 3y^2 + 24 = 0$

c) $3x^2 - 2y^2 - 6x - 12y - 27 = 0$

d) $3x^2 - 2y^2 + 30x - 8y + 91 = 0$

---

413 Determine o centro e os focos da hipérbole nos casos:

a) $y^2 - 3x^2 + 20y + 78x - 455 = 0$

b) $y^2 - 2x^2 + 36x + 14y - 89 = 0$

---

414 Determine a intersecção entre a reta (s) $4x - 3y - 16 = 0$ e a hipérbole $\frac{x^2}{25} - \frac{y^2}{16} = 1$.

415 Determine uma reta que é paralela à reta $10x - 3y + 9 = 0$ e tangencia a hipérbole $4x^2 - y^2 = 64$.

---

416 Determine a equação de uma reta que passa por $P(-1, -7)$ e tangencia a hipérbole $x^2 - y^2 = 16$.

Resp: **406** $\frac{(y+5)^2}{49} - \frac{(x+4)^2}{95} = 1$ **407** $\frac{(x-4)^2}{225} - \frac{(y-7)^2}{64} = 1$ **408** $\frac{(x+7)^2}{36} - \frac{(y-9)^2}{45} = 1$

409 $5y^2 - 9x^2 = 36$ **410** $3y^2 - x^2 = 27$ **411** a) (0, 0) , (– 9, 0) e (9, 0)

b) (0, 0) , (0, – 10) ,(0, 10) c) (30, – 10) , (30, – 17), (30, – 3) d) (20, – 17) , (12, – 17) , (28, – 17)

417 Determine a equação de uma hipérbole com centro na origem e eixo real horizontal, dada a distância 2d entre as diretrizes, nos casos:

a) $2d = \frac{32}{5}$ e $2b = 6$ b) $2d = \frac{8}{3}$ e $e = \frac{3}{2}$ c) $2d = \frac{64}{5}$ e uma assíntota $y = \frac{3}{4}x$

---

418 Dada a hipérbole $16x^2 - 9y^2 + 144 = 0$, determine:

a) Os semi-eixos b) Os focos c) A excentricidade d) As assíntotas e) As diretrizes

---

419 Determine o centro, os semi-eixos, a excentricidade, as assíntotas e as diretrizes da hipérbole nos casos:

a) $16x^2 - 9y^2 - 64x - 54y - 161 = 0$ b) $9x^2 - 16y^2 + 90x + 32y - 367 = 0$

c) $16x^2 - 9y^2 - 64x - 18y + 199 = 0$

---

420 Uma hipérbole tem excentricidade 2 . Um ponto de um ramo dista 16 do foco correspondente, quanto ele dista da diretriz correspondente?

---

421 Determine a hipérbole conjugada da hipérbole $9x^2 - 16y^2 - 72x - 96y - 576 = 0$.

---

422 Os focos de uma hipérbole coincidem com os focos da elipse $9x^2 + 25y^2 = 225$. Determine a equação dessa hipérbole sendo 2 sua excentricidade.

---

423 Determine a equação de uma hipérbole cujos focos são vértices da elipse $\frac{x^2}{100} + \frac{y^2}{64}$ e cujas diretrizes passam pelos focos dessa elipse.

---

424 Determine a intersecção da reta $2x - y - 10 = 0$ com a hipérbole $x^2 - 4y^2 = 20$.

---

425 Dada a hipérbole (f) $4x^2 - y^2 = 36$ e a reta (s) $y = \frac{5}{2}x + m$, detemine **m** de modo que:

a) **s** e **f** sejam secantes b) **s** e **f** sejam tangentes c) **s** e **f** não tenham ponto em comum

---

426 Determine a equação de uma reta que é perpendicular à reta $4x + 3y - 7 = 0$ e tangencia a hipérbole $x^2 - 4y^2 = 20$.

---

427 Determine uma reta que é paralela à reta $2x + 4y - 5 = 0$ e tangencia a hipérbole $x^2 - 2y^2 + 16 = 0$.

---

428 Pelo ponto P (1, – 10) traçam-se as retas tangentes à hipérbole $4x^2 - y^2 = 32$. Determine a equação da reta determinada pelos pontos de contacto.

---

429 Pelo ponto P (1, – 5) traçam-se as retas tangentes à hipérbole $5x^2 - 3y^2 = 15$. Determine a distância entre P e a reta determinda pelos pontos de contacto.

---

430 Os eixos de uma hipérbole estão sobre os eixos coordenados, ela passa pelo ponto $P(\sqrt{6}, 3)$ e tangencia a reta $9x + 2y - 15 = 0$. Determine a equação dessa hipérbole.

---

431 Os eixos de uma hipérbole estão sobre os eixos coordenados e ela tangencia as retas $5x - 6y - 16 = 0$ e $13x - 10y - 48 = 0$

---

432 Uma hipérbole tem o eixo real $2a = 8$ contido sobre o eixo das abscissas e o centro coincidindo com a origem do sistema. Se a reta $15x + 16y - 36 = 0$ tangencia essa hipérbole ,determine a equação dessa hipérbole.

Resp: **412** a) $\frac{x^2}{12} - \frac{y^2}{16} = 1$ b) $\frac{y^2}{8} - \frac{x^2}{12} = 1$ c) $\frac{(x-1)^2}{4} - \frac{(y+3)^2}{6} = 1$ d) $\frac{(y+12)^2}{12} - \frac{(x+5)^2}{8} = 1$

413 a) C (13, – 10) e (13, – 18) , (13, – 2) b) C (9, – 7) e (3, – 7) , (15, – 7) **414** $\left\{\left(-\frac{25}{4}, 3\right)\right\}$

415 x – 3y – 32 = 0 ou 10x – 3y + 32 = 0 **416** 5x – 3y – 16 = 0 ou 13x + 5y + 48 = 0

417 a) $\frac{x^2}{16} - \frac{y^2}{9} = 1$ b) $\frac{x^2}{4} - \frac{y^2}{5} = 1$ c) $\frac{x^2}{64} - \frac{y^2}{36} = 1$

418 a) a = 3 , b = 4 b) (0, – 5) , (0, 5) c) $\frac{5}{4}$ d) 4x + 3y = 0 , 4x – 3y = 0 e) 5y – 16 = 0 , 5y + 16 = 0

419 a) (2, – 3) , a = 3, b = 4 , e = $\frac{5}{3}$, assínt: 4x – 3y – 17 = 0 e 4x + 3y + 1 = 0 , dir: 5x – 1 = 0 e 5x – 19 = 0

b) (– 5, 1) , a = 8 , b = 6 , e = $\frac{5}{4}$, assínt: 3x + 4y + 11 = 0 e 3x – 4y + 19 = 0 , dir: 5x + 57 = 0 e 5x – 7 = 0

c) (2, – 1) , a = 3 , b = 4 , e = $\frac{5}{4}$, assínt: 4x + 3y – 5 = 0 e 4x – 3y – 11 = 0 , dir: 5y + 21 = 0 e 5y – 11 = 0

420 8 **421** $16y^2 - 9x^2 + 96y + 72x - 576 = 0$ **422** $\frac{x^2}{4} - \frac{y^2}{12} = 1$

423 $\frac{x^2}{60} - \frac{y^2}{40} = 1$ **424** $\left\{(6,2), \left(\frac{14}{3}, -\frac{2}{3}\right)\right\}$

425 a) m real e $m < -\frac{9}{2}$ ou $m > \frac{9}{2}$ b) $m = -\frac{9}{2}$ ou $m > \frac{9}{2}$ c) m real e $-\frac{9}{2} < m < \frac{9}{2}$

426 3x – 5y – 10 = 0 ou 3x – 4y + 10 = 0 **427** x + 2y – 4 = 0 ou x + 2y + 4 = 0

428 2x + 5y – 16 = 0 **429** $\frac{7}{10}\sqrt{10}$ **430** $\frac{x^2}{5} - \frac{y^2}{45} = 1$ ou $\frac{3x^2}{10} - \frac{4y^2}{45} = 1$

431 $\frac{x^2}{16} - \frac{y^2}{4} = 1$ **432** $\frac{x^2}{16} - \frac{y^2}{9} = 1$

3 – Parábola

1º) Definição

Considere em um plano α uma reta **d**, chamada diretriz, e um ponto **F**, chamado foco, não pertencente a **d**.

O conjunto de todos os pontos α, eqüidistantes de **d** e **F**, é chamado **parábola** de foco **F** e diretriz **d**.

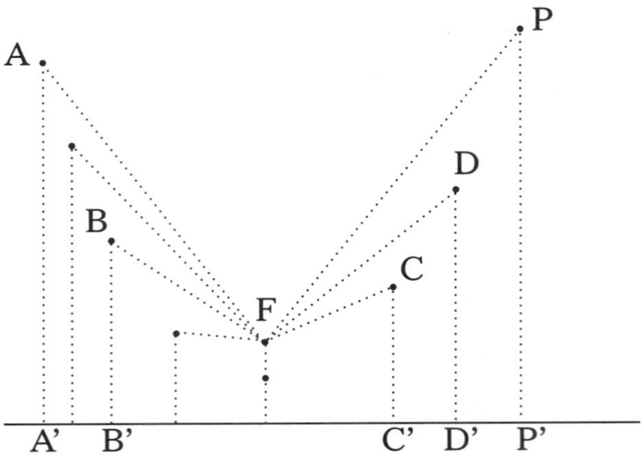

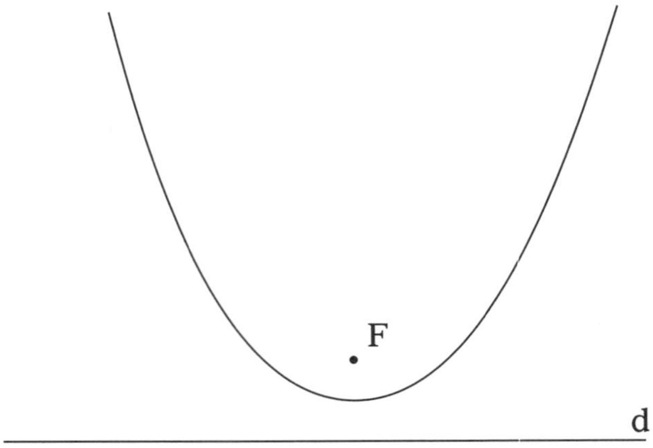

Um ponto P pertence a uma parábola se, e somente se, $PF = d_{P,d}$

Se A, B, C, D e P são pontos da parábola de foco **F** e diretriz **d**, então $AF = AA'$, $BF = BB'$, $CF = CC'$, $DF = DD'$ e $PF = PP'$.

FA, FB, FC etc são chamados raios focais de A, B, C etc.

Note que a parábola é uma curva aberta.

2º) Nomenclatura

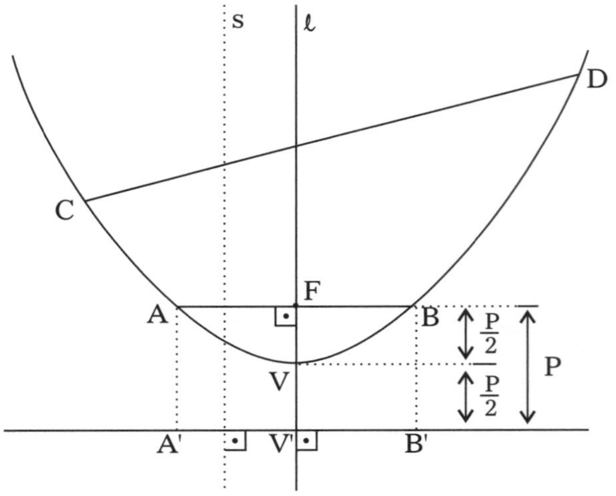

- A reta **d** é chamda **diretriz** da parábola
- O ponto **F** é o **foco** da parábola
- A reta ℓ, perpendicular a **d** por **F**, é o **eixo** da parábola. Ela é **eixo de simetria** da parábola
- A intersecção do eixo com a parábola é o **vértice** da parábola
- A distância entre o foco **F** e a diretriz d é o **parâmetro** (p) da parábola. Como $VF = VV'$ e $VF + VV' = p$, obtemos $VF = VV' = \frac{P}{2}$
- CD é uma **corda** da parábola
- AB é **corda focal mínima**. Como $AF = AA' = p$ e $BF = BB' = p$, obtemos que $AB = 2p$
- Qualquer reta paralela ao eixo é chamada **diâmetro** da parábola. Na figura: s

Obs: Dado um ponto qualquer da parábola, a razão entre as distâncias entre esse ponto e o foco e entre ele e diretriz é uma constante igual a 1.

Essa constante é chamada excentricidade da parábola: $e = 1$

3º) Reta tangente à parábola

Uma reta é tangente a uma parábola se, e somente se, ela não é diâmetro (não é paralela ao eixo e tem um único ponto em comum com a parábola.

Propriedade: Uma reta **t** tangente a uma parábola em **P** forma ângulos iguais com $\overline{FP}$ e a reta paralela ao eixo por P (diâmetro da parábola)

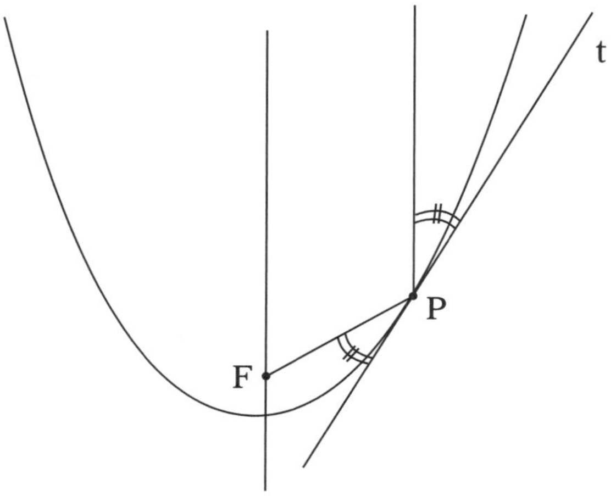

4º) Propriedade das cordas paralelas

Os pontos médios de cordas parelelas de uma parábola são alinhados e estão sobre um mesmo diâmetro da parábola.

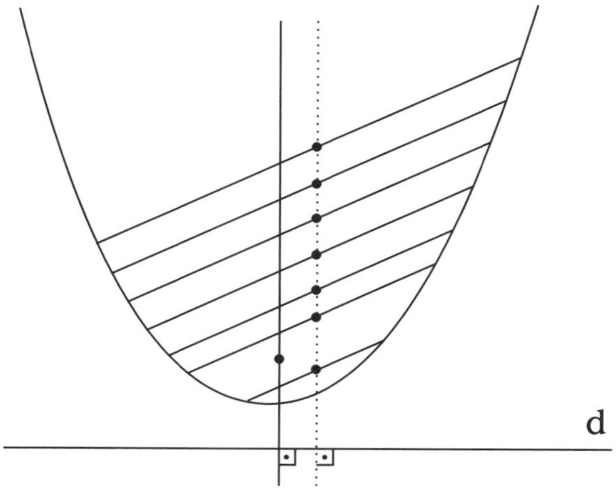

5º) Equação canônica

Considere uma parábola com o vértice na origem de um sistema de coordenadas, o eixo contido no eixo das ordenadas e a diretriz abaixo do eixo dos x (diretriz de ordenada negativa). Dizemos neste caso que a parábola têm a concavidade voltada para cima. Vamos deduzir uma equação que é chamada **equação canônica** ou **forma típica da equação** ou **equação reduzida** da parábola.

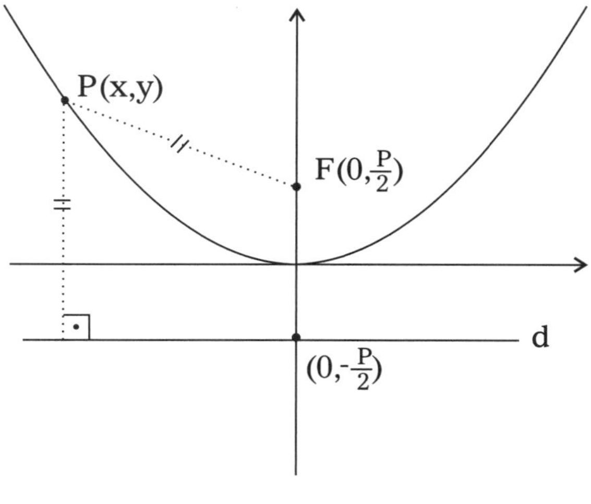

Sendo P (x, y) um ponto genérico dessa parábola temos:

$d_{P,F} = d_{P,d}$ Então:

$$\sqrt{x^2 + \left(y - \frac{p}{2}\right)^2} = \left|y - \left(-\frac{p}{2}\right)\right| \Rightarrow$$

$$x^2 + y^2 - py + \frac{p^2}{4} = y^2 + py + \frac{p^2}{4} \Rightarrow$$

$$\boxed{x^2 = 2py}$$

que é chamada **equação canônica** da parábola

Da mesma forma obtemos equação canônica para a parábola quando a concavidade estiver voltada para baixo, com vértice na origem, ou quando o vértice está na origem e o eixo é horizontal com concavidade voltada para a direita ou para a esquerda. Vejamos como fica a equação em cada caso:

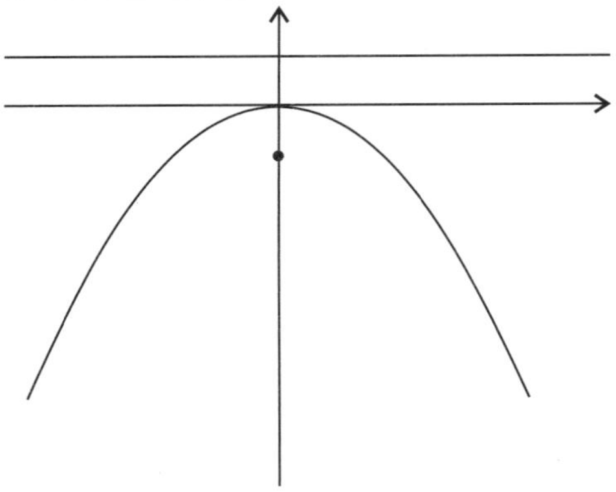

$$x^2 = -2py$$

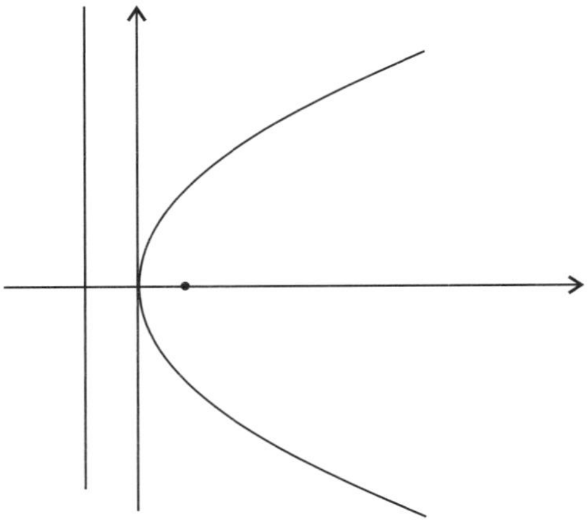

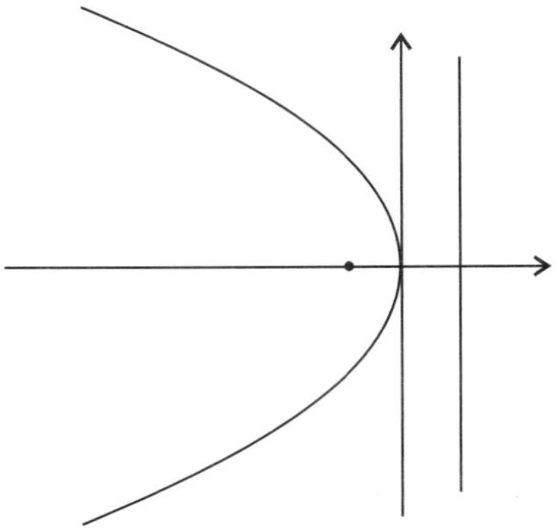

$$y^2 = 2px$$

$$y^2 = -2px$$

Se o vértice da parábola não está sobre a origem do sistema, mas o eixo da parábola é vertical, vejamos como fica a equação canônica.

Sendo $V = (x_V, y_V)$ o vértice da parábola e a concavidade voltada para cima, fazendo uma translação do sistema até que a origem do novo sistema $x'O'y'$ seja o ponto V, vamos escrever a equação da parábola no novo sistema e depois, usando as fórmulas de transformação, determinar a equação da parábola no sistema xOy.

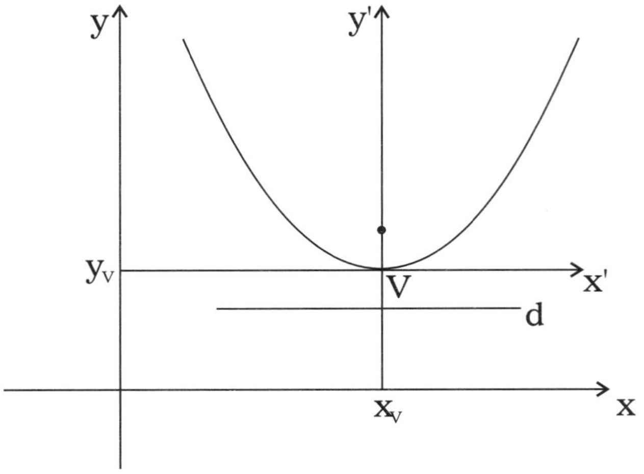

Em $x'O'y'$: $x'^2 = 2py'$

fórmulas de transformação:

$$\begin{cases} x = x_v + x' \\ y = y_v + y' \end{cases} \quad \text{ou} \quad \begin{cases} x' = x - x_v \\ y' = y - y_v \end{cases}$$

Então em xOy a equação canônica (ou reduzida) da parábola será:

$$(x - x_V)^2 = 2p\,(y - y_V)$$

Da mesma forma obtemos a equação canônica quando a parábola está com a concavidade voltada para baixo ou para a esquerda ou para a direita. Vejamos como fica a equação:

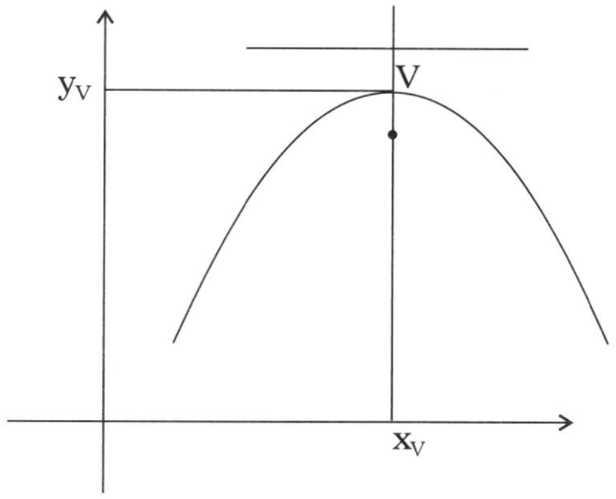

$$(x - x_V)^2 = -2p\,(y - y_V)$$

Nota: Uma parábola com eixo vertical pode ter a equação reduzida à forma

$$y = ax^2 + bx + c \ , \ a \neq 0$$

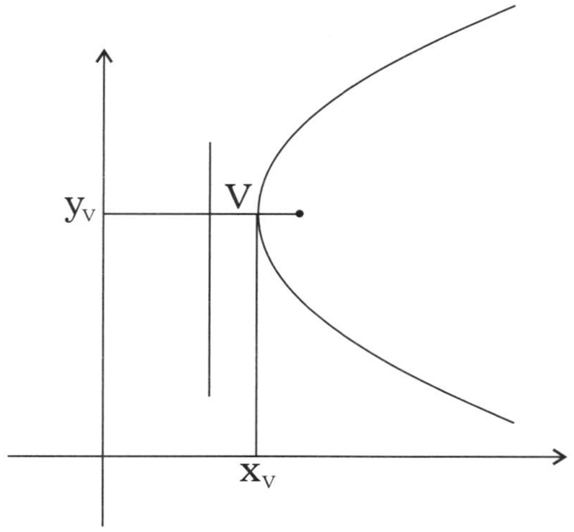

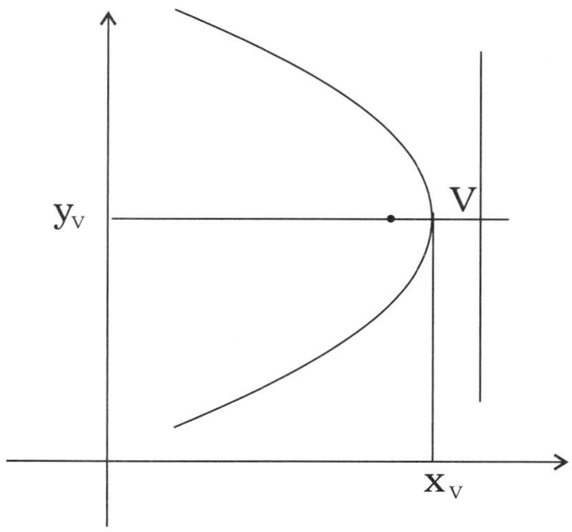

$$(y - y_V)^2 = 2p\,(x - x_V)$$

$$(y - y_V)^2 = -2p\,(x - x_V)$$

Nota: Uma parábola com eixo horizontal pode ter a equação reduzida à forma $x = ay^2 + by + c \ , \ a \neq 0$

Exemplo: Determine a equação canônica da parábola nos casos:

a) Foco F (7, 6) e diretriz $y - 2 = 0$

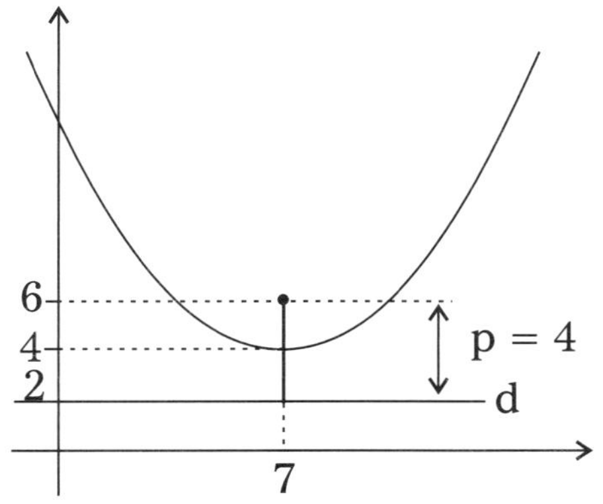

$$(x - x_V)^2 = 2p\,(y - y_V)$$

$$(x - 7)^2 = 2 \,.\, 4 \,.\, (y - 4)$$

$$(x - 7)^2 = 8\,(y - 4)$$

b) Vértice V (13, 4) e foco F (10, 4)

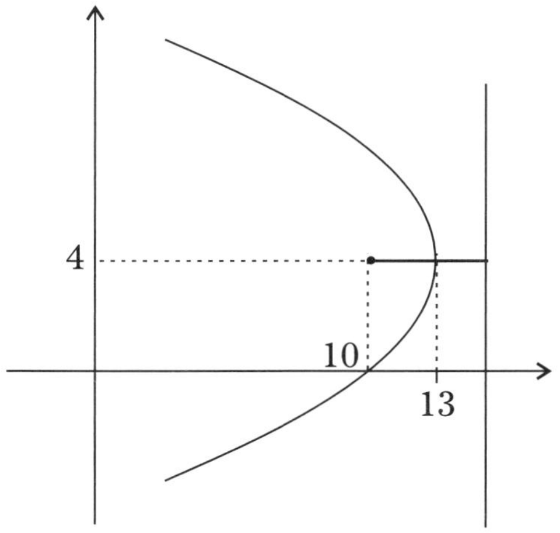

$$\frac{p}{2} = 3 \Rightarrow p = 6$$

$$(y - y_V)^2 = -2p\,(x - x_V)$$

$$(y - 4)^2 = -2 \,.\, 6\,(x - 13)$$

$$(y - 4)^2 = -12\,(x - 13)$$

433 As parábolas esboçadas abaixo têm o eixo horizontal ou vertical. Determine suas equações:

a)

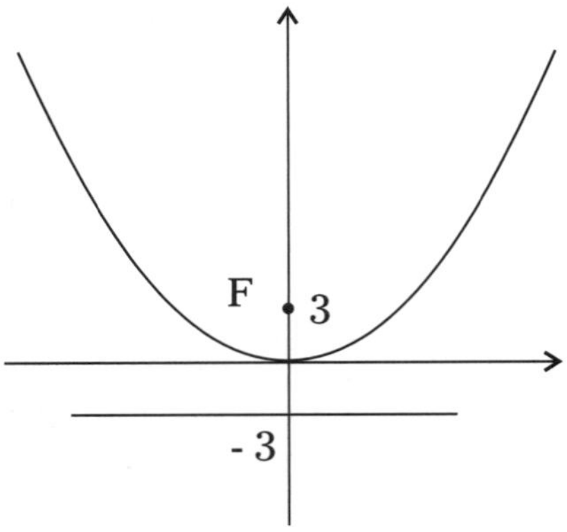

b)

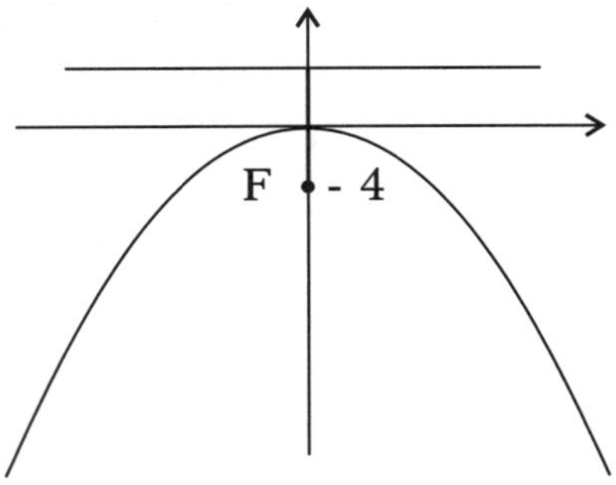

c)

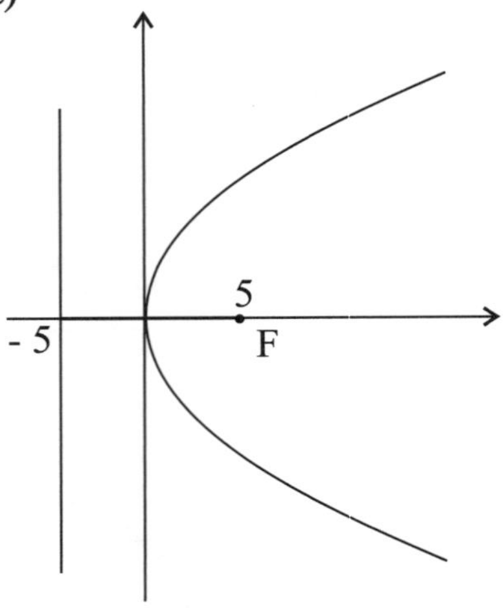

d)

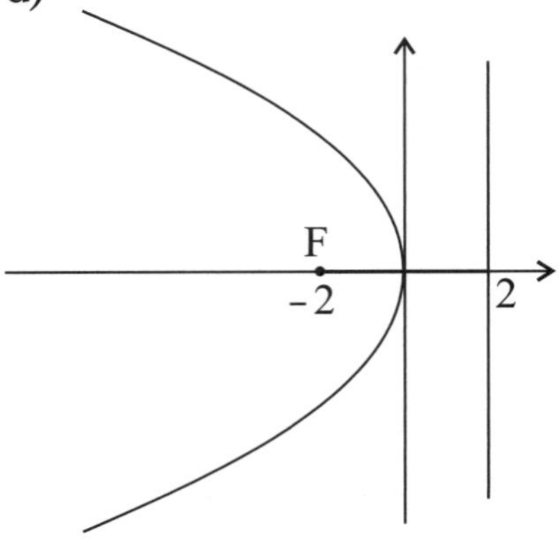

e)

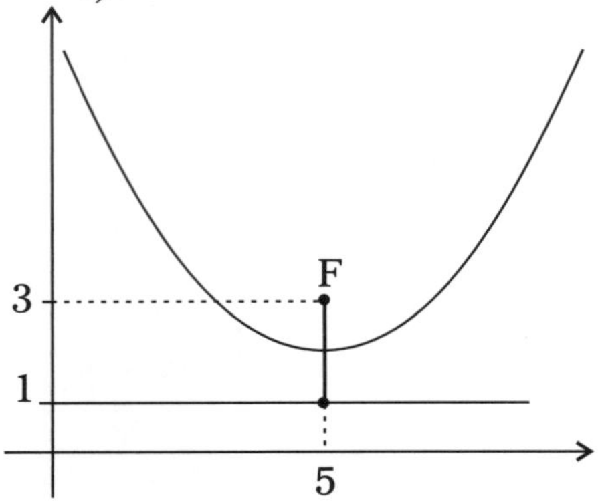

f)

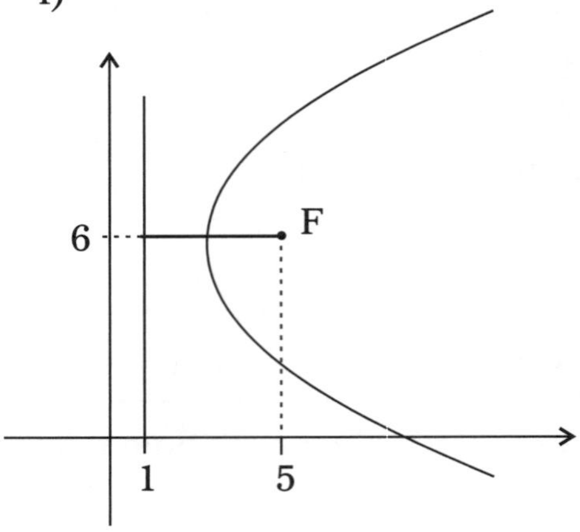

g)

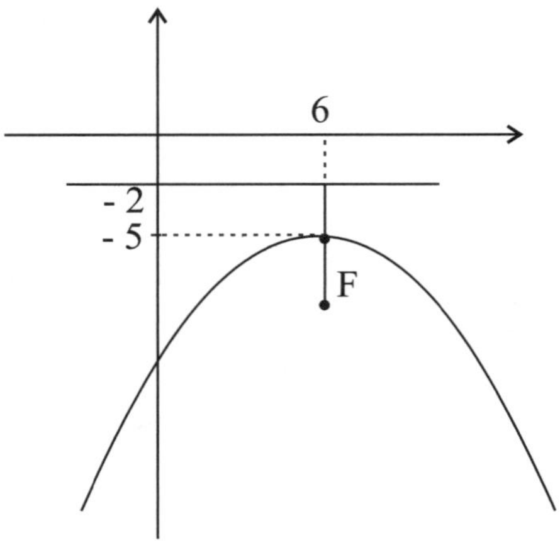

h)

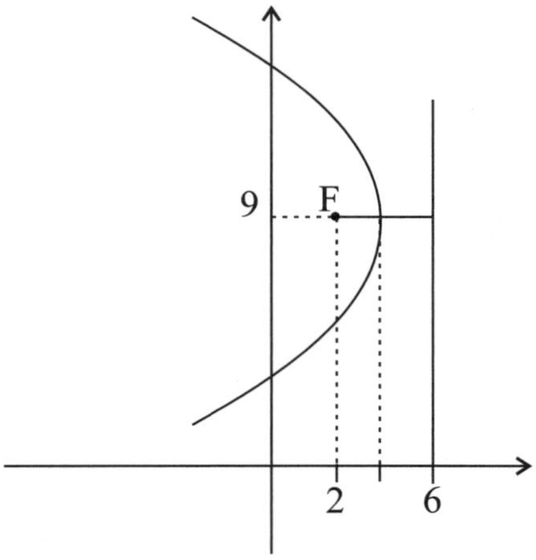

i)

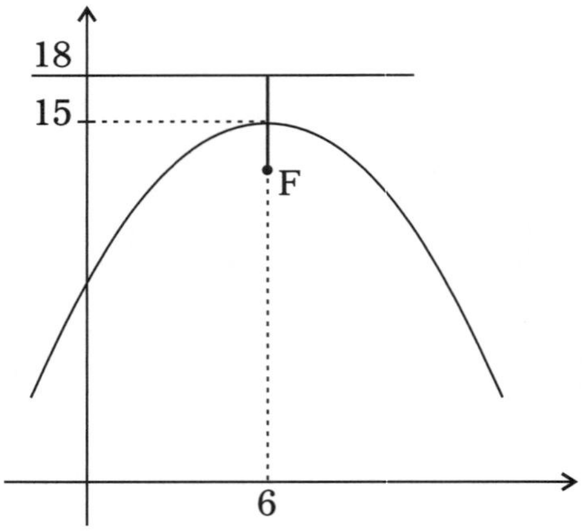

434 Em cada caso é dado o vértice **V** , o parâmetro **p** e a concavidade de uma parábola com diretriz horizontal ou vertical, determine a equação da parábola.

a) $V(-9, 3)$, $p = 10$, concavidade voltada para cima

b) $V(10, -8)$, $p = 7$, concavidade voltada para a esquerda

c) $V(5, -4)$, $p = 5$, concavidade voltada para baixo

d) $V(-1, 7)$, $p = \frac{1}{2}$, concavidade voltada para a direita

---

435 Dado o foco **F** e o vértice **V** determine a equação da parábola, nos casos:

a) $F(-10, 5)$, $V(-7, 5)$

b) $F(7, -6)$, $V(7, -2)$

---

436 Dado o vértice **V** e a equação da diretriz, determine a equação da parábola, nos casos:

a) $V(9, 4)$, $(d)\ x - 8 = 0$

b) $V(-13, 6)$, $(d)\ y - 11 = 0$

437 Dado o foco **F** e a equação da diretriz, determine a equação da parábola, nos casos:

a) $F(7, -5)$, $(d)\ x - 1 = 0$

b) $F(-9, -7)$, $(d)\ y - 5 = 0$

---

438 Determine a equação de uma parábola com concavidade voltada para a esquerda, sabendo que o foco é $F(-12, 3)$ e a corda focal mínima é 16.

---

439 Determine o vértice e o parâmetro da parábola nos casos:

a) $x^2 = 16y$

b) $y^2 = 20x$

c) $x^2 = -10y$

d) $(x + 4)^2 = 18(y - 3)$

e) $(y - 9)^2 = -12(x + 20)$

f) $(y + 6)^2 = 30(x - 4)$

---

440 Determine a equação canônica (ou reduzida) da parábola, nos casos:

a) $x^2 - 8y = 0$

b) $y^2 + 6x = 0$

c) $x = \frac{1}{8}y^2$

d) $x^2 - 2x - 4y - 11 = 0$

e) $x = -y^2 - 6y - 5$

f) $x = 2y^2 + 8y + 11$

441 Determine o vértice e o parâmetro da parábola, nos casos:

a) $y = -\frac{1}{6}x^2 - \frac{5}{3}x - \frac{1}{6}$

b) $x = 3y^2 - 18y + 19$

---

442 Determine o foco e a equação da diretriz da parábola, nos casos:

a) $x = -\frac{1}{12}y^2 - \frac{7}{6}y + \frac{23}{12}$

b) $y = -\frac{1}{8}x^2 - \frac{9}{4}x - \frac{137}{8}$

---

443 Determine a corda focal mínima da parábola, nos casos:

a) $y^2 + 22y + 3x + 109 = 0$

b) $y = -\frac{1}{6}x^2 - \frac{8}{3}x - \frac{41}{3}$

---

444 Determine a equação da reta que é paralela à reta $(s)\ 8x - 2y - 27 = 0$ e é tangente a parábola $y = 2x^2 - 8x + 3$.

Resp: **433** a) $x^2 = 12y$ b) $x^2 = -16y$ c) $y^2 = 20x$ d) $y^2 = -8x$ e) $(x-5)^2 = 4(y-2)$ f) $(y-6)^2 = 8(x-3)$ g) $(x-6)^2 = -12(y+5)$ h) $(y-9)^2 = -8(x-4)$ i) $(x-6)^2 = -12(y-15)$

434 a) $(x+9)^2 = 20(y-3)$ b) $(y+8)^2 = -14(x-10)$ c) $(x-5)^2 = -10(y+4)$ d) $(y-7)^2 = x+1$

435 a) $(y-5)^2 = -12(x+7)$ b) $(x-7)^2 = -16(y+2)$ **436** a) $(y-4)^2 = 4(x-9)$ b) $(x+13)^2 = -20(y-6)$

445 Determine a equação da reta que passa por $P(-2, -2)$ e é tangente à parábola $y = -2x^2 + x + 6$.

---

446 Determine a equação da parábola nos casos:

a) Passa por $(1, 2)$, $(0, 3)$ e $(2, 5)$ e tem a concavidade voltada para cima

b) Passa por $(0, 2)$, $(6, -1)$ e $(2, 3)$ e tem a concavidade voltada para a direita

447 Determine o raio focal (PF) de um ponto P da parábola.
a) $y^2 = 20x$, que tem abscissa 7 b) $y^2 = 12x$, que tem ordenada 6.

---

448 Determine um ponto da parábola $y^2 = 16x$ que tem raio focal 13.

---

449 Determine o vértice o parâmetro e a equação da diretriz da parábola, nos casos:
a) $y^2 = 4x - 8$ b) $y^2 = 4 - 6x$ c) $x^2 = 6y + 2$ d) $x^2 = 2 - y$

---

450 Determine o vértice, o parâmetro e o foco da parábola nos casos:
a) $a = \frac{1}{4}x^2 + x + 2$ b) $y = 4x^2 - 8x + 7$ c) $y = -\frac{1}{6}x^2 + 2x = -7$

---

451 Determine o vértice, o parâmetro e o foco da parábola nos casos:
a) $x = 2y^2 - 12y + 14$ b) $x = -\frac{1}{4}y^2 + y$ c) $x = -y^2 + 2y - 1$

---

452 Determine a intersecção entre a reta **s** e a parábola **f** nos casos:
a) (s) $x + y - 3 = 0$, (f) $x^2 = 4y$ b) (s) $3x + 4y - 12 = 0$, (f) $y^2 = -9x$
c) (s) $3x - 2y + 6 = 0$, (f) $y^2 = 6x$

---

453 Dada a parábola (f) $y^2 = 4x$, determine o valor de **k** na reta (s) $y = kx + 2$ de modo que:
a) s e f sejam secantes b) **s** e **f** sejam tangentes c) **s** e f não se interceptam

---

454 Determine a equação de uma reta que é paralela à reta $2x + 2y - 3 = 0$ e é tangente à parábola $y^2 = 8x$.

---

455 Determine a equação de uma reta que é perpendicular à reta $2x + 4y + 7 = 0$ e é tangente à parábola $x^2 = 16y$.

---

456 Determine a equação da reta **t** , paralela à reta (s) $3x - 2y + 30 = 0$ e tangente à parábola $y^2 = 12x$. Determine a distância entre **t** e **s** .

---

457 Determine o ponto da parábola $y^2 = 64x$ que está mais próximo da reta (s) $4x + 3y - 14 = 0$. E determine a distância entre o ponto e **s** .

---

458 Determine as equações das retas que passam por P (2, 9) e tangenciam a parábola $y^2 = 36x$.

---

459 Pelo ponto P (5, 9) traçam-se as retas tangentes à parábola $y^2 = 5x$. Determine a equação da reta determinada pelos pontos de contacto.

---

460 Pelo ponto P (– 3, 12) traçam-se as tangentes à parábola $y^2 = 10x$. Determine a distância entre **P** e a reta determinada pelos pontos de contacto.

---

461 Determine a intersecção da elipse $\frac{x^2}{100} + \frac{y^2}{225} = 1$ e a parábola $y^2 = 24x$.

---

462 Determine a intersecção da hipérbole $x^2 - 4y^2 + 20 = 0$ e a parábola $y^2 = 3x$.

---

463 Determine a intersecção das parábolas $y = x^2 - 2x + 1$ e $x = y^2 - 6y + 7$.

Resp: **437** a) $(y + 5)^2 = 12(x - 4)$ b) $(x + 9)^2 = -24(y + 1)$ **438** $(y - 3)^2 = -16(x + 8)$ **439** a) (0, 0) , 8 b) (0, 0), 10 c) (0, 0) , 5 d) (– 4, 3) , 9 e) (– 20, 9) , 6 f) (4, – 6) , 15 **440** a) $x^2 = 2(4)y$ b) $y^2 = -2(3)x$ c) $y^2 = 2(4)x$ d) $(x - 1)^2 = 2(2)(y + 3)$ e) $(y + 3)^2 = -2\left(\frac{1}{2}\right)(x - 4)$ f) $(y + 2)^2 = 2\left(\frac{1}{4}\right)(x - 3)$ **441** a) (– 5, 4) , 3 b) (– 8, 3) , $\frac{1}{6}$ **442** a) (3, – 7) , $x - 9 = 0$ b) (9, 9) , $y - 5 = 0$ **443** a) 3 b) 6 **444** $4x - y - 15 = 0$

Resp: **445** $y = 5x + 8$ ou $y = 13x + 24$ **446** a) $y = 2x^2 - 3x + 3$ b) $x = y^2 - 3y + 2$

447 a) 12 b) 6 **448** (9, 12) ou (9, - 12)

449 a) (2, 0) , 2 e $x - 1 = 0$ b) $\left(\frac{2}{3}, 0\right)$, 3 e $6x - 13 = 0$ c) $\left(0, -\frac{1}{3}\right)$, 3 e $6y + 11 = 0$

d) (0, 2) , $\frac{1}{2}$ e $4y - 9 = 0$ **450** a) (– 2, 1) , p = 2 , F (– 2, 2)

b) (1, 3) , $p = \frac{1}{8}$, $F\left(1, \frac{49}{16}\right)$ c) (6, – 1) , p = 3 , $F\left(6, -\frac{5}{2}\right)$

451 a) (– 4, 3) , $p = \frac{1}{4}$, $F\left(-\frac{31}{8}, 3\right)$ b) (1, 2) , p = 2 , F (0, 2) c) (0, 1) , $p = \frac{1}{2}$, $F\left(-\frac{1}{4}, 1\right)$

452 a) { (2, 1), (– 6, 9) } b) { (– 4, 6) } c) { }

453 a) **k** real e $k < \frac{1}{2}$ b) $k = \frac{1}{2}$ c) k real e $k > \frac{1}{2}$ **454** $x + y + 2 = 0$

455 $2x - y - 16 = 0$ **456** $2\sqrt{3}$ **457** P (9, – 24) , d = 10

458 $3x - y + 3 = 0$ e $3x - 2y + 12 = 0$ **459** $5x - 18y + 25 = 0$

460 $\frac{174}{13}$ **461** { (6, 12), (6, – 12) } **462** $\{(10, \sqrt{30}), (10, -\sqrt{30}), (2, \sqrt{6}), (2, -\sqrt{6})\}$

463 $\left\{(2, 1), (-1, 4), \left(\frac{3+\sqrt{13}}{2}\right), \left(\frac{3-\sqrt{13}}{2}\right), \left(\frac{7-\sqrt{13}}{2}\right)\right\}$

VI DESENVOLVIMENTO DO BINÔMIO DE NEWTON

1 – Fatorial de um número natural

Definição

Dado um número natural **n**, definimos:

$0! = 1$
$1! = 1$
$n! = 1 \cdot 2 \cdot 3 \cdot 4 \cdot \ldots \cdot n \ (n \in N \mid n \geq 2)$

Lê – se: n! = n fatorial = fatorial de n

Exemplos

$3! = 1 \cdot 2 \cdot 3$

$7! = 1 \cdot 2 \cdot 3 \cdot 4 \cdot 5 \cdot 6 \cdot 7 = 5040$

$\underbrace{4!}_{\text{fatorial indicado}} = \underbrace{1 \cdot 2 \cdot 3 \cdot 4}_{\text{fatorial desenvolvido}} = 4 \cdot 3 \cdot 2 \cdot 1 = \underbrace{24}_{\text{valor do fatorial efetuado}}$

464 Efetue, simplificando quando possível:

a) $5! =$ | b) $0! + 2! =$ | c) $1! - 3! =$ | d) $\frac{4!}{3!} =$ | e) $\frac{5!}{6!} =$ | f) $\frac{2! + 4!}{6!} =$

465 Dê o valor dos seguintes fatoriais:

Lembre-se, por exemplo: $5! = 5 \cdot 4! = 5 \cdot \overbrace{4 \cdot 3 \cdot 2 \cdot 1}^{4!}$ (use o item anterior).

a) $0! =$ b) $1! =$ c) $2! =$ d) $3! =$ e) $4! =$ f) $5! =$

g) $6! =$ h) $7! =$ i) $8! =$ j) $9! =$ k) $10! =$

466 Determine **n** nas seguintes equações:

Note bem: $2n! = 2(n)!$ (verdade) ; $2n! = (2n)!$ (falso)

Observação: a não ser que se diga algo em sentido contrário, fica aqui convencionado que o leitor deve, sempre, considerar satisfeitas as condições de existência nos exercícios literais.

a) $n! = 6$ | b) $n! = 10$ | c) $n! = 1$ | d) $2 \cdot n! - 140 = 100$ | e) $(n!)^2 - 23 \cdot n! - 24 = 0$

467 Complete as sequências crescentes seguintes, todas com 5 números naturais consecutivos (observe o modelo do item (a)).

a) (, , 4, ,)

Resposta: (2, 3, 4, 5, 6)

b) (, 16, , 18,)

c) (79, , , , 83)

d) (, k, , ,)

e) (n – 6, , , ,)

f) (, p + 1, , p + 3,)

468 Simplifique as seguintes frações (observe o modelo do tiem (a)):

a) $\frac{4!}{6!} = \frac{\not{4} \cdot \not{3} \cdot \not{2} \cdot 1}{6 \cdot 5 \cdot \not{4} \cdot \not{3} \cdot \not{2} \cdot 1} = \frac{1}{6 \cdot 5} = \frac{1}{30}$ ou, de outro modo: $\frac{4!}{6!} = \frac{4!}{4! \cdot 5 \cdot 6} = \frac{1}{30}$

b) $\frac{5!}{2!}$	c) $\frac{9!}{8!}$
d) $\frac{6!}{8!}$	e) $\frac{3!}{7!}$
f) $\frac{35!}{34!}$	g) $\frac{100!}{102!}$
h) $\frac{7! \cdot 91!}{92! \cdot 6!}$	i) $\frac{10!}{3! \cdot 7!}$

469 Simplifique as seguintes frações:

(Sugestão: represente os fatoriais dados, em retas numeradas)

a) **Resolvido**: $\frac{n!}{(n+1)!} = \frac{\not{n}\not{(n-1)}\not{(n-2)} \cdot \ldots \cdot \not{3} \cdot \not{2} \cdot 1}{(n+1)\not{n}\not{(n-1)}\not{(n-2)} \cdot \ldots \cdot \not{3} \cdot \not{2} \cdot 1} = \frac{1}{n+1}$ ou, de modo mais rápido,

$\frac{n!}{(n+1)!} = \frac{\not{n!}}{(n+1) \cdot \not{n!}} = \frac{1}{n+1}$

b) $\frac{(n+1)!}{(n-1)!}$

c) $\frac{(n+4)!}{(n+2)!}$

d) $\frac{(n-5)!}{(n-3)!}$

e) $\frac{(n-p-2)!}{(n-p)!}$

2 – Número Binomiais (Coeficientes Binomiais)

Estudaremos, aqui, os números binomiais também chamados de coeficientes binomiais. Esses nomes se devem ao fato de que tais números aparecem como coeficientes no desenvolvimento de potências da forma $(a + b)^n$, $n \in N$, chamadas de **binômio de Newton** e que serão estudadas no capítulo seguinte.

Indica-se $\binom{n}{p}$ e lê -se **binomial de classe p número n** ou, mais simplesmente, **binomial n sobre p**.

Analogamente às frações, chamaremos n de numerador e p denominador (ou classe) do binomial.

Definição

Dados dois números naturais n e p tais que $0 \leq p \leq n$, definimos:

$$\binom{n}{p} = \frac{n!}{p!\,(n-p)!}$$

binomial n sobre p

Exemplos:

$$\binom{6}{2}=\frac{6!}{2!(6-2)!}=\frac{6!}{2!4!}=\frac{\cancel{4!}\cdot 5\cdot \overset{3}{\cancel{6}}}{1\cdot \cancel{2}\cdot \cancel{4!}}=15$$

$$\binom{9}{7}=\frac{9!}{7!(9-7)!}=\frac{9!}{7!2!}=\frac{9\cdot \overset{4}{\cancel{8}}\cdot \cancel{7!}}{\cancel{7!}\cdot 1\cdot \cancel{2}_1}=36$$

Observações:

1º) Após estudar as combinações simples e o desenvolvimento do binômio de Newton poderemos justificar detalhadamente o que motiva a definição do binomial $\binom{n}{p}$.

2º) É importante observar as condições de existência do binomial $\binom{n}{p}$:

$n \in N \ (n=0,1,2,3,\ldots)$

$p \in N \ (p=0,1,2,3,\ldots)$

e $n \geq p$ (o denominador não pode ser maior que o numerador).

3º) Demonstra-se que o binomial é sempre um número natural não nulo, ou seja, $\binom{n}{p} \in N^*$

Observação: Todas as demonstrações de propriedades deste capítulo podem ser encontradas no livro Exercícios de Matemática (Volume 4) – Análise Combinatória e Probalidades da Editora Policarpo.

470 Calcule os valores dos seguintes coeficientes binomiais:

a) $\binom{5}{3}$	b) $\binom{8}{4}$	c) $\binom{6}{5}$
d) $\binom{10}{0}$	e) $\binom{12}{1}$	f) $\binom{20}{20}$
g) $\binom{7}{4}$	h) $\binom{9}{5}$	i) $\binom{10}{5}$

471 Usando a definição de coeficiente binomial, resolva as seguintes equações:

a) $\binom{x}{2}=78$

b) $\binom{x}{3}=\frac{55x}{3}$

c) $\binom{x}{3}=4\cdot\binom{x-2}{2}$

Resp: **464** a) 120 b) 3 c) – 5 d) 4 e) $\frac{1}{6}$ f) $\frac{13}{360}$ g) 720 h) 5040 i) 40 320 j) 362 880 k) 3 628 800 **465** a) 1 b) 1 c) 2 d) 6 e) 24 f) 120 **466** a) S = {3} b) S = ∅ c) S = {0, 1} **467** b) (15, 16, 17, 18, 19) c) (79, 80, 81, 82, 83) d) (k – 1, k, k + 1, k + 2, k + 3) e) (n – 6, n – 5, n – 4, n – 3, n – 2) f) (p, p + 1, p + 2, p + 3, p + 4)

1) Triângulo de Pascal – Tartaglia

Antes de estudar as propriedades dos coeficientes binomiais, veremos uma maneira extremamente prática e interessante de dispor tais coefiecientes. Vamos colocá-los em linhas e colunas que resultarão no formato de um triângulo denominado "**triângulo de Pascal**" ou " **triângulo de Pascal – Tartaglia**" em homenagem a dois matemáticos que contribuíram para o desenvolvimento desses assuntos.

Para facilitar o seu entendimento, construiremos dois triângulo: o **triângulo dos binomiais** onde aparecem os binomiais indicados e o **triângulo dos valores** onde aparecem os valores do binomiais efetuados.

Triângulo dos Binomiais

L = ordens das linhas

C = ordens das colunas

coluna de ordem 5 ↓ (coluna 5)

coluna p ↓ (coluna p)

	L \ C	0	1	2	3	4	5	6	7	8	9		p − 1	p	p + 1	
linha de ordem 0 →	0	$\binom{0}{0}$														
	1	$\binom{1}{0}$	$\binom{1}{1}$													
	2	$\binom{2}{0}$	$\binom{2}{1}$	$\binom{2}{2}$												
	3	$\binom{3}{0}$	$\binom{3}{1}$	$\binom{3}{2}$	$\binom{3}{3}$											
	4	$\binom{4}{0}$	$\binom{4}{1}$	$\binom{4}{2}$	$\binom{4}{3}$	$\binom{4}{4}$										
	5	$\binom{5}{0}$	$\binom{5}{1}$	$\binom{5}{2}$	$\binom{5}{3}$	$\binom{5}{4}$	$\binom{5}{5}$									
linha de ordem 6 →	6	$\binom{6}{0}$	$\binom{6}{1}$	$\binom{6}{2}$	$\binom{6}{3}$	$\binom{6}{4}$	$\binom{6}{5}$	$\binom{6}{6}$								
	7	$\binom{7}{0}$	$\binom{7}{1}$	$\binom{7}{2}$	$\binom{7}{3}$	$\binom{7}{4}$	$\binom{7}{5}$	$\binom{7}{6}$	$\binom{7}{7}$							
	8	$\binom{8}{0}$	$\binom{8}{1}$	$\binom{8}{2}$	$\binom{8}{3}$	$\binom{8}{4}$	$\binom{8}{5}$	$\binom{8}{6}$	$\binom{8}{7}$	$\binom{8}{8}$						
	9	$\binom{9}{0}$	$\binom{9}{1}$	$\binom{9}{2}$	$\binom{9}{3}$	$\binom{9}{4}$	$\binom{9}{5}$	$\binom{9}{6}$	$\binom{9}{7}$	$\binom{9}{8}$	$\binom{9}{9}$					
	n − 1												$\binom{n-1}{p-1}$	$\binom{n-1}{p}$	$\binom{n-1}{p+1}$	
linha n →	n	$\binom{n}{0}$	$\binom{n}{1}$	$\binom{n}{2}$	$\binom{n}{3}$								$\binom{n}{p-1}$	$\binom{n}{p}$	$\binom{n}{p+1}$	
	n + 1												$\binom{n+1}{p-1}$	$\binom{n+1}{p}$	$\binom{n+1}{p+1}$	

Observações sobre o triângulo dos binomiais:

1ª) Na interseção da **linha n** com a **coluna p** encontramos o binomial $\binom{n}{p}$

coluna p ↓

linha n → $\binom{n}{p}$

A linha de ordem n é:

$\binom{n}{0}, \binom{n}{1}, \binom{n}{2}, \binom{n}{3}, \ldots, \binom{n}{n-2}, \binom{n}{n-1}, \binom{n}{n}$; note que ela é finita e tem (n + 1) termos:

A coluna de ordem p é: $\binom{p}{p}, \binom{p+1}{p}, \binom{p+2}{p}, \binom{p+3}{p}, \binom{p+4}{p}$, ...; note que ela é infinita.

2ª) Os binomiais de uma **mesma linha** têm **numeradores iguais** (numerador = ordem da linha).

3ª) Os binomiais de uma **mesma coluna** têm **denominadores iguais** (denominador = ordem da coluna).

4ª) Os binomiais da 1ª coluna têm, todos denominadores iguais a zero.

5ª) Calculando os valores dos coeficientes binomiais e colocando esses resultados nas posições correspondentes do triângulo de Pascal, obtemos o que convencionamos chamar de **triângulo dos valores** que mostramos a seguir. Obviamente, podemos representar o triângulo de Pascal com quantas linhas e coluna quisermos.

6ª) Para facilitar as explicações, chamaremos de "hipotenusa" do triângulo de Pascal à diagonal formada pelos elementos da forma $\binom{n}{n}$, ou seja, $\binom{0}{0}, \binom{1}{1}, \binom{2}{2}, \binom{3}{3}$, etc

Triângulo dos Valores

Na figura a seguir substituímos os coeficientes binomiais por seus valores, respeitando as suas respectivas posições.

L \ C	0	1	2	3	4	5	6	7	8	9	10	11					
0	1																
1	1	1															
2	1	2	1														
3	1	3	3	1													
4	1	4	6	4	1												
5	1	5	10	10	5	1											
6	1	6	15	20	15	6	1										
7	1	7	21	35	35	21	7	1									
8	1	8	28	56	70	56	28	8	1								
9	1	9	36	84	126	126	84	36	9	1							
10	1	10	45	120	210	252	210	120	45	10	1						
11	1	11	55	165	330	462	462	330	165	55	11	1					

"hipotenusa" do triângulo de Pascal →

Resp: **468** b) 3 . 4 . 5= 60 c) 9 d) $\frac{1}{7 \cdot 8} = \frac{1}{56}$ e) $\frac{1}{7 \cdot 6 \cdot 5 \cdot 4} = \frac{1}{840}$ f) 35 g) $\frac{1}{101 \cdot 102} = \frac{1}{10302}$ h) $\frac{7}{92}$ i) 120 **469** b) $(n + 1) \cdot n$ c) $(n + 4)(n + 3)$ d) $\frac{1}{(n-3)(n-4)}$ e) $\frac{1}{(n-p)(n-p-1)}$

470 a)10 b) 70 c) 6 d) 1 e) 12 f) 1 g) 35 h) 126 i) 252 **471** a) V = {13} b) V = {12} b) V = {4; 9}

Observações sobre o triângulo dos valores:

1ª) Os binomiais da 1ª coluna são todos iguais a 1: $\binom{n}{0} = 1$

2ª) Os binomiais da "hipotenusa" são iguais a 1: $\binom{n}{n} = 1$

3ª) O segundo elemento e o penúltimo de cada linha são iguais à ordem da linha em que estão: $\binom{n}{1} = \binom{n}{n-1} = n$.

4ª) Numa mesma linha, dois binomiais equidistantes dos extremos são iguais: $\binom{n}{n} = \binom{n}{n-p}$ (coeficientes binomiais complementares)

472 Observando o **triângulo dos binomiais**, escreva os elementos que são pedidos em cada caso:

a) da linha de ordem 4.

b) da 4ª linha (ou seja, a linha de ordem 3).

c) da 3ª coluna (5 primeiros elementos).

d) da coluna de ordem 6 (5 primeiros elementos).

e) da diagonal (paralela à hipotenusa) que começa no binomial $\binom{3}{0}$ (5 primeiros termos).

f) da diagonal que começa em $\binom{5}{0}$ (5 primeiros termos).

473 Observe o **triângulo dos binomiais** e escreva os dois binomiais imediatamente à esquerda e os dois à direita de cada binomial dado (supor satisfeitas as condições de existência):

a) $\binom{4}{2}$

b) $\binom{8}{6}$

c) $\binom{n}{p}$

d) $\binom{n-1}{p+1}$

474 Observe o **triângulo dos binomiais** e escreva os dois binomiais imediatamente acima e os dois abaixo do binomial dado (supor safisfeitas as condições de existência):

a) $\binom{7}{5}$

b) $\binom{8}{1}$

c) $\binom{n}{p}$

d) $\binom{n+k}{k}$

475 Observe no **triângulo dos valores** a sua linha de ordem 6 $\left(\binom{6}{0}, \binom{6}{1}, \text{etc}\right)$, calcule as somas de pares de termos consecutivos: (1º + 2º), (2º + 3º), (3º + 4º), e assim por diante.

A seguir, tente "descobrir" uma propriedade para essas somas.

$$\binom{6}{0} + \binom{6}{1} = 1 + 6 = 7 = \binom{7}{1}$$

476 Observe no **triângulo dos valores** a coluna de ordem 3 $\left(\binom{3}{3},\binom{4}{3},\binom{5}{3},\text{etc}\right)$; dê os valores da seguintes somas e tente " descobrir" uma propriedade para tais somas:

a) $\binom{3}{3}+\binom{4}{3}$	b) $\binom{3}{3}+\binom{4}{3}+\binom{5}{3}$
c) $\binom{3}{3}+\binom{4}{3}+\binom{5}{3}+\binom{6}{3}$	d) $\binom{3}{3}+\binom{4}{3}+\binom{5}{3}+\binom{6}{3}+\binom{7}{3}$

477 Observando no **triângulo dos valores** a diagonal $\binom{4}{0}+\binom{5}{1}+\binom{6}{2}$, etc, calcule as seguintes somas e procure "descobrir" uma propriedade para elas:

a) $\binom{4}{0}+\binom{5}{1}$	b) $\binom{4}{0}+\binom{5}{1}+\binom{6}{2}$
c) $\binom{4}{0}+\binom{5}{1}+\binom{6}{2}+\binom{7}{3}$	d) $\binom{4}{0}+\binom{5}{1}+\binom{6}{2}+\binom{7}{3}+\binom{8}{4}$

478 A partir do **triângulo dos valores** calcule a soma dos termos da linha:

a) de ordem 1.	b) de ordem 2.
c) de ordem 3.	d) de ordem 4.

e) de ordem n (tente "descobrir" a partir dos resultados anteriores).

Resp: **472** a) $\binom{4}{0},\binom{4}{1},\binom{4}{2},\binom{4}{3},\binom{4}{4}$ b) $\binom{3}{0},\binom{3}{1},\binom{3}{2},\binom{3}{3}$ c) $\binom{2}{2}\binom{3}{2}\binom{4}{2}\binom{5}{2}\binom{6}{2}$ d) $\binom{6}{6},\binom{7}{6},\binom{8}{6},\binom{9}{6},\binom{10}{6}$

e) $\binom{3}{0},\binom{4}{1},\binom{5}{2},\binom{6}{3},\binom{7}{4}$ f) $\binom{5}{0},\binom{6}{1},\binom{7}{2},\binom{8}{3},\binom{9}{4}$ **473** a) $\binom{4}{0},\binom{4}{1},\binom{4}{3},\binom{4}{4}$ b) $\binom{8}{4},\binom{8}{5},\binom{8}{7},\binom{8}{8}$

c) $\binom{n}{p-2},\binom{n}{p-1},\binom{n}{p+1},\binom{n}{p+2}$ d) $\binom{n-1}{p-1},\binom{n-1}{p},\binom{n-1}{p+2},\binom{n-1}{p+3}$ **474** a) $\binom{5}{5},\binom{6}{5},\binom{8}{5},\binom{9}{5}$ b) $\binom{6}{1},\binom{7}{1},\binom{9}{1},\binom{10}{1}$

c) $\binom{n-2}{p},\binom{n-1}{p},\binom{n+1}{p},\binom{n+2}{p}$ d) $\binom{n+k-2}{k},\binom{n+k-1}{k},\binom{n+k+1}{k},\binom{n+k+2}{k}$

475 $\binom{6}{0}+\binom{6}{1}=1+6=7=\binom{7}{1}$, $\binom{6}{1}+\binom{6}{2}=6+15=21=\binom{7}{2}$, $\binom{6}{2}+\binom{6}{3}=15+20=35=\binom{7}{3}$, $\binom{6}{3}+\binom{6}{4}=20+15=35=\binom{7}{4}$, $\binom{6}{4}+\binom{6}{5}=15+6=21=\binom{7}{5}$, $\binom{6}{5}+\binom{6}{6}=6+1=7=\binom{7}{6}$, Propriedade: "Um termo qualquer mais o seguinte dá o de baixo". Esta propriedade é chamada de relação de Stifel e, como demonstraremos mais a frente, é válida para quaisquer dois termos consecutivos do triângulo de Pascal.

476 a) $1+4=5=\binom{5}{4}$

b) $1+4+10=15=\binom{6}{4}$

c) $1+4+10+20=35=\binom{7}{4}$

d) $1+4+10+20+35=70=\binom{8}{4}$

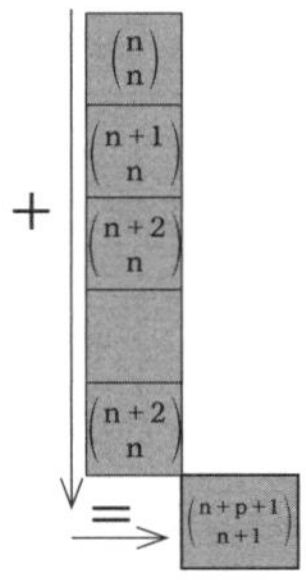

Esta propriedade é chamada de **teorema das colunas**

477 a) $1+5=6=\binom{6}{1}$

b) $1+5+15=21=\binom{7}{2}$

c) $1+5+15+35=56=\binom{8}{3}$

d) $1+5+15+35+70=126=\binom{9}{4}$

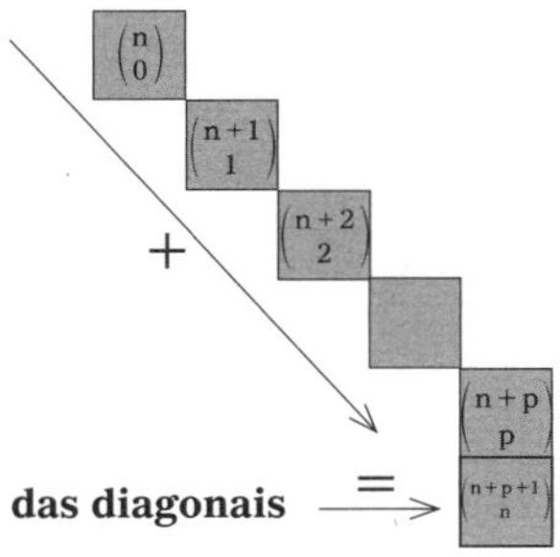

Esta propriedade é chamada de **teorema das diagonais**

478 a) $\binom{1}{0}+\binom{1}{1}=2=2^1$ b) $\binom{2}{0}+\binom{2}{1}+\binom{2}{2}=4=2^2$ c) $\binom{3}{0}+\binom{3}{1}+\binom{3}{2}+\binom{3}{3}=8=2^3$ d) $\binom{4}{0}+\binom{4}{1}+\binom{4}{2}+\binom{4}{3}+\binom{4}{4}=16=2^4$

e) $\binom{n}{0}+\binom{n}{1}+\binom{n}{2}+\ldots+\binom{n}{n}=2^n$ Esta propriedade é chamada de **teorema das linhas**.

2) Propriedade dos coeficientes binomiais

P. 1) $\binom{n}{0} = 1$ $\quad \forall n \in N$

Obs.: no triângulo de Pascal, os binomiais da forma $\binom{n}{0}$ são os da 1ª coluna.

P. 2) $\binom{n}{1} = n$ $\quad \forall n \in N^*$.

Obs.: no triângulo de Pascal, os binomiais da forma $\binom{n}{1}$ são os da 2ª coluna.

P. 3) $\binom{n}{n} = 1$ $\quad \forall n \in N$

Obs.: no triângulo de Pascal, os binomiais da forma $\binom{n}{n}$ são os da hipotenusa ou seja, são os últimos elementos de cada linha.

P. 4) $\binom{n}{n-1} = n$ $\quad \forall n \in N^*$

Obs.: no triângulo de Pascal, os binomiais da forma $\binom{n}{n-1}$ são os penúltimos de cada linha.

P. 5) Binomais complementares são iguais

Definição

Dois coeficientes binomais são **complementares** quando têm mesmo numerador e a soma dos seus denominadores é igual ao numerador.

Exemplos: $\binom{7}{2}$ e $\binom{7}{5}$, $\binom{13}{11}$ e $\binom{13}{2}$, etc.

Observe:

$\binom{n}{p}$ e $\binom{n}{n-p}$ → numeradores iguais; → $p + (n - p) = n$

Propriedade: Eles têm valores iguais.

$$\binom{n}{p} = \binom{n}{n-p}$$

Obs: no triângulo de Pascal, os binomiais complementares são sempre de uma mesma linha e equidistantes dos extremos.

P. 6) Relação de Stifel ("um binomial mais o seguinte dá o de baixo")

$$\binom{n}{p}+\binom{n}{p+1}=\binom{n+1}{p+1}$$

Exemplo $\binom{9}{4}+\binom{9}{5}=\binom{10}{5}$

Considerando a posição dos binomiais no triângulo de Pascal, temos o seguinte:

linha **n** → $\binom{n}{p}$ + $\binom{n}{p+1}$

$\qquad\qquad\qquad\qquad \|$

linha **n + 1** → $\binom{n+1}{p+1}$

Observações:

1ª) Evidentemente, esta propriedade é extremante útil na construção do triângulo (dos valores) de Pascal.

2ª) Embora esta propriedade receba o nome de relação de Stifel (presume – se que viveu de 1486 até 1567), consta que o matemática árabe AL – Karaji (viveu no final do século X) já conhecia tal propriedade.

P. 7) Relação de Fermat

("permite achar um binomial a partir do anterior, numa mesma linha")

$$\binom{n}{p}\cdot\frac{n-p}{p+1}=\binom{n}{p+1}$$

Exemplo: $\binom{7}{2}\cdot\frac{7-2}{2+1}=\binom{7}{2}\cdot\frac{5}{3}=\binom{7}{3}$

Observações:

1ª) Adiante veremos que esta relação nos permite desenvolver $(a + b)^n$, qualquer que seja $n \in N$.

2ª) Pierre de Fermat (1601 – 1665), Blaise Pascal (1623 – 1662) e Isaac Newton (1646 – 1727) são matemáticos que sabidamente trabalharam nesta propriedade que permite, a partir de um coeficiente binomial conhecido, achar o seguinte da mesma linha.

P. 8) Teorema das linhas

$$\binom{n}{0}+\binom{n}{1}+\binom{n}{2}+\ldots\binom{n}{n}=2^n \qquad \forall\ n \in N$$

ou, utilizando a notação de somatória

$$\sum_{i=0}^{n} \binom{n}{i} = 2^n$$

Exemplo

$$\binom{3}{0} + \binom{3}{1} + \binom{3}{2} + \binom{3}{3} = 2^3 = 8$$

P. 9) Teorema das colunas

$$\binom{n}{n} + \binom{n+1}{n} + \binom{n+2}{n} + \ldots + \binom{n+p}{n} = \binom{n+p+1}{n+1}$$

ou, na forma de somatória:

$$\sum_{i=0}^{p} \binom{n+i}{n} = \binom{n+p+1}{n+1} \quad \forall n, p \in N$$

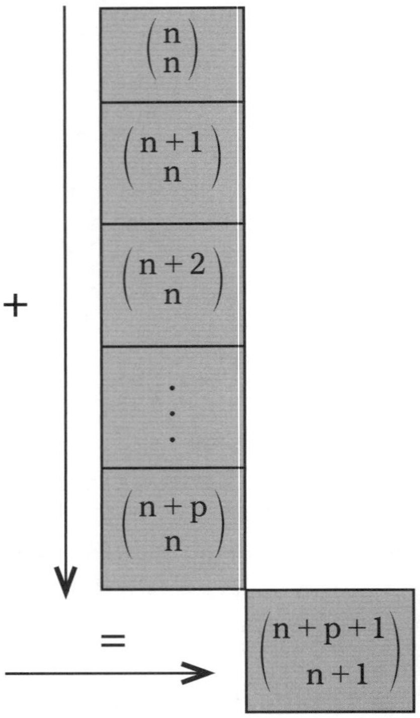

Exemplo

$$\binom{3}{3} + \binom{4}{3} + \binom{5}{3} + \binom{6}{3} = \binom{7}{4}$$

É muito mais fácil entender esta propriedade observando a posição dos binomiais no triângulo de Pascal:

Note que essa soma deve começar, sempre, pelo primeiro elemento da coluna e pode ter tantas parcelas quanto nos interessar. Na figura ao lado somamos (p + 1) binomiais consecutivos, isto é, de $\binom{n}{n}$ até $\binom{n+p}{n}$.

P. 10) Teorema das diagonais

$$\binom{n}{0} + \binom{n+1}{1} + \binom{n+2}{2} + \ldots + \binom{n+p}{p} = \binom{n+p+1}{p}$$

ou, de outro modo:

$$\sum_{i=0}^{p} \binom{n+i}{i} = \binom{n+p+1}{p}$$

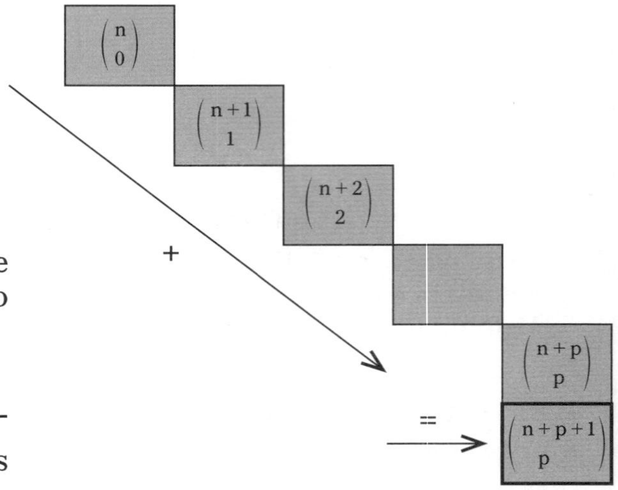

Exemplo

$$\binom{4}{0} + \binom{5}{1} + \binom{6}{2} + \binom{7}{3} = \binom{8}{3}$$

Evidentemente, o nome "teorema das diagonais" se deve às posições que os binomiais ocupam no triângulo de Pascal.

Observe:

É importante notar que essa soma deve começar, sempre, por um elemento da forma $\binom{n}{0}$ mas pode ter quantas parcelas nos interessar: na soma acima há (p + 1) parcelas, isto é, de 0 até p.

479 A proposta deste exercício é que você dê os resultados do que se pede, usando apenas as propriedades dos coeficientes binomiais, isto é, não deve desenvolver os binomiais usando a sua definição:

a) $\binom{13}{13}$

b) $\binom{7}{1}$

c) $\binom{8}{0}$

d) $\binom{15}{14}$

e) $\binom{12}{4}+\binom{12}{5}$

f) $\binom{37}{13}+\binom{37}{12}$

g) $\binom{6}{0}+\binom{7}{1}+\binom{8}{2}+\ldots+\binom{15}{9}$

h) $\binom{10}{4}\cdot\frac{6}{5}$

i) $\binom{42}{41}$

j) $\binom{100}{0}$

k) $\binom{5}{5}+\binom{6}{5}+\binom{7}{5}+\ldots+\binom{30}{5}$

l) $\binom{13}{3}\cdot\frac{3}{11}$

m) $\binom{10}{0}+\binom{10}{1}+\binom{10}{2}+\ldots+\binom{10}{10}$

n) $\binom{m+2}{p-1}+\binom{m+2}{p-2}$

o) $\binom{n-3}{p+1}+\binom{n-3}{p+2}$

p) $\binom{n+3}{n+3}$

q) $\binom{2n}{0}$

r) $\binom{n-p}{n-p-1}$

s) $\binom{n-p+1}{n-p}$

t) $\binom{12}{12}+\binom{13}{12}+\binom{14}{12}+\binom{15}{12}$

u) $\binom{p+2}{0}+\binom{p+3}{1}+\binom{p+4}{2}+\ldots+\binom{p+10}{8}$

v) $\binom{n-2}{n-2}+\binom{n-1}{n-2}+\binom{n}{n-2}+\ldots+\binom{n+4}{n-2}$

w) $\binom{n-p}{0}+\binom{n-p}{1}+\binom{n-p}{2}+\ldots+\binom{n-p}{n-p}$

480 Determine x nas seguintes equações com coeficintes binomiais: (Sugestão: use a propriedade P. 5 dos binomiais complementares)

a) $\binom{12}{4}=\binom{12}{x}$

b) $\binom{31}{x}=\binom{31}{13}$

c) $\binom{9}{2x+1}=\binom{9}{x+4}$

d) $\binom{14}{x^2-3}=\binom{14}{3x+7}$

481 Usando as propriedades dos números binomiais, determine x nos seguintes casos:

a) $x=\binom{8}{8}+\binom{9}{8}+\binom{10}{8}+\binom{11}{8}$

b) $x=\binom{11}{10}+\binom{12}{10}+\ldots\binom{20}{10}$

c) $x=\binom{7}{0}+\binom{8}{1}+\binom{9}{2}+\ldots+\binom{16}{9}$

d) $x=\binom{5}{2}+\binom{6}{3}+\binom{7}{4}+\ldots+\binom{20}{17}$

e) $x=\binom{6}{0}+\binom{6}{1}+\binom{6}{2}+\ldots+\binom{6}{6}$

f) $x=\binom{13}{1}+\binom{13}{2}+\binom{13}{3}+\ldots+\binom{13}{12}$

g) $x=\left[\binom{10}{0}+\binom{11}{1}+\ldots+\binom{15}{5}\right]-\left[\binom{3}{3}+\binom{4}{3}+\ldots+\binom{14}{3}\right]$

482 Usando a relação de Stifel, decomponha cada binomial dado numa soma de dois elementos da linha anterior. Observe o modelo do item (a):

a) $\binom{14}{6}=\binom{13}{6}+\binom{13}{5}$

b) $\binom{42}{37}$

c) $\binom{6}{1}$

d) $\binom{17}{8}$

e) $\binom{n}{p}$

f) $\binom{n-2}{p+2}$

483 É fácil perceber que a relação de Sfifel gera duas outras iguadades. Observe:

$$\binom{n}{p}+\binom{n}{p+1}=\binom{n+1}{p+1}$$

$$\binom{n+1}{p+1}-\binom{n}{p+1}=\binom{n}{p}$$

$$\binom{n+1}{p+1}-\binom{n}{p}=\binom{n}{p+1}$$

Utilizando essas igualdades, calcule:

a) $\binom{17}{5}+\binom{17}{6}$

b) $\binom{31}{3}+\binom{31}{2}$

c) $\binom{45}{12}-\binom{44}{11}$

d) $\binom{19}{6}-\binom{18}{6}$

e) $\binom{21}{8}-\binom{22}{8}$

f) $\binom{25}{13}-\binom{26}{14}$

g) $\binom{n+1}{p+1}+\binom{n+1}{p+2}$

h) $\binom{n+3}{p}-\binom{n+2}{p}$

484 Dê o valor das seguintes somatórias:

a) $\sum_{i=0}^{7} \binom{p+i}{p}$

b) $\sum_{i=0}^{p} \binom{n+i}{i}$

c) $\sum_{i=0}^{k+2} \binom{k+2}{i}$

d) $\sum_{k=2}^{n-1} \binom{n-1}{k}$

e) $\sum_{j=0}^{10} \binom{n+j}{2+j}$

f) $\sum_{j=2}^{p} \binom{n+j}{n}$

485 Usando as propriedades do triângulo de Pascal, resolva as seguintes equações:

a) $\binom{32}{x} = \binom{31}{10} + \binom{31}{9}$

b) $\binom{26}{8} = \binom{25}{8} + \binom{25}{x}$

c) $\binom{16}{4} - \binom{15}{x} = \binom{15}{4}$

d) $\binom{10}{7} + \binom{10}{2} = \binom{11}{x}$

Resp: **479** a) 1 (propriedade P. 3) b) 7 (propriedade P. 2) c) 1 (propriedade P. 1) d) 15 (propriedade P. 4)

e) $\binom{13}{5}$ (relação de Stifel) f) $\binom{38}{13}$ g) $\binom{16}{9}$ (teorema das diagonais) h) $\binom{10}{5}$ (relação de Fermat) i) 42 j) 1

k) $\binom{31}{6}$ (teorema das colunas) l) $\binom{13}{2}$ (Fermat) m) 2^{10} (linhas) n) $\binom{m+3}{p-1}$ o) $\binom{n-2}{p+2}$

p) 1 q) 1 r) n – p s) n – p + 1 t) $\binom{16}{13}$ u) $\binom{p+11}{8}$ v) $\binom{n+5}{n-1}$ w) 2^{n-p}

480 a) $\{4, 8\}$, pois $\binom{12}{4} = \binom{12}{4}$ e $\binom{12}{4} = \binom{12}{8}$ por que binomiais complementares. b) V = { 13, 18}

c) V = {3}. Note que $x = \frac{4}{3}$ não serve porque não satisfaz às condições de existência dos binomiais. d) V = { – 2, 2}

486 Usando as propriedades convenientes, determine o valor de x nas seguintes equações com números binomiais:

a) $\binom{2x+1}{0}+\binom{2x+1}{1}+\ldots+\binom{2x+1}{2x+1}=512$

b) $\binom{x}{0}+\binom{x}{1}+\binom{x}{2}+\ldots+\binom{x}{x-1}=511$

c) $\binom{2x}{0}+\binom{2x}{1}+\binom{2x}{2}+\ldots+\binom{2x}{2x}=3\cdot 2^{x+1}+16$

d) $\dfrac{\binom{3}{3}+\binom{4}{3}+\binom{5}{3}+\ldots+\binom{x-1}{3}}{\binom{4}{4}+\binom{5}{4}+\binom{6}{4}+\ldots+\binom{x-2}{4}}=\dfrac{5}{3}$

e) $\binom{x-3}{2}+\binom{x-3}{3}+\binom{x-3}{4}+\ldots+\binom{x-3}{x-4}=1025-x$

487 Resolver as seguintes equações com números binomiais:

a) $\sum_{i=0}^{18}\binom{5+i}{i}=\binom{23}{x-5}+\binom{23}{x-6}$

b) $\sum_{i=0}^{11}\binom{4+i}{i}-\binom{15}{4}=\binom{15}{6-x}$

3 – Desenvolvimento do Binômio de Newton

1) Introdução

Damos o nome de **Binômio de Newton** a potências de binômios da forma $\mathbf{(x + a)^n}$ onde **x** e **a** são números reais quaisquer e **n** é um número natural.

Neste capítulo estudaremos uma regra prática para o desenvolvimento desses binômios, regra essa chamada de **Fórmula de Newton**. Para isso, vamos começar observando o desenvolvimento de $(x + a)^n$ quando n = 0, 1, 2, 3 e 4:

$$(x + a)^0 = \mathbf{1}$$

$$(x + a)^1 = \mathbf{1}x + \mathbf{1}a$$

$$(x + a)^2 = \mathbf{1}x^2 + \mathbf{2}xa + \mathbf{1}a^2$$

$$(x + a)^3 = \mathbf{1}x^3 + \mathbf{3}x^2a + \mathbf{3}xa^2 + \mathbf{1}a^3$$

$$(x + a)^4 = \mathbf{1}x^4 + \mathbf{4}x^3a + \mathbf{6}x^2a^2 + \mathbf{4}xa^3 + \mathbf{1}a^4$$

Olhando com cuidado esses desenvolvimentos,podemos perceber que os coeficientes são exatamente os números binomiais do triângulo aritmético de Pascal, linhas de ordem 0, 1, 2, 3 e 4.

Assim sendo, podemos escrever esses mesmos desenvolvimentos usando os respectivos números binomiais (coeficientes binomiais) e, a seguir, generalizar esses resultados:

$$(x+a)^0 = \binom{\mathbf{0}}{\mathbf{0}} x^0 a^0$$

$$(x+a)^1 = \binom{\mathbf{1}}{\mathbf{0}} x^1 a^0 + \binom{\mathbf{1}}{\mathbf{0}} x^0 a^1$$

$$(x+a)^2 = \binom{\mathbf{2}}{\mathbf{0}} x^2 a^0 + \binom{\mathbf{2}}{\mathbf{1}} x^1 a^1 + \binom{\mathbf{2}}{\mathbf{2}} x^0 a^2$$

$$(x+a)^3 = \binom{\mathbf{3}}{\mathbf{0}} x^3 a^0 + \binom{\mathbf{3}}{\mathbf{1}} x^2 a^1 + \binom{\mathbf{3}}{\mathbf{2}} x^1 a^2 + \binom{\mathbf{3}}{\mathbf{3}} x^0 a^3$$

$$(x+a)^4 = \binom{\mathbf{4}}{\mathbf{0}} x^4 a^0 + \binom{\mathbf{4}}{\mathbf{1}} x^3 a^1 + \binom{\mathbf{4}}{\mathbf{2}} x^2 a^2 + \binom{\mathbf{4}}{\mathbf{3}} x^1 a^3 + \binom{\mathbf{4}}{\mathbf{4}} x^0 a^4$$

Resp: **481** a) $x = \binom{12}{9}$ b) Cuidado! Está faltando o coeficiente $\binom{10}{10}$ para que possamos aplicar o teorema das colunas.

Assim sendo, temos: $x = \binom{11}{10} + \binom{12}{10} + \ldots + \binom{20}{10} \Rightarrow x + \binom{10}{10} = \binom{10}{10} + \binom{11}{10} + \binom{12}{10} + \ldots + \binom{20}{10} \Rightarrow x + \binom{10}{10} = \binom{21}{11} \Rightarrow x = \binom{21}{11} - \binom{10}{10} \Rightarrow$

$\Rightarrow x = \binom{21}{11} - 1$ que é a resposta. c) $\binom{17}{9}$ d) $\binom{21}{17} - \binom{4}{1} - \binom{3}{0} = \binom{21}{17} - 5$ e) $2^6 = 64$ f) $2^{13} - \binom{13}{0} - \binom{13}{13} = 2^{13} - 2$

482 b) $\binom{41}{37} + \binom{41}{36}$ c) $\binom{5}{1} + \binom{5}{0}$ d) $\binom{16}{8} + \binom{16}{7}$ e) $\binom{n-1}{p} + \binom{n-1}{p-1}$ f) $\binom{n-3}{p+2} + \binom{n-3}{p+1}$

483 a) $\binom{18}{6}$ b) $\binom{32}{3}$ c) $\binom{44}{12}$ d) $\binom{18}{5}$ e) $-\binom{21}{7}$ f) $-\binom{25}{14}$ g) $\binom{n+2}{p+2}$ h) $\binom{n+2}{p-1}$

484 a) $\binom{p+8}{p+1}$ b) $\binom{n+p+1}{p}$ c) 2^{k+2} d) $2^{n-1} - n$ e) $\binom{n+11}{12} - n$ f) $\binom{n+p+1}{n+1} - n - 2$

485 a) V = {10, 22} b) V = {7, 18} c) V = {3, 12} d) V = {8, 3}

A partir desses resultados podemos induzir a fórmula de Newton para o desenvolvimento de $(x + a)^n$, qualquer que seja n:

$$(x+a)^n = \binom{n}{0}x^n a^0 + \binom{n}{1}x^{n-1}a^1 + \binom{n}{2}x^{n-2}a^2 + \ldots + \binom{n}{p}x^{n-p}a^p + \ldots$$
$$\ldots + \binom{n}{n-2}x^2 a^{n-2} + \binom{n}{n-1}x^1 a^{n-1} + \binom{n}{n}x^0 a^n$$

$$(x+a)^n = \sum_{p=0}^{n} \binom{n}{p} x^{n-p} a^p$$

Observações:

1ª) Os coeficientes do desenvolvimento de $(x + a)^n$ são os elementos da linha de ordem n do triângulo de Pascal.

2ª) No resultado obtido, o desenvolvimento de $(x + a)^n$ foi feito segundo a ordem decrescente dos expoentes de x: $x^n, x^{n-1}, \ldots, x^0$. Evidentemente, caso exista interesse, podemos escrever esse desenvolvimento em ordem inversa, ou seja, começando com $\binom{n}{n}x^0 a^n$ e terminando com $\binom{n}{o}x^n a^0$. Neste livro, salvo aviso em contrário, faremos sempre do 1º modo.

3ª) Os expoentes de **x** decrescem de **n** até **0** e os de **a** crescem de **0** até **n**. Note que, em cada termo, a soma dos expoentes de **x** e de **a** é sempre igual a **n**.

4ª) O desenvolvimento de $(x + a)^n$ tem **n + 1** termos, isto é, de $\binom{n}{0}$ até $\binom{n}{n}$.

5ª) No caso extremo em que n = 0, como já vimos, temos: $(x+a)^0 = 1 = \binom{0}{0}x^0 a^0$

2) Potência da diferença $(x - a)^n$

A partir do resultado anterior, vamos desenvolver o binômio $(x - a)^n$. Para isso basta fazer:

$(x - a)^n = [x + (-a)]^n$

3) Termo geral do desenvolvimento de $(x + a)^n$

Chamando de T_1 o primeiro termo do desenvolvimento, de T_2 o segundo e assim por diante até T_{n+1}, temos (lembre-se: expoentes de x em ordem decrescente)

$$(x+a)^n = \underbrace{\binom{n}{0}x^n a^0}_{T_1} + \underbrace{\binom{n}{1}x^{n-1}a}_{T_2} + \underbrace{\binom{n}{2}x^{n-2}a^2}_{T_3} + \ldots + \underbrace{\binom{n}{p}x^{n-p}a^p}_{T_{p+1}} + \ldots$$
$$\ldots + \underbrace{\binom{n}{n-1}x^1 a^{n-1}}_{T_n} + \underbrace{\binom{n}{n}x^0 a^n}_{T_{n+1}}$$

Deste modo, chamaremos de termo geral do desenvolvimento de $(x + a)^n$ ao termo:

$$T_{p+1} = \binom{n}{p} x^{n-p} a^p \qquad (p = 0, 1, 2, ..., n)$$

termo de ordem **p + 1**

Exemplo:

Sem desenvolver o binômio, determinar o 5º termo do desenvolvimento de $(y + 2)^{11}$

$$\text{Compare:} \begin{cases} (y+2)^{11} \\ (x+a)^n \end{cases}$$

$$\text{Temos:} \begin{cases} 5^o \text{ termo} \rightarrow T_5 = T_{p+1} \Rightarrow p = 4 \\ n = 11 \\ x \longleftrightarrow y \\ a \longleftrightarrow 2 \end{cases}$$

$$\text{termo geral} = T_{p+1} = \binom{n}{p} x^{n-p} a^p$$

Substituido os valores dados, temos:

$$T_5 = \binom{11}{4} y^{11-4} \cdot 2^4 = \frac{11!}{7! \cdot 4!} \cdot 16 \cdot y^7$$

Simplicando, temos:

$T_5 = 5280\, y^7$ que é o 5º termo do desenvolvimento de $(y + 2)^{11}$ segundo as potências de y com expoentes decrescentes (como já convencionamos anteriormente).

4) Soma das potências dos números inteiros positivos

Adotaremos a sequinte normenclatura:

$S_1 = 1 + 2 + 3 + ... + n$ (soma dos **n** primeiros números inteiros positivos)

$S_2 = 1^2 + 2^2 + 3^2 + ... + n^2$ (soma dos quadrados dos **n** primeiros números inteiros positivos)

$S_3 = 1^3 + 2^3 + 3^3 + ... + n^3$ (soma dos cubos)

$S_4 = 1^4 + 2^4 + 3^4 + ... + n^4$, e assim por diante.

a) **Cálculo de S_1**

Para calcular S_n vamos, sempre, usar o desenvolvimento de $(x + 1)^{n+1}$. Assim sendo, utilizaremos neste caso, o desenvolvimento de $(x + 1)^2$, que é a seguinte identidade:

$(x + 1)^2 \equiv x^2 + 2x + 1$

Resp: **486** a) V = {4} b) V = {9} c) V = {3} d) V = {10} e) V = {13} **487** a) V = {11, 23} b) V = {1, – 4}

Como uma identidade é uma igualdade verdadeira para qualquer valor atribuído a **x**, fazemos:

$$(x+1)^2 \equiv x^2+2x+1$$

$x=1$	$\Rightarrow$	$\cancel{2^2}$	$=$	$1^2 + 2 \cdot 1 + 1$	somando membro a membro
$x=2$	$\Rightarrow$	$\cancel{3^2}$	$=$	$\cancel{2^2} + 2 \cdot 2 + 1$	
$x=3$	$\Rightarrow$	$\cancel{4^2}$	$=$	$\cancel{3^2} + 2 \cdot 3 + 1$	
$x=4$	$\Rightarrow$	$\cancel{5^2}$	$=$	$\cancel{4^2} + 2 \cdot 4 + 1$	
.....	.....	.....	.....	....	
$x=n$	$\Rightarrow$	$(n+1)^2$	$=$	$\cancel{n^2} + 2 \cdot n+1$	

$$(n+1)^2 = 1^2 + 2 \cdot (1+2+3+\ldots+n)+(1+1+\ldots+1)$$

$$(n+1)^2 = 1 + 2 \cdot S_1 + n$$

$$2S_1 + (n+1)=(n+1)^2$$

$$2S_1 = (n+1)^2 - (n+1)$$

$$2S_1 = (n+1) \cdot \left[(n+1)-1\right]$$

$$2S_1 = (n+1) \cdot n$$

$$S_1 = \frac{n(n+1)}{2}$$

$$S_1 = \sum_{i=1}^{n} i = 1 + 2 + 3 + \ldots + n = \frac{n \cdot (n+1)}{2}$$

b) **Cálculo de S_2**

Para o cálculo de $S_2 = \sum_{i=1}^{n} i^2 = 1^2 + 2^2 + 3^2 + \ldots + n^2$

utilizaremos o resultado anterior (S_1) e procederemos de modo análogo.

$$(x+1)^3 \equiv x^3+3x^2+3x+1$$

$x=1$	$\Rightarrow$	$\cancel{2^3}$	$=$	$1^3 + 3 \cdot 1^2 + 3 \cdot 1 + 1$	somando membro a membro
$x=2$	$\Rightarrow$	$\cancel{3^3}$	$=$	$\cancel{2^3} + 3 \cdot 2^2 + 3 \cdot 2 + 1$	
$x=3$	$\Rightarrow$	$\cancel{4^3}$	$=$	$\cancel{3^3} + 3 \cdot 3^2 + 3 \cdot 3 + 1$	
$x=4$	$\Rightarrow$	$\cancel{5^3}$	$=$	$\cancel{4^3} + 3 \cdot 4^2 + 3 \cdot 4 + 1$	
.....	.....	.....	...	....	
.....	.....	.....	...	....	
$x=n$	$\Rightarrow$	$(n+1)^3$	$=$	$\cancel{n^3} + 3 \cdot n^2 + 3 \cdot n+1$	

$$(n+1)^3 = 1^3 + 3 \cdot S_2 + 3S_1 + n$$

Substituindo $S_1 = \frac{n(n+1)}{2}$ e isolando S_2, temos:

$$(n+1)^3 = (n+1) + 3S_2 + 3 \cdot \frac{n(n+1)}{2} \Rightarrow 3S_2 = (n+1) \cdot \left[(n+1)^2 - 1 - \frac{3n}{2}\right]$$

$$\Rightarrow 3S_2 = (n+1)\left[\frac{2n^2 + 4n + 2 - 2 - 3n}{2}\right]$$

$$3S_2 = (n+1) \cdot \frac{2n^2 + n}{2} = \frac{(n+1) \cdot n(2n+1)}{2}$$ e, portanto:

$$S_2 = \sum_{i=1}^{n} i^2 = \frac{n(n+1)(2n+1)}{2}$$

Analogamente e sempre recorrendo às somas anteriores,podemos calcular S_3, S_4, S_5, etc...

488 Usando a fómula de Newton, escreva o desenvolvimento dos seguintes binômios e simplifique o que for possível (se necessário, consulte o triângulo dos valores de Pascal):

a) $(x+a)^6$

b) $(a-y)^4$

c) $(x-2)^7$

d) $(2x+3)^5$

e) $(x^2 - 3x)^3$

f) $\left(x + \frac{1}{x^2}\right)^4$

g) $(-x-2y)^5 = \left[-(x+2y)\right]^5 = -(x+2y)^5$

489 Neste exercício apresentamos os desenvolvimentos de alguns binômios, usando a notação de somatória. Desenvolva tais somatórias e, a seguir, simplifique:

a) $\sum_{i=0}^{4} \binom{4}{i} a^{4-i} \cdot b^i$

b) $\sum_{i=0}^{5} (-1)^i \binom{5}{i} 3^{5-i} \cdot x^i$

c) $\sum_{i=0}^{3} \binom{3}{i} \cdot (3x)^{3-i} \cdot 1^i$

490 Escreva em forma de somatória o desenvolvimento de cada binômio dado (observe o modelo do item(a)):

a) $(x+a)^{12} = \sum_{i=0}^{12} \binom{12}{i} x^{12-i} \cdot a^i$

b) $(a-b)^9$	c) $(5x+6)^{16}$
d) $(x^3 - x^{-3})^{14}$	e) $(a+1)^{20}$

491 Escreva, em cada caso, a que binômio corresponde a somatória dada (observe o modelo do item (a)).

a) $\sum_{i=0}^{10} \binom{10}{i} a^{10-i} \cdot x^i = (a+x)^{10}$	b) $\sum_{i=0}^{13} \binom{13}{i} x^{13-i} \cdot 2^i$
c) $\sum_{i=0}^{16} (-1)^i \binom{16}{i} a^{16-i} \cdot 3^i$	d) $\sum_{i=0}^{20} (-1)^{20-i} \binom{20}{i} x^{20-i} \cdot 1^i$
e) $\sum_{p=0}^{8} \binom{8}{p} x^{8-p}$	f) $\sum_{p=0}^{25} (-1)^{25-p} \binom{25}{p} a^p$

492 Passe cada desenvolvimento de binômio dado para a forma de somatória (observe o modelo):

a) $a^5 + 5a^4b + 10a^3b^2 + 10a^2b^3 + 5ab^4 + b^5 = \sum_{i=0}^{5} \binom{5}{i} a^{5-i} \cdot b^i$

b) $x^6 - 6x^5y + 15x^4y^2 - 20x^3y^3 + 15x^2y^4 - 6xy^5 + y^6$

c) $-m^3 + 3m^2n - 3mn^2 + n^3$

d) $a^4 + 8a^3 + 24a^2 + 32a + 16$

e) $x^5 - 5x^4 + 10x^3 - 10x^2 + 5x - 1$

493 Escreva os denvolvimentos do exercício anterior na forma de binômios.

a)	b)
c)	d)

e)

494 Passe as seguintes somatórios para a forma de binômio (preste atenção ao fato de que as somas estão "incompletas"). Observe o modelo.

a) $\sum_{i=1}^{5} \binom{5}{i} x^{5-i} \cdot a^i = \sum_{i=1}^{5} \binom{5}{i} x^{5-i} \cdot a^i + \binom{5}{0} x^5 a^0 - \binom{5}{0} x^5 a^0 = (x+a)^5 - x^5$

b) $\sum_{i=1}^{6} (-1)^i \binom{6}{i} x^{6-i}$

c) $\sum_{i=1}^{8} \binom{9}{i} a^{9-i}$

495 Determine o termo de ordem (p + 1) do desenvolvimento dos seguintes binômios (simplique o que for possível):

a) $\left(x^2 - \frac{1}{x}\right)^{15}$ **Resolução:** $T_{p+1} = \binom{15}{p} \cdot (x^2)^{15-p} \cdot (-x^{-1})^p =$

$= \binom{15}{p} \cdot x^{30-2p} \cdot (-1)^p \cdot (x^{-p}) \Rightarrow T_{p+1} = \binom{15}{p} \cdot (-1)^p \cdot x^{30-3p}$

b) $(x+a)^{10}$

c) $(x-1)^{20}$

d) $(2-6x)^9$

e) $\left(\frac{2x}{y} + 3y\right)^6$

f) $\left(x + \frac{1}{x}\right)^m$

496 Determine a ordem (posição) do termo central (termo médio) dos desenvolvimentos dos seguintes binômios:

Lembre-se: o desenvolvimento de $(x + a)^n$ tem $(n + 1)$ termos.

a) $(x + a)^4$ **Resolução:** $(x+a)^4 = \underbrace{T_1 + T_2}_{\text{2 termos}} + T_3 + \underbrace{T_4 + T_5}_{\text{2 termos}}$ e, portanto, o termo central é o T_3.

b) $(x-y)^{10}$

c) $(a+b)^5$

d) $(a-b)^6$

e) $(x+y)^{98}$

f) $(x-a)^n$, para $n \in \mathbf{N}^* \mid n$ é par.

Resp: **488** a) $x^6 + 6x^5a + 15x^4a^2 + 20x^3a^3 + 15x^2a^4 + 6xa^5 + a^6$ b) $a^4 - 4a^3y + 6a^2y^2 - 4ay^3 + y^4$
c) $x^7 - 14x^6 + 84x^5 - 280x^4 + 560x^3 - 672x^2 + 448x - 128$ d) $32x^5 + 240x^4 + 720x^3 + 1080x^2 + 810x + 243$
e) $x^6 - 9x^5 + 27x^4 - 27x^3$ f) $x^4 + 4x + \frac{6}{x^2} + \frac{4}{x^5} + \frac{1}{x^8}$ g) $-(x^5 + 10x^4y + 40x^3y^2 + 80x^2y^3 + 8xy^4 + 32y^5)$

489 a) $a^4 + 4a^3b + 6a^2b^2 + 4ab^3 + b^4$ b) $243 - 405x + 270x^2 - 90x^3 + 15x^4 - x^5$ c) $27x^3 + 27x^2 + 9x + 1$

497 Sem desenvolver os binômios, determine o termo que se pede em cada caso:

a) $(\sqrt{x} - x)^{13}$: determine T_8 (oitavo termo)

Resolução: $T_{p+1} = \binom{n}{p} \cdot x^{n-p} \cdot a^p$

$$\left.\begin{cases} p+1=8 \Rightarrow p=7 \\ n=13 \\ x \to \sqrt{x} \\ a \to -x \end{cases}\right\} \Rightarrow T_8 = \binom{13}{7} \cdot \left(x^{\frac{1}{2}}\right)^{13-7} \cdot (-x)^7$$

$T_8 = \binom{13}{7} \cdot x^3 \cdot (-1)^7 \cdot x^7 \Rightarrow$ Resp: $T_8 = -\binom{13}{7} \cdot x^{10}$

---

b) $\left(x^2 - \frac{1}{x}\right)^{15}$: determinar o 11º termo (T_{11}), o 16º (T_{16}) e o 1º (T_1).

---

c) $(2 - 6x)^8$: determinar o termo central.

---

d) $\left(\frac{2x}{y} + 3y\right)^{11}$: determinar os dois termos centrais.

---

e) $\left(\sqrt{x} - \frac{1}{x^3}\right)^{12}$: determinar o 3º termo

---

498 Determine o termo em x^{-1} no desenvolvimento do binômio $\left(\sqrt{x} - \frac{1}{x^3}\right)^{12}$.

Resolução: O termo geral do desenvolvimento de $\left(\sqrt{x} - \frac{1}{x^3}\right)^{12}$ é

$$T_{p+1} = \binom{12}{p} \cdot (\sqrt{x})^{12-p} \cdot \left(-x^{-3}\right)^p = \binom{12}{p} \cdot (-1)^p \cdot x^{\frac{12-p}{2}} \cdot x^{-3p} \Rightarrow T_{p+1} = \binom{12}{p} \cdot (-1)^p \cdot x^{\frac{12-7p}{2}}$$

Para que o expoente de **x** seja – 1, temos:

$$\frac{12-7p}{2} = -1 \Rightarrow 12-7p = -2 \Rightarrow 7p = 14 \Rightarrow p = 2 \Rightarrow$$

$$T_3 = \binom{12}{2} \cdot (-1)^2 \cdot x^{\frac{12-14}{2}} \Rightarrow T_3 = \frac{12!}{2!10!} \cdot 1 \cdot x^{-1}$$

Resposta: é o termo $T_3 = 66x^{-1}$

499 Determine o termo em x^6 no desenvolvimento do binômio $\left(\sqrt{x} + \sqrt[3]{x}\right)^{17}$, sem desenvolvê-lo.

---

500 Chama-se **termo independente de x** do desenvolvimento de um binômio na variável x, àquele termo em que se tem x^0 pois como $x^0 = 1, \forall\, x \in \mathbf{R}$, deixamos de escrever a variável x nesse termo, isto é, o x **"desaparece"**. Nessas condições, determine o termo independente de x no desenvolvimento de $\left(x^2 - \frac{1}{x}\right)^{15}$.

---

501 Qual a posição do termo que possui $\mathbf{a}^7$ no desenvolvimento do binômio $\left(\frac{3}{4}\sqrt[3]{a^2} + \frac{2}{3}\sqrt{a}\right)^{12}$?

Resp: **490** b) $\sum_{i=0}^{9}(-1)^i\binom{9}{i}a^{9-i}\cdot b^i$ c) $\sum_{i=0}^{16}\binom{16}{i}\cdot(5x)^{16-i}\cdot 6^i = \sum_{i=0}^{16}\binom{16}{i}5^{16-i}\cdot 6^i\cdot x^{16-i}$ d) $\sum_{i=0}^{14}(-1)^i\binom{14}{i}\cdot(x^3)^{14-i}\cdot(x^{-3})^i = \sum_{i=0}^{14}(-1)^i\, x^{42-6i}$

e) $\sum_{i=0}^{20}\binom{20}{i}a^{20-i}\cdot 1^i = \sum_{i=0}^{20}\binom{20}{i}a^{20-i}$ **491** b) $(x + 2)^{13}$ c) $(a - 3)^{16}$ d) $(-x + 1)^{20}$ e) $(x + 1)^8$ f) $(-1 + a)^{25}$

492 b) $\sum_{i=0}^{6}(-1)^i\binom{6}{i}x^{6-i}\cdot y^i$ c) $\sum_{i=0}^{3}(-1)^{3-i}\binom{3}{i}m^{3-i}\cdot n^i$ d) $\sum_{i=0}^{4}\binom{4}{i}a^{4-i}\cdot 2^i$ e) $\sum_{i=0}^{5}\binom{5}{i}x^{5-i}\cdot(-1)^i$

493 a) $(a + b)^5$ b) $(x - y)^6$ c) $(-m + n)^3$ d) $(a + 2)^4$ e) $(x - 1)^5$ **494** b) $(x - 1)^6 - x^6$

c) $(a + 1)^9 - a^9 - 1$ **495** b) $T_{p+1} = \binom{10}{p}x^{10-p}a^p$ c) $T_{p+1} = \binom{20}{p}(-1)^p\cdot x^{20-p}$ d) $T_{p+1} = \binom{9}{p}2^9\cdot(-3)^p\cdot x^p$

e) $T_{p+1} = \binom{6}{p}2^{6-p}\cdot 3^p\cdot x^{6-p}\cdot y^{2p-6}$ f) $T_{p+1} = \binom{m}{p}x^{m-2p}$ **496** b) T_6 c) não tem apenas um termo central; eles são

dois: T_3 e T_4 d) T_4 e) T_{50} $\overbrace{\underbrace{T_1 + T_2 + \ldots T_i}_{\text{m temos}} + T_c + \underbrace{T_j \ldots + T_{98} + T_{99}}_{\text{m temos}}}^{n=98 \Rightarrow 99 \text{ temos}}$ $m + 1 + m = 99 \Rightarrow 2m = 98 \Rightarrow m = 49 \Rightarrow T_i = T_{49} \Rightarrow T_c = T_{50}$

(termo central) f) quando **n** é par o tempo central do desenvolvimento é o de ordem $\left(\frac{n}{2} + 1\right)$

502 Calcule a soma dos coeficientes do desenvolvimento do binômio $(2x + y)^3$, sem **desenvolvê-lo.**

Resolução: o desenvolvimento do binômio $(2x + y)^3$ é uma função nas variáveis x e y, ou seja:
$f(x, y) = (2x + y)^3$ **(1)**

Se pudessemos desenvolvê-lo, teríamos:

$$f(x,y) = \binom{3}{0}(2x)^3 y^0 + \binom{3}{1}(2x)^2 y^1 + \binom{3}{2}(2x)^1 y^2 + \binom{3}{3}(2x)^0 y^3 \Rightarrow f(x,y) = \mathbf{8x^3 + 12x^2y + 6xy^2 + 1y^3} \quad \mathbf{(2)}$$

e a soma dos seus coeficientes é: S. C.= 8 + 12 + 6 + 1 = 27

Evidentemente, essa soma pode ser calculada fazendo-se x = y = 1 na função f(x, y) tanto na expressão **(1)**, como na expressão **(2)**.

Observe: $\mathbf{(3)}\ f(x,y) = (2x+y)^3 \Rightarrow f(1,1) = (2 \cdot 1 + 1)^3 \Rightarrow f(1,1) = 3^3 = 27$

$\mathbf{(4)}\ f(x, y) = 8x^3 + 12x^2y + 6xy^2 + 1y^3 \Rightarrow f(1,1) = 8 \cdot 1^3 + 12 \cdot 1^2 \cdot + 6 \cdot 1 \cdot 1^2 + 1 \cdot 1^3 = 8 + 12 + 6 + 1 = 27$

Concluímos, portanto, que para calcular a soma dos coeficientes (S. C.) do denvolvimento de um binômio f(x, y) basta substituir suas variáveis por 1(veja expressão **(3)**)

S. C. = F(1, 1)

---

503 Calcule a soma dos coeficientes dos desenvolvimentos dos seguintes binômios:

a) $(2x + 3a)^{10}$

b) $\left(3x^2 + \frac{1}{x}\right)^6$

c) $(a + b)^n$, $n \in N^*$

d) $(a - b)^m$, $m \in N^*$

---

504 Determine o número natural **n** sabendo que a soma dos coeficientes numéricos do desenvolvimento de $(3x + 5y^2)^n$ é igual $256 \cdot 2^n$.

---

505 (MACK)Determine o número de termos racionais que tem o desenvolvimento de $\left(\sqrt{2} + \sqrt[3]{3}\right)^{100}$.

---

506 Na expansão de $\left(x^2 + \frac{a}{x}\right)^n$ os coeficientes do quarto e do décimo terceiro termos são iguais. Determine o termo independente de x.

---

507 Determine o 13º termo da expansão do binômio $\left(9x - \frac{1}{\sqrt{3x}}\right)^m$ sabendo que o coeficiente binomial do 3º termo é 105.

---

508 A diferença entre os expoentes de dois binômios é 3 e a soma dos coeficientes binomiais dos dois binômios é 144. Quais são esses expoentes?

509 Utilizando o desenvolvimento de $(x + 1)^4$ e conhecendo $S_1 = \frac{n \cdot (n+1)}{2}$ e $S_2 = \frac{n \cdot (n+1) \cdot (2n+1)}{6}$, calcule a soma dos cubos dos **n** primeiros números inteiros positivos: $S_3 = \sum_{i=1}^{n} i^3 = 1^3 + 2^3 + 3^3 + \ldots + n^3$

---

510 Utilizando as propriedades das somatórias e conhecendo os resultados de S_1, S_2 e S_3, calcule o valor das seguintes somas:

a) $S(n) = \sum_{i=1}^{n} (i^2 + 1)$

Resolução: $S(n) = \sum_{i=1}^{n} (i^2 + 1) = \sum_{i=1}^{n} i^2 + \sum_{i=1}^{n} i =$

$$= (1^2 + 2^2 + 3^2 + \ldots + n^2) + (1 + 1 + 1 + \ldots + 1) =$$

$$= \frac{n(n+1)(2n+1)}{6} + n = \frac{n(n+1)(2n+1) + 6n}{6} = \frac{n[(n+1)(2n+1) + 6]}{6} =$$

$$= \frac{n(2n^2 + 3n + 7)}{6}$$

---

b) $S(n) = \sum_{i=1}^{n} (3i - i^2)$

---

c) $S(n) = \sum_{i=1}^{n} (i^2 + 2i - 1)$

Resp: **497** b) $T_{11} = \binom{15}{10}$, $T_{16} = -x^{-15}$, $T_1 = x^{30}$ c) $T_5 = 1451520x^4$ d) $\begin{cases} T_6 = \binom{11}{5} \cdot 2^6 \cdot 3^5 \cdot \frac{x^6}{y} \\ T_7 = \binom{11}{6} \cdot 2^5 \cdot 3^6 \cdot x^5 y \end{cases}$ e) $T_3 = 66x^{-1}$

498 É o termo $T_3 = 66x^{-1}$ **499** $T_{16} = 136x^6$ **500** $T_{11} = \binom{15}{10} x^0 = \binom{15}{10} = 3003$ **501** 7º termo

VI DISTRIBUIÇÃO BINOMIAL DE PROBABILIDADE

1 – Introdução

Consideremos, como exemplo, o experimento " jogar um dado comum, honesto, com seis faces numeradas de 1 a 6 e observar a face voltada para cima". E = { 1, 2, 3, 4, 5, 6}.

E tomemos dois eventos complementares que chamaremos de s (sucesso) e f (fracasso):

$$\begin{cases} s = \text{obter resultado menor que } 3 = \{1, 2\} \\ f = \text{obter resultado maior que } 2 = \{3, 4, 5, 6\} \end{cases}$$

Observe: $s \cap f = \varnothing$ e $s \cup f = E$ (espaço amostral)

Chamemos de **p** a probabilidade de ocorrer s (sucesso) e **q** a probalidade de **f** (fracasso).

$$p = \frac{2}{6} = \frac{1}{3} \quad e \quad q = \frac{4}{6} = \frac{2}{3}$$

Note que p + q = 1 pois **s** e **f** são eventos complementares.

Vamos repetir esse experimento 4 vezes. Qual a probalidade de obtermos "**sucesso**" exatamente 3 vezes nessas 4 tentativas?

Chamaremos de **n** o número de tentativas e de **k** o número de sucessos.

Resolução:

Queremos obter 3 sucessos:

$$\overbrace{(\,s\;,\;s\;,\;s\;,\;f\,)}^{4 \text{ tentativas}}$$

$$\uparrow \quad \uparrow \quad \uparrow \quad \uparrow$$

$$\frac{1}{3} \quad \frac{1}{3} \quad \frac{1}{3} \quad \frac{2}{3}$$

n = 4 tentativas

k = 3 sucessos

Calculemos o número de ordens em que isso pode ocorrer. São permutações com repetição.

$$P_4^{3,1} = \frac{4!}{3!\,1!} = C_{4,3} = \binom{4}{3}$$

$$\binom{4}{3} = \frac{4 \cdot 3!}{3! \cdot 1} = 4 \text{ ordens possíveis}$$

P_k = probabilidade procurada

$$P_k = \binom{4}{3} \cdot \frac{1}{3} \cdot \frac{1}{3} \cdot \frac{1}{3} \cdot \frac{2}{3} = 4 \cdot \frac{2}{81} = \frac{8}{81}$$

k = 3 sucessos em **n = 4** tentativas.

2 – Teorema da distribuição binomial de probabilidades.

Enunciado: "A probabilidade de ocorrerem extamente k sucessos em uma sequência de n provas iguais, repetidas, independentes, nas quais a probabilidade de sucesso de cada prova é

$p \in \mathbb{R}_+$, é igual a $P_k = \binom{n}{k} \cdot p^k \cdot (1-p)^{n-k}$".

Demonstração

s = sucesso (probabilidade de sucesso em cada tentativa = p)

f = fracasso (probabilidade de fracasso = q)

$s \cap f = \varnothing$ e $s \cup f = E$ (espaço amostral)

$p + q = 1 \Rightarrow q = 1 - p$

$$\overbrace{(\underbrace{s\ ,\ s\ ,\ \dots,\ s}_{k \text{ sucessos}}\ ,\ \underbrace{f\ ,\ f\ ,\ \dots,\ f}_{(n-k) \text{ fracassos}})}^{n \text{ tentativas}} \longrightarrow \text{um resultado desejado}$$

p ↗ (k sucessos) ; (n – k) fracassos ↖ q

Número de ordens em que isso pode ocorrer:

$$P_n^{k,n-k} = \frac{n!}{k! \cdot (n-k)} = \binom{n}{k}$$

Cálculo da probabilidade procurada:

$$P_k = \binom{n}{k} \cdot (p \cdot p \cdot \ \dots \ \cdot p) \cdot (q \cdot q \cdot \dots \cdot q)$$

$$P_k = \binom{n}{k} \cdot p^k \cdot q^{n-k} \qquad \text{mas} \qquad q = 1 - p$$

então $$\mathbf{P_k = \binom{n}{k} \cdot p^k \ (1-p)^{n-k}}$$

Como queríamos demosnstrar.

Resp: **502** S. C. = f(1, 1) = 27 **503** a) 5^{10} b) $4^6 = 2^{12}$ c) 2^n d) 0 **504** n = 4 **505** 17 termos racionais **506** $3003a^{10}$

507 $\frac{455}{x^3}$ **508** 4 e 7 **509** $S_3 = \left[\frac{n(n+1)}{2}\right]^2 = (S_1)^2$ **510** b) $S(n) = \frac{n(n+1)(4-n)}{3}$ c) $S(n) = \frac{n(8n^2+3n+1)}{3}$

Exemplo 1: Qual é a probabilidade de se obter exatamente 3 caras em 5 lançamentos de uma moeda honesta?

Resolução: n = 5 (tentativas)

s= sucesso = obter cara (A) $\Rightarrow$ $p = \frac{1}{2}$ (probabilidade de sucesso).

f = fracasso = obter coroa (O) $\Rightarrow$ $q = \frac{1}{2}$ (probabilidade de fracasso).

k = 3 (número exato de sucessos)

(A, A, A, O, O)

(s, s, s, f, f) $\longrightarrow$ um resultado favorável.

$$P_k = \binom{n}{k} \cdot p^k \cdot (1-p)^{n-k}$$

$$P_k = \binom{5}{3} \cdot \left(\frac{1}{2}\right)^3 \cdot \left(1-\frac{1}{2}\right)^{5-3}$$

$$P_k = \frac{5!}{3!\,2!} \cdot \left(\frac{1}{2}\right)^3 \cdot \left(\frac{1}{2}\right)^2 = \frac{5 \cdot 4}{2} \cdot \left(\frac{1}{2}\right)^5 = \frac{5 \cdot 2}{2^5}$$

Resposta: $P_k = \frac{5}{16}$ para $k=3$

Exemplo 2: Lançando-se 5 vezes uma moeda honesta, qual é a probabilidade de obtermos **(número de caras) > (número de coroas)?**

1ª Resolução:

Moeda honesta $\nearrow$ A (cara) $\longrightarrow$ $p = \frac{1}{2}$

Moeda honesta $\searrow$ O (coroa) $\longrightarrow$ $p = \frac{1}{2}$

n = 5 (tentativas) e k = 3, 4, 5 (sucessos)

(número de caras) > (número de coroas)

Em qualquer ordem:

$$\begin{cases} (A, A, A, O, O) \longrightarrow \binom{5}{3} \cdot \left(\frac{1}{2}\right)^3 \cdot \left(\frac{1}{2}\right)^2 = P_3 = 10 \cdot \left(\frac{1}{2}\right)^5 \\ (A, A, A, A, O) \longrightarrow \binom{5}{4} \cdot \left(\frac{1}{2}\right)^4 \cdot \left(\frac{1}{2}\right)^1 = P_4 = 5 \cdot \left(\frac{1}{2}\right)^5 \\ (A, A, A, A, A) \longrightarrow \binom{5}{5} \cdot \left(\frac{1}{2}\right)^5 \cdot \left(\frac{1}{2}\right)^0 = P_5 = 1 \cdot \left(\frac{1}{2}\right)^5 \end{cases} \quad +$$

$$P_k = P_3 + P_4 + P_5 = (10+5+1) \cdot \left(\frac{1}{2}\right)^5 = \frac{16}{2^5} = \frac{2^4}{2^4 \cdot 2}$$

Resposta: $P_k = \frac{1}{2}$ $(k=3,4,5)$

2ª Resolução: Vamos utilizar o desenvolvimento do **Binômio de Newton**, $(p+q)^5$, e a construção do **triângulo de Pascal**. Lembre-se da **Relação de Stifel**:

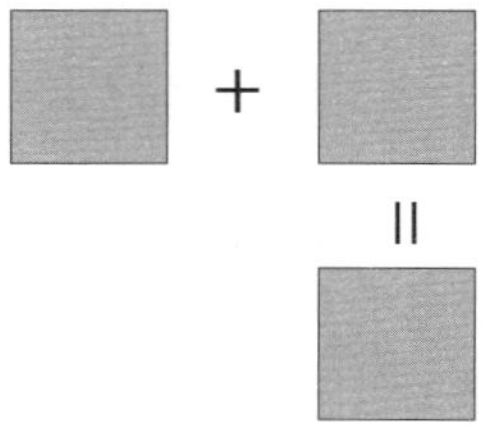

1
1 1
1 2 1
1 3 3 1
1 4 6 4 1
1 5 10 10 5 1

Linha de ordem n = 5

$p = \frac{1}{2} \longrightarrow$ probabilidade de sucesso

$q = \frac{1}{2} \longrightarrow$ probabilidade de fracasso

$$(p+q)^5 = \overset{\mathbf{1}}{\binom{5}{0}} p^5 q^0 + \overset{\mathbf{5}}{\binom{5}{1}} p^4 q^1 + \overset{\mathbf{10}}{\binom{5}{2}} p^3 q^2 + \overset{\mathbf{10}}{\binom{5}{3}} p^2 q^3 + \overset{\mathbf{5}}{\binom{5}{4}} p^1 q^4 + \overset{\mathbf{1}}{\binom{5}{5}} p^0 q^5$$

5 caras — 4 caras — 3 caras

$$P_k = \mathbf{1} \cdot \left(\frac{1}{2}\right)^5 + \mathbf{5}\left(\frac{1}{2}\right)^4 \cdot \left(\frac{1}{2}\right) + \mathbf{10}\left(\frac{1}{2}\right)^3 \cdot \left(\frac{1}{2}\right)^2$$

$$P_k = (1+5+10) \cdot \left(\frac{1}{2}\right)^5 = \frac{16}{2^5}$$

Resposta: $\mathbf{P_k = \frac{1}{2}}$ $(k = 3, 4, 5)$

Exemplo 3: (Unesp 2021) Em raças de gado existem três genótipos possíveis para a β- caseína A. O genótipo A_1A_1 determina que o animal produza apenas a β- caseína A_1. Vacas com o genótipo A_2A_2 produzem somente a β- caseína A_2, e vacas com o genótipo A_1A_2 produzem os dois tipos de β- caseína. Alguns levantamentos mostram que a frequência do alelo A_2 na população de animais da raça holandês varia de 24% a 62%.

(www.revistaleiteintegral.com.br. Adaptado.)

Considere que em um rebanho da raça holandês esses alelos estejam distribuídos em conformidade com o equilíbrio de Hardy-Weinberg. Admitindo que a frequência do alelo A_2 nesse rebanho seja igual a 30%, a frequência de animais heterozigóticos será igual a

a) 0,21. b) 0,09. c) 0,42. d) 0,49. e) 0,18

Resolução: Uma vez que a população está em equilíbrio de Hardy - Weinberg e a frequência do alelo A_2 é de 30% (0, 3) sugere-se que a frequência do alelo A_1 é de 70% (0,7).

Observe:

$p + q = 1$

$p = 0,3 \Rightarrow q = 1 - p = 0,7$

Vamos desenvolver $(p + q)^2$

$$(p + q)^2 = p^2 + 2pq + q^2$$

$p^2 \rightarrow A_2A_2$; $2pq \rightarrow A_1A_2$; $q^2 \rightarrow A_1A_1$

Sendo assim, a frquência de animais heterozigotos nesta população será:

$P_k = 2pq = 2 \cdot (0,3) \cdot (0,7) = \mathbf{0,42}$

Alternativa C

511 Lançando-se uma moeda " viciada" em que a probabilidade de sair coroa (O) seja $\frac{1}{3}$, pergunta-se qual é a probabilidade de obter-se:

a) exatamente 3 coroas em 4 tentativas?

b) pelo menos uma vez coroa em 4 lançamentos.

c) pelo menos uma vez coroa em 10 tentativas.

512 Numa família com 6 filhos, qual a probabilidade de se ter

a) exatamente 4 mulheres (filhas do sexo feminino)?

b) número de mulheres maior que o número de homens?

c) pelo menos um homem?

513 Jogando-se 7 vezes um dado honesto, qual é a probabilidade de sair número par exatamente em 5 desses lançamentos?

514 Considere um dado de 6 faces numeradas de 1 a 6 em que a probabilidade de cada face é proporcional ao número que está gravado na face. Qual é a probabilidade de que

a) em um único lançamento, obtenhamos como resultado um número primo?

b) em 4 lançamentos desse dado, resultem maioria de números não primos?

515 Seja uma urna que contém 4 bolas brancas e 2 pretas. Retirando-se sucessivamente 6 bolas dessas urna, **com reposição da bola sorteada**, qual é a probabilidade de obtermos números iguais de brancas e pretas nessas 6 extrações?

516 Uma prova é formada por 6 testes de múltipla escolha com 4 alternativas em que apenas uma é correta. Um aluno que não estudou para essa prova, responde aleatoriamente (isto é, "chuta") a esses testes. Sabendo que para passar nessa prova ele precisa acertar pelo menos metade dos testes, qual é a probabilidade de que seja aprovado?

517 Um atirador atinge um alvo com $\frac{4}{5} = 80\%$ de chance a cada disparo. Qual é a probalidade de que atinja o alvo exatamente 4 vezes em 5 tentativas?

518 (CESCEM) Em um jogo de cara ou coroa, em cada tentativa, a moeda é lançada 3 vezes consecutivas. Uma tentativa é considerada um sucesso se o número de vezes que se obtém cara supera estritamente o número de vezes que se obtém coroa. A probalidade de se obterem 2 sucessos nas 2 primeiras tentativas é:

a) $\frac{1}{4}$ b) $\frac{1}{2}$ c) $\frac{3}{16}$ d) $\frac{13}{16}$ e) $\frac{1}{64}$

519 (CESCEA) A probabilidade de se ter pelo menos 2 caras num lançamento de 3 moedas é:

a) $\frac{3}{8}$ b) $\frac{1}{2}$ c) $\frac{1}{4}$ d) $\frac{1}{3}$ e) n. r. a.

---

520 (CESCEA) Lançando-se 4 vezes uma moeda honesta, a probabilidade de que ocorra cara exatamente 3 vezes é:

a) $\frac{3}{4}$ b) $\frac{3}{16}$ c) $\frac{7}{16}$ d) $\frac{1}{4}$ e) não sei

---

521 (Espcex (Aman) 2021) Qual o valor de n, no binômio $(x + 3)^n$ para que o coeficiente do 5º termo nas potências decrescentes de x seja igual a 5670 ?

a) 5 b) 6 c) 7 d) 8 e) 9

---

522 TEXTO PARA A PRÓXIMA QUESTÃO:

Os motores a combustão utilizados em veículos são identificados pelas numerações 1.0, 1.6 ou 2.0, entre outras, que representam a capacidade volumétrica total da câmara dos pistões, calculada de acordo com o diâmetro e o curso de cada pistão e a quantidade de pistões.
Para o cálculo dessa capacidade, considera-se que cada câmara tem o formato de um cilindro reto cuja altura é o curso do pistão. Desse modo, um motor que possui 4 cilindros que deslocam 350 cm^3 de mistura gasosa cada totaliza uma capacidade volumétrica de 1400 cm^3 sendo chamado de um motor 1400 cilindradas ou, simplesmente, 1.4.

(Unesp 2021) Uma montadora registrou a patente de um motor em que cada cilindro tem capacidade cúbica diferente, contrariando o modelo usual. Para um motor com 1500 cilindradas, ao invés de termos um motor com três cilindros iguais de 500 cilindradas, poderemos ter um motor com três cilindros, mas de 300, 400 e 800 cilindradas, por exemplo. Em teoria, isso daria maior versatilidade e eficiência ao motor, quando combinado com a tecnologia de desativação de cilindros.

Nesse novo motor, no lugar de termos apenas a opção de desativação de cilindros de 500 cilindradas, o gerenciamento eletrônico poderá desativar um cilindro de 300 cilindradas, por exemplo, ou fazer a desativação de vários cilindros, conforme a necessidade. Com esta solução, o leque de opções de motorização, baseado nos diferentes ajustes de uso de um ou mais cilindros, passa de 3 configurações possíveis para 7 configurações de cilindradas resultantes. Já para um motor 4 cilindros, as possibilidades sobem de 4 para até 15 configurações diferentes de motorização.
Considere o triângulo de Pascal.

1						
1	1					
1	2	1				
1	3	3	1			
1	4	6	4	1		
1	5	10	10	5	1	
1	6	15	20	15	6	1

Um motor com 3800 cilindradas, com cilindros de 200, 250, 300, 400, 800 e 1 850 cilindradas, terá, com a tecnologia de desativação de cilindros, uma quantidade de opções de motorização igual a

a) 30. b) 63. c) 64. d) 36. e) 72.

523 (Ita 2020) A expansão decimal do número $100! = 100 \cdot 99 \ldots 2 \cdot 1$ possui muitos algarismos iguais a zero. Contando da direita para a esquerda, a partir do dígito das unidades, o número de zeros, que esse número possui antes de um dígito não nulo aparecer, é igual a

a) 20. b) 21. c) 22. d) 23. e) 24.

---

524 (Mackenzie 2019) Se $S = \{1, 2, 3, \ldots, 10\}$, o número de pares ordenados distintos, (A, B), em que A e B são subconjuntos, disjuntos, de S é

a) 3^{10} b) $3^{10} - 1$ c) 3^9 d) $2^{10} - 1$ e) 2^{10}

---

525 (Espcex (Aman) 2018) Determine o valor numérico do polinômio $p(x) = x^4 + 4x^3 + 6x^2 + 4x + 2017$ para $x = 89$.

a) 53 213 009.

b) 57 138 236.

c) 61 342 008.

d) 65 612 016.

e) 67 302 100.

---

526 (Espm 2018) No desenvolvimento do binômio $(x + p \cdot y)^n$, com p e n naturais, o termo $112x^6y^2$ é o terceiro quando feito com potências crescentes de y e o sétimo quando feito com potências crescentes de x. O valor de $p + n$ é igual a:

a) 10 b) 12 c) 9 d) 11 e) 13

---

527 (Ita 2018) Sejam a e b números inteiros positivos. Se a e b são, nessa ordem, termos consecutivos de uma progressão geométrica de razão $\frac{1}{2}$ e o termo independente de $\left(ax - \frac{b}{\sqrt{x}}\right)^{12}$ é igual a 7.920, então $a + b$ é

a) 2. b) 3. c) 4. d) 5. e) 6.

---

528 (Fgv 2018) Uma aplicação financeira de C reais à taxa mensal de juros compostos de $x\%$ é resgatada depois de 8 meses no montante igual a C_8 reais. Sendo assim, $\frac{C_8}{C}$ é um polinômio $P(x)$ de grau 8 cujo coeficiente do termo em x^5 será

a) $70 \cdot 10^{-8}$

b) $35 \cdot 10^{-8}$

c) $56 \cdot 10^{-10}$

d) $35 \cdot 10^{-10}$

e) $21 \cdot 10^{-10}$

Resp: **511** a) $\frac{8}{81}$ b) $\frac{65}{81}$ c) $1 - \left(\frac{2}{3}\right)^{10} \cong 0{,}983 = 98{,}3\%$ **512** a) $\frac{15}{64}$ b) $\frac{11}{32}$ c) $\frac{63}{64}$ **513** $\frac{21}{28}$

514 a) $\frac{10}{21}$ b) $\frac{17}{7} \cdot \left(\frac{11}{21}\right)^3$ **515** $\frac{160}{729}$ **516** $1 - \frac{21}{8} \cdot \left(\frac{3}{4}\right)^4 \cong 0{,}17 = 17\%$ **517** $\left(\frac{4}{5}\right)^4 = \frac{256}{625}$ **518** A

529 (Espcex (Aman) 2017) Determine o algarismo das unidades da seguinte soma $S = \sum_{n=1}^{2016} n!$ em que $n!$ é o fatorial do número natural n.

a) 0 b) 1 c) 2 d) 3 e) 4

---

530 ((Mackenzie 2017) Sabendo que $\sum_{p=0}^{n} \binom{n}{p} = 256$ então o valor de n é

a) 8 b) 7 c) 6 d) 5 e) 4

---

531 (Espcex (Aman) 2017) O valor da expressão

$E = (999)^5 + 5 \cdot (999)^4 + 10 \cdot (999)^3 + 10 \cdot (999)^2 + 5 \cdot (999) + 1$ é igual a

a) $9 \cdot 10^3$

b) $9 \cdot 10^{15}$

c) 10^{15}

d) 999 999

e) $999 \cdot 10^{15}$

---

532 (Mackenzie 2017) O número de valores de x, para os quais os coeficientes binomiais $\binom{6}{2x}$ e $\binom{6}{x^2}$ sejam iguais, é

a) 1 b) 2 c) 3 d) 4 e) 5

---

533 (Espcex (Aman) 2016) A solução da equação $\frac{3!(x-1)!}{4(x-3)!} = \frac{182(x-2)! - x!}{2(x-2)!}$ é um número natural

a) maior que nove.

b) ímpar.

c) cubo perfeito.

d) divisível por cinco.

e) múltiplo de três.

Resp: **519** B **520** D **521** D **522** B **523** E **524** A **525** D **526** A **527** B **528** C **529** D **530** A **531** C **532** B **533** C